U0522850

本书为国家社会科学基金青年项目"国际难民制度研究"（批准号：16CGJ023）成果

国际难民制度研究

Research on the
International Refugee System

杨靖旼 ◎ 著

中国社会科学出版社

图书在版编目(CIP)数据

国际难民制度研究 / 杨靖旼著. -- 北京：中国社会科学出版社, 2025.2. -- ISBN 978-7-5227-3749-2

Ⅰ.D815.6

中国国家版本馆 CIP 数据核字第 2024NZ0072 号

出 版 人	赵剑英
责任编辑	梁剑琴
责任校对	王佳玉
责任印制	郝美娜

出　　版	中国社会科学出版社
社　　址	北京鼓楼西大街甲 158 号
邮　　编	100720
网　　址	http：//www.csspw.cn
发 行 部	010-84083685
门 市 部	010-84029450
经　　销	新华书店及其他书店
印刷装订	北京君升印刷有限公司
版　　次	2025 年 2 月第 1 版
印　　次	2025 年 2 月第 1 次印刷
开　　本	710×1000　1/16
印　　张	23.75
插　　页	2
字　　数	402 千字
定　　价	138.00 元

凡购买中国社会科学出版社图书，如有质量问题请与本社营销中心联系调换
电话：010-84083683
版权所有　侵权必究

相关术语缩略语对照表

联合国大会人道主义事务部（DHA）
联合国经济及社会理事会（ECOSOC）
联合国粮食及农业组织（FAO）
联合国难民署和人道协调厅机构间常设委员会（IASC）
国际志愿者机构理事会（ICVSA）
国际移民组织（IOM）
国际劳工组织（ILO）
联合国人道主义事务协调厅（OCHA）
联合国人权事务高级专员公署（OHCHR）
联合国艾滋病毒/艾滋病联合规划署（UNAIDs）
联合国救灾协调专员办事处（UNDRO）
联合国减灾办公室（减灾署）（UNDRR）
联合国开发计划署（UNDP）
联合国经济和社会事务部（UNDESA）
联合国难民署（UNHCR）
联合国难民署执行委员会（UNHCR ExCom）
联合国儿童基金会（UNICEF）
巴勒斯坦难民救济和工程处（UNRWA）
联合国救济总署（UNRRA）
联合国安全协调员（UNSECORD）
联合国妇女署（UN Women）
世界粮食计划署（WFP）
世界卫生组织（WHO）
国际难民组织（IRO）
红十字会联合会（LRCS）

东南亚联盟（ASEAN）
非洲联盟（AU）
《禁止酷刑公约禁止酷刑和其他残忍、不人道或有辱人格的待遇或处罚公约》（CAT）
欧洲公民保护与人道主义援助总署（ECHO）
《欧洲人权公约》（ECHR）
欧盟（EU）
欧共体（EEC）
欧洲移徙问题政府间委员会（ICEM）
欧安会（OSCE）
欧盟司法与内务制度（JHA）
拉丁美洲和加勒比经济委员会（ECLAC）
美洲国家组织（OAS）
流离失所者行动中心（OCDP）
希腊海岸警卫队（HCG）
非洲统一组织（OAU）
《非洲难民问题某些特定方面的公约》（OAU Convention）
"关于迁徙、庇护与难民的政府间磋商"进程（IGC）
IGC的"迁徙的准入、控制和执行"（ACE）
全球移民和发展论坛（GFMD）
国际迁徙全球委员会（GCIM）
难民地位的确定（RSD）
境内流离失所者（IDPs）
循环信贷基金计划（RFBCS）
原籍国信息（COI）
全球需求评估试点项目（GNA）
性暴力和基于性别的暴力（SGBV）
现金的干预（CBIs）
联合国可持续发展目标（SDGs）
加强保护能力项目（SPCP）
难民援助与发展（RAD）
非正规二次流动（ISM）

定向发展援助（TDA）

支持阿富汗难民自愿遣返、可持续地重新融入社会、对接收国的援助的国际会议（SSAR）

中美洲难民国际会议委员会（CIREFCA）

阿尔巴尼亚与欧安会的应急管理小组（EMG）

针对科索沃难民的区域性人道主义转移项目（HTP）

针对科索沃难民的跨区域人道主义疏散项目（HEP）

机构间拘留工作组（DTF）

援助非洲难民的国际会议（ICARA）

印支难民综合行动计划（Indochinese CPA）

哥伦比亚革命武装（FARC）

（哥伦比亚）民族解放军（ELN）

右翼准军事组织（AUC）

委内瑞拉流离失所者问题的专家小组（CTAD）

哥伦比亚对委内瑞拉人的登记（RAMV）

哥伦比亚特殊居留许可（PEP）

"哥伦比亚迁徙"管理部门（MIGCOL）

哥伦比亚移民边境卡（TMTF）

难民署和国际移民组织的跨机构边境小组（GIF）

区域难民与移民响应行动计划（"基多进程 II"）（RMRP）

联合国难民署—国际移民组织联合特别代表（UNHCR-IOM JSR）

科索沃临时行政部门（UNMIK）

针对委内瑞拉难民的跨机构合作平台（GIFMM）

目　录

引言 (1)
  第一节　全球转型期中的国际难民制度 (1)
    一　全球转型与全球难民治理赤字 (1)
    二　国际难民制度的合法性危机 (5)
  第二节　国际难民制度的既有研究 (8)
    一　起步阶段：具有显著地域性的国际难民制度研究 (8)
    二　成熟阶段：国际难民制度的合法性与有效性研究阶段 (11)
  第三节　研究目的与主要内容 (22)
    一　国际难民制度研究的目的 (22)
    二　研究结构与主要内容 (23)

第一章　国际难民制度的概念 (25)
  第一节　国际难民制度的内涵与定义 (25)
    一　国际难民制度的内涵 (25)
    二　国际难民制度的定义 (28)
  第二节　正式与非正式的国际难民制度 (30)
    一　正式的国际难民制度 (31)
    二　非正式的国际难民制度：协商合作机制 (35)

第二章　国际难民制度协调的议题：难民与难民危机 (44)
  第一节　难民的定义与演变 (44)
    一　国际法中的难民定义 (45)
    二　中国现代语境中的"难民" (51)
    三　治理实践中的衍生群体 (52)
    四　难民危机产生的原因与特征 (55)
  第二节　当前全球难民问题的挑战 (57)
    一　2015年以来全球难民危机的现状 (57)

二　当前全球难民危机的特征……………………………………(63)
　　三　全球难民危机应对与治理的三大挑战……………………(73)
第三章　治理难民问题的核心行为体……………………………………(76)
　第一节　治理难民的行为体构成……………………………………(76)
　　一　全球难民治理中的行为体…………………………………(76)
　　二　难民治理行为体的多元性…………………………………(77)
　　三　难民治理行为体的多层次复合性…………………………(80)
　第二节　主权国家与治理……………………………………………(81)
　第三节　超国家行为体………………………………………………(85)
　　一　联合国系统内的各相关组织………………………………(86)
　　二　非政府组织…………………………………………………(94)
　　三　个人与私营部门……………………………………………(95)
第四章　国际难民制度的组织化形式：联合国难民署…………………(97)
　第一节　联合国难民署的治理结构…………………………………(97)
　　一　联合国难民署的授权与审议机构…………………………(97)
　　二　联合国难民署高级专员……………………………………(98)
　　三　联合国难民署的执行委员会………………………………(99)
　　四　资金来源与捐助……………………………………………(101)
　第二节　联合国难民署的保护工作…………………………………(103)
　　一　联合国难民署的保护工作…………………………………(104)
　　二　促进难民保护………………………………………………(113)
　　三　保护行为的扩展……………………………………………(118)
第五章　国际难民制度的法律与规范性文件……………………………(120)
　第一节　全球性难民法律与相关文件………………………………(120)
　　一　1951年《关于难民地位的公约》…………………………(120)
　　二　1967年《关于难民地位的协定书》………………………(121)
　　三　2018年《难民问题全球契约》……………………………(122)
　第二节　1951年《关于难民地位的公约》之后的区域性难民
　　　　　法律与相关文件…………………………………………(124)
　　一　非洲地区难民法律文件……………………………………(124)
　　二　美洲地区难民法律文件……………………………………(126)
　　三　欧洲难民法律文件…………………………………………(127)

  四 1966 年《关于难民地位和待遇的曼谷原则》……………（128）
 第三节 难民相关的其他国际法律文件………………………………（130）
  一 有关难民人权保护的全球性法律文件……………………（130）
  二 有关难民人权保护的区域性文件…………………………（132）
  三 保护难民弱势群体的有关国际法律文件…………………（134）
  四 "不推回"原则在其他国际法律文件中的体现……………（136）

第六章 国际难民制度产生与合法性的历史演进……………………（137）
 第一节 国际难民制度的萌芽与第二次世界大战后的非永久性
     安排…………………………………………………………（137）
  一 国际难民制度的萌芽………………………………………（137）
  二 第二次世界大战后的非永久性国际难民制度……………（147）
  三 平行于联合国难民署的国际机构…………………………（155）
 第二节 联合国难民署的诞生与合法性来源……………………（157）
  一 大国政治裹挟的《联合国难民署章程》…………………（157）
  二 建立时围绕授权的大国斗争与转机………………………（159）
 第三节 冷战期间联合国难民署的自主性与合法性危机…………（163）
  一 向发展中国家地区扩展的方式：善意斡旋（Good
    offices）……………………………………………………（164）
  二 行动范围与职能的转变：阿尔及利亚难民危机…………（166）
  三 组织的全球化：管辖权的扩展……………………………（169）
  四 庇护的全球挑战与难民署的财政危机……………………（171）
  五 难民署应对资金的援助方式变革…………………………（175）
 第四节 冷战后的联合国难民署与合法性困境……………………（183）
  一 绪方贞子时代（20 世纪 90 年代）："遣返十年"…………（183）
  二 吕贝尔斯时代（21 世纪初）：新一轮财政危机与"责任
    分担"………………………………………………………（194）
  三 古特雷斯时代：额外责任与庇护环境的改变……………（200）

第七章 为实现而互动：国际难民制度的合法性理论…………………（204）
 第一节 国际难民制度合法性实现"三图景"………………………（204）
  一 图景 1："国家为何遵守国际制度"——强制约束力带来的
    工具理性考量………………………………………………（206）
  二 图景 2："国家为何有选择性地遵守"——文化匹配……（208）

三　图景3:"如何让国家遵守"——国际制度的能动作用…(210)
　第二节　国际难民制度的合法性实现过程……………………(211)
　　　一　合法性与制度合法性的特征………………………………(212)
　　　二　国际难民制度的合法性来源………………………………(216)
　　　三　国际难民制度的合法性危机………………………………(218)
　　　四　国际难民制度合法性的实现过程…………………………(226)
　第三节　构筑第三图景:国际—国内的二元互动……………(231)
　　　一　难民署的能动"传授"途径…………………………………(233)
　　　二　国家的本土化"学习"条件…………………………………(235)

第八章　案例分析:"公约—难民署"合法性的国内实现………(238)
　第一节　"公约—难民署"合法性国内实现的案例选择………(238)
　　　一　案例的选择…………………………………………………(238)
　　　二　案例组1:覆盖性缺失的差异互动…………………………(240)
　　　三　案例组2:权威削弱与认同危机中的互动…………………(241)
　　　四　案例组3:再造合法性的互动………………………………(243)
　第二节　覆盖性缺失中的互动:印支难民危机………………(244)
　　　一　中国的印支难民治理………………………………………(245)
　　　二　泰国印支难民的治理………………………………………(252)
　　　三　结论…………………………………………………………(259)
　第三节　权威削弱与认同危机:科索沃难民危机……………(263)
　　　一　阿尔巴尼亚的应对:同难民署的密切合作与转变………(265)
　　　二　马其顿的应对:犹豫地合作与难民署的边缘化…………(272)
　　　三　危机化解:难民署主导遣返行动与合法性的国内化……(276)
　　　四　结论…………………………………………………………(281)
　第四节　合法性再造:哥伦比亚—委内瑞拉难民危机………(285)
　　　一　委内瑞拉与难民署应对哥伦比亚难民……………………(286)
　　　二　哥伦比亚与难民署应对委内瑞拉难民危机………………(290)
　　　三　结论…………………………………………………………(305)

第九章　国际难民制度的合法性出路与对中国的启示…………(313)
　第一节　案例总结……………………………………………(313)
　　　一　"公约—难民署"合法性在国内实现的情况………………(313)
　　　二　次国家行为体在互动中的角色……………………………(318)

  三　超国家行为体的角色………………………………………（321）
第二节　"公约—难民署"合法性的悖论与出路………………（323）
  一　与生俱来的合法性悖论……………………………………（323）
  二　进退维谷 or 逼仄出路………………………………………（324）
第三节　中国的经验与启示………………………………………（327）
  一　中国的新时代经验…………………………………………（327）
  二　建议与启示…………………………………………………（333）
参考文献……………………………………………………………（337）
后记…………………………………………………………………（365）

引　　言

第一节　全球转型期中的国际难民制度

从 2015 年叙利亚危机爆发开始，西亚、北非地区涌出的难民潮迅速从中东波及整个欧洲地区，引发欧洲诸国一系列的政治与社会连锁反应。同时，索马里冲突、也门危机以及刚果（布）等非洲国家持续不断的难民潮也使流离失所问题成为非洲地区难以化解的危机之一。东南亚、南亚地区的局部局势不稳定、罗兴亚人问题，也使难民"船民"问题一度席卷东南亚和大洋洲部分区域。在拉丁美洲地区，哥伦比亚与委内瑞拉的政治局势和发展问题使两国交替成为世界难民的主要来源国家。新一轮全球性难民危机肆虐。全球被迫流离失所者的人数逐年攀升，2024 年 4 月末已超过 1.2 亿，且并无缓解之势。截至 2023 年年末，全世界有 1.173 亿被迫流离失所者，3160 万确认身份的难民，6830 万境内流离失所者。① 相较触目惊心的挑战，全球治理能力反差巨大。此轮危机的严重程度，早在 2016 年前难民署高级专员古特雷斯当选联合国秘书长时，就已经展露无遗。

一　全球转型与全球难民治理赤字

同复杂严峻的难民危机应对形势相对的，是全球难民治理赤字。当下，西方自由主义式的全球化进程发生逆转，高潮似乎随新冠疫情尽数退去，冷战后形成的国际体系与秩序随之发生变化。东西方国家在全球化方向的选择中摩擦激烈，多边主义国际合作机制行动困难重重，全球治理公共产品供给步履维艰。世界政治舞台上，经费问题、国家的不合作，成为

---

① UNHCR, Global Trends: Forced Displacement in 2023, https://www.unhcr.org/global-trends2023/.

联合国系统机构的常态性问题,难民问题尤甚。难民问题亟待超国家的国际社会各界紧密地协调与合作,主权国家基于共识性国际难民制度对难民保护责任的履行,以及政府间的危机应对与保护责任的公平分担。然而,2016—2023年,以难民署为执行机构的国际难民制度,又一次陷入合法性危机,协调与促进国家间合作、统筹国际社会各界力量的能力随其权威弱化而遭到削弱。对于全球难民危机解除的失望情绪持续蔓延,并在新冠疫情期间达到顶峰,国际难民制度的合法性受到前所未有的挑战。

从历史上看,难民起源的类型几乎涵盖了所有形式的人类危机与冲突。不但有由来已久的宗教间、教派间冲突,种族灭绝,政权争夺,帝国崩塌后的领土争端等传统安全领域的各类暴力冲突与危机,也包括自然灾害造成的粮食、水源与居住等危机形成的非传统安全问题。流离失所者到达的地区,也可能造成收容地区同救济物资、公共舆论、政党与党派斗争、社会治安问题相关的一系列危机。难民危机通常具备以下特点:(1)它是人的安全问题,是人的基本权利遭到严重威胁,且牵涉人口众多,是大规模流离失所者的人道主义危机。(2)它波及范围广,在地理空间上具有强溢出效应,危机往往跟随大规模流离失所者移动扩大,从来源地溢出到途经地区与收容地区。(3)难民危机所涉及的人口跨国流动具有很大程度的"被迫"性,即,如果没有发生导致流离失所形成的迫害、冲突与灾害,"难民"并没有迁徙的主观意愿。(4)它通常是多重危机的混合,包括人道主义危机、来源与收容地区各种类型的治理缺失或治理失效。(5)难民危机往往持续时间长,可能延续数月、数年甚至数十年,能够预见起点,却难判断永久性解决终点。(6)同其他全球性问题相比,该危机最为特殊的地方在于,其应对与治理往往是非"对等"的,容易带来国际道义与国家伦理之间的冲突,即从危机爆发到危机后期甚至到危机解除,危机发源地政府往往不是承担危机应对与解决的唯一施动者,甚至不是关键应对方。应对的重担往往由危机发源地的周边难民收容国家地区承担,专业国际组织以及国际社会各界力量协同应对解决。"谁造成,谁解决"的负外部性应对逻辑,在难民问题处理上很难实现。对国际难民制度的承诺与履约、国际道义与政治考量,[①]往往是难民收容国

---

① Gil Loescher, *Beyond Charity: International Cooperation and the Global Refugee Crisis*, New York: Oxford University Press, 1993, pp. 26-28.

家治理与应对的动力来源。结束种族暴力、重建遭受破坏的经济和建立持久稳定的政权，这种目标往往说起来容易做起来难。即使假设国家和国际组织有知识和能力来实现这些目标，这些任务也需要很多年才能实现，且过程无疑是迂回曲折的。

从广义上看，国际难民制度是为治理难民问题、协调各治理行为体的多边制度安排，由正式与非正式两个部分组成。正式制度包括多边公约、条约在内的国际法律条文，针对治理难民问题的一系列正式获得广泛认可的规则、规范与决策程序，以及以联合国难民署（UNHCR）为首的，为了实现协调难民治理行为体的目的而形成，以执行相关约束性国际法为己任的多边制度化国际组织，及其行动章程、相关活动与所需资源。非正式部分则包括在联合国体系内外，区域、国家政府间组织的关于难民议题的各类非正式协调机制，一般是协调、磋商、交流与分享机制，也包括这些机制达成的、但尚未被采纳为正式公约、条约与协议等的共识性宣言与行动计划类文本。从狭义上说，国际难民制度的核心就是最具法律约束力的1951年《关于难民地位的公约》及其1967年《关于难民地位的议定书》，以及为执行难民公约而生的制度化组织——联合国难民署。

萌芽于第一次世界大战间，逐渐成熟、进化于第二次世界大战后的国际难民制度，已经从治理与协调战后欧洲有限区域、有限群体的难民问题逐步扩展到应对全球难民问题。在全球转型期中的难民治理，从参与行为体、治理层级与治理协调方式上，已经呈现了诸多同战后初期到冷战结束一段时期内全然不同特征。这也预示着在全球场域中，国际难民制度及其执行者在处境与挑战、形态与发展上，也随之进入转型期。在全球场域中的国际难民制度，跨入了转型期，其"正式"与"非正式"性之间已经开始出现差异上的模糊化，权威与否难有明确划分，制度的法律约束力实际效果颇具争议。

曾经非联合国系统内的行为体逐渐加入联合国系统内，例如国际移民组织（IOM）2016年正式进入系统，成为系统内机构。全球难民治理的行为体继承了全球治理的显著特征——多元与多层次的复合性。[①] 在主权国家之上，是超国家、跨国政府间组织和国际性非政府组织。国家之下，

---

① 刘贞烨：《第三章 全球治理行为体》，载蔡拓、杨雪冬、吴志成主编《全球治理概论》，北京大学出版社2016年版，第94页。

参与治理的行为体可能还有国家政党、社会组织、教会、专业团体、企业等行为体及其构成的治理网络。同时，地方政府机构也以独立的身份与角色，参与到全球治理的具体议题中。① 主权国家参与，是多元角色、多国共同的复合参与，而参与难民治理的国际政府间组织亦然。有以联合国难民署（UNHCR）为代表的专门组织，有同难民与迁徙议题密切相关联的国际移民组织（IOM）、国际劳工组织（ILO）、联合国人权专署（OHCHR）、联合国儿童基金会（UNICEF）、联合国妇女署（UN Women）、世界银行（World Bank）、国际货币基金组织（IMF）等。对治理决策产生深刻影响的联合国大会、联合国经济和社会事务部（UNDESA）等机构也在治理中扮演了重要角色。除联合国系统之外，一些在难民事务上受到联合国系统与全球普遍认可的区域国际组织也发挥了至关重要的作用，尤其推动《非洲统一组织关于非洲难民问题某些特定方面的公约》达成的非洲统一组织（OAU）、欧盟（EU）、东南亚联盟（ASEAN）以及拉丁美洲和加勒比经济委员会（ECLAC）等。

在主权国家、超国家行为体与次国家行为体多元参与的情形下，难民治理的发生背景呈多层次、复合状态。既是行为体类型的复合，也是同类行为体不同层级的复合，它们构成复杂网络，在"全球—区域—地方"进行各层次、各类别的行为体互动。一是国际体系背景下，由权威国际政府间组织——联合国主导的联合国系统内"纵横"交错嵌套式治理，在联合国系统中，决策部门、专业组织之间并非自上而下的授权与服从关系，各个组织间有其各自领域的专业性与权威性。二是国家治理体系背景下，由国家政府主导的"纵向"嵌套治理，从中央政府到各级地方政府机构的参与行为。三是全球治理背景下，多个多类别国际组织共同发起、相互协作、竞争形成的"复合网络"嵌套治理。即针对某一区域的难民问题，除主权国家外，联合国难民署通常还需要连同多个联合国系统内专业权威组织、系统外的专业组织（例如国际人道主义机构红十字国际委员会、宗教慈善机构、救援等跨国非政府组织）、区域性政府间国际组织、一国本土的非政府组织，同时发挥相互独立又有所协调的国际保护行动。

---

① ［英］戴尔·赫尔德等：《全球大变革——全球化时代的政治、经济与文化》，杨雪冬等译，社会科学文献出版社2001年版，第5页；［英］赫德利·布尔：《无政府社会——世界政治秩序研究》（第二版），张小明译，世界知识出版社2003年版，第224页。

二 国际难民制度的合法性危机

业已形成的难民全球复合治理网络,是应对21世纪复杂全球难民危机的制度与机制回应。然而它的形成不但挑战了国家的地位,也使传统国际难民制度与组织在网络中面临覆盖性不足、权威深度削弱两方面的挑战,合法性遭遇危机。

(一)难民公约的覆盖性不足,难民署代表性遭质疑

当下,难民公约的覆盖性不足与难民署的代表性遭受质疑主要有以下几个方面的表现。一是仍有国家未签订难民公约与议定书,且签署的国家因为种种顾虑并不愿意充分履约。① 二是难民署的代表性②遭削弱。复合治理网络涌现的各类专业组织机构与规则规范,同难民署功能出现重叠,形成竞争。难民署已经无法主导保护行动,难民治理主体也采用替代性规则,绕开难民保护责任。③ 三是在难民保护上,难民署的宗旨任务(实现难民问题的永久性解决)④难以实现。与其成员国或非成员国、其他国际组织机构,产生了价值观念和政策上的分歧,导致国际社会对其的认同危机。四是其财政与资源使其行动受限。意欲协调国家间政策、促进难民保护责任共担的多边国际组织(尤其是难民署)的执行受到财政危机与授权不足的威胁。难民署用以应对委内瑞拉难民的预算从2017年开始逐年剧增,但面临的最大挑战仍是筹资的不足。同难民署的黄金发展阶段(应对1956年的匈牙利难民危机、20世纪90年代的缅甸罗兴亚人行动计划)相比,由于授权与财政问题,此时该机构已经丧失了主导治理的能力,大量的跨国流离失所者无法按难民署章程要求获得正式难民身份、得到永久性安置。

---

① [加]斯蒂文·伯恩斯坦、[加]威廉·科尔曼主编:《不确定的合法性——全球化时代的政治共同体、权力和权威》,丁开杰等译,社会科学文献出版社2011年版,第4—5页。

② [美]迈克尔·巴特尼、[美]玛莎·芬尼莫尔:《为世界定规则——全球政治中的国际组织》,薄燕译,上海人民出版社2009年版,第29—41页。

③ Thomas Weiss, and David Korn, *Internal Displacement: Conceptualization and its Consequences*, London: Routledge, 2006, pp. 8, 28-29.

④ UNHCR, Statute of the Office of the United Nations High Commissioner for Refugees, December 4, 1950, https://www.unhcr.org/protection/basic/3b66c39e1/statute-office-united-nations-high-commissioner-refugees.html.

(二) 难民保护制度创新深度削弱难民署权威

为回应合法性危机的又一轮难民保护制度创新——《难民问题全球契约》（下文简称契约）效果并不显著，难民署的角色权威遭受深度削弱。为了应对本轮全球难民危机中存在的治理责任严重不公平问题，由联合国大会于2018年的第73/151号决议通过，意在"减轻收容国的压力"的《难民问题全球契约》。① 契约的起草与获得通过，步履维艰却仍不具有法律约束力。契约签署三四年后的现实情况是，虽然它是一份强有力的政治承诺声明，但倡导的功能远大于危机应对功能。团结和分担责任的愿望，很少转化为具体、有意义的安排或行动，无法成为国际难民制度的有效性保障。难民保护的核心依据仍是1951年《关于难民地位的公约》与1967年《关于难民地位的议定书》，以及受到联合国认可的区域内国家签署的区域性文件。作为公约执行机构的难民署，在契约的"行动纲领"中被提及32次。其角色不再是难民危机应对与保护行动的主导，而更多活跃于协调、专业性支持与行动评估方面。不仅如此，契约在"全面应对具体难民局势的支助安排"部分明确提出"必须由国家发挥主导作用"。② 无论是从应对危机的方式、对难民署宗旨的执行结果，还是从最新规范性文件来看，难民署在关于难民危机应对与治理中的权威都受到深度削弱，保护实践中的主导地位几近丧失。

(三) 国家中心主义在全球难民治理中强势回归

同时，反观主权国家，威权政治的回归趋势明显，契约也强调国家的主导作用，国家中心主义在全球难民治理中强势回归。作为难民收容责任主要承担者的国家，仍在承受巨大压力，履约乏力。除了收容大规模难民所带来的巨大财政压力外，难民收容国受到的深层阵痛还源于：(1) 国家的主权观念与国家自主性同国际责任与国际制度规范承诺之间的张力；(2) 文化间的冲突势头强于多元文化主义，国内民族、族群文化稳定构成，同难民移民涌入后社会治安与凝聚力之间的张力；以及 (3) 个人权利（人权意识觉醒）同边界管控与国家公民身份准入之间的张力。

---

① 联合国公约与宣言检索系统：《难民问题全球契约》，https://www.un.org/zh/documents/treaty/files/A-73-12.shtml。

② 联合国公约与宣言检索系统：《难民问题全球契约》，https://www.un.org/zh/documents/treaty/files/A-73-12.shtml。

这些来自国家对国际冲突应对与国内秩序维护间的权衡，为国家并不必然对难民保护做出承诺或是承诺后并不必然遵约，提供了国内合理化的依据。难民公约的签署国，已经对国际难民制度做出承诺，这也是难民署合法性的根本来源——授权。因此，这些国家的遵约环节对于衡量国际难民制度的有效性就显得至关重要。为了应对难民危机这个"范围和性质都是国际性的"问题，[1] 在承诺与遵约的过程中，国内制度无疑同难民保护的国际制度（以及执行制度的难民署）紧密地相关联。这不但对难民危机影响深远，更关乎国际难民制度规范主权国家保护行为的有效性，即遵约的直观表现是国际规范的国内化。也就是说，国际难民制度由主权国家的国内话语、法律体系和科层机构等国内制度构成，具有制度上的一致性。[2] 这是国际难民制度合法性实现的根本所在。然而，正如开篇提到的，当前难民形势之悲观，国际难民制度所面临的合法性挑战之严峻，似乎都向我们证明了全球治理议题的国家中心论以及难民治理中权力政治的不可撼动性。曾经能够规范与协调主权国家的难民制度似乎实现无门。

虽然将彻底解决难民问题过分寄望于国际难民制度，是对世界政治判断的乐观与天真，而完全倚赖国家间原子式的权力政治战略思维应对难民危机只会重复历史悲剧。多次历史实践证明，难民危机的化解短期内不可能寄望于难民来源地。除仍有履约风险的难民公约各签署国之外，在过境、收容、安置过程中，同难民议题相关的主权国家还包括非公约签署国。国际难民制度所追求的难民问题"永久性解决"，无论是自由返回、融入所在社会，还是重新安置于第三国，最终落脚点仍在于主权国家及其国内社会与制度安排。然而，集体行动的困境自始至终都会是主权国家国际责任分担中难以克服的问题。

已经诞生近一个世纪的国际难民制度（尤其是 1951 年之后的"公约—难民署"），它曾经如何获得合法性得以生存？在随国际体系的变化经历了数次转型中，国际难民制度有效性如何？当下难民危机中，国际难民制度如何回应合法性挑战？要回答这些问题，不但要研究国际难民制度

---

[1] Filippo Grandi, "The Global Compact on Refugees: A Historic Achievement", *International Migration*, Editorial, Vol. 57, No. 6, 2019.

[2] 关于国际规范国内化的相关论述详见 Jeffery T. Checkel, "Norms, Institutions, and National Identity in Contemporary Europe", *International Studies Quarterly*, No. 43, 1999.

本身的构成与发展，而且它同主权国家的互动也是不可回避的一环。治理难民问题的有效性同国际难民制度的合法性始终与主权国家紧密地联结在一起。国际难民制度与国家的互动、规范与遵约、对抗与协作，无疑成为研究难民问题对应中需要反复观察、反复研究的过程。

难民问题，从本质上看，是世界的和平与发展问题。虽然难民问题从国际制度的规范路径，敲开了国家的"黑匣"，但关于难民问题的研究在同国家安全弱相关时往往遭到冷遇。即使难民问题已经在人类历史上存在太久，但全球社会对难民问题的认识仍然显得不足。难民群体，最容易牺牲于主权国家间的国家利益考量，最容易在种族主义与极端民族主义的国家内部政治狂潮中遭到污名化，成为诸多国内政治利益争夺战中的众矢之的。在难民危机中，在国家中心主义一侧，在国家利益与国际人道主义责任之间，难以实现进退有度。从这一角度出发，难民危机或许不是被种族主义与极端民族主义裹挟的大国政治产生的原因，却一定是其产生的直接悲剧性结果。当下的国际难民制度不单单是基欧汉笔下过往霸权之下国际合作机制的惯性延续，[①] 也是紧迫的全球性问题治理的现实需求。

第二节 国际难民制度的既有研究

一 起步阶段：具有显著地域性的国际难民制度研究

国外对国际难民制度的研究的起步，可以追溯到两次世界大战间产生的被迫迁徙问题和战后遗留难民营问题，以及由此引发的对早期国际难民组织、联合国难民署的研究。第二次世界大战后，对难民与危机迁徙认识需求的增长，主要来自现实考量：亟须应对与安置的犹太人、俄裔等特定人群问题，以及后来冷战铁幕落下后形成的苏联国家难民。这一时期，最早且最具代表性的著作包括尤金·库利舍尔（Eugene Kulischer）1948年出版的《迁移中的欧洲：1917—1947年战争与人口的变迁》[②]，马尔科姆·贾维斯·普劳德福特（Malcolm Jarvis Proudfoot）1957年出版的《欧

---

① 参见［美］罗伯特·基欧汉《霸权之后——世界政治与经济中的合作与纷争》，苏长和、信强、何曜译，上海人民出版社2006年版，第238页。

② Eugene Kulischer, *Europe on the Move: War and Population Changes 1917-1947*, New York: Columbia University Press, 1948.

洲难民（1939—1952）：一项被迫迁移人口的研究》①，埃德加·H. S. 钱德勒（Edgar H. S. Chandler）1959 年著的《避难所的高塔：全球难民救济的励志故事》② 以及罗伯特·基（Robert Kee）于 1961 年撰写的《难民世界》③，这些都是第二次世界大战结束初期的难民研究奠基之作。路易斯·霍尔本（Louise Holborn）是本时期真正将研究着眼于国际难民制度上的学者，他长期观察战后难民相关的制度化国际组织——国联、国际难民组织和联合国难民署，掌握国际难民制度从第一次世界大战结束后的萌芽到第二次世界大战后走向成熟的历史进路，早年（1939 年）所著的文章《国际联盟和难民问题》是研究国联与难民问题尤为珍贵的文献。1956 年他的《国际难民组织：联合国的一个专门机构，它的历史与工作》一书出版，记录了昙花一现的国际难民组织及其功能。④ 进入 20 世纪 70 年代，他又与沙特朗德夫妇（Philip Chartrand 和 Rita Chartrand）共同合作了《我们时代的问题：联合国难民署的工作（1951—1972）》⑤，见证记录了难民署成立到黄金时期的第一次转型。

此时的难民研究有明显的地域性，虽然库利舍尔的研究很早就关注到日本侵华战争而导致的难民，⑥ 但大部分学者研究核心关注点始终在欧洲，这同两次世界大战的主战场、国际难民制度萌芽地有关。当然，最关键的是，欧洲战后的制度安排无疑首先掌握了难民话语与难民规则的制定主动权，以战后的国际制度安排、时间线索分析难民的起源、群体、状态与演变。巧妙地把被迫迁徙的难民主要划归于政府对付持不同政见者、宗

---

① Malcolm Jarvis Proudfoot, *European Refugees: 1939 - 1952: A Study in Forced Population Movement*, London: Faber and Faber, 1957.

② Edgar H. S. Chandler, *The High Tower of Refuge: The Inspiring Story of Refugee Relief throughout the World*, New York: Praeger, 1959.

③ Robert Kee, *Refugee World*, London: Oxford University Press, 1961.

④ Louise W. Holborn, *The International Refugee Organization: A Specialized Agency of the United Nations. Its History and Work*, London: Oxford University Press, 1956; Louise W. Holborn, "The League of Nations and the Refugee Problem", *Annals of the American Academy of Political and Social Science*, Vol. 203, 1939.

⑤ Louise W. Holborn, Philip Chartrand and Rita Chartrand, *Refugees: A Problem of Our Time: The Work of the United Nations High Commissioner for Refugees, 1951-1972*, Hardcover, 1973.

⑥ See Eugene Kulischer, *Europe on the Move: War and Population Changes 1917-1947*, New York: Columbia University Press, 1948.

教分歧、种族主义的结果，回避了发动战争本身对被迫迁徙影响。难民制度本身也得益于战后西方自由主义人权价值观的确立，因此，在这些学术研究中也蕴含了现代人权观与正义观，关于难民问题的国际人道主义精神与保护原则也进一步得到传播。

自《关于难民地位的公约》形成后，难民治理的研究主要集中在对"难民"的定义问题、制度背景，以及对政策的影响。20世纪八九十年代，各国国内的难民研究中心（例如世界难民问题研究协会、美国难民委员会、加拿大约克大学难民文件工程、牛津大学难民研究项目等）、国际性的难民研究机构、学术杂志（*Refugee Abstracts*；*Journal of Refugee Studies*；*International Journal of Refugee Law*）相继建立和创刊，难民制度的研究开始有了突飞猛进的发展。这类研究主要为处理难民突发性事件寻找公共政策依据，展现出难民制度的局部画面。随着社群主义与多元文化主义思潮的兴起，在难民研究实用主义偏好的外衣之下，关于难民群体权益的讨论也受到平权运动、认同政治、少数群体文化权利争论的影响。国际制度与国家政府如何处理难民群体身份与所在国社会族群关系，赋权与保护的原则应是同一性的还是差异性的，这些观点间的交锋都对后续国际难民制度的发展走向产生了影响。

因此，对于难民制度设计与执行的原则，研究开始关注特定的难民群体。例如丹尼尔·乔莉（Danie'le Joly）著于1988年的《英国难民》①。因为中南半岛的难民问题，关于东南亚的难民也涌现一批专门性的研究成果，具体可参见约翰·马斯顿（John Marston）1987年整理的《柬埔寨与柬埔寨难民的注释书目》②，克里斯蒂娜·史密斯（Christina J. Smith）于1988整理的《苗族：注释书目（1983—1987）》③，也有鲁斯·E. 哈蒙德和格伦·亨德里克斯（Ruth E. Hammond 和 Glenn Hendricks）同年著作

---

① Danie'le Joly, *Refugees in Britain: an annotated bibliography*, Centre for Research in Ethnic Relations, University of Warwick, 1988.

② John Marston, "An Annotated Bibliography of Cambodia and Cambodian Refugees", *Southeast Asian Refugee Studies*, MN: South Asian Refugee Studies Project, 1987, https://conservancy.umn.edu/bitstream/handle/11299/207907/M1093-una.pdf?sequence=1.

③ Christina J. Smith, "The Hmong: An Annotated Bibliography, 1983-1987", Minneapolis: Southeast Asian Refugee Studies Project, 1988, https://archive.org/details/ERIC_ED298238.

《东南亚难民:注释书目》①。米歇尔·米诺(Michel Mignot)也在1988年《澳大利亚/新西兰、加拿大、美国、法国、英国的柬埔寨、老挝和越南难民:参考书目》②中,将中南半岛危机产生的难民在接收国的情况一一做了介绍。

二 成熟阶段:国际难民制度的合法性与有效性研究阶段

经过第二次世界大战后数十年的实践经验,难民问题中的政治性远远超过了法理性。关于难民治理的集体行动困境并不是先天缺乏强制约束力的国际法能够充分解决的。从20世纪90年代开始,对国际难民治理的制度研究,开始跳出为政策制定找依据的局限,从政治学与国际关系的学科视角去试图探求制度的合法性与有效性。这类研究可以分为以下几类。

(一) 国家中心论的理性选择模式

吉尔·勒舍尔(Gil Loescher)、凯伦·雅各布森(Karen Jacobsen)等学者采用传统权力政治与国家利益理论范式,将国家的难民政策与难民治理行为视作国家或国家联盟用于羞辱、破坏以及削弱敌对国家或联盟的武器,或者是符合国家利益,促进经济社会发展的手段。这种解释也成为国家授权国际难民组织执行机构的充分理由。正如勒舍尔在其1993年关于国际难民制度的奠基之作——《超越慈善:国际合作与全球难民危机》一书中指出的:"从救助筹款、救助人群的选择偏好上看,国家救助难民的行为,虽然带有人道主义意味,但其行为仍然受大国政治决定。"③ 相比与政府关系良好的国家,国家政府更倾向于收容从敌对联盟出逃的人。难民政策也从一定程度上服务或是妥协于大国间的外交政策、对外战略。同样出于国家利益考量,理性的政府应对难民问题的政策却大相径庭,有的难民东道国政府反应相对慷慨,而另一些政府的行为则更为

---

① Ruth E. Hammond and Glenn Hendricks, "Southeast Asian Refugee Youth: An Annotated Bibliography", Southeast Asian Refugee Studies Occasional Papers, Number 6, 1988, https://files.eric.ed.gov/fulltext/ED293937.pdf.

② Michel Mignot, *Kampuchean, Laotian and Vietnamese Refugees in Australia/New Zealand, Canada, the United States, France, and the United Kingdom: A Bibliography*, Paris: Centre National de la Recherche Scientifique, 1988.

③ Gil Loescher, *Beyond Charity: International Cooperation and the Global Refugee Crisis*, New York: Oxford University Press, 1993.

严格。凯伦·雅各布森（Karen Jacobsen）1996年发表的《影响东道国政府对大规模难民涌入的政策反应的因素》一文开始分析解释为何在应对大量难民涌入时，不同国家的政策反应存在较大差异。[①] 该文以欠发达国家为重点，将接收国政府可使用的政策选择进行了分类，并探讨影响难民政策形成的一系列因素。这些因素包括：接收国际援助的成本和收益、同难民来源国的关系、对当地社区吸纳能力的政治考量，以及国家安全考虑。在政策过程中，东道国政府还要挣扎于官僚政治、难民在国内政治中的地位、各政府部门之间以及决策者之间的权力斗争之中，同信息匮乏、官僚惰性这些在经验层面必然存在的复杂情况作斗争。最终，演化出的难民政策与其产生的结果，往往都不是能够巧妙解决难民问题的方案。

（二）国际道义与现实冲突中的"治理性"

另一种研究，是将治理性（governmentality）引入分析国际难民制度的形成与变迁作为理性主义分析的一种替代解释。冷战结束之后，西方自由主义全球化进入全盛时期，西方自由民主价值观进入空前自信期。同其他议题相似，自由民主价值观主导的规范性研究也在难民问题中占据重要位置。出于国际道义与人道主义考量，批判国家的难民应对政策、提出国家"应该如何做"，带有理想主义色彩的规范范式研究一度成为主流。然而，随着南斯拉夫地区爆发的冲突，尤其是各国在应对科索沃难民潮时出现的困境，学者开始反思应对难民问题时对"理性国家"的基本假设，开始研究在难民庇护中的伦理与现实之间的冲突问题。兰迪·利珀特（Randy Lippert）1999年的《治理难民：治理性同理解国际难民制度的相关性》一文认为，是特定的历史技术、理性与知识构成以及政府逻辑等非自由主义的理性因素塑造了国际难民制度并使之有效性或是失败。[②] 马修·J. 吉布尼（Matthew Gibney）2004年出版的《庇护的伦理与政治：自由民主与对难民的回应》一书就是一次对国家利益与国家伦理冲突权衡的有益尝试。吉布尼试图提出一种标准来评估国家用怎样的行为回应难民与寻求庇护者才是恰当的、合理的，从而解决国家关于难民的道德与政治

[①] Karen Jacobsen, "Factors Influencing the Policy Responses of Host Governments to Mass Refugee Influxes", *The International Migration Review*, Vol. 30, No. 3, Autumn, 1996.

[②] Randy Lippert, "Governing Refugees: The Relevance of Governmentality to Understanding the International Refugee Regime", *Alternatives: Global, Local, Political*, Vol. 24, No. 3, 1999.

主张同庇护问题中体现的公民身份主张之间的冲突。他认为，国家对难民问题的回应行为必须充分体现道德力量并且是切实可行的。这就要求国家的回应行为的依据应该是令人信服的价值观或是可信的道德理想，且同时必须充分考虑到各行为体的特点与能力以及其行为可能产生的后果。既要肯定国家的国际道义要求，也必须充分认识到国家在非理想状况下（庇护政策涉及明显的社会和政治风险）能够为难民做些什么。正如20世纪90年代，德国承担了欧共体的2/3庇护负担，从而导致巨大的社会和政治反弹。庇护的负担也直接导致让-马里-勒庞（法国）、约格·海德尔（奥地利）、宝林·汉森（澳大利亚）等极右翼势力的上台。[1] 这正同2016年之后的情况，惊人地相似。

（三）国际组织行为、国际难民制度的扩散与变迁

进入新千年后，学者开始反思的不仅是关于难民问题的国家行为，还有执行国际难民制度的国际组织行为，即以联合国难民署为中心，研究治理难民的制度形成、扩散与变迁。此时难民署的治理视野与行动已经从国际层面扩展到了国家边界的内侧，无疑同国家主权、组织的初始宗旨与原则发生了冲突。受组织行为学发展的影响，1999年迈克尔·巴尼特（Michael Barnett）发挥其对难民署深入了解的优势，同与基欧汉的高徒"新制度主义—门三杰"中的玛莎·芬尼莫尔（Martha Finnemore）[2]合作出版了对国际组织研究领域影响深远的著作——《为世界定规则——全球政治中的国际组织》[3]。在该书中，巴尼特与芬尼莫尔运用组织理论解释了难民署如何借助各种危机和全球发展，争取得到越来越广泛的授权加强自身行为的合法性，利用道义权威扩大难民概念，加强权力与自主性，实现制度变迁。虽然难民署只是该书三个国际组织案例的其中之一，但已经通过"自愿"遣返的复杂问题展现了难民署自主性与权威的获得途径与损失，揭露了难民署在治理难民过程中暴露的官僚问题与组织衰败过程。

---

[1] Matthew J. Gibney, *The Ethics and Politics of Asylum: Liberal Democracy and the Response to Refugees*, New York: Cambridge University Press, 2004, p. 17.

[2] 另外两位分别是贝斯·西蒙斯（Beth Simmions）与中国学者更为熟知的海伦·米尔纳（Hellen Milner）。

[3] [美]迈克尔·巴尼特、[美]玛莎·芬尼莫尔：《为世界定规则——全球政治中的国际组织》，薄燕译，上海人民出版社2009年版。

紧接着,迈克尔·巴尼特(Michael Barnett)在他 2001 年的《主权脸孔的人道主义:全球暗潮中的联合国难民署》一文中解析了难民署在发展中遭遇国家带来的挫折,并通过这些挫折逐渐认识到它在国家主权体系中的有限地位,也意识到各国国内的人道主义情绪也是有限的。他尖锐地指出,同难民署捆绑在一起的全球难民治理,是由发达国家在世界政治中所保留的经济、政治和文化权力所支持的,用以维护和复制由国家主权定义出的国际秩序,让西方发达国家受益的文化霸权体系(西方自由主义和个人权利)。出于务实考虑,处于这种环境之下的难民署为了实现组织宗旨,只能兜售短暂的难民保护原则,同时在寻求消除难民潮根源方式时,总是倾向于西方自由主义的解决方案,甚至有了干涉国家内部事务之嫌。难民署的实用主义和主张的原则,由此开始带有遏制人道主义因素,对于发展中国家占绝大多数的世界而言,合法性缺失。①

2008 年国际金融危机后,自由主义的经济全球化开始由盛转弱,全球治理的复杂性彰显。此时,佩特里斯·R. 弗劳尔斯(Petrice R. Flowers)等学者开始关注国际难民制度的扩散。② 亚历山大·贝茨(Alexander Betts)在他 2009 年的《制度扩散与全球难民机制》一文中将治理难民的制度扩散归纳为平行或交叉制度间的扩散,以及国际制度向国家的层级间扩散。通过观察原难民制度(难民署)与其他新兴机制(如 NGO)的合作与扩散关系分析制度扩散对难民治理带来的促进与阻碍作用。尤其是观察到与难民署具有功能重叠的机制对难民署地位形成的竞争与挑战。③ 同年,贝茨的新作《用劝服保护:难民制度下的国际合作》④ 出版,深入讨论了 20 世纪 80 年代以来,在非洲、中美洲与中南半岛地区针对难民问题举行的一系列国际会议、行动计划与国际倡议。他认为,既有的难民保护国际合作机制应该是围绕两个核心规范构建的,也就

---

① Michael Barnett, "Humanitarianism with a Sovereign Face: UNHCR in the Global Undertow", *The International Migration Review*, Vol. 35, No. 1, Spring, 2001.

② Petrice R. Flowers, "Failure to Protect Refugees? Domestic Institutions, International Organizations, and Civil Society in Japan", *The Journal of Japanese Studies*, Vol. 34, No. 2, Summer, 2008.

③ Alexander Betts, "Institutional Proliferation and the Global Refugee Regime", *Perspectives on Politics*, Vol. 7, No. 1, March, 2009.

④ Alexander Betts, Protection by Persuasion: International Cooperation in the Refugee Regime, Ithaca and London: Cornell University Press, 2009.

是庇护（asylum）与责任分担（burden-sharing）。庇护，涉及国家对其境内的难民提供保护的义务；责任分担，涉及国家对在其他国家领土内的难民作出贡献的义务。基于强有力的法律和规范框架，庇护的规范已经确立，但关于责任分担的规范却还只是停留在非常薄弱的法律和规范框架中。责任分担原则的不明晰、不明确并缺乏约束力，意味着国家（绝大部分是发展中国家）不幸同冲突缠身或侵犯人权的国家相邻，则有义务为抵达其领土的人提供庇护，而远离难民原籍地区的发达国家，没有义务去保护那些留在发展中国家的难民。国家之间的负担共担是自由裁量和自愿的。绝大多数世界难民源自并留在发展中国家，这些能力与责任规范之间的脱节会产生严重后果。因此，此时的国际难民制度的特点可以描述为南北世界的僵局。在这种僵局中，发达国家几乎没有动力在分担责任方面进行合作，而发展中国家几乎没有能力影响发达国家的决策。这一僵局对难民获得保护、找出永久解决方案产生了巨大的负面影响。他同勒舍尔以及其他几位学者在总结21世纪难民署的实践时也再次提到这个观点。[①] 贝茨的这一基本判断，一语中的。在他著作出版后的10年里，全球难民治理一直挣扎在保护责任"共担"无法有效实现中，直到未被赋予强制约束力的《全球难民契约》在2018年签署，这种僵局的化解仍然希望渺茫。

回望国外的相关研究，起步早、跨学科的研究深入，但从国际关系领域的研究过多受制于范式间的论战，静态结构性的分析容易忽略难民问题的新发展态势同治理行为的新动向。国家中心论的研究将国际难民机制中的传统权力政治作为首要解释，以国家利益回避了人道主义情怀，能较好地解释国家不稳定的难民治理行为，即国家为何有时会建立或遵守国际难民制度，却对为何当初始难民问题得以解决而国际难民制度却持续存在并不断演变扩散的现象缺乏解释力。主权国家为治理难民问题而合作，是国际难民制度被赋予的初始合法性，但国家并未在一开始便让渡权力让该制度组织逾越主权藩篱干预国家内部事务。在治理难民的实践中，以难民署为首的国际组织逐渐卷入国家内部。此时，国际难民制度建立之初的合法性并不足以解释在该阶段的治理行为。组织行为论虽能解释组织自身努力

---

① Gil Loescher, Alexander Betts, and James Milner, *The United Nations High Commissioner for Refugees（UNHCR）: The Politics and Practice of Refugee Protection into the Twenty-first Century*, Oxford: Routledge, 2008, pp. 2-3.

获得的权威机构授权,但仍未解决国家层面授权不足的情形。

在国内,关于难民问题研究的学术论文发表情况同现实世界的热点问题有关。中华人民共和国成立后到20世纪70年代末,中国关于难民的期刊论文只有零星数篇。从越南入侵柬埔寨,中南半岛危机爆发,大量难民出逃开始,国内的研究开始慢慢有了起色。《世界知识》在1979年、1980年紧跟时事,开始集中刊发世界各地尤其是印支难民问题的介绍性文章。① 同时,《人口学刊》、《民族译丛》(现为《世界民族》)也敏锐地从世界人口迁徙、民族问题视角观察到难民问题。② 90年代中期,冷战结束、苏联解体的后遗症纷纷凸显,中东地区、南斯拉夫地区、南亚地区冲突导致的难民问题开始引发中国学界的集中关注,《国际资料信息》(现为《国际研究参考》)、《南亚研究季刊》等学术期刊以国际问题为导入,1994年陆续刊发了相关研究。③ 1995年,中国社科院世界经济与政治研究所的李少军教授发表了《联合国与难民问题》④,开启了世经政所从国际制度的视角关注难民问题的传统。随后,难民问题成为该研究所推出的年度国际形势黄皮书《全球政治与安全报告》的常设专题报告,从报告创设的2001年一直延续至2020年。⑤

---

① 例如王克勤:《怵目惊心的越南制造的大浩劫!——印支难民问题剖析》,《世界知识》1979年第15期;莫桑:《世界难民问题和联合国难民署》,《世界知识》1980年第23期。

② 张文奎:《战后国际人口移动的特点》,《人口学刊》1981年第3期;尼古拉斯·塔普:《泰国难民营中的苗人复兴运动》,姜永兴译,《民族译丛》1989年第4期。

③ 李荣:《巴勒斯坦难民问题》,《国际资料信息》1994年第7期;潘伯英:《南亚地区的难民问题》,《南亚研究季刊》1994年第2期;谭合:《浅析尼泊尔和不丹的难民之争》,《南亚研究季刊》1994年第2期。

④ 李少军:《联合国与难民问题》,《百科知识》1995年第12期。

⑤ 李小丽:《难民问题的现状及其趋势》,载李慎明、王逸舟主编,李正乐、沈骥如、李少军副主编《2002年:全球政治与安全报告》,社会科学文献出版社2002年版,第148—163页;李小丽:《世界难民问题新动向》,载李慎明、王逸舟主编,李正乐、李少军副主编《2003年:全球政治与安全报告》,社会科学文献出版社2003年版,第166—185页;李小丽:《忧喜参半的难民形势》,载李慎明、王逸舟主编,李少军副主编《2004年:全球政治与安全报告》,社会科学文献出版社2004年版,第185—204页;李小丽:《难民局势的发展与动向》,载李慎明、王逸舟主编,李少军副主编《2005年:全球政治与安全报告》,社会科学文献出版社2004版,第125—146页;李小丽:《2006—2007年世界难民局势点评》,载李慎明、王逸舟主编,李少军副主编《全球政治与安全报告(2008)》,社会科学文献出版社2007年版,第259—281页;李小丽:《欧盟移民难民庇护政策评述》,载李慎明、王逸舟主编,李少军副主编《全球政(转下页)

该系列报告是国内国际关系学界对全球性问题的持续关注，重点在于动态追踪、难民制度与治理的阶段性变化。同时，以李明欢教授（1999、2001、2011）为代表的社会学学者也以全球性问题的视角，将难民作为国际人口迁徙中的一个类型进行阐述，以移民政策为主，有限地提及了难民政策。①

对难民治理制度的困境与可能失效的原因，此时学界也开始了有限探讨，如王海滨、戴长征在 2011 年对难民定义与认知困难进行了解析。② 同时，部分研究还提及主权与难民救助间的冲突、难民救助参与机制缺失等问题。周聿峨与郭秋梅 2011 年发表的《20 世纪上半叶国际性难民组织与难民保护考察》，以及郭秋梅 2012 年发表的《国际移民组织与联合国难民署之比较：关系、议程和影响力》是国内较早研究难民制度化组织的研究，强调了国际组织间的协调与合作。③ 在区域与国别问题领域，围绕世界难民热点区域的难民问题研究也取得了一些进展。研究的主要地区是欧盟与欧洲

（接上页）治与安全报告（2009）》，社会科学文献出版社 2008 年版，第 224—245 页；李小丽：《全球难民状况评估》，载李慎明、王逸舟主编，李少军副主编《全球政治与安全报告（2010）》，社会科学文献出版社 2009 年版，第 192—213 页；杨靖旼：《国际危机迁徙与移民问题：2013—2014》，载李慎明、张宇燕主编，李东燕副主编《全球政治与安全报告（2015）》，社会科学文献出版社 2015 年版，第 184—208 页；杨靖旼：《全球难民现状与治理（2014—2015 年）》，载李慎明、张宇燕主编，李东燕副主编《全球政治与安全报告（2016）》，社会科学文献出版社 2015 年版，第 109—122 页；杨靖旼：《2016 年全球难民与移民问题》，载张宇燕主编、李东燕副主编《全球政治与安全报告（2017）》，社会科学文献出版社 2017 年版，第 136—153 页；李东燕：《全球难民与移民问题（2016—2017）》，载张宇燕主编，李东燕、邹治波副主编《全球政治与安全报告（2018）》，社会科学文献出版社 2018 年版，第 114—134 页；李东燕：《全球难民与移民问题（2017—2018）》，载张宇燕主编，李东燕、邹治波副主编《全球政治与安全报告（2019）》，社会科学文献出版社 2019 年版，第 145—165 页；李东燕：《全球难民与移民问题（2018—2019）》，载张宇燕主编，李东燕、邹治波副主编《全球政治与安全报告（2020）》，社会科学文献出版社 2020 年版，第 151—169 页。

① 李明欢：《战前中国人移民西欧历史考察》，《华侨华人历史研究》1999 年第 3 期；李明欢：《欧盟国家移民政策与中国新移民》，《厦门大学学报》（哲学社会科学版）2001 年第 4 期；李明欢：《国际移民政策研究》，厦门大学出版社 2011 年版。

② 王海滨、戴长征：《国际难民现状与难民机制建设》，《教学与研究》2011 年第 6 期；吴迪：《庇护国际法律制度研究》，博士学位论文，华东政法大学，2013 年。

③ 周聿峨、郭秋梅：《20 世纪上半叶国际性难民组织与难民保护考察》，《南洋问题研究》2011 年第 2 期；郭秋梅：《国际移民组织与联合国难民署之比较：关系、议程和影响力》，《国际论坛》2012 年第 4 期。

各国①、中东地区②。还有少量评介国外难民政策的政治性与人道主义性的视角的研究成果③，治理的个案研究也零星出现④。

进入新千年的头十五年，难民研究最突出的特点就是国际法领域研究成果的系统性要远远成熟于其他学科。这部分研究以介绍难民庇护的法律条文、历史形成、庇护的申请程序以及庇护所享受的权利为主。⑤ 尤其是在梁淑英（2009）、刘国福（2015）两位教授分别在两个时期所著的《国际难民法》，为中国国内系统地介绍与总结了国际难民法的基本问题，是国内系统研究难民制度的两本奠基之作。刘国福教授2015年出版的《中国难民法》，真正唤起了中国学界对难民问题的重视与旨趣。当然，对中国印支难民的研究也一直都在发展，但在《中国难民法》之前，始终没有谈及国际法与中国国内法的一致性问题。⑥ 伴随叙利亚危机产生的欧洲

---

① 许洁明、甘开鹏：《欧盟共同难民政策发展轨迹》，《学海》2010年第4期；唐艋：《德国难民政策的历史与现状》，《德国研究》2015年第2期。

② 刑新宇：《全球治理中的中东难民问题》，《阿拉伯世界》2011年第6期；赵蜀蓉：《中东地区与中国对难民问题治理的比较研究》，《西南民族大学学报》（人文社会科学版）2015年第10期。

③ 李晓岗：《难民问题的人道性与政治性》，《世界经济与政治》1999年第7期。

④ 杨超：《难民问题治理上的各相关行为体分析——对缅甸罗兴伽难民的个案研究》，《东南亚纵横》2012年第12期；陈觉：《国际难民保护规制的失效研究——基于新自由制度主义的视角》，硕士学位论文，2014年，上海交通大学。

⑤ 刘国福：《国际难民法》，世界知识出版社2014年版；刘国福：《中国难民法》，世界知识出版社2015年版；吴慧：《国际法中的难民问题》，《国际关系学院学报》1998年第4期；张爱宁：《难民保护面临的国际法问题及对策》，《政法论坛》2007年第6期。

⑥ 杨靖旼：《中缅边境危机迁徙触发的难题与其制度性由来》，《经济社会体制比较》2017年第4期；方卫军：《略论中国境内印支难民的法律地位》，《国际论坛》2015年第5期；郑建成：《从难侨到难民：中国印支难民政策的形成（1978—1979）》，博士学位论文，暨南大学，2015年；肖震宇：《云南印支难民问题的审视及思考》，《云南大学学报》（法学版）2011年第4期；黄惠莲：《越南输出难民问题概述》，《东南亚研究资料》1979年第2期；金旭东：《试论印支难民问题的特征》，《华侨华人历史研究》1988年第1期；赵和曼：《印支难民研讨中的几个问题》，《八桂侨史》1987年第2期；赵和曼、张宁：《印支难民问题概论》，《印度支那》1987年第3期；邵秦、刘显广：《关于印度支那难民迁移问题》，《亚太经济》1986年第3期。周聿峨、郑建成在2014年的研究中曾将中国联合国难民署的合作作为在华印支难民安置历史中的一环，但未过多着墨，详细内容请参见周聿峨、郑建成《在华印支难民与国际合作：一种历史的分析与思考》，《南洋问题研究》2014年第3期；杨靖旼：《全球难民现状与治理（2014—2015年）》，载李慎明、张宇燕主编，李东燕副主编《全球政治与安全报告（2016）》，社会科学文献出版社2015年版，第109—123页。

难民潮，这部划时代意义的作品象征着中国进入难民研究的新时期。

从2016年开始，国家社科基金关于难民问题的研究相继立项，跨学科的研究成果逐渐显现，本研究也是在这一时期开始着手。此阶段的国际难民制度研究同国际实践相互呼应，重点在于"困境"：一是难民保护相关国际法的执行困境；二是制度化的国际组织在应对危机时的自主性与行动困境；三是国际难民制度协调主权国家时的授权困境。武文扬2016年的《国际法与国际政治视角下的难民保护困境》、2018年的《应对难民和移民的大规模流动——〈关于难民和移民的纽约宣言〉及其执行困境》，再次从国际法与人权的视角将研究重点放在难民治理的国际机制上，分析困境在国际法中的深层次来源。[1] 杨靖旼2017年的《主权国家与联合国难民署视角下全球难民治理的困境分析》，[2] 开始重新审视国家与难民署在治理中的关系。谢垚琪2019年的《联合国难民署应对难民大规模流动的困境与出路》[3]、宋琬贞2019年的《国际移民组织与联合国难民署在东南亚难民救助中的合作》和2021年的《全球迁徙治理中的国际移民组织与联合国难民署：互动实践与合作特征》[4]，都将国际难民制度的执行机构——联合国难民署作为研究对象，观察难民署同主权国家以及具有功能重叠的国际移民组织之间的互动及其治理效果。

尽管国内已经有了不少出色的研究，但同国外的难民研究相比，无论从深度与广度上，对难民制度研究都还有长远的发展空间。

一是国内的国际关系理论家们极少关注难民议题，国际关系既有理论也没有太多尝试将难民保护问题纳入学科探索之中。作为一个典型的全球性问题，相比全球经济治理与气候治理，难民治理并没有得到国内学界足够的研究与重视，因此，学界对国际难民制度的研究相对国际贸易制度也

---

[1] 武文扬：《国际法与国际政治视角下的难民保护困境》，《现代国际关系》2016年第5期；武文扬：《应对难民和移民的大规模流动——〈关于难民和移民的纽约宣言〉及其执行困境》，《国外理论动态》2018年第7期。

[2] 杨靖旼：《主权国家与联合国难民署视角下全球难民治理的困境分析》，《国际关系研究》2017年第5期。

[3] 谢垚琪：《联合国难民署应对难民大规模流动的困境与出路》，《武大国际法评论》2019年第2期。

[4] 宋琬贞：《国际移民组织与联合国难民署在东南亚难民救助中的合作》，《国际政治研究》2019年第2期；宋琬贞：《全球迁徙治理中的国际移民组织与联合国难民署：互动实践与合作特征》，《太平洋学报》2021年第7期。

起步较晚，后续力并不充足。即使是《全球政治与安全报告》这类坚持了20年的追踪报告，难民专题也因为研究者的工作变动而终于2021年。由于资料的可获得性存在局限，区域个案研究没有得到深入挖掘。尝试性地提出现有治理机制存在的问题，有一定启发性，但没有严格细分治理制度的层级与参与治理的行为体，使研究结论显得突兀笼统，也缺乏具体案例使研究更有说服力。

二是国际关系学界的难民制度研究，对制度的历史回溯相对不足。制度的形成并非一蹴而就。当前制度遇到的治理困境，是曾经难题的遗留还是时代演进中遇到的新问题？如果没有系统回顾很难对"困境"的根源与进化有一个客观的认识。于是，从国际组织中心主义视角出发，在评判制度化组织难民署的功过成败、提出当前全球难民治理建议时，或容易产生偏颇，或反复研究相同或相近的问题而无法产生知识的增量。例如授权问题、大国政治支持下（财政、代表性）的组织自主性问题。在难民问题研究中，无论是国家中心视角还是国际组织中心视角，这一重要过程信息缺失形成的历史性失忆，将会导致研究难以客观描述全球治理机制的运行。其研究结论也无法为站在国家利益立场上的国家政府提供更为合理的政策建议，也难以评断国际规范的未来策略走向。更有甚者，对于国际难民制度这个本身即为难民危机应对方案之一时，其有效性的来源、维持与再造也受到忽略。根据镜像理论，个体决策需要放置于组织情境之中考量，才能进入轨迹镜像，从而采取战略。

三是国内学者更倾向于对国家进行"黑箱"处理，较少深入探讨国际难民制度在国内的实现问题，即使提及，也多囿于社会舆论环境没有展开。在当前的社会舆论环境下，关于难民讨论很难打破舆论偏好，公开讨论国际法的国内法化问题，刘国福教授努力建立的国内关切，在后来的其他学者研究中限制于历史或是公共管理研究范畴中。例如印支难民问题是作为华侨华人历史研究专项而非难民问题，缅北被迫迁徙问题也更多流向中国"三非"管理问题之中。加之国内外的难民治理研究提及中国的难民治理行为与制度的内容都较为陈旧，实难为中国参与国际难民治理提供理论与实践的支持。因此为了弥补国内现有研究的不足，本书将系统地讲解国际难民治理中的基本问题，强调对国际难民制度的理论分析，并用理论分析框架阐述中国的难民治理问题。

无论是研究难民问题本身，还是研究为治理与应对难民危机而存在的国际难民制度,其目的都是更好地治理难民问题。因此,治理的有效性,始终是衡量全球难民治理与国际难民治理成败的基准。国际法领域重视法律约束力的强弱问题,公共管理领域重视制度执行力与政策有效性的量化评估,社会学与国际关系研究制度对于成员的规范路径与效果。国际制度有效性考察的落脚点,不论学科领域,都在制度合法性问题上。考察国际难民制度的合法性,是一个复杂的过程,是一项需要多学科共同研究的问题。在处理难民问题的多元、多层级复合全球治理网络中,"公约—难民署"(1951年《关于难民地位的公约》及其1967年《关于难民公约的议定书》,以及执行机构联合国难民署)组成了受全球社会广泛认可的国家难民制度。在针对全球性问题的治理行为中,国际难民制度最终在国内治理中得到实施,是一种国际难民制度合法性的具体实现。而主权国家内部的制度安排,不属于严格意义上的国际难民制度,但从规范化与规范覆盖和扩展的维度审视国内制度,能够折射出国际难民制度的有效性。

衡量国际制度合法性的实现与否,很难有确切的指标,随着制度自身的发展与外部条件的变化,制度的实现应该是一种有程度区别的演进过程,而这一整套实现的演进过程,构成了国际制度合法性的实现机制:国际难民制度"获得合法性的基础授权过程""规范覆盖性扩展过程"以及"国际难民制度的国内实现过程"。彼时的国际规范,成为国内共识;此时的国内特色,他朝也可能成为国际共享知识。关于刻画"国际难民制度的国内实现过程"部分,"公约—难民署"同国内的制度二元互动,既是当代治理中复杂性的体现,也是理解与应对治理复杂性的重要方式。在这个动态复杂的二元交往互动中,捕捉一种具体、实在又具有代表性的互动机制,对理解与探索国际难民制度的合法性与有效性有深远意义。难民署在获得自主性之后,也不再是简单的大国代理,它开始有能力架构全球性问题并且运用社会的话语,能够在同主权国家互动中参与国内、国家间和跨国的治理空间与进程,[1] 在危机中努力实现合法性再造。

---

[1] [美]迈克尔·巴特尼、[美]玛莎·芬尼莫尔:《为世界定规则——全球政治中的国际组织》,薄燕译,上海人民出版社2009年版,第239页。

第三节 研究目的与主要内容

一 国际难民制度研究的目的

基于前文叙述的既有研究，结合当前国内难民研究的知识需求，本书的目的有三：一是提供国际难民制度基本问题的知识增量；二是意图丰富国内的全球治理意识，加强迁徙的人道主义关注；三是在规范与遵约的既有理论基础之上，发展构建国际难民制度合法性实现的理论分析框架。

（一）提供国际难民制度基本问题的知识增量

尽管难民保护兼具了国内政治和国际政治的性质，但研究难民相关问题的学者很少尝试利用国际关系理论来理解难民保护的国际政治。正如亚历山大·贝茨（Alexander Betts）在其2009年的著作《用劝服保护：难民制度下的国际合作》一书中所指出的："同国际关系学者在环境、人权和贸易等问题领域所做出的工作相比，对难民保护的研究在主流国际关系中基本上是无形的。"[①] 目前的国际语境中，难民问题与国际难民制度被过分政治化与污名化，在国内也谈"难民"色变，唯恐避之不及。这并不利于对该议题的深入探讨。关注难民议题可以为重新思考国际关系理论提供经验知识。

（二）丰富国内的全球治理意识，加强迁徙的人道主义关注

全球治理的范围广泛、议题多样，但我们目前对许多领域的认识都还处于起步阶段，加强对危机迁徙者这类全球化所产生的弱势群体的关注，不但有利于为难民危机地区提供人道主义援助，更能从全球经济治理或是环境治理的主流意识中，逐步丰富我们全球治理的意识，以更恰当、更多元化的途径来为国际社会提供公共产品。目前国内关于全球化中人的讨论多停留在经济迁徙上，而对难民这个与国际安全有直接联系的弱势群体认识与讨论不足，以国际难民制度作为研究对象，可以让全球化理论研究回归人道主义关注。系统了解国际难民现状与相关制度、把握全球难民现状，有利于我们掌握国际难民治理的具体实践经验、明晰国际惯例与准

[①] Alexander Betts, *Protection by Persuasion: International Cooperation in the Refugee Regime*, Ithaca and London: Cornell University Press, 2009, pp. 23–24.

则、丰富与完善我国的难民法规与制度。也能在对制度的进化与变迁的观察中获得修复现行制度、谨慎建构新制度的依据，为国际制度添砖补瓦，以此逐步构建中国的全球治理话语权。

(三) 发展构建国际难民制度合法性实现的理论分析框架

本书在厘清国际难民制度的内涵与构成，理解难民问题与难民危机的性质，探究国际难民制度产生的历史初衷、发展与演变等问题的基础上，系统解释国际难民制度的合法性生成（获得、维系与再造）与合法性危机。刻画国际制度合法性的实现机制包括：国际难民制度"获得合法性的基础授权过程""规范覆盖性扩展过程"以及"国际难民制度的国内实现过程"。通过联合国难民署发挥能动性形成的"公约—难民署"同国内制度的二元互动，刻画国际难民制度的国内实现，在这个动态复杂的二元交往互动中，捕捉一种具体、实在又具有代表性的互动机制。

二 研究结构与主要内容

为了应对难民问题，国际难民制度在20世纪产生、21世纪得以发展与延续。关于难民问题，如汉娜·阿伦特等早期的理论家，已经揭示了其中的政治根源。随着第二次世界大战后新国际体系的建立，在应对难民危机与解决难民问题的实践中发现，永久性解决难民问题，不单是一个国内政治结构的结果，抑或国际秩序下国家选择的结果。难民问题与治理，还关乎难民所在地、来源地的经济发展，社会形态、社区融入，还关乎世界价值、国际道义，以及人类命运共同体的诉求。为应对与治理难民问题而存续的国际难民制度，其设计与形成、阻滞与发展，都同现实世界中的政治、经济、社会与共享价值密切相关。在旨在治理难民问题与难民危机，协调治理难民的行为体与对象，形成协调规则、规范与决策程序的国际制度专项领域，国际难民制度的内涵与构成既映射出制度对于治理实践的回应，又是政治学、经济学与社会学关于制度的理论探讨成果。因此，探讨何谓国际难民制度，有必要从回归国际制度的基本理论开始，了解制度理论发展的贡献，讨论国际制度概念的发展，从而总结国际难民制度的概念与其构成。

本研究分设九章：第一章到第六章为国际难民制度的基本问题，意在弥补国内国际难民制度基本问题研究的不足。第一章介绍国际难民制度的概念，第二章是国际难民制度所协调的议题领域，第三章是国际移民制度涉及的行为体，也就是治理难民问题的主要行为体，第四章是制度组织化形式的联合国难民署，第五章、第六章归纳与阐述了关于难民的正式国际法律制度以及国际难民制度的历史演进。经过对国际难民制度的基本问题的详解，尤其是回顾国际难民制度的历史演进后，我们发现，作为国际难民制度的组织化形式，联合国难民署需要努力通过各种程序与实质工作，给予各主权国家自身治理难民问题努力之外的附加值，使其努力得到升华和改造，以实现更多的国际互惠、责任共担。难民署不单要国际社会广泛的授权来确保自身合法性来源，还要在任何需要的时间和空间中，通过专业知识、倡导救助理念、实施有效治理来塑造权威，弥补国家行动的不足，说服国家面向多边利益，为难民治理做出承诺、遵守约定，让国际难民制度在国内法律制度中得到实现，弥合与提升国家自身的保护能力，从而促进国家在治理中身份的变化、实现难民问题的国际—国内治理良性互动与循环。

因此，第七章到第九章，研究聚焦国际难民制度的合法性问题与实现合法性机制。研究采用第一章中对国际难民制度做出的狭义界定，即最具法律约束力的1951年《关于难民地位的公约》及其1967年《关于难民地位的议定书》同其执行机构——联合国难民署。在接下来的研究中，我们用"公约—难民署"指代国际难民制度。第七章将系统理解国际制度的合法性理论问题，包括合法性来源与危机类型以及从"授权""覆盖性扩展"到"国内实现"的合法性实现全过程，构建分析国际难民制度合法性的国内实现机制，即国际—国内二元互动框架。不同时代，危机由来、难民境遇不尽相同，难民署的各阶段工作重点与挑战也有差异。前文提到，联合国难民署是主权国家通过联大与经社理事会授权成立的，在执行难民公约与议定书的历史发展过程中已经获得了自主性，处理难民问题时，其权责也在不同发展阶段张弛有别。第八章将通过难民署不同发展阶段应对"印支难民危机"（覆盖性与授权代表性不足）、"科索沃危机"（权威削弱与认同危机）以及"哥伦比亚—委内瑞拉难民危机"（制度重叠的竞争危机）三组案例，考察难民署同6个国家的互动：难民署的能动"说服""传授"同各国的制度与治理回应。第九章总结了"公约—难民署"合法性在国内实现的情况，次国家与超国家行为体在其间的角色，分析"公约—难民署"与生俱来的合法性悖论、探讨国际难民制度的可能性出路，并在中国既有经验上尝试提出对中国的启示与建议。

第一章　国际难民制度的概念

国际难民制度具有多边、多元、多层级性，既有国际性又有全球属性，内涵与外延丰富又复杂。议题领域、参与行为体与规范性内涵及其核心构成有助于锚定国际难民制度的概念并进一步阐释本书对其的界定。从国际难民制度的基本概念出发，有助于全景式观察与描述国际难民制度的客观事实，并为衡量其合法性与有效性奠定坚实基础。

第一节　国际难民制度的内涵与定义

一　国际难民制度的内涵

探讨国际难民制度，不可回避地需要重新回顾在世界政治中，何谓"国际制度"。芭芭拉·克利门诺斯（Barbara Koremenos）、查尔斯·利普森（Charles Lipson）和邓肯·斯耐德（Ducan Snidal）认为，狭义的"国际制度"（international institution）主要是指正式的规范，即国际行为体为了规定、禁止或是授权某些行为，通过谈判而达成的明确安排。[①] 广义的国际制度则还包含了非正式规范，包括一些持续存在并相互关联的规则，这些规则规定了行为体的角色、约束其行为以及塑造行为体预期。[②]

弗里德里希·克拉托奇维尔（Friedrich Kratochwil）与约翰·杰拉德·鲁杰（John Gerard Ruggie），将狭义的与广义的定义相结合的国际制度称为"国际机制"（international regime），即为了协调国家在各领域的

[①] Barbara Koremenos, Charles Lipson and Ducan Snidal, "The Rational Design of International Institutions", *International Organization*, Vol. 55, No. 4, Autumn 2001.

[②] Robert O. Keohane, "International Institutions: Two Approaches", *International Studies Quarterly*, Vol. 32, No. 4, Dec., 1988.

预期，并组织管理国际行为而建立的安排。① 史蒂芬·D. 克拉斯纳（Stephen D. Krasner）将国际机制定义为："隐含的或是明确的原则、规范、规则，以及决策程序，基于此，行为体的不同期望得以汇聚于特定的国际关系领域之内。"② 从经验上讲，"涉及国际秩序层面或者国际机制问题上的决定，事实上都是在多边讨论的基础上作出的"③。因此，国际制度还具有多边性质。罗伯特·O. 基欧汉（Robert O. Keohane）认为，国家的互动行为遵循一定的规范使得其行为受到某种程度上的约束或是管理，这就进入了一种制度化的进程，从而产生相应的行为组织结构，当这种组织有了科层制或是官僚组织机构、有了实现目的而行动的能力，那么它就成了正式的制度体系——国际组织。④

国际政治理论家较多关注的"国际制度"是一种相对静止的概念。虽然基欧汉也提及"制度化的进程"，但该"进程"一旦形成真的国际组织，在他的理论建构中也进入一种相对静止的状态，依靠制度的惯性得以延续。社会学的制度主义者则更关注国际制度的动态过程。从社会视角研究制度的学者帕梅拉·S. 托尔伯特（Pamela S. Tolbert）和琳恩·G. 祖克尔（Lynne G. Zucker）认为，国际组织这种制度化的甚至是去制度化的过程，都应该同属于"制度"，一种"过程"的制度。⑤ 迈克·巴尼特和玛莎·芬尼莫尔对国际组织行为分析，也是一种社会组织行为学的分析路径。⑥ 因此，国际组织，包括政府间组织和跨国非政府组织，作为一种制

---

① John Gerard Ruggie, "International Regimes, Transactions and Change: Embedded Liberalism in the Postwar Economic Order", International Organization, Vol. 36, No. 2, 1982.

② Stephen D. Krasner, *International Regimes*, Ithaca, New York: Cornell University Press, 1983, p. 2.

③ [美] 约翰·鲁杰主编：《多边主义》，苏长和等译，浙江人民出版社2003年版，第15页。

④ Robert O. Keohane, "International Institutions: Two Approaches", *International Studies Quarterly*, Vol. 32, No. 4, Dec., 1988.

⑤ Pamela S. Tolbert and Lynne G. Zucker, "International Source of Change in the Formal Structure of Organizations: The Diffusion of Civil Service Reform, 1880-1935", *Administrative Science Quarterly*, No. 30, 1983.

⑥ [美] 迈克尔·巴尼特、[美] 玛莎·芬尼莫尔：《为世界定规则——全球政治中的国际组织》，薄燕译，上海人民出版社2009年版，第4—13页。

度化的状态与结果，同样归入"国际制度"之中。①

随着前文提到的制度研究与组织研究的合流，国际关系学界对制度的理解，也不再限定于基于微观经济学关于理性选择模式的假设。社会学家约翰·W. 迈耶（John W. Meyer）和布莱恩·罗万（Brian Rowan）延续发展了社会学家塔鲁夫·帕森斯（Talooff Parsons）对文化—制度的理解，将制度理解为一种"文化规则的复合体"，② 为了获得特定的目标而设计那些详细规定类似规则的程序等。W. 理查德·斯科特（W. Richard Scott）融合经济、政治和社会三个学科对制度的理解，从符号性要素、社会活动和物质资源构成的社会结构三个方面来理解制定，并给出了对制度的综合性定义："制度包括为社会生活提供稳定性和意义的规制性、规范性和文化—认知性要素，以及相关的活动与资源。"③ 社会学对制度的理解同样应该运用于国际制度的定义中。社会学对制度的理解没有具体指向国际性的制度，因此，将其理解运用于国际制度时，可以加入"国际"性质。受社会学制度理解的启发，迈克·巴尼特和玛莎·芬尼莫尔如前文既有研究回顾中提到的，也将组织文化运用于分析国际关系中的制度问题。④

综合上述的相关理解，国际制度的内涵要素主要包括：（1）国际制度是多边性的制度安排；（2）国际社会与国际事务中的某个特定领域，需要规范、协调行为体的国际行为、规定角色与塑造预期；（3）行为体，即主动或被动参与到该领域的能动者，其中最核心的行为体是制度化的国际组织；（4）协调行为体国际行为的规则、规范、决策程序，为特定领域带来行为体间的稳定预期；（5）以及为实现协调（合作）所要达成的目的，所形成的相关活动与所需资源。根据以上要素，国际难民制度的构成应该包括以下四个层面：协调指向的特定议题领域；治理难民的行为

---

① ［美］谢里尔·尚克斯、［美］哈罗德·K. 雅各布森、［美］杰弗里·H. 卡普兰:《国际政府间组织格局的惯性与变革，1981—1992》，刘庆荣译，载［美］莉萨·马丁、［美］贝思·西蒙斯编《国际制度》，黄仁伟、蔡鹏鸿等译，上海人民出版社2006年版，第145—185页。

② John W. Meyer and Brian Rowan, "Institutionalized Organizations: Formal Structure as Myth and Ceremony", *American Journal of Sociology*, No. 83, 1977.

③ ［美］W. 理查德·斯科特:《制度与组织——思想观念与物质利益》（第三版），姚伟、王黎芳译，中国人民大学出版社2010年版，第56页。

④ ［美］迈克尔·巴尼特、［美］玛莎·芬尼莫尔:《为世界定规则——全球政治中的国际组织》，薄燕译，上海人民出版社2009年版，第201—208页。

体；治理的规则、规范、决策程序；制度的组织化形式。

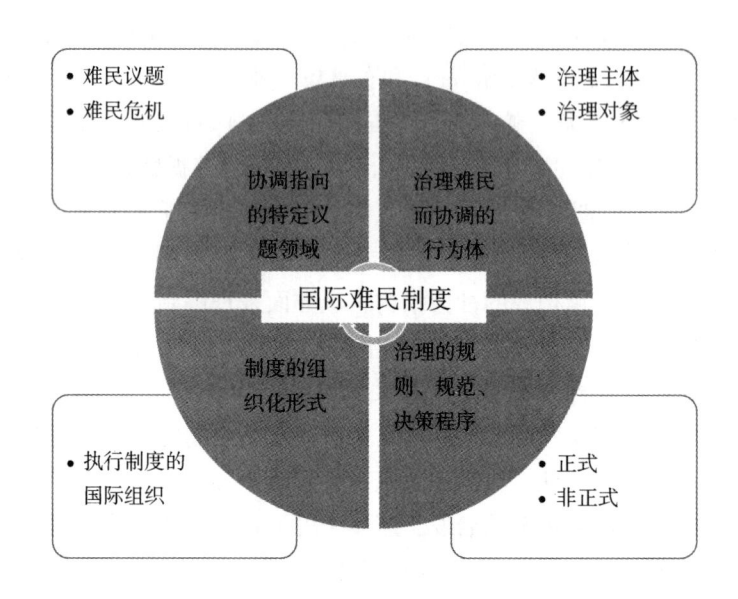

图 1-1　国际难民制度的构成

二　国际难民制度的定义

总括国际难民制度的广义概念，有助于我们对国际难民制度的基本问题进行全景扫描，观察与描述国际难民制度的客观事实。从议题领域、行为体与规范内涵出发，广义上的国际难民制度的定义可以扼要地总结为：为治理难民问题、应对难民危机、协调各个治理行为体的多边难民制度安排，是设计与发展形成的一系列国际规则、规范、决策程序，包括已经制度化并已具备组织文化的国际组织机构。国际难民制度具有多边、多元、多层级性，既有国际性又有全球属性。从这一层面看，继承了国际制度内涵的国际难民制度，是超国家的多边制度安排，主权国家国内的制度安排不应纳入国际难民制度的定义之中。

（一）国际难民制度协调的领域：难民治理与难民危机

国际协调所指向的特定议题领域，是难民治理议题与难民危机领域。难民具有跨国性质，难民议题因此具有跨国性。随着制度的发展与延伸，因交通通信技术进步，难民超越单纯的跨国性开始具备全球流动性，同时，难民危机不再是某一特定地理区域的概念，而是全球共有的问题，因此，难民议题也是全球性的。为难民治理议题而设计、发展与进化而成的难民制度，所协调的领域最初就具有国际性，从特定的区域、来源国家、群体和形成原因，逐渐演进成为当前几乎不论地域、种族、来源地与缘由的所有被迫流离失所问题。无论是专业层面上，关于难民危机的应急响应、难民的保护与援助、难民安置、返乡、社会融入以及生计等问题，还是政治层面上，关于国家间难民收容的责任分担的谈判、原则设定以及难民来源地的和平与重建问题，以及经济层面上为难民治理开展的经费筹措问题，都是国际难民制度协调的领域。

(二) 国际难民制度的行为主体与对象

为了治理难民问题而参与协调的行为体，包括治理主体与对象。治理对象主要是难民与处于类似境地的被迫流离失所者。相较治理对象，治理主体更为复杂多元。在国际政治视角下，国际社会的最主要行为体是主权国家，国际难民制度协调的根本是主权国家间的关系。同时，在全球治理的背景下，难民问题作为一个典型的全球性问题，多重治理权威并存，因此国际难民制度协调的关系不仅包括主权国家之间的，还有多元超国家行为体与国家之间、超国家行为体之间，甚至是超国家行为体与次国家行为体之间的复合关系。具体的行为体主要包括主权国家、国际政府间组织、非政府组织、私营部门以及个人。国家行为体既有国家的中央政府，也有次国家一级的地方政府。

(三) 国际难民制度的核心构成

国际难民制度包含了协调各治理行为体的规则、规范、决策程序。既有被联合国系统认可的、正式成文的难民相关法律文件，诸如联合国公约、条约、协议等，受到国际社会广泛认可并具有法律约束力；也有联合国系统内各机构发起的难民倡议、行动计划以及联合国系统所主导的多边国际协调平台，具有一定协调、规范、劝服功能，或受国际社会的广泛认可，但不具有法律约束力。还有区域性公约、协定等制度性文件以及协调机制，仅对有限区域的主权国家行为体具有法律约束力，并未受到全球范围内的认同。

在研究国际难民制度时，需要同时认识到全球难民治理具有的多层级性以及治理对象——难民所具备的跨区域/域内与跨国境/境内的机动性与流动性。这些特性使得具有全球属性的国际难民制度同区域多边制度安排

(区域内难民保护原则、区域内国家难民收容责任分担原则、合作与协调机制等)、主权国家边界之内的制度安排(国内收容、安置、身份认定与权益保护等制度规范)必然形成千丝万缕的联系,既有良性互动又有冲突与抗衡。区域性的国际多边难民制度安排,虽与全球属性的难民制度有所区别,但本质上属于国际难民制度的范畴。而主权国家内部的制度安排,属于国内制度的国际元素,不属于严格意义上的国际难民制度,但从规范化与规范扩散的维度审视国内制度,能够折射出国际难民制度的有效性。

研究国际难民制度的主要目的是考察其对治理难民问题有效性。制度的有效与否,同观测制度对象的内涵与定义有强相关性且尤为复杂,是一项需要多学科共同研究的问题。国际法领域研究的法律约束力的强弱问题,公共管理领域对于制度执行力与政策有效性的量化评估,社会学与国际问题领域研究的制度对于成员的规范路径与效果,都只能是衡量国际难民制度有效性的其中一个方面,难以兼顾学科与制度的范畴来穷尽其有效性维度。为了实现研究的可操作性,我们还需要框定一个可供深入研究国际难民制度合法性与有效性的狭义定义。

不论学科领域,有效性考察的落脚点都在国际难民制度的核心——治理的规则、规范、决策程序。从狭义上看,国际难民制度的核心是全球难民治理规则、规范、决策程序中最具法律约束力的 1951 年《关于难民地位的公约》及其 1967 年《关于难民地位的议定书》,以及为执行难民公约而生的制度化组织——联合国难民署,即在全球范围内,获得最广泛授权与认可的国际法律文件与其执行机构(制度化的组织)。锚定国际难民制度的狭义定义——"公约—难民署",有助于我们有针对性地回溯历史,观察其合法性的来源、挑战与实现。

第二节 正式与非正式的国际难民制度

为更容易理解国际难民制度的法律约束力、功能类型与适用范围,可按正式与非正式两个部分理解国际难民制度。正式的制度,主要包括一系列同治理难民问题有关的、正式获得国际社会广泛认可与承诺的且具有法律约束力的全球性与区域性多边难民公约、条约与协议。同时,正式制度还应包括不具备法律约束力但被国际社会广泛认可的全球性、区域性正式难民规范性文件，以及制度化组织的规则与规范，也就是组织原则、遵守的章程、执行任务的细则。为同正式制度进行区分，非正式的制度部分主要指非正式的协调性机制与取得的成果。它可以包括联合国及其系统内机构主导或参与的，各国以其他形式构建的，全球性、区域性关于难民议题的，各类多边非正式协调机制及其成果。一般而言，为难民议题举行的国际协调、磋商、交流与经验分享的平台机制，以及通过这些举措与平台机制达成的非约束性共识性宣言、行动计划与举措等文本，也算入非正式的国际难民制度中。也有如《卡塔赫纳宣言》这样的共识性宣言，因为对难民定义有里程碑式的作用，且获得广泛认可，也应被视为正式制度的一部分。

一 正式的国际难民制度

（一）多边难民公约、条约、协议与原则惯例

正式的国际难民制度，第一类是具有法律约束力、正式获得国际社会广泛认可与承诺的全球性与区域性多边难民公约、条约与协议及其强调的难民保护原则与惯例。在这类全球性的法律文件中，最核心的两份文件是1951年的《关于难民地位的公约》及其1967年的《关于难民地位的议定书》，其中难民公约中记录了关于难民的国际保护具有深远影响的原则——"不推回""自愿遣返"以及"临时保护"。也有同难民问题高度相关，并被联合国划定为难民、移民公约与条约的法律文本。例如《关于无国籍人地位的议定书》[1]《联合国打击跨国有组织犯罪公约关于打击陆、海空偷运移民的补充议定书》[2]以及《国家继承涉及的自然人国籍问题》[3]。

具有法律约束力的区域性难民多边公约、条约与协议，仅对特定区域的治理行为体有法律约束力，以欧洲、非洲与拉美地区相关法律文本为代表。欧洲地区的法律文件，1951年《关于难民地位的公约》生效之后，

---

[1] 联合国公约与宣言检索系统：https://www.un.org/zh/documents/treaty/files/OHCHR-1954.shtml。

[2] 联合国公约与宣言检索系统：https://www.un.org/zh/documents/treaty/files/A-RES-55-25-3.shtml。

[3] 联合国公约与宣言检索系统：https://www.un.org/zh/documents/treaty/files/A-RES-55-153.shtml。

欧洲地区的难民国际法律文件也开始逐渐形成：欧洲委员会颁布的 1959 年《欧洲取消难民签证协定》、1967 年《关于庇护可能遭迫害者的第 14 号决议》、1980 年《欧洲转移难民责任协定》、1981 年《关于协调各国庇护程序的建议》、1984 年《关于保护虽非正式难民、但符合 1951 年〈关于难民地位的公约〉者的建议》等难民文件、1995 年《申根协定》、2001 年欧盟通过的《临时保护指令》、2003 年《欧盟庇护待遇指令》（指令 2003/9/EC）、2004 年《欧盟关于给予第三国公民或无国籍人难民或者需要国际保护者资格和身份及其保护内容的最低标准指令》（简称《欧洲难民保护指令》）、《欧盟庇护程序指令》（指令 2005/85/EC）、2011 年欧盟的《关于第三国公民或无国籍人作为难民或需要国际保护人员的资格，关于统一的难民地位和满足辅助性保护人员的地位，和给予保护的内容》（简称《资格指令》）、欧盟 2013 年《接收国际保护申请人的标准指令》（简称《接收标准指令》）等。除了欧洲，在难民与流离失所问题较为严重的非洲地区，也有相应的法律文件出台，例如 1969 年《关于非洲难民问题某些特定方面的公约》、2009 年《非盟关于保护与援助非洲境内流离失所者的公约》（《坎帕拉公约》）等。

（二）受认可的全球性、区域性难民规范性文件

第二类是不具备法律约束力但也被国际社会广泛认可的全球性、区域性正式难民规范性文件。全球性文件最典型的是 2018 年《难民问题全球契约》和《安全、有序和正常移民全球契约（移民问题全球契约）》。这类不具法律约束力的区域性文件最有代表性的是 1984 年《卡塔赫纳宣言》。该宣言来自"中美洲、墨西哥和巴拿马难民国际保护研讨会"，虽然只是倡导性宣言，但对于国际难民制度中的"难民"定义扩展具有深远影响力，且该宣言同《美洲人权宣言》相呼应，对拉丁美洲地区的难民保护问题有很强的规范性。

（三）制度化的组织

第三类是制度化组织的规则与规范，例如组织原则、遵守的章程、执行任务的细则以及决议，也是国际难民制度的正式组成部分。为了实现协调难民治理行为体的目的，形成以执行相关约束性国际法为己任的多边制度化国际组织——联合国难民署，它的行动章程、相关活动与决议就是这一类正式制度的范例。

难民署执行委员会的决议（见表 1-1），例如《关于国际保护的决

议》，也超越了难民署自身内部的规范性文件，成为国际难民制度的正式法律文件。① 这些决议作为具体难民保护对策，以 1951 年《关于难民地位的公约》为基础，以协商一致的方式起草和通过。虽然执行委员会的议定结果并没有强制约束力，但它们对国际保护机制进行了相关解释。例如 2016 年通过的《执行委员会决议：关于从保护与解决方案角度出发的国际合作》(Conclusion of the Executive Committee on International Cooperation from a Protection and Solutions Perspective)② 承诺进一步加强国际合作与团结、公平分担责任；以进一步敦促所有国家和联合国难民署更加努力地维护与执行其重要原则。

再例如"临时保护"规则。在 1951 年《关于难民地位的公约》第九条所提及的"临时措施"中规定"本公约的任何规定并不妨碍缔约国在战时或其他严重和特殊情况下对个别的人在该缔约国断定该人确为难民以前，并且认为有必要为了国家安全的利益对该人继续采取措施时，对他临时采取该国所认为对其国家安全是迫切需要的措施"③。这并未提及具体措施。而其具体意指来自难民署有关决议："当大规模人员为逃离武装冲突、严重侵犯人权或其他形式的迫害而抵达时所作出的迅速的、短期的回应，是对紧急情况采取的一种手段。"④ 1979 年，联合国难民署在第 15 号决议中提出，当大规模的寻求庇护者涌入，这些人应至少得到临时保护，接收国应得到他国的帮助，并与难民署协商，以确保这些人得到紧急的帮助。1981 年，联合国难民署通过第 22 号决议，具体提到了当寻求庇护者大量涌入时应采取的临时保护措施，包括不予推回、提供最低的人道援助。该决议不仅建议各国对接收国提供多方面的长期的帮助，也鼓励国际社会可以共同从根源上解决造成大规模人员涌入问题，如防止武装冲突，

---

① 系列有关决议请参见，http：//www.refworld.org/type,EXCONC,UNHCR,,,,0.html。

② UNHCR, Conclusion of the Executive Committee on International Cooperation from a Protection and Solutions Perspective No. 112 (LXVII) 2016, 6 October 2016, http：//www.refworld.org/docid/57f7b5f74.html.

③ 联合国公约与宣言检索系统：《关于难民地位的公约》，https：//www.un.org/zh/documents/treaty/files/OHCHR-1951.shtml。

④ 武文扬：《国际法与国际政治视角下的难民保护困境》，《现代国际关系》2016 年第 5 期。

缓解贫困，提高人权和基本自由的保护等。①

表 1-1　　　　　联合国难民署方案执行委员会的决议

年度	决议的名称
2000 年	《关于国际保护的决议》 《关于独联体会议后续行动的决议》 《关于难民署工作人员和所有其他人道主义事务人员安全的决议》
2002 年	《关于国际保护的一般决议》 《关于各个庇护系统接纳寻求庇护者的决议》 《关于庇护所平民和人道主义性质的决议》 《关于东道国贡献的决议》 《关于筹资机制的决议》
2003 年	《关于国际保护问题的决议》 《关于据认为不需要国际保护的人员回返问题的决议》 《关于拦截措施的保护措施的决议》 《关于防止性虐待和性剥削的决议》
2005 年	《关于国际保护的一般性决议》 《关于提供国籍保护，包括补充保护的决议》 《关于当地融合的决议》 《关于加强检察长办公室独立性的决议》 《关于设置助理高级专员（保护事务）职位的建议的决议》
2006 年	《关于处境危险的妇女和儿童的决议》 《关于无国籍的认定、防止和减少以及对无国籍的人的保护的决议》
2007 年	《关于处于危险境况儿童的决议》 《关于执行委员会国际保护决议的性质、价值及运用的决议》
2011 年	《关于行政、财务和方案事项的一般性决定》 《关于修订"由难民事务高级专员经管的自愿基金财务细则"的决议》
2013 年	《关于民事登记的决议》 《关于高级专员方案执行委员会及其常设委员会工作方法的决议》
2016 年	《关于从保护和解决方案角度进行国际合作的结论》 《关于青年的执行委员会决议》
2017 年	《关于难民和无国籍人士机读证件的决议》

资料来源：2013—2017 年统计自联合国难民署网站；2013 年之前来自刘国福：《国际难民法》，世界知识出版社 2014 年版，第 6—7 页。

除了以上内容外，主权国家为响应国际难民制度而在国家层面设立的相关联动机制与制度性安排也能够算入正式的国际难民制度中。

---

① 武文扬：《国际法与国际政治视角下的难民保护困境》，《现代国际关系》2016 年第 5 期。

二 非正式的国际难民制度：协商合作机制

国际难民制度的非正式部分主要是指各类针对难民相关议题成立的全球非正式协调机制及其成果。既可以是联合国系统内机构主导建立、协同参与的，也可以是全球各国以全球或区域多边形式共同组织建立的关于难民议题的。一般包括国际协调、磋商、交流与分享的平台机制，以及平台机制达成的共识性宣言、行动计划与举措等文本。这些机制与文本虽然也有规范倡议与被执行的要求，但未被联合国及其成员作为约束性法律条文与规范认可，尚未成为全球性公约、条约与协议或其组成部分，抑或是涉及难民的有限议题，带有区域、局域性质，并未得到广泛认可。在诸多全球性、繁复的区域性以及相关性议题举措中，以下所列，是进入21世纪后较有划时代意义的全球非正式国际难民制度。

（一）全球性协商合作机制

1. 2016年《纽约难民和移民宣言》

2016年9月19日，联合国大会通过一系列承诺，加强对难民和移民的保护。这些承诺被称为《纽约难民和移民宣言》(《纽约宣言》)①。《纽约宣言》重申了国际保护机制的重要性，并代表成员国做出承诺，对迁徙中的人加大保护力度、加强保护机制。这项宣言是为随后在2018年通过的两个全球契约——《难民问题全球契约》和《安全、有序和正常移民全球契约》铺平道路。宣言的核心内容包括：成员国通过《纽约宣言》对被迫逃离者表示深切同情；重申国家对充分尊重难民和移民的人权负有义务；对大力支持受大规模难民和移民影响的国家做出承诺；同意为通过全球难民契约，以及安全、有序和正常迁徙的全球契约做出努力。格兰迪这样评价该宣言：

> 《纽约宣言》标志的政治承诺，具有前所未有的力量和共鸣。宣言填补了国际保护制度中长期存在的缺陷——真正为难民问题分担责任。
> ——联合国难民事务高级专员菲利普·格兰迪（Filippo Grandi）

---

① UNHCR, "New York Declaration for Refugees and Migrants", September 19, 2016, http://www.unhcr.org/new-york-declaration-for-refugees-and-migrants.html.

2. 2011年"部长会议"

为纪念1951年《关于难民地位的公约》订立60周年，纪念1961年《减少无国籍状态公约》订立50周年，① 联合国难民署于2011年12月7—8日在日内瓦举办了部长级会议。会议聚集了联合国155个成员国代表（包括72位部长），对应对无国籍问题起到了里程碑式作用。特邀嘉宾包括时任国务卿希拉里，肯尼亚国家移民和登记部部长杰拉尔德·奥蒂诺·卡吉万格（Gerald Otieno Kajwan'g），瑞士总统米舍利娜·卡尔米-雷伊（Micheline Calmy-Rey），以及诺贝尔和平奖获得者、芬兰前总统马尔蒂·阿赫蒂萨里（Martti Ahtisaari）。活动筹备期间，关于难民的保护、援助以及永久解决方案（包括重新安置和就地融入），就已经有62个国家做出书面承诺，会议期间还有许多国家单独或是同其他国家一起联合做出承诺。这一举打破几十年来难民接收国家长期视为禁忌的议题。

会议最大的突破是在无国籍状态问题上，这能使1200万人受益。长期以来，关于无国籍问题的两个主要国际条约——1961年《减少无国籍状态的公约》和1954年《关于无国籍者的公约》都没能得到充分认可。但到2011年，有8个国家新加入其中一个公约，后者缔约国数量增至70个，前者缔约国则增至42个。在部长级会议上，另外还有20个国家承诺加入无国籍法律文件的一项或者承诺两项都加入，25个国家做出与无国籍状态有关的承诺。这些国家做出的承诺，最值得关注的部分就是承诺改革国家法律，结束性别歧视，使妇女能够将国籍传递给孩子。针对本国领土内的无国籍者，各国还保证将开展身份确定程序，改善民政登记系统，承诺调查无国籍人士情况，同时开展提升无国籍现象认识的行动，为无国籍者提供包括获得公民身份在内的开放性选择。会议结束时，还发布了一项部长公报（Ministerial Communiqué）重申1951年《关于难民地位的公约》及其1967年《关于难民地位的议定书》是国际难民保护制度的基础，在21世纪仍然具有持久的价值和相关性。

3. 联合国难民署"与非政府组织的年度磋商会"

联合国难民署"与非政府组织的年度磋商会"（Annual Consultations

---

① UNHCR, Ministerial Meeting, December 7 – 8, 2011, http://www.unhcr.org/ministerial - meeting.html.

with NGOs)① 是难民署同非政府组织独特的结构性对话机制。它为全球性和区域性的主题提供了辩论平台，还为各类倡议和具体业务问题探索提供了新的合作机会。磋商会议已经成为国际社会处理流离失所和保护问题的关系网络，让国际社会同包括难民署的高级专员在内的高层管理人员进行充分互动。每年来自世界各地的 500 多名代表参加磋商会。

（二）区域性协商合作机制

1. 2009 年非洲联盟首脑会议②

2009 年 10 月 19—23 日，非洲国家领导人和政府元首聚集在乌干达首都坎帕拉，专门讨论被迫流离失所的问题。会议制订了针对该问题的行动计划，并通过对保护非洲流离失所者具有里程碑意义的公约——《非盟关于保护与援助非洲境内流离失所者的公约》（《坎帕拉公约》）（*AU Convention for the Protection and Assistance of Internally Displaced Persons in Africa*）。③ 时任联合国难民事务高级专员的古特雷斯（António Guterres，现任联合国秘书长）做了会议发言。召开这次会议有 7 个目的：一是找出流离失所的根本原因和解决办法；二是探索防止被迫流离失所的途径；三是改善对被迫流离失所者的保护；四是加强措施满足流离失所妇女和儿童的特殊需求；五是制定战略减少自然灾害对流离失所的影响；六是探索各类方式，为刚刚摆脱冲突的社区重建提供便利；七是加强伙伴关系解决非洲被迫流离失所问题。

这次会议的召开，距非盟《非洲难民问题特定方面公约》的出台已经过去了 40 年。在坎帕拉首脑会议的最后一天，与会者通过了在非洲区域范围内针对境内流离失所者的第一份具有法律约束力的国际文件。这项公约成为非洲地区保护和援助境内流离失所者（在流离失所产生前、流离失所中和流离失所后）最全面的区域性框架。

---

① UNHCR, Global Consultations with NGOs, 2022, http://www.unhcr.org/annual-consultations-ngos.html.

② UNHCR, African Union Summit, October 19 to 23, 2009, http://www.unhcr.org/african-union-summit.html.

③ Organization of African Union, African Union Convention for the Protection and Assistance of Internally Displaced Persons in Africa ("Kampala Convention"), October 23, 2009, https://www.refworld.org/docid/4ae572d82.html.

2. 2016年"中美洲北三角的保护需求圆桌会议"

从20世纪80年代开始，萨尔瓦多、危地马拉和洪都拉斯的武装冲突肆虐，严重贫困、帮派和其他犯罪集团的暴力与迫害导致逃离该地区人数的激增前所未有。2016年7月6、7日，高级别圆桌会议（Roundtable on Protection Needs in the Northern Triangle of Central America）① 在哥斯达黎加的圣何塞举行。为了应对这些日益增长的国际保护需求，会议探讨如何协同探索寻找机会。鉴于中美洲局势的严重性、广泛性和复杂性，迫切需要更广泛的区域协调来应对挑战，并确保以解决问题为导向的应对措施得到及时执行。为此，难民署与美洲国家组织合作召开了高级别圆桌会议，并通过一项全面行动计划，以期探索危机保护应对的战略性、协作性和系统性。

（三）具体问题的针对性举措

1. 2016年"接纳叙利亚难民的途径"②

叙利亚的冲突已经迫使超过480万叙利亚人跨越边界到达邻国，据估计还有650万人在叙利亚境内流离失所。这个区域的周边国家接收了世界上最多数量的叙利亚难民。难民接收国和捐助者都在继续慷慨解囊，但叙利亚难民的生活条件仍在经受着巨大压力。许多绝望中的叙利亚难民，继续迁徙，尤其是向欧洲迁徙。鉴于叙利亚局势之严重、范围之广、情形之复杂，迫切需要国际社会重新本着国际合作的基本原则，更公平地分担对难民的国际责任。为此，难民署于2016年3月30日召开部长级会议，通过"接纳叙利亚难民的途径"（Pathways for Admission of Syrian Refugees），来促进全球难民保护责任的分担。会议讨论了接纳叙利亚难民的机制，包括：重新安置、人道主义准入方案、对有人道主义需求的个人提供私人赞助方案、特别人道主义签证和紧急医疗运送，以及家庭团聚、劳动力流动计划和奖学金之类的额外途径。这次会议有助于建立一个更广泛应对大规模难民和移民的程序，并最终决定召开联合国大会高级别全体会议。

今天，他们是难民。明天，他们可能是学生、教授、科学家、研

---

① UNHCR, "Pathways for Admission of Syrian Refugees", March 30, 2016, http://www.unhcr.org/pathways-for-admission-of-syrian-refugees.html.

② UNHCR, "Pathways for Admission of Syrian Refugees", March 30, 2016, http://www.unhcr.org/pathways-for-admission-of-syrian-refugees.html.

究者、工人和护理人员。当管理得当,接受难民会是每个人的胜利。

——联合国前秘书长潘基文
2016 年 3 月 30 日高级别会议开幕发言①

2. 2015 年索马里难民部长级认捐会议②

索马里人的流离失所是世界最旷日持久的流离失所状态之一,已经持续超过 20 年,影响了三代人。有 200 多万索马里人处于流离失所状态,约 110 万是境内流离失所者,另外 100 万索马里难民则分散于周边的国家地区(42.07 万在肯尼亚,24.93 万在埃塞俄比亚,约 24 万在也门,3.24 万在乌干达,1.2044 万在吉布提),这些国家的压力与日俱增。

2015 年索马里出现了短暂的安全期和相对缓解的政治氛围,为了抓住这有可能转瞬即逝的机会,难民署和欧盟同肯尼亚、索马里达成合作,于 2015 年 10 月 21 日在布鲁塞尔举办了"索马里难民部长级认捐会议",与会国家和组织有 50 多个。会议提出一项行动计划,倡议通过发展强有力的伙伴关系,实施一系列人道主义举措,共同协调合作为《肯尼亚、索马里政府与联合国难民署关于自愿遣返肯尼亚的索马里难民三方协议框架》做准备。认捐会共为这项行动计划筹集了 9400 万欧元(1.05 亿美元)。其中,欧盟捐助 6734.067 万美元,非洲开发银行 3000 万美元,丹麦 421.116 万美元,意大利 224.4669 万美元,埃及 100 万美元。除此以外,美国难民委员会还做了非经费捐助,向 1 万名索马里年轻返乡者提供生计培训。

3. 2014 年"沙迦难民儿童会议"③

2014 年 10 月 15—16 日,在阿联酋首都阿布扎比举行了一场关于保护区域内难民儿童和青少年里程碑式的会议(Sharjah Conference on Refugee Children)。有数百来自世界各地的政府官员、国际组织代表、非政府组织和联合国机构、学术界、媒体、儿童保护专家、难民和阿联酋的

---

① UNHCR, "Pathways for Admission of Syrian Refugees", March 30, 2016, http://www.unhcr.org/pathways-for-admission-of-syrian-refugees.html.

② UNHCR, Ministerial Pledging Conference on Somali Refugees, http://www.unhcr.org/ministerial-pledging-conference-somali-refugees.html.

③ UNHCR, Sharjah Conference on Refugee Children, October 15 - 16, 2014, http://www.unhcr.org/sharjah-conference-refugee-children.html.

年轻人参会。与会者反思检讨了难民儿童和年轻人的保护工作,探讨加强保护制度的具体办法。会议讨论的主题包括性暴力和基于性别的暴力、受武装冲突影响的儿童、出生登记和法律文件、通过教育保护儿童、为保护结成的公共—私营合作伙伴、媒体与保护、生活技能和生计等。这次会议突出了政府、市民社会、国际和区域机构间现有的伙伴关系,强调还需要加强发展新的关系。会议鼓励与会者分享好的经验、总结教训并提出解决难民儿童、年轻人保护中风险和脆弱性的创新举措。还举行了特别的会外活动,让与会年轻人了解被迫流离失所的多变性和挑战以及如何保护难民儿童免遭虐待、暴力和剥削。会议制定了一整套保护区域内难民儿童的相关原则。

4. 阿富汗解决方案战略①

从 2002 年开始,已经有超过 580 万阿富汗人返回家乡,80%以上的返乡者是难民署最大的自愿遣返方案支持下返乡的。然而进入新千年的第一个 10 年后,自愿返回的人数量已经开始下降。有约 260 万阿富汗人在世界 70 多个国家生活,其中绝大多数(约 95%)是由伊朗和巴基斯坦两个国家所收容。为了寻求持续的解决方案,阿富汗、伊朗、巴基斯坦于 2011 年和难民署开展了四方协调进程,促成了 2012 年 5 月由难民署和瑞士政府共同主办的会议"支持阿富汗难民自愿遣返解、可持续地重新融入社会、接收国援助的国际会议"(International Conference on the Solutions Strategy for Afghan Refugees to Support Voluntary Repatriation, Sustainable Reintegration and Assistance to Host Countries, SSAR)。会议针对阿富汗人返乡问题制定了解决方案战略并发布联合公报,建立后续的执行机制。此时的该战略作为一个多年期的倡议,旨在帮助促进自愿返乡和可持续地重新融入社会,同时为接收国提供援助。

2014 年各国政府与 50 多个人道主义组织和经济社会发展伙伴一起,围绕教育、医疗和生计问题,又制定了三个具体的国家项目组合。这个多边合作的综合框架,也成为该战略的一部分。2015 年,难民署第 66 次执行委员会会议期间,高级别部分会议专门讨论了阿富汗难民局势,以重振全球关注,加强协调行动,通过保护、援助和发展,来促进阿富汗难民的

---

① UNHCR, Solutions Strategy for Afghan Refugees, 2012, https://www.unhcr.org/asia/solutions-strategy-afghan-refugees.

永久解决方案。会议期间又更新了战略项目组合。除外，阿富汗建立的民族团结政府（National Unity Government）以及该政府对阿富汗难民做出的承诺，已经在可持续返回和重返社会中得到体现，这些都为长期的难民状态寻求永久解决方案提供机遇，并一直努力让难民问题在阿富汗取得的进展不会停滞。

（四）其他非正式的磋商机制

1. "关于迁徙、庇护与难民的政府间磋商"[①]

1985年成立的"关于迁徙、庇护与难民的政府间磋商"（Intergovernmental Consultations on Migration, Asylum and Refugees, IGC）是一个以发达国家为成员，由国家主导的多学科和跨地区的磋商进程，讨论庇护和人口迁入政策，提供在难民署主导的传统多边论坛之外的非正式、非决策性论坛。该进程促进参与国就整个移民过程中的关键问题进行非正式的信息交流、政策辩论和合作。IGC开展了一系列活动，包括高级官员和专家会议，政策和计划信息的整理和传播，数据收集和趋势分析，应参与国的要求编写报告、比较文件和专题汇编。

该磋商的工作主要围绕六个项目组，每个项目有一个工作组，每年召开两次会议，主要讨论以下六项工作内容：

· 迁徙的准入、控制和执行（Admission, Control and Enforcement, ACE）部分，讨论内容涵盖了政策执行的连续性，包括移民身份管理、迁徙合规性和安全性等跨领域主题。

· 庇护与难民部分，侧重讨论庇护、难民和国际保护事务的范围，探讨从案件处理和难民身份确定到战略政策层面的问题。

· 原籍国信息（Country of Origin Information, COI），涵盖原籍国的所有政策和实际方面，包括庇护、保护、重新安置、执法和移民。

· 迁徙部分涵盖法律途径，从工人到学生再到家庭移民，以及诸如移民融合关系等跨领域问题。

· 融合，侧重于定居和融合方面的政策和实践，包括经济和社会包容、公民参与和公民身份。

· 技术部分是跨领域的，涵盖了正常和非正常移民领域使用的所有技术。

[①] IOM, the Intergovernmental Consultations on Migration, Asylum and Refugees (IGC), https: //www.iom.int/sites/g/files/tmzbdl486/files/our_work/ICP/IGC_1-Page-Overview.pdf.

2."全球移民与发展论坛"

"全球移民与发展论坛"（Global Forum on Migration and Development, GFMD）创建于2007年，是一个由国家主导、非正式且不具约束力的进程，有助于塑造关于移民与发展的全球辩论。论坛提供了一个灵活的、多利益相关者的空间，政府可以在其中讨论与移民、发展以及这两个领域之间的联系和多方面的机遇和挑战。论坛流程允许政府与民间社会、私营部门、联合国系统和其他相关利益攸关方合作，共同分析和讨论敏感问题，达成共识，提出创新解决方案，分享政策和实践。

2003年12月9日，联合国秘书长和一些政府在日内瓦正式启动了全球国际移民委员会，这是有史以来第一个解决国际移民问题的全球小组。它由来自所有地区的19名成员组成，汇集了广泛的移民观点和专业知识。在促进关于国际移民的全面辩论中，委员会试图通过以下方式加深对国际移民的理解：审议所有地区的政府和其他移民专业知识、政策方法和最佳实践；开展研究和探索各专业板块，包括发展、贸易、人类安全、人口统计、强制迁移、移民汇款、国际合作、私营部门参与、媒体的作用、国家和国际安全、收集和传播与移民有关的信息以及加强移民国际治理等领域。

3."性别、被迫流离失所与保护咨询小组"

联合国难民署建立了"性别、被迫流离失所与保护咨询小组"[①]来提供跨学科论坛，促进性别平等、预防和有效应对性暴力以及以性别为基础的暴力，赋予妇女和女孩担任社区领导角色的权利。该小组的具体目标是：吸引人道主义领域之外的专家学者，成立咨询团队，在被迫流离失所背景下，处理同性别与保护相关的事宜；与难民署一起制定创新方法来减少风险、加强能力建设、改进保护方案；为难民署面对的具体保护挑战提供有原则的、切实可行的解决方案。这些方案会作为每一次年度会议的重点议题讨论。咨询小组由21名来自世界各地的社会梦想家、变革者和市民社会的领导者组成。这个群体反映了广泛地理区域的工作经验，吸收了各领域的丰富知识，诸如人类学、发展经济学、教育学、性别研究、健康、人权、正义、宗教和社会学等。咨询小组成员同社区的工作者一起，试图解决诸如家庭暴力、同性恋恐惧症、仇外心理和妇女边缘化问题。高

---

① UNHCR, Advisory Group on Gender, Forced Displacement and Protection, February 12, 2016, http://www.unhcr.org/advisory-group-on-gender-forced-displacement-and-protection.html.

级别咨询小组的成员任期为两年，也有延长的可能。2016年2月12日，难民署的咨询小组举行了首届会议。顾问们参与了难民署的多项工作，包括参加难民署的重要活动，与难民署合作，支持发起顾问们特别感兴趣和特别在行的议题。

第二章　国际难民制度协调的议题：难民与难民危机

人类历史上，很早就已经出现难民问题。现代国际法学界所使用的"难民"（refugee），来自西方语境，通常被认为是源于法国 1573 年对因西班牙宗教迫害而逃亡的尼德兰加尔文教教徒的称呼"réfugié"，主要是指逃到国外以躲避危险和迫害的人。① 到 17 世纪后期，路易十四对胡格诺教教徒的迫害，使得超过 10 万人从法国逃往英国，由此，来自法文的英文词"refugee"开始得到使用。随着威斯特伐利亚体系的确立、主权国家的建立，此时的"难民"已经有了"国际性"含义。直到第一次世界大战结束前，难民并没有一个被普遍接受的国际法定义。本章将从"难民"一词的定义与概念演变，难民危机产生的原因与特征，以及从 2015 年以来的全球新一轮难民危机入手，详细介绍国际难民制度的协调所指向的特定议题领域——难民与难民危机。

第一节　难民的定义与演变

科技对于武器与冲突形式的影响愈深，20 世纪的国际冲突开始对整个世界人口的迁徙与流动产生影响。② 第一次世界大战加速了奥匈帝国等旧帝国的分崩离析。奥地利、捷克斯洛伐克、爱沙尼亚、匈牙利、拉脱维亚、立陶宛、波兰和南斯拉夫这些新建立的政府，都想通过建立文化上、政治上同质的人口结构来消灭旧秩序、巩固政府权力，由此迫使几十万人

---

① Aristide R. Zolberg, Astri Suhrke, and Sergio Aguayo, *Escape from Violence: Conflict and Refugee Crisis in the Developing World*, New York: Oxford University Press, 1989, p. 17.

② Gil Loescher, *Beyond Charity: International Cooperation and the Global Refugee Crisis*, New York: Oxford University Press, 1993, p. 34.

流离失所。① 俄国革命与饥荒也造成 100 多万难民。各国政府纷纷采用移民法、护照和其他入境法律法规来管理人口迁徙。现代民族国家的产生致使大规模人群外逃，那些没能获得新国籍的逃亡者由于边境管控，既不能返乡，又无法在其他地区找到避难所，几乎不可能获得合法居住的资格，欧洲面临巨大的人道主义危机。

一 国际法中的难民定义

直到 20 世纪 20 年代，难民问题才受到国际社会的关注，并正式进入国际法领域。1921 年，国际联盟设立了难民事务高级专员，负责保护和援助在第一次世界大战结束时滞留在各国的难民。于是，国联于 1921 年建立了第一个国际难民组织——难民事务高级专员公署（High Commissioner for Refugees）为俄国难民提供援助，南森作为专员开始专门处理俄国难民事务。② 由此，难民问题作为国际组织、社会的治理责任，开始出现在一些国际协定与公约之中。1926 年《关于向俄国和亚美尼亚难民颁发身份证件的协议》将俄国难民定义为"任何来自俄国的不享有或不再享有苏维埃社会主义共和国和国际联盟政府保护并尚未取得新国籍的人"。亚美尼亚难民，"是任何亚美尼亚民族成员且为奥斯曼帝国的国民，现在不享有或不再享受土耳其共和国政府的保护并尚未取得其他国籍的人"③。此时，对难民的定义是基于针对处理一个群体的问题而达成的协议，缺乏治理难民的普遍适用的国际规则。20 世纪 30 年代在国际联盟框架下也签订了诸如 1933 年《关于难民国际地位的公约》，但仍未对难民给予普遍适用的定义。

较普遍的确切定义"难民"，是在第二次世界大战之后才逐步形成的。1949 年 12 月 3 日，联合国大会第 319（Ⅳ）号决议通过，决定于 1951 年 1 月 1 日设立联合国难民署。联合国大会 1950 年 12 月 14 日的 428（Ⅴ）号决议附件正式通过《联合国难民署章程》（*The Statute of the*

---

① Aristide R. Zolberg, Astri Suhrke, and Sergio Aguayo, *Escape from Violence: Conflict and Refugee Crisis in the Developing World*, New York: Oxford University Press, 1989, p. 17.

② Gil Loescher, *Beyond Charity: International Cooperation and the Global Refugee Crisis*, New York: Oxford University Press, 1993, p. 33.

③ 刘国福：《国际难民法》，世界知识出版社 2014 年版，第 34 页。

Office of the United Nations High Commissioner for Refugees)①，并于次年正式颁布。该决议再次体现了联合国大会呼吁各国政府与高级专员合作，履行其在难民署权限范围内的职责。根据章程，难民署的工作性质是人道主义和社会性的，完全是非政治性的。

该章程将难民定义为："在1926年5月12日和1928年6月30日的协议之下，或者是在1933年10月28日及1938年2月10日的公约、1938年9月14日的议定书，或是国际难民组织的规章所规定范围之下任何人；由于1951年1月以前发生的事件并有充分理由畏惧因为种族、宗教、国籍或是政治观见解而受到迫害，因为这些原因而滞留在国籍国之外，并且由于这种畏惧，或者其他除个人便利之外的缘由，不能或不愿让自己接受国籍国的帮助的人；或者是没有国籍的人，处于其原先惯常居住地之外的国家，因为畏惧或其他除个人便利之外的缘由，不能或不愿回到其原先惯常居住地的人。"② 也就是通常称之为的"章程难民"。

但章程中并未明确难民的法律地位与国家的责任。为了使国际社会能够长久地、普遍地承担保护难民的责任，弥补章程在难民事务规定中的不足，并明确难民的法律地位和待遇标准，联合国在设立难民署的同时，还在1950年12月14日通过了难民和无国籍人地位的全权代表外交会议的第429（Ⅴ）号决议。1950年联合国成立联合国难民事务高级专员公署（统称为"联合国难民署"），1951年7月28日联合国在日内瓦召开解决难民和无国籍人地位的全权外交会议上订立了《关于难民地位的公约》（*Convention relating to the Status of Refugees*），首次以普遍性国际公约的形式对难民的定义和范围作了明确的规定，该公约的订立是现代国际难民制度发展的一个里程碑。

根据1951年《关于难民地位的公约》第一条规定：难民是指由于1951年1月1日以前发生的事情"因种族、宗教、国籍、特殊社会团体成员或政治见解而有恐惧被迫害的充分理由，而身处在原籍国领域外不愿

---

① UN General Assembly, Statute of the Office of the United Nations High Commissioner for Refugees, December 14, 1950, A/RES/428 (Ⅴ), http://www.refworld.org/docid/3ae6b3628.html.

② UN General Assembly, Statute of the Office of the United Nations High Commissioner for Refugees, December 14, 1950, A/RES/428 (Ⅴ), http://www.refworld.org/docid/3ae6b3628.html.

或不能返回原籍国的人"①。也就是通常所称的"公约难民"。

对于难民的定义，涉及难民治理国家与组织的援助义务和任务，各国很难形成统一的意见。斯堪的纳维亚地区国家同比利时、荷兰、卢森堡国家支持英国，寻求一个对难民的广泛定义。美国和法国则主张限定难民公约缔约国对难民的责任。大多数国家认为难民公约应该作为一个接收和照顾欧洲难民的工具。最后1951年《关于难民地位的公约》中对难民再次做出定义：②

（一）本公约所用"难民"一词适用于下列任何人：

（甲）根据1926年5月12日和1928年6月30日的协议，或根据1933年10月28日和1938年2月10日的公约，以及1939年9月14日的议定书或国际难民组织约章被认为难民的人；国际难民组织在其执行职务期间所作关于不合格的决定，不妨碍对符合本款（乙）项条件的人给予难民的地位。

（乙）由于1951年1月1日以前发生的事情并因有正当理由畏惧由于种族、宗教、国籍、属于某一社会团体或具有某种政治见解的原因留在其本国之外，并且由于此项畏惧而不能或不愿受该国保护的人；或者不具有国籍并由于上述事情留在他以前经常居住国家以外而现在不能或者由于上述畏惧不愿返回该国的人。对具有不止一国国籍的人，"本国"一词是指他有国籍的每一国家。如果没有实在可以发生畏惧的正当理由而不受他国籍所属国家之一的保护时，不得认其缺乏本国的保护。

（二）（甲）本公约第一条（一）款所用"1951年1月1日以前发生的事情"一语，应了解为（子）"1951年1月1日以前在欧洲发生的事情"；或者（丑）"1951年1月1日以前在欧洲或其他地方发生的事情"；缔约各国应于签字、批准或加入时声明为了承担本公约的义务，这一用语应作何解释。

（乙）已经采取上述（子）解释的任何缔约国，可以随时向联合

---

① 《关于难民地位的公约》第一章第一条，http://www.npc.gov.cn/wxzl/wxzl/2000-12/26/content_1325.htm。

② 全国人民代表大会网站：《关于难民地位的公约》，http://www.npc.gov.cn/wxzl/wxzl/2000-12/26/content_1325.htm，2017年4月25日。

国秘书长提出通知，采取（丑）解释以扩大其义务。

（三）如有下列各种情况，本公约应停止适用于列入上述（甲）款的任何人：

（甲）该人已自动接受其本国的保护；或者

（乙）该人于丧失国籍后，又自动重新取得国籍；或者

（丙）该人已取得新的国籍，并享受其新国籍国家的保护；或者

（丁）该人已在过去由于畏受迫害而离去或躲开的国家内自动定居下来；或者

（戊）该人由于被认为是难民所依据的情况不复存在而不能继续拒绝受其本国的保护；但本项不适用于列入本条（一）款（甲）项的难民，如果他可以援引由于过去曾受迫害的重大理由以拒绝受其本国的保护；

（己）该人本无国籍，由于被认为是难民所依据的情况不复存在而可以回到其以前经常居住的国家内；但本项不适用于列入本条（一）款（甲）项的难民，如果他可以援引由于过去曾受迫害的重大理由以拒绝受其以前经常居住国家的保护。

（四）本公约不适用于目前从联合国难民事务高级专员以外的联合国机关或机构获得保护或援助的人。

当上述保护或援助由于任何原因停止而这些人的地位还没有根据联合国大会所通过的有关决议明确解决时，他们应在事实上享受本公约的利益。

（五）本公约不适用于被其居住地国家主管当局认为具有附着于该国国籍的权利和义务的人。

（六）本公约规定不适用于存在着重大理由足以认为有下列情事的任何人：

（甲）该人犯了国际文件中已作出规定的破坏和平罪、战争罪或危害人类罪；

（乙）该人在以难民身份进入避难国以前，曾在避难国以外犯过严重政治罪行；

（丙）该人曾有违反联合国宗旨和原则的行为并被认为有罪。

章程定义的难民（简称"章程难民"）与公约定义的难民（简称

"公约难民")的区别在于:章程难民可以从联合难民署行动中受益,但却不能享受赋予"公约难民"的权利,除非他们同时被某一公约缔约国承认为难民。但公约对难民的定义还是更狭窄些。直到1954年1月,才有6个国家加入,使得难民公约难有生效的必要。

由于《关于难民地位的公约》对难民的定义做出时间限制,以及地域上的模糊用词,使得在1951年以后产生的难民,以及1951年以前非欧洲地区的难民皆得不到公约的保护。在原西方殖民地国家独立浪潮中产生了越来越多的公约定义之外的保护需求者,非洲和拉丁美洲地区尤为明显。因此,扩大该公约的适用范围显得非常紧迫。1966年12月6日,联合国大会通过了《关于难民地位的议定书》的第2198(XXI)号决议,该议定书于1967年10月4日正式生效。该议定书取消了《关于难民地位的公约》中的时限和地域的限制,使难民定义从此适用于所有国家地区和任何时候。删除了"由于1951年1月1日以前发生的事情并……"等字和"……由于上述事情",使公约真正具有了普遍性。上述公约和议定书是定义难民、确定难民权利和国家法律责任的最重要的法律文件,也是目前世界范围内有关难民保护的两个基本法律文件,目前已有147个国家成为这两份文件的缔约国。中国在1982年加入了公约和议定书。

1967年《关于难民地位的议定书》中规定①:

> 考虑到自通过公约以来,发生了新的难民情况,因此,有关的难民可能不属于公约的范围,考虑到公约定义范围内的一切难民应享有同等的地位而不论1951年1月1日这个期限是否是符合于愿望的,
> 兹议定如下:
> 第一条 一般规定
> 一、本议定书缔约各国承担对符合下述定义的难民适用公约第2至34(包括本条在内)各条的规定。
> 二、为本议定书的目的,除关于本条(三)款的适用外,"难民"一词是指公约第一条定义范围内的任何人,但该第一条(一)款(乙)项内"由于1951年1月1日以前发生的事情并……"

---

① 全国人民代表大会:《关于难民地位的议定书(1966年12月16日)》,http://www.npc.gov.cn/wxzl/wxzl/2000-12/16/content_1326.htm,2017年4月25日。

等字和"……由于上述事情"等字视同已经删去。

　　三、本议定书应由各缔约国执行，不受任何地理上的限制，但已成为公约缔约国的国家按公约第一条（二）款（甲）项（子）目所作的现有声明，除已按公约第一条（二）款（乙）项予以扩大者外，亦应在本议定书下适用。

　　随着发展中国家地区反抗殖民统治与独立的进程，尤其在战争、内乱频发的非洲，新原因导致的新难民群体出现。上述两份文件对难民的界定已经难以适应现实需求。针对区域性难民保护实践的开展，出现了通过区域公约与协定产生的"扩展难民"定义。1969年非洲统一组织通过的《关于非洲难民某些特定方面的公约》在1951年《关于难民地位的公约》与1967年《关于难民的议定书》的基础上对难民的定义做了进一步扩展。它规定"难民"一词也适用于凡由于外来侵略、占领、外国统治或严重扰乱其原住国或国籍所属国的一部分或全部领土上的公共秩序事件，而被迫离开其常住地到其原住国家或其国籍所属国以外的另一地去避难的人。

　　1984年，一些美洲国家通过的《卡塔赫纳宣言》（Cartagena Declaration on Refugees），将难民定义扩展为"由于普遍化的暴力、外国侵略、国内冲突、大规模侵犯人权或其他严重扰乱公共秩序的环境等原因，他们的生命、安全或自由受到威胁，而逃离本国的人"[①]。该宣言虽然不具有法律约束力，但其规定的难民定义却获得了一些拉美国家的认可，并被纳入其国内法。[②] 同时，该定义也得到了联合国难民署执委会、美洲国家组织和联合国大会的认可。与难民定义直接相关的，是对在定义范围内这一类人群的援助与保护，以上的定义以及定义的补充与扩展都是对定义对象实施保护行为的国际法依据。对"难民"的定义，并未囊括所有难民治理机制实施保护行为的针对人群。难民身份的判定需要一系列的甄别程序，最终确定提交受庇护申请的人是否具有庇护资格、受哪一类庇护。但在提交申请之前、甄别程序出具判定结果前，用具有法律依据的"难民"一词，称呼有庇护需求的迁徙者，显然并不恰当。因此，"寻求庇护者""类难

---

① 刘国福：《国际难民法》，世界知识出版社2014年版，第48页。
② 张爱宁：《难民保护面临的国际法问题及对策》，《政法论坛》2007年第6期。

民"甚至"无国籍者""境内流离失所者"的使用也随治理的演进逐渐纳入难民的关联定义中。

二 中国现代语境中的"难民"

在中国媒体的语境中,就表述迁徙类型而言,用"逃难"来形容缅甸此类迁徙可能更加贴切,逃离某种特定灾难。在2002年的《现代汉语词典》中,逃难被解释为"为躲避灾难而逃往别处"①,相应地,将难民解释为由于战火、自然灾害等原因而流离失所、生活困难的人。② 该版词典只对"难民"产生的原因进行了描述,并未涉及逃难者的国籍。2009年版《现代汉语词典》③ 将难民产生的灾难原因具体划归为由于战乱、自然灾害等原因。2004年版的《现代汉语规范词典》将"难民"解释为"因战争或自然灾害等而流离失所,丧失生计的人"。同时,该版词典还对同难民有关的词语进行释义。例如,"难胞"为"本国的难民:特指在国外遭到灾难的侨胞"。"难民营"指"专门收容难民,供暂时生活的处所"。"难船"遭遇危难的船和装运难民的船只。④ 这不但对难民产生的原因进行了解释,还对与国籍有关的逃难主体进行了解释。但"难民"一词本身在这版词典中并未含有国籍性。这种解释仅仅是与"逃难"这种行为进行吻合,还没有对其身份进行法律判定。

1999年版的《辞海》"难民"有两种解释:"遭受灾难而流离失所的人";"国际法上指因有正当理由畏惧由于种族、宗教、国籍、属于某一社会团体或具有某种政治见解的原因遭受迫害而留在其本国之外,并由此项畏惧而不能或不愿受该国保护的人,或者不具有国籍并由于上述事情留在他以前经常居住的国家以外而现在不能或者由于上述畏惧不愿返回该国的人。难民概念产生于20世纪20年代。1951年7月25日通过《关于难民地位的公约》确定了难民地位的标准。难民在受庇护国内享有高于无

---

① 中国社会科学院语言研究所词典编辑室编:《现代汉语词典》(汉英双语)(2002年增补本),外语教学与研究出版社2002年版,第1870页。
② 中国社会科学院语言研究所词典编辑室编:《现代汉语词典》(汉英双语)(2002年增补本),外语教学与研究出版社2002年版,第1392页。
③ 中国社会科学院语言研究所词典编辑室编:《现代汉语词典》(第5版),商务印书馆2005年版,第982页。
④ 李行健主编:《现代汉语规范词典》,外语教学与研究出版社2004年版,第940页。

国籍人而又低于本国人的待遇。"① 2009 年版的《辞海》则将 1999 年版《辞海》中对难民的第一种解释"遭受灾难而流离失所的人"删去，仅留下难民在国际法上 1951 年《关于难民地位的公约》的解释。（见第 49 页难民定义引文）

如果将上述词典对难民的解释作为中国自 20 世纪 90 年代以来对难民概念的普及性理解与使用，不难看出，中国对难民一词的理解在这一时期存在以下几个特点。（1）对难民产生的原因由宽泛到具体，甚至彻底发生更改。从所有类型的"灾难"，具体到"战争和自然灾害"等，再到公约的因为种族、宗教、国籍或政见遭到"迫害"。这时，已经和逃避"灾难"相去甚远。（2）逃难的范围从没有特定地理空间概念——"流离失所"，到具有跨国性质"原居住国之外"。（3）对难民处境的描述，从"生活困难"到"丧失生计"，再到因恐惧遭迫害，没有回到原居住国。（4）虽然提及难民的地位（高于无国籍者，低于本国国民），但并没有强调所在国的庇护义务，在提到国际法时，公约是唯一参考。难民一词在这些语言词汇普及词典中的特点就初步引致国内媒体在进行相关报道时，对人口迁徙的多样化掌握不足，涉及"难民"一词使用时，也缺乏精准的基点，更倾向于强调现象，忽略援助与庇护义务。

根据国际法与国内法的法理基础，难民身份的确认，需要通过两个途径：一是通过联合国难民署的身份确认程序；二是通过寻求庇护者所处国家的身份确认程序。通过难民身份确定程序之后的寻求庇护者，从法律上可以正式称为"难民"。因此，"逃难"到具体目的地获取帮助、求得庇护的人，则称为寻求庇护（asylum seeking），在此阶段，寻求庇护者尚未成为"难民"。

三 治理实践中的衍生群体

截至 2023 年年底，在全球 1.173 亿万被迫流离失所者之中，只有 3160 万获得难民身份，绝大多数的被迫流离失所者仍处于"危机"之中。治理难民过程充满复杂性。对于难民而言，返乡或是被遣返虽然结束了异国的难民身份，但未必意味着艰难危险的结束；到达目的地国家的危机迁徙者也不能自动获得难民身份，得到保护与福利；还有另一部分往往被国

---

① 夏征农主编：《辞海》（1999 年版普及本），上海辞书出版社 1999 年版，第 1430 页。

家所遗忘的"无国籍者"处境同样堪忧。因此，在难民署为主导的难民治理过程中，还有除正式法定"难民"之外，与难民有密切相关性的返乡者、寻求庇护者、无国籍者，甚至包含更大范围与意义的被迫迁徙者，都受到保护关切。

在大规模因冲突与灾难形成的被迫跨境流离失所中，只有极少人能够获得所在国的正式难民身份，安置与融入当地，或是通过难民署的难民身份确认程序，获得重新安置于第三国的机会。相比获得正式难民地位的人，这些在治理实践中衍生出的群体，既是实实在在的治理需求者，也是正式的国际难民制度对治理行为规范能力效果妥协的产物。它表现为一种难民制度规范与关注议题的扩散，即从国际法严格意义上的"难民问题"，向更广泛的、遭受人道主义威胁的被迫流离失所议题扩散。同时，它还是一种国际难民制度本身扩散的征兆、实践与实现。

（一）返乡者（Returnees）

对于成千上万被迫逃离的人来说，返回家园应该是颠沛流离苦不堪言的生活的结束。返乡可能是逃离后的几个月、几年乃至几十年，甚至有时候永远也回不去。多年以来，联合国难民署的许多自愿遣返的项目将百万流离失所的人带回家。难民署从2002年开始，已经援助了500万阿富汗人返乡。难民署还开展援助小规模和个人的遣返，而且如果有必要，难民署还会监测返乡者重返社会，确保遣返是一个可持续的解决方案。

（二）寻求庇护者（Asylum-seekers）

寻求庇护者是对提出避难申请但尚未得到处理的人。每年约有100万人寻求庇护。国家庇护制度（national asylum system）决定了谁有资格获得国际保护。然而，通常在冲突与暴力发生后，大规模难民迁徙发生时，一般不可能也没必要对每一个跨越边境的寻求庇护者逐个进行面试。这些寻求庇护者群体通常被称作初步（prima facie）难民。① 难民署认为所有人都有权为不受迫害而寻求庇护。中东还有联合国1949年为照管巴勒斯坦流离失所者而设立的联合国近东巴勒斯坦难民救济和工程处（the United Nations Relief and Works Agency for Palestine Refugees in the Near East, UNRWA）登记注册的570万的难民，分别收容在60个难民营里。

---

① UNHCR, Asylum-seekers, https://www.unhcr.org/asylum-seekers.html.

难民保护有许多方面，包括避免重返危险境地，获得进入公平有效的避难程序，还有确保在尊重基本人权的情形下得到长期解决办法。

（三）无国籍（Statelessness）

人们通常是一出生就自动获得国籍，或是通过父母的血统，又或是通过出生地。然而有时候，有的人必须通过申请，才能成为一个国家的国民。世界上至少有 1000 万人的国籍不被承认。因此，他们上学、看病、找工作、去银行开户、买房，甚至是结婚，经常都不被允许。无国籍者可能难以获得这些教育、医疗、雇佣和自由迁徙的基本权利。没有这些权利，他们面对的是贯穿一生的阻碍和失望。难民署决心在 2024 年结束不公正的无国籍现象。[①]

国际法律给无国籍人士的定义是：任何国家根据自己的法律运作都不将其视为国民的人。简单来说，无国籍就是不拥有任何国家的国籍。有些人生下来就没有国籍，但有的人是变成无国籍的。无国籍的状态的产生，可能有以下几个原因：对特定种族或是宗教团体的歧视，或是基于对性别的歧视；新国家的出现，还有现存国家之间的领土转让；以及国籍法之间存在的差距。在几乎每一个国家和世界所有区域，对人而言，无论无国籍状态产生的原因到底是什么，都已经产生了严重后果。

谁是国民是由国家政府决定的。因此，政府有责任实施必要的法律与政策改革，有效地解决无国籍状态。但难民署、联合国其他机构、区域组织、市民社会和无国籍人士都需要发挥作用，支持政府努力结束无国籍问题。要改变现状有所作为，必须共同努力。难民署关于无国籍问题工作的四个领域包括：识别、预防、减少和保护。这些工作也与其他国际组织和无政府组织的专业领域有所重叠，难民署倚仗市民社会组织、国家人权机构、学术界和法律协会对当地的了解与专业性。他们的贡献使难民署能够准备和推荐更加有效的解决方案。与其他机构的合作也很重要。例如，联合国儿童基金会（the UN Children's Fund, UNICEF）长期致力于改善人口出生登记和市民登记，联合国人口基金（the UN Population Fund, UNFPA）可以帮助政府设计和实施国家人口普查，还有人权事务高级专员办事处（the Office of the High Commissioner for Human Rights, OHCHR）支持监督无国籍人士的人权问题。

---

① UNHCR, Stateless People, http://www.unhcr.org/stateless-people.html.

（四）危机迁徙（crisis migration）

国际迁移研究所（The Institution for Study of International Migration）的危机迁移项目，试图将"危机迁徙"的现象描述为：受人道主义危机所影响的迁徙，这种迁徙主要有三种形式：第一种，流离失所。这种危机迁徙的形式是围绕那些直接受到人道主义危机影响或威胁的迁移。也就是人们是因为他们的遭遇超出了自身能力所直接控制的范围而被迫踏上迁徙之路。这种流离失所的状态可能是短暂的，但也可能久拖成为长期性状态。第二类，预见性迁移（anticipatory movement）。该类迁徙是围绕那些因为预见到未来生命、肉体安全和健康或是生存将会受到威胁而进行的迁移。这类型的迁移有时只是涉及个人与家庭的迁移，有时则会涉及整个社会群体的迁徙。第三类，被困危机之中而无力迁徙却有迁居（relocation）需求。处于这种状态的人，被困人道主义危机之中或受之威胁，却因为身体、财务、安全、后勤、健康等其他原因而无法迁徙。这三种方式的分类并非相互独立，人们有可能会从其中一种类型发展为另外一种类型，或是沦为三种混合的方式。"危机迁徙"重点描述的就是由人道主义危机而形成的人口迁移；而"危机迁徙者"（也称危机移民）就是用以描述那些在人道主义危机背景下迁移（包括有迁居需求）的人，两个概念都具有被迫性。

危机（crisis）与"迁徙"（migration）长期有相互联系。安·林德莱（Ann Lindley）[①]认为危机与迁徙这两个概念有着耐人寻味的相似之处。二者往往被视为某种异于寻常的特殊现象而存在威胁：危机发生于非正常的发展与变革中，破坏社会制度和人类福祉；而迁徙发生于社会性的世界里，破坏民族国家的边界认同。作为本身具有强相关性的两个概念，彼此之间具有相互触发的特质。危机，在破坏正常社会体系和福祉时通常会引起大量的人口迁徙；而大量的人口迁徙则由于国家身份的认同与社会融入的困境而再次引发危机。

四 难民危机产生的原因与特征

从历史上看，难民危机爆发的原因多种多样，往往伴随危机与冲突而

---

① Ann Lindley, "Exploring Crisis and Migration: Concepts and Issues", in Ann Lindley ed., *Crisis and Migration: Critical Perspetives*, London: Routledge, 2014, p. 13.

来，起源类型几乎涵盖了所有形式的人类危机与冲突。既包括世界由来已久的宗教间冲突、教派间冲突，种族、族群间冲突，种族灭绝，政权争夺战，帝国间、帝国崩塌后的领土争端等，同暴力相关的冲突及其引发的危机；也包括自然灾害造成的粮食、水源与居住危机等非传统安全问题形成的危机。其本质上仍然是和平与发展问题。无论是传统的暴力冲突，还是非传统安全问题，受其影响的人们，正常生活遭到破坏、生存与生命受到威胁、基本权利受到侵害，被迫流离失所，是人的危机。被迫流离失所者到达地区，会因大规模难民涌入会形成的各类治理问题，也可能形成收容地区的危机，例如救济物资短缺、公共舆论危机、政党与党派斗争、社会治安问题，甚至是族裔、族群冲突等。

19世纪晚期和20世纪初，难民产生于宗教迫害，后来不再仅限于此。20世纪早期难民潮还产生于现代国家体系的形成、巩固与扩张。东欧和巴尔干地区老牌帝国的解体，民族国家的扩张，建立单一的民族国家的努力，都伴随着对少数民族和无国籍群体的蓄意迫害、对前统治阶级和政治反对团体的消灭。哈布斯堡王朝、罗曼诺夫王朝、奥斯曼帝国和霍亨索伦王朝都纷纷倒下。奥地利、捷克斯洛伐克、爱沙尼亚、匈牙利、拉脱维亚、立陶宛、波兰和南斯拉夫这些新建立的政府，都想通过建立文化上、政治上都同质的人口结构来消灭旧秩序、巩固政府权力。这些成为20世纪最初几十年难民潮的直接原因。[①]

到了20世纪最后几十年，冷战结束但全球性问题凸显，在传统的战争、国际/国内武装冲突、政治、宗教迫害等传统原因之外，气候变化、环境变化、传染性疾病、粮食安全、跨国犯罪等非传统危机，也在造成人口的大规模迁徙。

可以将难民危机的特征总结如下：

（1）难民危机是人的安全问题，是人的基本权利遭到严重威胁而产生的跨国流离失所，威胁牵涉人口众多，是大规模的人道主义危机。

（2）难民危机所涉及的人口跨国流动具有很大程度的"被迫"性，即，如果没有发生导致流离失所形成的迫害、冲突与灾害，"难民"没有迁徙的主观意愿。

---

① Gil Loescher, *Beyond Charity: International Cooperation and the Global Refugee Crisis*, New York: Oxford University Press, 1993, p. 180.

（3）它波及范围广，在地理空间上具有强溢出效应。危机往往跟随大规模流离失所者的移动，从来源地溢出到途经地区与收容地区。由于交通工具的进步，流离失所的人口具有一定机动性，流离失所的路线可能从最初的逃离家园进入相邻国家地区，发展到横渡海洋、跨洲流动。

（4）它通常是多重危机的混合，包括人道主义危机、来源与收容地区各种类型的治理缺失或治理失效。

（5）难民危机往往持续时间长，危机可能延续数月、数年甚至数十年，能够预见起点（严重暴力冲突与各种类型灾难的爆发与持续恶化），却难判断永久性解决终点。

（6）同其他全球性问题相比，该危机最为特殊的地方在于应对与治理往往是非"对等"的，容易带来国际道义与国家伦理之间的冲突，即从危机爆发前到危机后期甚至到危机解除，危机发源地政府往往不是承担危机应对与解决的唯一施动者，甚至不是关键应对方。应对的重担往往是危机发源地周边国家地区承担，专业国际组织以及国际社会各界力量协同应对解决。

"谁造成，谁解决"的负外部性应对逻辑，在难民问题处理上几乎无法实现。对国际难民制度的承诺与履约、国际道义与政治考量，① 往往是难民收容国家治理与应对的动力来源。结束种族暴力、重建遭受破坏的社会经济和建立持久稳定的政权，这种目标往往说起来容易做起来难。即使假设国家与国际组织有知识与能力来实现这些目标，也需要漫长的时间才能实现，且过程无疑是迂回曲折的。

第二节　当前全球难民问题的挑战

一　2015 年以来全球难民危机的现状

2015 年以来，新一轮的难民危机席卷欧洲、美洲、非洲与亚洲的部分地区。据难民署估计，截至 2023 年年末，目前全世界有 1.173 亿人被迫流离失所（2020 年年末为 8240 万），既有第一次逃离家乡的，也有那

---

① Gil Loescher, *Beyond Charity: International Cooperation and the Global Refugee Crisis*, New York: Oxford University Press, 1993, pp. 26-28.

些多年反复流离失所的人。还有 3160 万确认身份的难民（2020 年为 2640 万），其中有 3164 万与 597 万分别处于联合国难民署和近东救济工程处的管理当中。全球还有 6830 万境内流离失所者，仅三年这部分人群就增加了 1908 万。① 到 2023 年年末，按原籍国划分的难民，居首位的是阿富汗人（超过 640 万），其次是叙利亚人（640 万），再次是委内瑞拉人（610 万），然后是乌克兰人（600 万）和苏丹人（150 万）。同 2020 年（如图 2-1 所示）相比，数量再次猛增。2023 年，伊朗收容的难民达 380 万主要来自阿富汗的难民，成为收容难民最多的国家。土耳其收容难民 330 万人，然后是哥伦比亚，收容超过 290 万流离失所的委内瑞拉人。第四大收容国是德国，收容人数近 260 万人，其中乌克兰难民 110 万人，叙利亚难民 70.58 万人。第五是巴基斯坦，收容 200 万人。相比 2010 年和 2019 年，乌克兰与阿富汗难民数量显著增加。

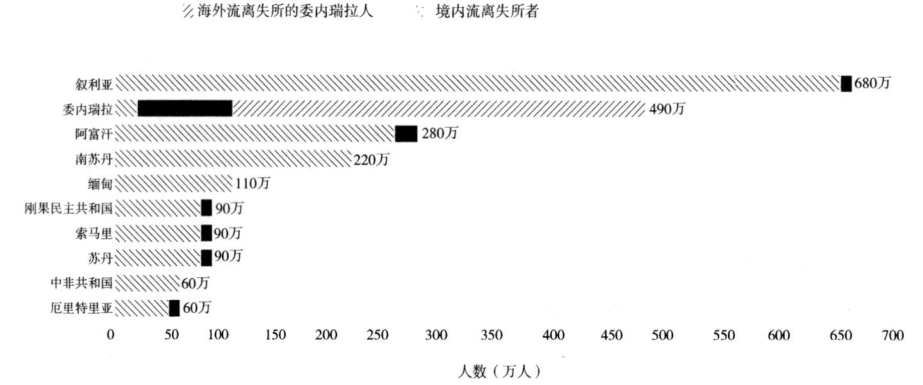

资料来源：UNHCR 难民数据查找。不包括联合国近东巴勒斯坦难民救济和工程处托管的难民。

图 2-1 2020 年年末跨境流离失所者的情况（按东道国：人）②

全球难民问题逐渐显现几个主要特征：一是被迫迁徙人数总量和致死人数屡创历史新高；二是相同地区难民潮反复掀起，欠发达地区的难民收

---

① UNHCR, Global Trends: Forced Displacement in 2023. Global Trends: Forced Displacement in 2020, https://www.unhcr.org/globaltrends2019/.

② UNHCR, Global Trends: Forced Displacement in 2020, https://www.unhcr.org/globaltrends, 2020.

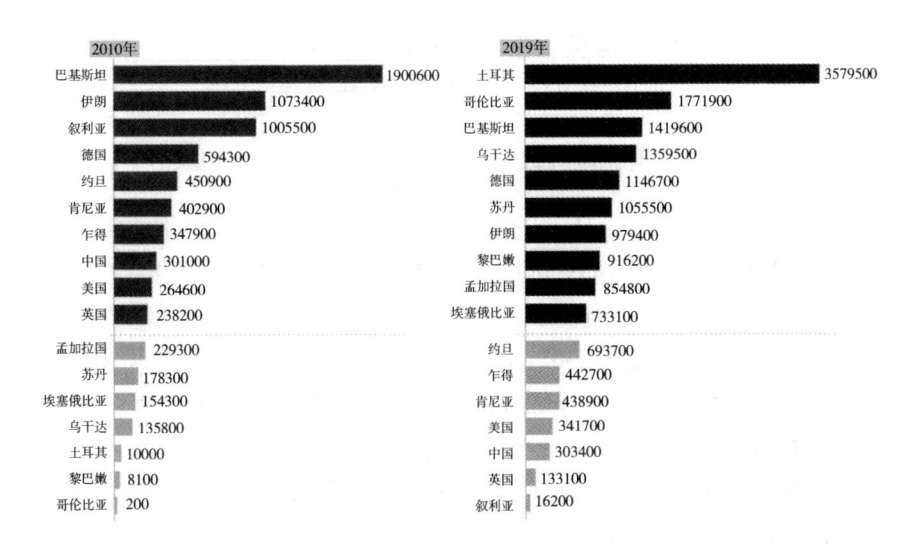

2010年		2019年	
巴基斯坦	1900600	土耳其	3579500
伊朗	1073400	哥伦比亚	1771900
叙利亚	1005500	巴基斯坦	1419600
德国	594300	乌干达	1359500
约旦	450900	德国	1146700
肯尼亚	402900	苏丹	1055500
乍得	347900	伊朗	979400
中国	301000	黎巴嫩	916200
美国	264600	孟加拉国	854800
英国	238200	埃塞俄比亚	733100
孟加拉国	229300	约旦	693700
苏丹	178300	乍得	442700
埃塞俄比亚	154300	肯尼亚	438900
乌干达	135800	美国	341700
土耳其	10000	中国	303400
黎巴嫩	8100	英国	133100
哥伦比亚	200	叙利亚	16200

图 2-2　2019 年年末跨境流离失所者的情况（按东道国：人）

资料来源：联合国难民署。①

容困境最甚；三是难民危机的溢出性与延伸问题在欧洲一些国家中尤为明显。

（一）被迫迁徙人数与致死人数屡创历史新高

因为迫害、冲突、普遍暴力和侵犯人权行为，1996—2015 年的 20 年间，被迫迁徙的人数增长 75%（1996 年为 3730 万），2015—2020 年，仅 5 年时间，被迫迁徙人数再增 26%（2015 年为 6530 万），几乎每天都有近 4.5 万人被迫迁徙。过半难民都是年龄小于 18 岁的未成年人。无人陪同或是失散的儿童散布在 78 个国家，主要包括阿富汗、厄立特里亚、叙利亚和索马里。这些儿童递交的庇护申请仅 2015 年就达 9.8 万份，是难民署自 2006 年开始记录该数据以来的最高数量。世界范围内在迁徙过程中丧生的人数仍在持续上升，根据国际移民组织"失踪移民项目"的记录，2016 年上半年，全球范围内已经有 3770 人在迁徙中失踪或是丧生。② 地中海、南非、中东和非洲之角地区的移民死

---

① UNHCR, Global Trends: Forced Displacement in 2019, https://www.unhcr.org/flagship-reports/globaltrends/globaltrends2019/.

② IOM's Global Migration Data Analysis Centre, "Dangerous journeys-International migration increasingly unsafe in 2016", No. 4, August 2016, http://publications.iom.int/system/files/gmdac_data_briefing_series_issue4.pdf.

亡数量促成了全球迁徙死亡数量的剧增。在被称为迁徙海上死亡之路的地中海地区，2014—2024年，已经有超过2万移民死于穿越地中海。①

仅2016年数月时间，从陆路与海路到达欧洲的移民与难民已超过28万人。当年8月11—21日，10天时间，希腊海岸警卫队（Hellenic Coast Guard，HCG）就开展了16次搜救行动，从莱斯沃斯、萨摩斯岛、科斯、希俄斯还有米克诺斯岛海域救起601名移民和难民。根据希腊政府的数据，仅2016年8月就有2302人越境进入希腊。将近915名移民和难民在塞尔维亚北部的过境区域等待进入匈牙利。这是自2016年7月5日匈牙利当局将难移民推离国境护栏8公里合法化之后，等待人数第一次降到1000人以下。截至2016年8月24日，土耳其海岸警卫队当年共救起28306位移民和难民，同时有174人丧生。利比亚海岸警卫队还时常发现有尸体冲到利比亚海滩。113F113F②

相比世界其他地区，去往欧洲的地中海区域死亡数量更高，也因为目的地是欧洲大陆而受到更多的重视。实际上，许多人在到达地中海地区之前就已经经历了危险异常的陆路，包括穿越撒哈拉沙漠到达去往意大利的站点，或是从中东到达希腊，这些线路都是人们去往欧洲最频繁的路线。迁徙者们途中就会遭遇严酷的自然环境，缺少饮用水和庇护所，遭受蛇头的虐待以及暴力。

欧盟国家2014年就登记了6.3万份庇护申请，数量达到了波斯尼亚与塞尔维亚1992年爆发冲突期间造成的所有申请量。仅2015年，欧洲的寻求庇护者与难民数量就已经达到历史上的空前水平，收到庇护申请达到100万份；有3.5万—4.5万人可能被授予难民或类似地位，超过第二次世界大战以来任何一次欧洲难民危机的数量。仅有3.5万—4.5万人在2015年获得欧洲的人道主义保护（难民身份、辅助保护身份或是出于人道主义缘由的居留许可）。在欧洲，大多数寻求庇护者都是通过非法穿越

---

① IOM's Global Migration Data Analysis Centre, Calculating "Death Rates" In The Context Of Migration Journeys: Focus on the Central Mediterranean, https://publications.iom.int/system/files/pdf/mortality-rates.pdf.

② IOM, "Europe/Mediterranean-Migration Crisis Response Situation Report 25 August 2016", August 25, 2016, http://www.iom.int/sitreps/europemediterranean-migration-crisis-response-situation-report-25-aug ust-2016.

边境进入欧洲的。2015 年 Frontex 数据显示，共检查出 50 万例非法越境，而 2014 年全年共查处 28 万例。2015 年已有 33 万人横渡地中海。根据难民署数据，这些人中 15%是儿童，超过 80%是成年男性。

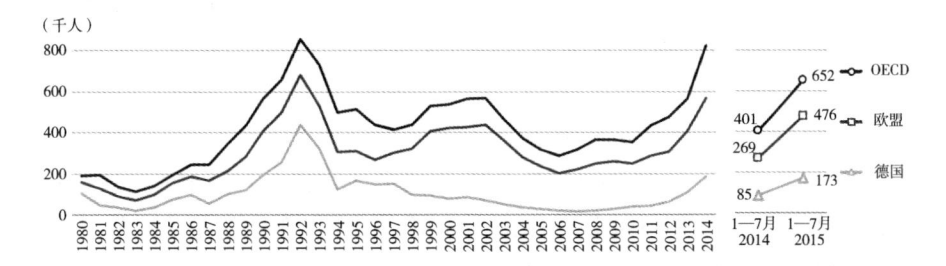

图 2-3　1980—2014 年 OECD、欧盟和德国的新增寻求庇护者

资料来源：经合组织（OECD）①

（二）欠发达地区的难民困境最甚

被迫迁徙总是集中在世界最欠发达地区。低收入和中等收入国家接受了全球 75%的难民和其他需要保护的人员。最不发达国家为其中 21%的难民提供了庇护。69%的难民和其他国家需要国际保护的人生活在原籍国的邻国。这些地区的国家层级治理能力普遍较弱，却是收容难民最多的地区，动荡的难民来源国甚至也被迫成为收容国。②

1. 西亚非洲地区

被迫迁徙的状况瞬息万变，但非洲仍旧是世界上收容难民数量最多的地区，占难民总量的绝大部分。2023 年 4 月，苏丹爆发冲突，到年底，600 多万人逃离该国，几乎所有苏丹难民都被邻国接收。另有 1080 万苏丹人被迫流离失所。在冲突爆发前，苏丹还接收了近 100 万主要来自厄立特里亚、南苏丹和叙利亚的难民。苏丹每天仍有数千人流离失所。③

---

① IOM, Europe/Mediterranean – Migration Crisis Response Situation Report, August 25, 2016, http://www.iom.int/sitreps/europemediterranean-migration-crisis-response-situation-report-25-aug ust-2016.

② UNHCR, Global Trends：Forced Displacement in 2023, https://www.unhcr.org/global-trends-report-2023.

③ UNHCR, Global Trends：Forced Displacement in 2023, https://www.unhcr.org/global-trends-report-2023.

加沙地带的冲突给该地区的巴勒斯坦平民造成了毁灭性打击。人道主义局势极为严峻，220万居民面临粮食不安全，饥饿现象普遍存在。近东救济工程处估计，2023年10—12月，加沙流离失所者达170万（占人总人口的75%以上）。到2023年年底，近东救济工程处托管的巴基斯坦难民达600万，其中2/3已成为境内流离失所者，这就加剧了该人群的脆弱性。①

2. 中美洲地区的"街头帮派"

2015年，难民署在美洲的重要任务就是通过巴西行动计划（Brazil Plan of Action）处理一些国家的无国籍问题；支持与促进哥伦比亚的和平进程；应对中美洲北三角国家（the Northern Triangle of Central America, NTCA）因为街头帮派的暴力而产生的被迫迁徙。危地马拉、萨尔瓦多和洪都拉斯的街头充斥着组织严密的犯罪团伙。有的武装街头帮派几乎完全控制了整个社区，哨兵对每个进出社区的人盯梢，他们有时不允许国际组织的工作人员进入社区查访，甚至怀疑防止寨卡病毒的卫生工作者是警方线人或者与对手帮派勾结。仅有600多万人口的萨尔瓦多2015年1月记录在案的谋杀就超过700起，2014年的凶杀率为每10万居民103起，是全世界除陷入战争的地区以外凶杀率最高的国家之一。洪都拉斯的第二大城市圣佩德罗苏拉由于街头帮派问题，2014年成为世界谋杀发生率最高的城市。犯罪分子通过毒品走私、贩运人口和走私武器积累了雄厚资金，不承认国家边界和任何权利。而这三个国家政府却因国小赢弱，没有足够的资金与资源打击犯罪。这些严重的暴力犯罪事件，使得这三国的许多民众颠沛流离，甚至逃往国外。一份洪都拉斯的政府报告显示，2005—2014年，估计有17.4万人成为境内流离失所者，出逃国外寻求保护的人数也在增加。②

（三）危机在欧洲一些国家尤为明显

除却2015年开始的叙利亚难民潮，新冠疫情后欧洲的外部环境日益严峻。不仅面临俄乌冲突、"波白边境风波"、以色列与哈马斯冲突

---

① UNHCR, Global Trends: Forced Displacement in 2023, https://www.unhcr.org/global-trends-report-2023.

② Zach Dyer, "Gang threat drives growing displacement inside Honduras", September 5, 2016, http://www.unhcr.org/news/stories/2016/9/57c8392e4/gang-threat-drives-growing-displacement-in side-honduras.html.

带来的被迫迁徙潮，还要应对因世界格局变化与多地区冲突带来的潜在风险。截至 2022 年 12 月，俄乌冲突致使 800 万乌克兰难民外溢到欧洲各地。

2023 年，德国接收了 260 万难民，是唯一一个同其接收的难民原籍国不接壤的国家。截至 2023 年年底，德国境内的难民主要来自乌克兰（110 万）、叙利亚（70.58 万）、阿富汗（25.51 万）以及伊拉克（14.65 万）。从新庇护申请量来看，德国也居世界第二，2023 年新收庇护申请量达 32.91 万份。西班牙居第四，收到 16.32 万份。

面对乌克兰局势的持续动荡，波兰以前所未有的慷慨、热情、团结的姿态迎接了乌克兰难民，截至 2023 年 2 月 28 日，波兰接收了 20% 的乌克兰难民（158 万），捷克接收了 50.4 万，英国接收了 20.2 万，意大利和西班牙分别接收了 17.4 万和 17.2 万。

二　当前全球难民危机的特征

第一次世界大战结束后，具有全球性质的难民问题逐渐产生，到第二次世界大战结束后的半个多世纪，大范围的难民危机已经发生过数轮，例如冷战期间匈牙利事件导致的难民危机、后殖民地国家的独立运动，甚至是苏联解体的后遗症等。冷战结束后的一次最重要难民危机，始于 20 世纪 90 年代末苏联解体到 21 世纪初。本次以欧洲难民为显著表现的危机同后冷战初期的难民危机相比，有以下几方面的不同。

（一）难民来源地更加多样化，被迫迁徙者的多样性是治理的首要挑战

同 20 世纪 90 年代相比，此次危机中，被迫流离失所者、寻求庇护者和其他处于人道主义危机的人们，其原籍国、身份证件和动机都更加多样化。这种多样性增加了目的地国家庇护制度、保护援助的压力。20 世纪 90 年代的难民危机影响集中在少数几个国家。在接收国家中，土耳其受到的影响最大，目前收容的叙利亚人多达 190 万，同时土耳其还收容数量巨大的伊拉克人。在欧盟内部，希腊和匈牙利处在迎接难民的前沿地区，但从绝对数量上看，难民的主要目的地是德国、瑞典和匈牙利。本轮危机来自叙利亚的难民要比 90 年代从南斯拉夫战争中出逃的难民更具备技能。但与此同时，此次危机中的无人陪伴儿童（没有一个负责任的成年

人照顾的儿童）也比之前的危机更多。①

因为西方（尤其是欧洲）主流媒体报道的关切倾向，公众都将关注点放到了叙利亚难民大量流入欧洲的问题上，但实际上，难民的来源地区非常庞杂。2014 年，寻求欧盟庇护的人群中，原籍地区主要是叙利亚（21%），科索沃（9.6%），厄立特里亚（6.4%）还有伊拉克（2.6%）。2015 年，这些来源地区组合发生了变化。根据 2015 年 9 月 9 日欧盟委员会提出的安置方案，仅有叙利亚、厄立特里亚和伊拉克国籍难民可以被安置，三个国籍的寻求庇护者仅占前半年所有庇护申请的 1/4。然而到了 2015 年 6 月，这一份额提高到了 1/3，而且预计还会增加，因为从东地中海航线流入的人数在增加，而西巴尔干地区国籍的庇护申请则在减少。

应对难民危机的失败，会导致更深层次的冲突，从而再进一步引发难民潮。下面，基于联合国难民署编制的数据，结合国际危机组织（International Crisis Group）的冲突研究，对全球主要难民来源国家地区做概述。

1. 叙利亚

2011 年以来，大约有 1200 万叙利亚人因为冲突，失去家园颠沛流离。直到 2023 年年底有 640 万已经登记的难民，比 2022 年人数有所下降。据估计，这些人的总数已经达到叙利亚战前人口的一半以上。叙利亚国内通过外交途径解决冲突的方案或是冲突任何一方的决定性军事胜利在很长一段时间内都未能实现。只要战争还在继续，人口都会一直外逃。巴沙尔·阿萨德总统的政权还曾将集体惩罚反对派控制地区的平民作为一种策略。反对派分为非"圣战"者和带有"圣战"元素的，并受到各个相互有竞争利益的外部势力支持。叙利亚—土耳其边界两侧的各派武装势力敌对行动已经升级，使得该地区陷入更深层次的胶着状态。虽然俄罗斯与美国支持叙利亚停火协定，但直到 2018 年、2019 年，叙利亚难民的大规模迁徙态势才得以缓解。

国际危机组织认为，尽管叙利亚的问题是地缘政治形成的混乱，但还是要开展应对难民危机的紧急措施：世界领导人们应该推动促进叙利亚全国范围的谈判来停止敌对行动，或是采取其他措施更好地保护叙利亚平民和例如医院、学校和市场在内的民用设施；加大对叙利亚境内大规模流离

---

① International Crisis Group, "What's Driving the Global Refugee Crisis?", September 15, 2016, https://www.crisisgroup.org/global/what-s-driving-global-refugee-crisis.

失所者的援助力度，加大对土耳其、黎巴嫩和约旦这些接收叙利亚人的一线国家的支持力度；并且在所有地区，坚持遵照国际法和国际准则来治理难民待遇问题。

2. 阿富汗

阿富汗从1979年开始，50多年的战争中仍未得到解决的冲突已经造成数百万人流离失所。这数百万人中的绝大部分寄居在巴基斯坦和伊朗，时常处于危险状况之中。截至2023年年末，难民署登记的难民中，1/6（640多万）都是阿富汗人，被108个国家收容。[①] 持续不断的暴力是造成流离失所的主要推动因素。目前，塔利班的势力还在扩大，比以往控制的领地更多；武装分子，尤其是哈卡尼组织（Haqqani network）对在喀布尔等主要的城市发生的连续袭击负责；在楠格哈尔（Nangarhar）省和库纳尔（Kunar）省2016年还有"伊斯兰国"的存在。平民既面临来自武装组织的危险，还面临本来应旨在保护他们的阿富汗安全部队的危险。这些流离失所者寻求庇护的国家也比阿富汗好不了多少。2016年9月初，国际移民组织曾发出过警告：由于暴力增加、肆意逮捕扣留和骚扰，成千上万的阿富汗人逃离巴基斯坦，人道主义危机日益紧迫。自2014年以来，越来越多的阿富汗人横渡地中海、涉险赴欧，但许多人都会被欧盟计划遣回阿富汗。回到阿富汗，他们很可能会面临安全威胁，因为战争而萎缩的经济，还会让他们面临严峻的财政困难。随着安全局势的恶化，阿富汗境内流离失所者的数量还会增加，支援他们还会加大国家负担。2023年9月中旬到2024年3月中旬，超过53.1万阿富汗人从巴基斯坦回到阿富汗，其中大多是受巴基斯坦驱逐的无证人员。[②]

3. 苏丹

苏丹持续是世界五大难民来源国之一。2023年苏丹战争爆发后，苏丹难民人数激增79%，达到150万人。约86%的难民收容于邻国乍得（92.33万）和南苏丹（35.96万）。苏丹致命冲突已迫使750万人逃离家园。早在2007年，安理会就通过决议，设立非洲联盟—联合国达尔富尔混合行动，向该地区派驻了大量维和人员，保护平民、协助提供人道主义

[①] UNHCR, Global Trends: Forced Displacement in 2023, https://www.unhcr.org/global-trends-report-2023.

[②] UNHCR, Afghanistan Emergency, https://www.unhcr.org/emergencies/afghanistan-emergency.

援助。该行动于 2020 年年底结束,此后,苏丹政府承担了保护整个达尔富尔地区平民的责任。联合国苏丹过渡时间综合援助团于 2020 年 6 月成立,为苏丹向民主过渡期间提供协助。同时建立了永久停火委员会,推动落实《朱巴和平协议》,达尔富尔的暴力事件出现减少态势。然而 2023 年 4 月,苏丹准军事组织快速支援部队与苏丹武装部队之间爆发冲突,局势急转直下。性暴力、酷刑、任意杀戮、勒索平民乃至针对特定族裔群体的袭击频发。这迫使数百万人逃离家园,数十万家庭被迫流离失所。暴力事件已从西达尔富尔蔓延到阿尔杰济拉州首府瓦德迈达尼,该州曾收容苏丹其他地区(包括喀土穆)的 50 多万流离失所者,其中包括 7000 名难民。目前许多人已经陷入第二次流离失所的状态。①

4. 刚果民主共和国〔刚果(金)〕

到 2015 年年底,刚果民主共和国难民已经超过 54 万,另外还有 160 万人在国内流离失所。其中绝大部分人都是在 1996—2002 年刚果地区爆发内战期间逃离家园的,至今仍然不敢回家,或是无法要回自己的土地和财产。2016 年刚果(金)东部日益碎片化的武装组织暴力行为,军事行动以及长期关于土地与领导权的争夺,已经引发新一轮的流离失所。因为诸多复杂原因,该国同样也是世界首屈一指的难民接收国家,收容从布隆迪、南苏丹、中非共和国和卢旺达出逃的难民数量超过 38 万。加丹加盛产资源的地区,当地部族之间局势紧张,移民和境内流离失所者的数量 2011—2014 年从 5 万增至 50 万,严峻的紧张态势可能是 2016 年 11 月国家选举期间暴力升级的前兆。总统约瑟夫·卡比拉(Joseph Kabila)在符合宪法的第二任期结束的 2016 年 12 月 20 日后,仍坚持不让权,这引发了外界对该国暴力冲突爆发的猜想。过去冲突的贻害,加上目前的政治危机,给世界最大的维和行动——联合国刚果(金)稳定特派团〔简称联刚稳定团(UN Organization Stabilization Mission in the Democratic Republic of the Congo,MONUSCO)〕带来了挑战。2018 年卡比拉宣布不参选,反对派候选人齐塞克迪当选,但刚果(金)的政治稳定还要接受更长时间的考验。于是 2024 年,由于持续的不安全局势以及过去两年的非国家武装团体制造的暴力事件死灰复燃,伊图里、北基伍和坦噶尼喀等东部省份

---

① 联合国:《〔背景解析〕达尔富尔冲突如何演变成严峻的人道主义灾难和人权危机》,2023 年 12 月 15 日,https://news.un.org.zh/story/2023/12/1125002。

共有近 600 万人在国内流离失所。①

5. 缅甸

在缅甸，几十年的冲突与政治压迫已经使 100 多万人沦为难民或是处于类难民状态，其中绝大部分人生活在泰国和孟加拉国。还有 260 多万人在缅甸境内流离失所，他们中的许多人生活在营地中，几乎得不到保护或是政府的服务。很多人已经加入劳工行列离开缅甸，在泰国做劳工；这些劳工很多是经济移民，但也有巨大数量的人是为了逃离冲突与镇压。2016 年由昂山素季领导的缅甸政府的首要任务包括兑现"2015 年全国范围的停火协定"作出的承诺，找出一个能够谈判解决 60 年与国内多支武装组织内战的政治方案，并建立稳定的和平状态。然而，2021 年，昂山素季再次被军方扣押，2023 年共获刑 27 年。缅甸局势仍然持续恶化，军政府部队与少数民族和反政府武装组织联盟之间的斗争在缅甸大部分地区爆发。2021 年 2 月的暴力事件造成成千上万的人逃往邻国，还有估计 121.5 万的境内流离失所者。2023 年缅甸多地区的暴力事件升级，到年底，已经有 130 多万人被迫逃离家园，260 万人流离失所。同时，罗兴亚人问题持续恶化。2017 年 8 月，缅甸若开邦发生暴力军事镇压后，超过 75 万罗兴亚人逃往孟加拉国。他们成为继 20 世纪 70、90 年代逃离缅甸的罗兴亚人群之后，又一批逃离人群。如今，近 100 万罗兴亚人生活在孟加拉国，其中大部分居住在缅甸边境附近的科克斯巴扎尔地区 33 个难民营中。这些营地成为世界最大的难民安置点。尽管距缅甸最新一轮难民潮已经过去 6 年多，罗兴亚人仍然是世界最大的、持续的难民问题之一。②

6. 乌克兰

自 2022 年 2 月以来，俄罗斯与乌克兰的冲突大幅升级，造成了前所未有的平民伤亡和重要基础设施的破坏，迫使数百万人逃离家园寻求安全、保护和援助。除了国内流离失所者外，数百万来自乌克兰的难民已越过边境进入邻国，迫切需要保护和支持。乌克兰有超过 1460 万人（占乌总人口的 40%）需要紧急人道主义援助，其中包括因全面战争而流离失所的 350 多万人。2023 年，另有 92.48 万名乌克兰难民获得临时保护（主要在欧洲国家），2022 年为 380 万人。2023 年，乌克兰人主要在波兰

---

① UNHCR, DR Congo Emergency, https://www.unhcr.org/dr-congo-emergency.
② UNHCR, Rohingya Emergency, https://www.unhcr.org/emergencies/rohingya-emergency.

获得临时保护（22.83万人，比2022年减少76%），其次是德国（14.49万人，减少82%）、捷克（9.85万人，减少77%）和罗马尼亚（4.65万人，减少53%）。截至2024年6月，全球登记的乌克兰难民约为650万。乌克兰的安全局势仍然极其不稳定，尤其是自2024年5月以来，乌克兰东北部哈尔科夫地区的敌对行动加剧，导致人道主义需求和国内被迫流离失所者进一步激增。由于袭击升级，乌克兰的能源发电能力总体大幅下降，关键的电力、热力和供水中断。哈尔科夫市的情况尤其危急。当寒冷的月份来临时，能源设施受损将大大加剧冬季援助的需求。

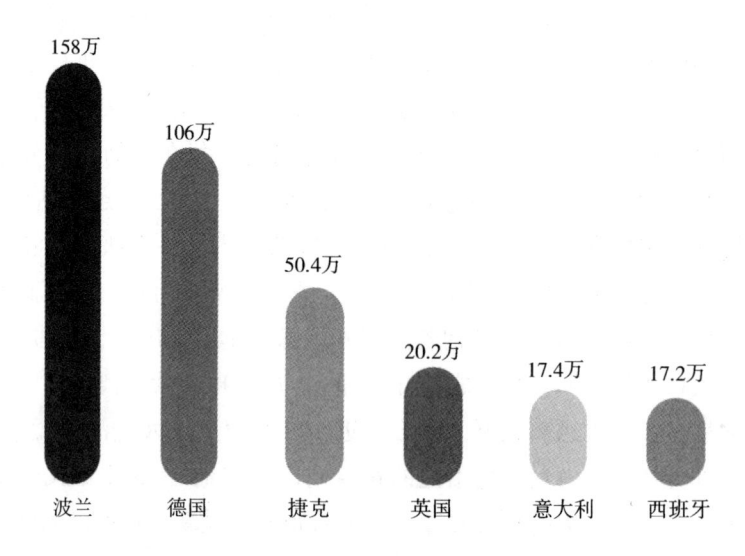

图2-4 收容乌克兰难民的主要欧洲国家

资料来源：联合国难民署《全球趋势报告2023》。

7. 巴勒斯坦

2023年10月7日，哈马斯和其他武装团体从加沙地带向以色列国防军基地和以色列边境社区发动了海陆空袭击，已造成约1200名以色列人和外国公民死亡，约253人被绑架带入加沙。随后以色列在加沙开展大规模军事行动，造成前所未有的人员伤亡和破坏，包括东耶路撒冷在内的约旦河西岸暴力事件以惊人的程度增加，成为该地区自1948以来最严重的暴力升级。以色列的军事反应已使加沙大部分地区无法居住，数万人丧生，其中大多数是妇女与儿童。根据加沙卫生部的数据，超过32782名巴勒斯坦被杀害，超过75298人受伤。截至2024年3月31日，估计被占领的巴勒斯坦领土上有330万巴勒斯坦人需要人道主义援助，整个加沙地带的所有人口都面临严重粮食不安全，北部地区将出现饥荒，170万巴勒斯坦人流离失所。由于84%的医疗设施遭到破坏或摧毁，其余设施缺乏电力和水源，加沙居民几乎无法获得医疗保健、药品或是救命治疗。与此同时，长期存在的负面趋势仍在继续。以色列定居点在整个被占领的约旦河西岸地区（包括东耶路撒冷）不断扩张，超过20000套定居点住房获批，对巴勒斯坦人拥有的建筑物没收和强拆仍在继续。巴勒斯坦权力机构面临财政和合法性危机，2024年1月29日，巴勒斯坦国总理穆罕默德·什塔耶（Mohammad Shtayeh）宣布了以加强问责制、增加收入和升级服务为核心的治理改革，而一个月后的2月26日，什塔耶向巴勒斯坦国总统马哈茂德·阿巴斯（Mahmoud Abbas）递交了政府辞呈。2024年3月31日，由新总理穆罕默德·穆斯塔法（Mohammad Mustafa）领导的新技术官僚政府宣誓就职。①

自2023年10月以色列开始军事行动以来，联合国和人道主义伙伴的首要事项一直是扩大对加沙的人道主义援助，重点是满足紧急的救命需求。2023年11月6日，针对巴勒斯坦被占领土的最新紧急呼吁要求筹集12.29亿美元，以满足2023年10—12月270万人的紧急需求，后来延长至2024年3月。2024年的新紧急呼吁要求筹集28亿美元，以满足310万人的最紧急需求。近东救济工程处的资金需求也包含在这项呼吁中。中国驻巴勒斯坦办事处2024年8月1日与联合国近东巴勒斯坦难民救济和工程处（近东救济工程处）签署捐款协议。②

同时，应中方邀请，巴勒斯坦14个派别高级别代表于2024年7月21—23日在北京举行和解对话。巴勒斯坦各派签署了《关于结束分裂加强巴勒斯坦民族团结的北京宣言》。这是巴勒斯坦14个派别首次齐聚北京举行和解对话，为饱受苦难的巴勒斯坦人民带来了宝贵希望。③ 2024年

---

① UN General Assembly and Economic and Social Council, "Assistance to the Palestinian People: Report of the Secretary-General", May 20, 2024, https://palestine.un.org/sites/default/files/2024-07/Assistance%20to%20the%20Palestinian%20people%20Report.pdf.

② 新华网：《中国向联合国近东救济工程处捐款》，2024年8月1日，http://www.news.cn/world/20240801/af91755c9f3a4dadb20077ff5d4b0b39/c.html。

③ 新华网：《新华社快讯：巴勒斯坦各派在北京签署〈关于结束分裂加强巴勒斯坦民族团结的北京宣言〉》，2024年7月23日，http://www.xinhuanet.com/world/20240723/54ce6ebbd19-2413485c164a5db34cd56/c.html。

7月31日，哈马斯领导人伊斯梅尔·哈尼亚在德黑兰遇袭身亡，然而，该地区的冲突解决的政治进程依旧前路漫漫。

8. 委内瑞拉

根据"针对委内瑞拉难民与移民的跨机构协调平台"（R4V）2024年6月更新的数据，寻求保护和更好的生活，已经有超过777.45万人离开委内瑞拉。[①] 其中大多数人（超过650万人）被拉丁美洲和加勒比国家收容。尽管一些委内瑞拉国民自发返回原籍国，但委内瑞拉难民和移民流向邻国及其他地区的现象仍在持续。来自委内瑞拉的难民和移民中有相当一部分需要国际保护和人道主义援助。虽然该地区的收容社区和国家致力于帮助委内瑞拉人，并一直慷慨地欢迎他们，但这些国家地区也越来越不堪重负。一些国家正在实施大规模的合规化进程，以确保难民和移民获得证件并享有权利和服务。然而，这些努力和团结姿态需要财政支持才能取得成功。

抵达邻国的委内瑞拉难民和移民大多是带着孩子、孕妇、老人和残疾人的家庭。根据难民署和有关机构进行的最新需求评估，许多人面临贫困，挣扎求生。不断上涨的生活成本、新冠疫情的影响以及高失业率增加了委内瑞拉难民和移民的脆弱性，使许多人难以重建生活并融入该地区的东道国社会。拉丁美洲和加勒比地区一半的难民和移民无法负担一日三餐，也无法获得安全和有尊严的住房。为了获得食物或避免无家可归，许多委内瑞拉人诉诸性交易、乞讨或负债。新冠疫情的影响仍然给社会经济融合带来困难，使委内瑞拉人陷入更深的贫困。许多家庭被迫减少食物摄入量，不得不借债生存。他们面临被驱逐、被剥削的风险。一些国家的经济困难和政治不稳定，以及就业竞争加剧和公共服务有限，导致了歧视和仇外心理的出现。极低的工资也进一步降低了委内瑞拉难民和移民养活自己和家人的能力。许多难民和移民儿童在东道国接受教育服务时仍然面临多重障碍，特别是由于学校缺乏入学名额或空间。那些缺乏证件、生计和当地融入前景的人正在寻求安全和可持续的未来。

2024年7月29日，委内瑞拉官方公布总统选举结果并宣布马杜罗获胜。委内瑞拉反对派拒绝承认选举结果，并获得了美国、欧盟和部分拉美国家的支持。穆利诺7月29日宣布巴拿马"暂停"与委内瑞拉的外交关

---

① R4V, Key Figures, June 3, 2024, https://www.r4v.info/en.

系，并撤回外交人员，直至对此次选举结果进行"全面审查"。委内瑞拉也宣布从巴拿马、阿根廷等7个拉美国家召回外交人员，同时要求这些国家的外交人员从委内瑞拉撤出。① 这场委内瑞拉再一次爆发的政治危机无疑使得该国的难民危机雪上加霜。

（二）地中海被迫迁徙路线的形成考验着欧洲国家

2015年欧洲地区的寻求庇护者流入正式凸显，不但流量激增，迁入路线相较以往，也发生了改变。并非所有人都是从自己的祖国直接抵达欧洲。有200多万获得临时保护地位的叙利亚人身处土耳其。还另有30万从阿富汗、伊拉克和巴基斯坦而来的人并不合法地居住于土耳其等待过境投靠欧盟。有超过110万叙利亚人停留在局势越来越不稳定的黎巴嫩。还有大量的人停留在约旦（6.3万）、埃及（1.3万）。随着时间的推移，生活在叙利亚邻国的难民越来越难找到工作，难以取得合法居住权以及送孩子上学，这也是难民再次前往欧洲的数量剧增的主要原因。

"东地中海和西巴尔干路线"：叙利亚、伊拉克、阿富汗寻求庇护者所用路线，主要是"东地中海和西巴尔干路线"，而在此轮危机早期巴基斯坦和非洲一些移民群体也频繁使用此路线。2015年上半年，6.6万人横渡土耳其与希腊之间的地中海区域，到7月和8月，横渡人数超过13.7万。除非欧洲东部边界的路线可以将迁入人数分流，否则，这条线仍会被大量使用。许多人就是通过欧洲东部边界路线前往匈牙利，这使得匈牙利、保加利亚等国家的非正规入境因此急剧飙升。大量携带儿童的家庭迁徙也使用这条路线。许多来自西巴尔干的人也选择走"东地中海和西巴尔干路线"。在2015年4月以前，科索沃人一直都是走这条路线主要群体，之后阿尔巴尼亚人也大量出现。经济环境差、年轻人高失业率很可能是这些地区人口迁徙迅速增加的主要原因。而且持科索沃身份证明文件到塞尔维亚相对容易，该区域的偷渡路线也很开放，能够获得一些目的地国家就业机会和社会福利的类似传言，促使人口大量前往该地。但是，在所有欧盟国家中，分给原籍为西巴尔地区迁入者的难民地位份额几乎为零。2015年，德国加快针对科索沃与阿尔巴尼亚人的申请流程，来减轻这一地区人口流出给德国带来的压力。

---

① 新华网：《委内瑞拉宣布将召回7个拉美国家外交人员》，2024年7月30日，http://www.news.cn/world/20240730/2425934d4b1b4afbb0aadb70d88e122e/c.html。

"中地中海路线"：从利比亚到意大利的"中地中海路线"在本轮危机中同样也被大量使用。海上船只载着被迫迁徙者不断抵达意大利，2014年全年抵达17.2万人。相比2013年、2014年使用该路线的移民，乘船抵达者以及从利比亚近海获救者的国籍已经发生了变化。之前，叙利亚人和厄立特里亚约各占1/4，到2015年使用该路线的人中只有6%来自叙利亚。由于这条路线的危险性高，许多叙利亚人选择了其他通道到达欧洲。自从埃及和阿尔及利亚相继出台了针对叙利亚人的签证政策后，叙利亚人到达利比亚的难度加大。为此，利比亚和萨赫勒地区的偷渡网络猖獗地扩展到其他难民来源国。厄立特里亚（27%）、尼日利亚（11%）、索马里（9%）、冈比亚（5%）以及苏丹（5%）成为通过这条路线者的主要国籍国。如果人口贩运减少，或是利比亚的局势走向稳定，这条路线的使用率可能就会降低，否则，这条路线日后仍然会很重要。

"西地中海航线"：撒哈拉以南移民使用的传统路线是经过西班牙休达和梅利利亚，或者通过直布罗陀海峡到达欧洲大陆。但由于边境管控变严以及摩洛哥当局与欧洲合作联合打击非法移民，这条路线已经不太容易走了。

2003年欧盟东扩后，对于欧盟的有几个新成员国来说，在欧盟框架下应对大规模的寻求庇护者流入是一项新考验。[①] 与西欧国家不同，本轮难民危机的情况对匈牙利、波兰和保加利亚而言还属于新考验。其他欧盟国家和欧盟机构的财政资金与技术支持对于这些国家应对当前紧急情况来说至关重要。疏管和支援如此巨量的寻求庇护者对于这些国家而言，代价极其高昂。所付出的代价大小取决于这些寻求庇护者更好地融入当地社会的程度。这需要尽早、尽量为寻求庇护者评估个人技能，提供语言培训与入学机会，解决健康与社会问题，同雇主合作，帮助寻求庇护者增加就业机会。

（三）难民目的地收容制度的升级速度滞后于难民危机蔓延态势

经济状况最好的国家往往难民潮会集中涌入，强有力的就业市场似乎是难民流向最为重要的决定因素。[②] 同20世纪90年代相比，欧盟针对寻求庇护者已经有了更好的法律制度。然而，这些进步并没有使得欧洲国家

[①] International Crisis Group: "What's Driving the Global Refugee Crisis?" September 15, 2016, https://www.crisisgroup.org/global/what-s-driving-global-refugee-crisis.

[②] International Crisis Group: "What's Driving the Global Refugee Crisis?" September 15, 2016, https://www.crisisgroup.org/global/what-s-driving-global-refugee-crisis.

内部实现庇护责任的公平分担，也没有阻止被迫迁徙者选择偷渡方式前往欧洲。在紧急情况下，大规模的难民潮迁入使难民的目的国、中转国的中央政府与地方政府同时承受压力。各级政府之间的协调是防止当地社区承载力崩溃的关键。但关于责任共担的协调、各级政府间的协调，往往都滞后于危机的蔓延速度。

2016 年，为了应对全球难民危机，联合国与美国在纽约主办了首脑峰会，与会领导人们承诺每年安置至少 10% 的难民，更公平地分担收容责任，要求给面临挑战最大的难民一线接收国提供更多支持，充分尊重难民权利。峰会当天以联大决议的形式通过《关于难民和移民的纽约宣言》。根据宣言，国际社会将与联合国推动建立一个多方参与的难民问题全面响应框架，应对突发及长期存在的大规模难民流动问题。以期在 2018 年制定通过旨在安全、有序和正常移民的全球契约。[①] 国际社会 2016 年又从 32 个国家募集到 45 亿美元，用于难民援助计划。中国也在原有的援助基础上再增加 1 亿美元人道主义援助。日本也承诺未来 3 年提供 28 亿美元救助全球难民。除通过联合国大会为处理难民移民措施扩大权威性外，2016 年 10 月 6 日，受到安理会 15 国成员提名成为下一任的联合国秘书长古特雷斯也是联合国前难民事务高级专员。这不仅体现了联合国与国际社会对难民事务的高度重视，而且就古特雷斯的职业取向而言，难民问题也已经成为联合国关注的重点议题之一。

三 全球难民危机应对与治理的三大挑战

尽管全球治理机制在本次难民危机中努力发挥重要作用，难民所面临的人道主义危机也为全球所关注，但如何治理危机迁徙，依然是全球治理议题中最棘手的问题之一。

（一）被迫流离失所是全球治理中最难达成集体行动的议题之一

一方面，危机造成的该议题缺乏如全球经济治理中赤裸裸的现实利益需求。难民问题一直被认为是道义性与政治性并存的议题，第二次世界大战后甚至是冷战后，欧洲存在的难民问题之所以能够被有效处理，是因为

---

① 新华社：《难民和移民问题峰会通过政治宣言，国际移民组织加入联合国系统》，2016 年 9 月 19 日，http://www.yicai.com/news/5108206.html。

国际上存在两大对立阵营，西方国家愿意接收来自苏联阵营的难民，非常符合现实的政治需求。但本次难民危机出现的背景中绝大部分时间内再无两极对抗，欧洲国家对危机迁徙的应对态度，更多只能靠对人道主义精神的认知与坚持。虽然其中也存在对人力资源的渴求，但这一动力也在声势强大的反移民宣传中磨灭。另一方面，危机迁徙缺乏如气候变化这类与世界民众切身相关，又有能源利益集团、大国之间暗中博弈的政治基础和群众基础。对于非危机迁徙相关地的民众而言，危机迁徙仅出现于新闻，对难民的同情也只产生于触目惊心的新闻图片，而对于难民潮产生的背后原因、难民与命运的抗争过程难以知晓。非利益攸关国家政府更多地只会出于国际道义而略为关注；直接相关的难民原籍国也会因为国家本身治理能力、内部冲突等问题，无暇顾及。

（二）难民危机被政治舆论裹挟成为政治斗争的转化器

危机造成的被迫流离失所遭遇西方国家与一些南方国家的选举周期，难民危机的本质与主要矛盾一再被刻意左右，反复成为竞选武器与国内矛盾的转化器，治理理念与措施迷失在了舆论斗争中。2024年将是"全球大选年"进入选举周期：美国总统大选将于2024年11月5日正式进行；欧洲议会选举也始于2024年6月6日；俄罗斯、印度等国家也将在2024年举行大选。移民、就业与经济形势，以及社会安全问题，在选举中早已成为常规性议题。每每进入选举周期，社会安全问题似乎显得尤为严重，时刻成为执政党与在野党、政治候选人之间相互攻击的工具，乐此不疲。由于政治家、媒体从业者，甚至一些非相关国家研究者的不专业，又或是为实现政治宣传效果，刻意混淆移民与难民之间、全球难民与特族群之间的概念，导致对难民群体以及难民保护并不熟悉的普通民众对难民潮产生无谓的恐惧与抵触；加之一些政治家为了替自身失败的反恐政策开脱，将恐怖袭击归咎于移民，甚至是更为无辜的寻求庇护群体。这类趋势不仅是难民治理、移民社会融入的问题，也是政治家运用议题和热点转移、掩盖最根本的矛盾、攫取执政的合法性工具。

（三）难民治理规范的强制约束力依旧缺失

以联合国体系为首的治理机制，仍然存在强制约束力缺失的问题。2016年联大决议通过《关于难民和移民的纽约宣言》，宣言还只限于要开始针对制定大规模迁徙的全球契约进行谈判，但主要国家的谈判进程是否能实现2018年出台仍然未知。尽管《难民问题全球契约》于2018年出台，与联合国的其他治理契约一样，这份文件虽有广泛权威性，却仍难具备强制约束力，其规范效应也会让签署国家陷入国内争论之中。2017年9月19日，潘基文与国际移民组织总干事斯温正式签署《联合国同国际移民组织间关系协定》，国际移民组织正式加入联合国系统。本次危机迁徙还逐步出现了另外一种潜在治理阻滞：难民署与国际移民组织在治理领域划分上的功能权限重合。这会使两大组织在治理实践中因分工不明出现竞争。难民署作为治理难民、被迫流离失所的主导组织，其领导权受到国际移民组织分割的迹象已经在治理地中海区域危机迁徙实践中显现。两大组织的潜在竞争关系还将会在救援行动资金筹措与分配、与相关国家和各类组织机构的合作关系、危机应对措施的制定等方面逐渐产生。如合作关系处理不当，势必影响危机迁徙的治理效果。

第三章 治理难民问题的核心行为体

难民问题自第一次世界大战结束后，就成为一项亟待国际制度协调应对的问题。进入21世纪，它从一项强政治性议题，逐渐凸显为一项全球性议题，进入全球治理范畴。前文提到，难民的正式法律文件，尤其是2018年《难民问题全球契约》，已逐渐将国家间的合作，国家与超国家行为体、次国家行为体的协调协作，纳入难民治理的规范性内容中，难民问题的全球治理体系，已经逐渐嵌入国际难民制度，成为其框架性组成部分（见图3-1）。本章将详细介绍治理难民问题的各主要行为体。

治理难民问题的多元、多层复合行为体

主权国家	超国家行为体	次国家行为体
● 难民来源国 ● 难民收容国 ● 难民过境国 ● 其他国家	● UNHCR、IOM、ILO、OHCHR ● NGOs ● EU、ASEAN、ECLAC	● 地方政府 ● 社会组织、企业、个人

图3-1 治理难民问题的行为体构成

第一节 治理难民的行为体构成

一 全球难民治理中的行为体

罗西瑙在对治理的界定中认为，全球治理的行为体范围应该包括"从家庭到国际组织"[①]；全球治理委员会则枚举为"各种各样的个人、

[①] [美]詹姆斯·N.罗西瑙主编：《没有政府的治理》，张胜军、刘小林等译，江西人民出版社2001年版，第5页。

团体"①。戴维·赫尔德等认为,参与全球治理的行为体既有国家政府,还有"所有的其他组织和压力团体——从跨国公司、跨国社会运动到众多的非政府组织"②。从这些权威学者与研究报告来看,主权国家、超国家行为体、私营部门和个人是受到理论与实践所认可的全球治理行为体。布尔从影响治理的规则制定、治理过程与结果的角度上,将治理行为体分为国家、国家"之上"或在国家"之下"的政治行为体。国家之上,是超国家组织、跨国政府间组织和国际性非政府组织。国家之下,依然有参与治理的行为体,可能还有国家政党、社会组织、教会、专业团体、企业等行为体构成的治理网络。③ 不仅如此,地方政府机构也以独立的身份与角色,参与到全球治理的具体议题中。治理难民的行为体继承了全球治理的显著特征——多元性与多层次复合性。④

二 难民治理行为体的多元性

治理难民的行为体是多元的,各个行为在治理进程中的作用不尽相同。国家、超国家同次国家行为体也是多样的。以国家中心论的视角分析难民问题,主权国家始终处于该议题的治理核心位置。难民问题的缘由、应对与解决过程的复杂性,决定了主权国家的参与,是多国的且角色多元。从国际体系与国际社会视角观察,参与难民治理的国际政府间组织也同样多元。既有联合国难民署为代表的专门组织,还包括 2018 年加入联合国体系的,同该治理议题密切相关的国际移民组织(IOM 又称联合国移民署)、国际劳工组织(ILO)、联合国人权高专办(OHCHR)、联合国儿童基金会(UNICEF)、联合国妇女署、世界银行等。还有对治理决策产生深刻影响的联合国大会、联合国经济和社会事务部(UNDESA)等。

---

① [瑞士]英瓦尔·卡尔松、[圭]什里达特·兰法尔主编:《天涯成比邻——全球治理委员会的报告》,中国对外翻译出版社公司组织翻译,中国对外翻译出版公司1995年版,第2页。

② [英]戴尔·赫尔德等:《全球大变革——全球化时代的政治、经济与文化》,杨雪冬等译,社会科学文献出版社2001年版,第5页。

③ [英]赫德利·布尔:《无政府社会——世界政治秩序研究》(第二版),张小明译,世界知识出版社2003年版,第224页。

④ 刘贞烨:《第三章 全球治理行为体》,载蔡拓、杨雪冬、吴志成主编《全球治理概论》,北京大学出版社2016年版,第94页。

(一) 主权国家

以难民的移动轨迹以及治理程序，可将处于治理中心位置的主权国家分为两类。

一是难民来源国，即被迫流离失所的形成地、难民的原住地。难民来源国在治理的国际责任"推卸战"中，往往成为众矢之的，通常被定性为"麻烦的根源"，对难民危机负主要责任。难民危机皆起因于难民来源国家与地区所产生的冲突与灾难。难民危机既可能爆发于国与国之间的暴力冲突，也可能爆发于国内围绕政权的争夺战，或是地方割据与特殊族群的独立或分离斗争；既可能是国内街区暴力、有组织犯罪等导致的国内社会秩序崩塌的原因，也可能是不同族群或宗教团体间的仇恨运动。灾难，既可能来自自然力量，也会来自上述人为冲突，或是最终演化为自然灾害与人为冲突混合共生的恶劣情形。横扫非洲大陆的饥荒、干旱，甚至是瘟疫，往往伴随着武装冲突。追究危机的起源与难民的治理责任，来源国责无旁贷。然而冲突与灾难的缘由极为复杂，来源国的天然治理责任同治理能力往往不相匹配。难民来源国家与地区在难民问题中所处的状态、扮演的角色对于难民问题至关重要。难民来源国家的状态，很大程度上决定了难民潮的规模、持续的时间和最终解决方案（自愿返回、返乡融入）实施的效果。然而，难民来源国家地区的冲突与灾难，往往不是偶发事件，病灶在于国家长久的政治经济社会问题，难以在短时间内解决。因此，在国内的冲突与灾难尘埃落定前，难民来源国家与地区在难民治理中的角色往往同国际社会对其"责任"——"谁造成，谁解决"的"理想化"认知，并不相称。

二是难民的接收国，即难民的第一到达国家、中转国家以及目的地。这些地区都不同程度地承担了难民援助与保护的角色。难民接收负担最重的国家，往往同难民危机爆发原因并无直接关联，属于难民产生缘由外部性的直接受害者，又是国际道义与国际责任主动或被动的坚持者。难民接收国是复杂的，即使本着国际人道主义精神，抑或是如学者分析认为的，出于国际政治斗争的考量，国家也很难"积极主动"地成为难民接收国。由于地理路线上的可到达性和国家边界的相对开放性，世界绝大部分难民是由难民来源地区的相邻国家接收。除了类似匈牙利关闭陆地边界或是澳大利亚在领海拖走船民的极端行为外，接收国家自难民到达那一刻，就承担了治理难民的核心功能。难民的接收国，既有难民的目的国，也可能只是中转国家。既有难民的第一到达地，也有经过国际难民制度协调协商后的重新安置国家。寻求庇护者的登记、安置与救济问题，难民身份的甄别与确定，社会融入，自愿或强制遣返以及同其他参与国家、超国家行为体与次国家行为体的协调协作等问题，都会给接收国包括国内制度与规范、治理资金、央地协调等治理能力带来全方位的压力与挑战。

因此，即使加入1951年《关于难民地位的公约》和1967年《关于难民地位的议定书》，国家也会因为国际难民制度威胁到主权国家个体的自主性或是面对严重国内政治社会舆论压力而选择不履行公约的保护承诺，或拒绝分担主要难民收容国的保护重担。

(二) 超国家行为体

难民问题产生缘由复杂，即使能够明确对难民本身所造成的伤害的责任主体，也难以强制问责，勒令其承担责任赔偿损失。难民问题无法通过"有政府"状态下的常态"奖惩"机制得以解决。随着交通与科技发展，这项全球性问题具备了危机的强溢出性，严重削弱主权国家行为体尤其是难民接收国的自主性与自助性。处于复合相互依赖中的国家，无法独自应对与解决难民危机。一国政府往往难以在国内找到合理性基础与支持将无限的资源投入本不应属于本国管辖范围的难民。因此，本着国际道义接收难民越多的国家，往往承担的国际责任越重，付出成本越高，形成马太效应，即圣经《新约·马太福音》预言中形容的"凡有的，还要加倍给他叫他多余；没有的，连他所有的也要夺过来"。

主权国家的多边合作与授权形成的国际政府间组织，能以特定制度安排一定程度上补救这类"马太效应"。如前文提到的以联合国难民署为代表的一系列专门组织，如国际移民组织、国际劳工组织、联合国人权专署、世界银行等；同难民治理相关的难民署伙伴组织，例如联合国妇女署、联合国儿童基金会等。还有联合国系统下的决策机构，如联合国大会、联合国经济社会事务部等。然而，这些具有国际权威的组织机构在难民治理过程中，不断提出新的议题、制定新的制度与规范以扩展保护范围，也对主权国家的治理权威形成新的压力与挑战。

除联合国系统之外，超国家行为体中的区域组织在难民治理中的功能也不容小觑。在援助与保护对象从最初有限的"公约难民"向各类被迫跨国流离失所者扩展的过程中，区域一体化产生的国际组织发挥了至关重要的作用。尤其是推动《非洲统一组织关于非洲难民问题某些特定方面的公约》达成的非统组织、欧盟（EU）、东南亚联盟（ASEAN）和拉丁美洲和加勒比经济委员会（ECLAC）等。

（三）次国家行为体

治理难民过程中，除国家中央政府制定的难民法律与政策外，地方政府承担了事实上的救济、安置与融入等具体事宜。城市，是难民收容与安置中最关键的一环，它在全球庇护中的重要性，得到越来越多的重视。难民的救济、中长期的生计问题，乃至最终解决，都同地方城市的社会政治经济息息相关。不仅如此，地方与城市也具有难民治理规则的制定权，对难民问题的治理走向产生巨大影响。在地方政府部门之外，还有多元的社会力量，也参与其中。例如企业，承担的社会责任不单体现在捐助、税务上，还可能成为雇佣者为难民提供自给自足的硬核机会——工作岗位。社会组织，除人道主义救援、医疗、心理辅导等专业型非政府组织，还有志愿者服务队、就业培训等关乎难民所在地社会生活方方面面的组织。个人，也通过不同的社会身份，对治理进程产生着正向或逆向的影响。慈善家、普通捐助者，难民救济与社会福利问题的专家，社区精英或是公共舆论中的发声者，尤其是作为能够影响地方、基层选举结果的选民与社会运动者，都是难民治理行为体中不可或缺的一环。

三 难民治理行为体的多层次复合性

在主权国家、超国家行为体与次国家行为体多元参与的情形下，难民治理发生的背景呈多层次、复合状态。既是行为体类型的复合，也是同类行为体不同层级的复合，"全球—区域—地方"构成复杂网络化的各层次、各类别的行为体互动。一是国家治理体系背景下，由国家政府主导的"纵向"嵌套治理，从中央政府到各级地方政府机构的参与行为。二是国际体系背景下，由权威国际政府间组织——联合国为主导的联合国体系下的"纵横"交错嵌套式治理。决策部门、专业组织之间并非自上而下的授权与服从关系，各个组织间有其各自领域的专业性与权威性。三是全球治理议题由多个、多类别国际组织共同发起，相互协作、竞争而形成的"复合网络"式嵌套治理，即在针对某一区域的难民问题，除主权国家外，如难民署通常需要连同多个联合国系统内、系统外的专业权威组织，区域性国际组织，国际人道主义机构，例如跨国的红十字国际委员会等宗教慈善救援、机构，一国本土的社会组织机构，共同发挥相互独立又有所协调的国际保护行动。

第二节 主权国家与治理

主权国家主张塑造其公民准入和曾大多根据国家自身的主体民族或种族标准来决定。这样的划分方式导致一些群体被迫逃离原有的家园，同时剥夺了这些人获得新家园的前景。那些缺乏公民身份、失去国家保护的人，不但被剥夺具体权利，甚至也被剥夺"任何一个来自愿意并有能力保证权利的社会"的保护。难民是被抛弃者。汉娜·阿伦特（Hannah Arendt）将难民描述为"最具现代政治症状的群体"[①]。国家利用民族或种族的标准来决定谁该属于政治共同体或是排除在范围之外。在一个责任与义务是由公民地位决定的世界，国家缺乏对难民负责的意愿。面对全球性问题，国家很可能缺乏提供援助的动机。[②]

但来自国家政府的难民治理行为，即对难民的救助与保护、相关的行政立法手段、大规模捐助行为等，也很难被忽视。国家在治理中一直发挥着关键作用。采用传统权力政治与国家利益理论范式的学者，将难民政策与难民治理行为解释为国家或国家联盟用于羞辱、破坏以及削弱敌对国家或联盟的武器。[③] 或是将治理难民作为一种符合国家利益，促进经济社会发展的手段。[④] 这类研究将国际难民机制中的传统政治要素作为首要解释，以国家利益回避了人道主义情怀。吉尔·罗旭德（Gil Loescher）认

---

① Hannah Arendt, *The Origins of Totalitarianism*, New York: Harcourt Brace and Company, 1986, p. 267.

② [美]斯科特·巴雷特：《合作的动力——为何提供全球公共产品》，黄智虎译，上海人民出版社2012年版，第51页。

③ Gil Loescher, *Beyond Charity: International Cooperation and the Global Refugee Crisis*, New York: Oxford University Press, 1993, pp. 18–20; Gil Loescher, "The UNHCR and World Politics: State Interests vs. Institutional Autonomy", *The International Migration Review*, Vol. 35, No. 1, 2001.

④ Matthew J. Gibney, *The Ethics and Politics of Asylum: Liberal Democracy and the Response to Refugees*, Cambridge: Cambridge University Press, 2004, p. 61; Karen Jacobsen, "Factors Influencing the Policy Responses of Host Governments to Mass Refugee Influxes", *The International Migration Review*, Vol. 30, No. 3, Autumn, 1996.

为比起从友好国家出逃的人，政府更倾向于援助那些敌对国的出逃者。① 冷战时期，为了证明共产主义的道德沦丧、彰显民主国家的自由与高尚，西方国家将1956年来自匈牙利的难民以及1968年来自捷克斯洛伐克的难民视为"处于恶劣环境下的贫乏外来者"，做出高度负责的治理回应。② 当一国需要迁入劳动力时，所有政府就会更愿意用非政治性的、非歧视性的方案来迎接难民。③ 但当冷战结束，两极对抗也随苏联的解体而告终，曾经慷慨接收难民的西方国家也丧失了提供治理的明显动机。即使国际制度有时对国家产生影响，这类研究范式也会将这类规范作用视为权力政治或经济利益的驱动。

一旦打开国家的黑匣就会看到，国家的难民治理行为并非只受国际关系与国家经济利益的影响。卡伦·乔布森（Karen Jacobsen）认为国家的难民政策除了受国际关系、国家安全和援助成本收益考量，还受到国内政治的多要素的影响。国家内部的官僚政治斗争、难民在国内政治中的地位、政府部门与决策者间的斗争，以及信息缺失、官僚惰性等经验层面的综合问题，④ 都会成为阻碍国家治理难民的原因。

大部分难民收容国家缺乏治理能力，原籍国难以承载返乡难民。受到地理位置、经济状况的限制，绝大多数难民选择逃往与原籍国一样欠发展的邻国或相对较近的区域。2014年发展中国家和地区收容了世界86%的难民。在联合国难民署的授权委托下有超过590万难民是被安置在人均收入低于5000美元的国家之中。世界最欠发展地区为360万难民提供了庇护，达到全球难民接收的25%。⑤ 刚果民主共和国因为长期的战乱，已经连续两年成为世界第六大难民来源国，但南苏丹的持续的冲突仍然造成超过1.1万人逃往该国。世界第七大难民来源国的中非共和国也同样接收了

---

① Gil Loescher, *Beyond Charity: International Cooperation and the Global Refugee Crisis*, New York: Oxford University Press, 1993, p.39.

② Matthew J. Gibney, *The Ethics and Politics of Asylum: Liberal Democracy and the Response to Refugees*, Cambridge: Cambridge University Press, 2004.

③ Gil Loescher, *Beyond Charity: International Cooperation and the Global Refugee Crisis*, New York: Oxford University Press, 1993, p.39.

④ Karen Jacobsen, "Factors Influencing the Policy Responses of Host Governments to Mass Refugee Influxes", *The International Migration Review*, Vol.30, No.3, Autumn, 1996.

⑤ 杨靖旼:《全球难民现状与治理（2014—2015年）》，载李慎明、张宇燕主编，李东燕副主编《全球政治与安全报告（2016）》，社科文献出版社2015年版，第110页。

南苏丹的出逃难民。① 这些地区往往资源不足，甚至是"失败"国家，不但救济能力与相应制度不理想，而且局势同样不稳。当冲突爆发时，危机移民迁入地就变得过分拥挤且充满危险，甚至导致难民二次逃亡。

原籍国的治理能力缺失也导致返乡难民、返乡流离失所者返乡行为更加危险艰辛。伊拉克曾有大量流离失所者和返乡难民因为原籍家园已经成为其他教派或民族的聚居地而无法生活在家乡。返回的少数民族或教派人士很有可能会再次引起新一轮的暴力冲突。喀布尔已经没有能力再供给从巴基斯坦与伊朗遣返回国的阿富汗难民，修复与加强收容城市的基础设施的举措都远滞后于需求，难解燃眉之急。阿富汗也无法为他们提供返回原籍村庄的条件。②

难民与移民的混淆，使社会认同的安全隐患成为难民被拒之门外的理由。在平日的大众媒体、民调机构甚至是一些研究报告，"难民"与"移民"常被交叉使用，没有严格区分难民与寻求庇护者同一般经济移民间的差别，使民众对所面临的问题形成一系列认识上的误区。区分二者尤为重要。简单来说难民与移民都是迁徙者，但难民是为逃离武装冲突或是迫害而迁徙，为了寻求安全而跨越国境，处境艰险难耐，由此成为国际认可的"难民"（refugees）获得来自国家、联合国难民署和其他组织机构的援助。之所以被认可为难民，是因为返乡太过危险，需要在其他地方避难，一旦被拒绝则会产生致命的后果。而移民，并不是因为直接的迫害或生命威胁而迁徙，而主要是为就业、教育、家庭团聚等原因。与难民不同，移民不会因危险而无法返乡，且如果返乡就会获得政府的保护。国际社会存在一种普遍的误解，认为难民不但会与当地居民争抢就业与各类社会福利机会，还可能与移民一样，为了获得社会的承认与平等对待，以非理智的形式表达"承认的政治"，造成社会冲突和安全事件。③ 政府也害怕对难民的合理保护措施会鼓励更多的人迁入，丧失提供援助的动力。

---

① UNHCR, "South Sudan Fighting Forces Thousands to Flee", March 11, 2016, http：//www.unhcr.org/56e2c75e6.html.

② Patricia Weiss Fagen, "Flight to The Cities", *Forced Migration Review*, Issue 45, February 2014.

③ Martin O. Heisler and Zig Layton-Henry, "Migration and the Links between Social and Societal Security", in Ole Waever, Barry Buzan, Morten Kelstrup, and Pierre Lemaitre (eds.), *Identity, Migration and the New Security Agenda in Europe*, New York：ST. Martin's Press, 1993, pp.148-166.

2016年6月24日，英国脱欧公投中脱欧派的略微胜出，无疑是给作为区域一体化先驱与表率的欧盟一记重击，而其中有很大的因素是欧盟难民危机与英国迁入移民问题的混淆。益普索莫瑞（Ipsos MORI）最新民调显示，欧盟的难民危机使得绝大多数受访民众认为"人口迁入"是英国面临的最严峻考验，① 消磨了大众对欧盟前景的信心。

加之难民无法参与组织动员申索权利，作为国际社会中最弱势的群体，在逃亡过程中，已经丧失主要社会关系、经济基础不稳，并在所在国无法短时间内结成政治社会网络。因此，难民缺乏组织动员的资源，难以和移民一样能够采用政治组织动员形式，来配合联合国难民署争取受保护权益，这使难民治理机制难以采取其他治理领域的动员战略。②

人口流动与恐怖主义相互交织，使得难民成为烫手山芋，跨境难民治理责任遭到推诿。一些欧洲年轻人出走叙利亚并遭到恐怖组织的洗脑，加之申根国家间的人员自由流动，增加了成为恐怖分子的返乡者发起恐怖袭击的便利。英国伦敦国王学院国际激进化研究中心2014年的数据显示，欧洲有多达2000人已出走至叙利亚。③ 尽管有研究表明只有1/9的返乡者会有发起袭击的动机，但各国仍然担心遭到激进组织洗脑并且在中东有了实战经验的他们会最终成为恐怖分子。④ 2015年11月，巴黎恐怖袭击案的主要嫌疑人萨拉赫·阿卜杜勒·萨拉姆就是出于布鲁塞尔的摩洛哥裔法国人。2016年3月布鲁塞尔的恐怖袭击再次造成32人死亡，嫌疑人为布鲁塞尔当地人。欧盟指责土耳其放任大量未经核查的寻求庇护者流入欧盟加大其被袭风险，土耳其也谴责比利时忽视警告，放任被土耳其作为"外国恐怖战士"驱逐出境的嫌疑人自由活动而酿成悲剧。德国一直对叙利亚难民宽容友好，未曾遭袭，但因有800名年轻人去往叙利亚，260名

---

① The Data Team, "The British are growing increasingly anxious about Europe", *The Economist*, April 5, 2016, http：//www.economist.com/blogs/graphicdetail/2016/04/chief-concerns.

② 关于将国际制度作为政治动员的论述，请参见田野《国家的选择——国际制度、国内政治与国家自主性》，上海人民出版社2014年版，第124—129页。

③ Sara Miller Llana, "Why Young Europeans Are Becoming Jihadis", July 28, 2014, http：//www.csmonitor.com/World/2014/0728/Why-young-Europeans-are-becoming-jihadis.

④ Sara Miller Llana, "The Risk of European Jihadis Coming home：How Do You Calculate it？", *Csmonitor*, September 2, 2014, http：//www.csmonitor.com/World/Europe/2014/0902/The‐risk‐of‐European‐jihadis‐cominghome‐How‐do‐you‐calculate‐it‐video.

已返乡，而被猜测同样存在遇袭风险。德国作为欧盟的难民收容先锋，长时间为难民敞开大门，而法国却在危机中扮演着"旁观者"①，二者的政策与态度相去甚远。若二者在欧盟针对难民政策中无法寻求共识，于两国于欧盟都将有所失。

突发的社会治安恶性事件极易受国内民粹主义者煽动、成为政派间相互倾轧的导火索，使有保护难民意愿的国家却步。大规模难民入境时无法甄别寻求庇护者的犯罪记录，更无法获知犯罪倾向。加之，难民身份审核时间长，收容区的艰难生活和性别比例失调易导致寻求庇护者行为心理变化。作为欧盟区域难民收容与救助典范的德国，也面对着境内难民身份甄别、民粹主义攻击与社会治安等方方面面的挑战。从德国科隆火车站跨年大规模性侵案开始，难民收容中心遭性侵、被迫卖淫的报告不断增加，斗殴事件也时有发生。2016年德国科隆极右翼排外组织"欧洲爱国者抵制西方伊斯兰化"（PEGIDA）的支持者举行了约1700人的反难民示威游行。根据德国警方统计，自2015年以来，至少发生817起针对难民庇护所的袭击事件，2014年只有199起，2011年仅为18起。这些负面社会治安事件的出现，一度使德国默克尔政府的积极难民政策走向崩溃的边缘。德国《焦点》周刊指出，民调显示，德国执政大党"基督教民主联盟"（简称基民盟）和社民党的选民支持率仍在下跌，反对默克尔难民政策的德国选择党的支持率仍在不断攀升，并于2016年3月20日创下13%的历史新纪录。选择党抓住时机宣扬反移民政策。曾同情难民的左派政党也出现了部分人的倒戈。② 左翼党领导人也公开表示，如果有难民践踏德国的好客精神，他们的确应该被扫地出门。③

第三节 超国家行为体

除主权国家之外，治理难民问题的主要行为体还包括超国家行为体。

---

① The Print Edition, "The Bystander: France Embodies Europe's Dilemmas over Migration", *The Economist*, March 19, 2016.

② 王曦晨：《被指代价高默克尔民意续跌》，《香港商报》2016年3月22日，http://stock.hexun.com/2016-03-22/182886672.html。

③ 刘淄川：《科隆事件与欧洲移民政策走向》，《经济观察报》2016年1月19日，http://www.eeo.com.cn/2016/0119/282578.shtml。

联合国系统内政府间的各相关国际组织，包括联合国难民署、国际移民组织等，是国际舞台中最常见的超国家行为体。同时，非政府组织、私营部门与个人，在治理难民问题中同样发挥着重要作用。

一 联合国系统内的各相关组织

（一）联合国难民署

主权国家构成的治理体系中的国家政府与超国家治理体系中的联合国难民署，二者与其说是难民治理中的竞争对手，不如说是一种相互制约的治理功能互补关系。一方面，国家政府，尤其是难民所在国，承担着难民救助与保护的主要责任，并在难民保护相关的国内立法、行政程序、出入境政策制度基础上管控着难民流动。但就国际难民制度的起源而言，国家政府并不必然有保护难民的动力。作为倡导、执行国际难民制度的难民署，在难民所在国政府不愿或不能对难民进行保护时，顶替并主导了这一治理角色。难民署在超越半个世纪的难民事务实践中凝结成为专业权威，并通过建立不同分工的伙伴关系，不断将参与到难民治理中的数百个非政府组织（NGOs）、私营部门，甚至是个人几乎全部整合到自己的治理体系之中。难民署将过于分散的多头行为体聚合成有动员能力的庞大机制，从而与国家政府的治理行为形成补充、相互配合。当然，难民署在规范政府行为的过程中，亦会受到政府的抵触与制衡。国家政府与难民署因此成为全球难民治理中最为显著的两股治理力量。

在全球难民治理的实践中，国家政府行为体仍扮演着不可或缺的作用，但如上部分所述，与其他全球治理议题相似，国家并不充分具备治理的充分动机。第一次世界大战后因为民族国家的建立与国家间冲突范围的扩大，大规模的难民潮所引发的人道主义危机促使了难民的国际治理机制的诞生与不断进化。在联合国的诸多机构中，难民署是独一无二的。它既是通过精英个人——高级专员来代表，又是一个同时具备独特文化和价值体系的官僚机构。高级专员几乎没有政治权威，却拥有相当高的道德权威以及合法性。高级专员的道德权威与合法性并非直到1951年难民署的成立才正式产生，而是甚至能够可以追溯到1921年，也就是弗里德托约夫·南森（Fridtjof Nansen）被国际联盟任命为第一位难民高级专员就已经开始。1920年，南森这位著名的挪威探险家被国联赋予就俄国战俘遣返的谈判任务。志愿机构为救助无国籍俄裔人所筹措的资源到1921年已经彻底耗尽。当时的主要人道主义组织,由国际红十字委员会牵头说服了国际联盟,至少成立一个国际机构来应对一部分难民。① 于是国联再次任命南森为第一任难民事务高级专员,专门也只处理俄国难民事务。为此,国联还建立了一系列严格的指导方针规范难民事务。国际难民治理,就这样在国际联盟的大国协调下开始有了制度性萌芽,个人、主权国家、国际政府间组织、非政府组织都悉数登场,构成了相互联结、相互作用和相互影响的集合。在随后到来的第一次世界大战结束后与第二次世界大战开始前的混合难民潮强压下,难民治理体系基本开始成形。直到在 1951 年根据第五届联合国大会决议下难民署成立,具有普遍意义的 1951 年《关于难民地位的公约》确立,全球难民治理机制正式成形。一直到冷战结束的又一次难民潮,作为超国家治理体系的联合国难民署同国家一起,共同处于难民治理的核心位置。

经历半个多世纪,难民署早已成为一个拥有自我身份特性的组织,有 9700 位共享价值观的人员为其工作。② 然而,作为引领和倡导全球难民治理的组织,在其行使保护责任、规范保护行为的过程中,难民署仍然面临来自组织本身官僚机构的病态反应、国家行为的阻碍以及形成于国际治理制度在变迁与扩散中来自其他治理行为体平行或是功能重叠的竞争。

迈克尔·巴尼特(Michael Barnett)与玛莎·芬尼莫尔(Martha Finnemore)运用以国际组织为中心的官僚组织理论来解释难民署的自主性、权力与变迁的来源,组织如何从建立时的组织发展成为联合国首要的机构之一,以及为何组织的治理行为如何偏离初衷。③ 他们认为难民署抓住各种危机和全球发展议程,争取到越来越广泛的授权,宣称有权对难民法提供权威性的解释,并传播 1951 年《关于难民地位的公约》。运用权威使国家允许该机构深入难民与人道主义事务,通过联合国授权性协议加强自身行为的合法性。利用道义权威不断扩大难民概念,通过支持扩大难民的概念,增强难民署对难民和难民问题的控制权。难民署自愿遣返的话

---

① Gil Loescher, *Beyond Charity: International Cooperation and the Global Refugee Crisis*, New York: Oxford University Press, 1993, p. 36.

② UNHCR, Governance and Oversight, https://www.unhcr.org/about-unhcr/governance-and-oversight_.

③ [美]迈克尔·巴尼特、[美]玛莎·芬妮莫尔:《为世界定规则——全球政治中的国际组织》,薄燕译,上海人民出版社 2009 年版。

语连同它评估难民原籍国人权与政治状况的权威,日益增强、增长,这使得难民署对判断是否符合"自愿遣返"的条件以及遣返的执行情况享有特权。①

尽管难民署试图鼓励遣返,努力平衡遣返与难民权利之间的关系,但在实际操作中,来自国家的管控阻力仍然巨大。从20世纪70年代不承认遣返到90年代遣返成为主流做法,最初更改组织规则的做法逐渐积累导致越轨行为正常化。这种倾向就增加了难民署支持违反"不推回"原则的遣返行动,导致难民公约规定权利无法得到保护。难民署的知识主张(knowledge claims)利用它的权威来左右这个世界如何理解难民和他们的环境,能够轻易掩盖难民的知识主张,也潜在地控制难民的生活并决定他们的命运。因此,在治理难民的具体实践中,难民署的官僚机构病态呈现,会从一定程度上与难民署的成立初衷相悖,削弱其来自国际道义的合法性,也可能伤及治理效果。

尽管难民署在全球范围的难民治理中最具专业权威性,1951年《关于难民地位的公约》及其1967年的《关于难民地位的议定书》在内的难民治理国际法律文件也是保护国际难民的根本法律依据,就其本身,难民署与这些文件的约束力有限。一方面,《关于难民地位的公约》对非缔约国不具有法律约束力。例如东南亚地区虽然被迫迁徙高发区,却只有菲律宾是公约的缔约国。虽然在难民保护上功不可没,但难民署无法消除战乱、军事冲突、种族迫害、自然灾害等难民产生的根源。除了难民署和其他国际组织在该区域发挥的治理作用外,各国面对难民问题各自为政,导致国内法与国际法缺乏对接渠道,无法顺利采用国际惯例。另一方面,公约缺乏强制约束力,缔约国会从制度、政策与执行上抵触、削弱与规避国际法的相关规定。从2015年7月开始,作为公约缔约国之一的匈牙利,为了避免寻求庇护者入境后的保护义务和遣返违规移民的成本,在边境建起围墙和铁丝网阻挡寻求庇护者涌入。2015年12月3日,匈牙利向位于卢森堡的欧洲法院递交诉讼状,反对欧盟按照配额强制分摊难民。2016年2月24日,匈牙利总理欧尔班宣布政府已决定就是否同意欧盟强制向

---

① [美]迈克尔·巴尼特、[美]玛莎·芬妮莫尔:《为世界定规则——全球政治中的国际组织》,薄燕译,上海人民出版社2009年版,第164—169页。

匈分摊难民举行全民公决。①

一些发达国家还战略性地缔造与难民制度平行或重叠的新制度，绕开联合国关于难民保护的强制性规则，把难民保护的重担往发展中国家转移。尤其是与难民机制重合的新迁徙机构，可以针对自发到达的避难行为，变更难民准入的规则与门槛。20世纪90年代世界多地暴发了严重的境内流离失所者（IDPs）问题，人们慢慢意识到，同难民相比，境内流离失所者很少能得到国际保护。以针对境内流离失所问题设立的联合国秘书长特别代表（UN Secretary General's Special Representative）以及1997年《境内流离失所的标准指南》（*Guiding Principles of Internal Displacement*）为基础的新制度框架开始逐步兴起，用以治理境内流离失所问题。② 与境内流离失所者相关的人权法和国际人道主义法都汇总在了框架之内。然而，这些针对境内流离失所者的新多边框架的形成与发展同样是由控制人口迁徙的议程驱动。许多发达国家之所以甄别"国内逃亡的替代选择"（international flight alternative），就是为了证明那些遭受迫害的人可以在原籍国境内受到保护，因此没必要逃离原籍国。这就暗示了一种情况：那些本来可以得到庇护的难民，如果能够在原籍国找到保护，那么他们对其他国家提出的庇护申请就会遭到拒绝，并遭到遣返。国内逃亡的替代选择成了境内流离失所治理机制与难民机制相重合的一种方式，很可能损害保护难民的行动。

随着全球性议题及其参与者的多元化，国际移民（international migrants）、境内流离失所者等议题开始凸显；区域性政府间组织、非政府组织等越来越多的行为体参与到难民治理中；例如《欧洲人权公约》（*European Convention on Human Rights*，ECHR）和《禁止酷刑和其他残忍、不人道或有辱人格的待遇或处罚公约》（*Conventionagainst Torture and Other Cruel, Inhuman or Degrading Treatment or Punishment*，CAT）③ 等人权制度开始与难民署所主导的难民保护机制形成互补。新全球治理手段的不断扩散，使其他类型的制度在功能上具备了一些与难民保护机制平行或重合的

---

① 欧洲时报网：《应对难民危机法国在行动、德国在坚持匈牙利只会喋喋不休？》，2016年3月1日，http://www.oushinet.com/news/europe/other/20160301/222981.html。

② Thomas Weiss and David Korn, *Internal Displacement: Conceptualization and Its Consequences*, London: Routledge, 2006, p. 69.

③ UNHCR, *Convention Against Torture and Other Cruel, Inhuman or Degrading Treatment or Punishment* (1984), December 10, 1984, http://www.unhcr.org/49e479d10.html.

元素。佩特里斯·R. 佛劳尔斯（Petrice R. Flowers）的研究发现在国际难民制度保护规范向国家层级扩散时，会遭遇国内制度的认同困境，此时，相关的非政府组织可以对国际制度向国内扩散时起到重要的促进作用。①

但并非所有与难民署代表下的难民制度平衡或是重叠的机制都对难民治理有积极作用。随着时间的推移，在国际移民领域长时间没有与难民保护同时发展出正式的国际多边治理制度，取而代之的是区域性和跨区域的非正式治理框架。从20世纪90年代开始，出现了与难民保护机制有潜在竞争，甚至相背离的机制环境。亚历山大·贝茨（Alexander Betts）在观察新兴的全球治理手段时发现，这些扩散了的机制，在对全球人口迁徙和境内流离失所者的治理领域，发达国家利用扩散机制，抢先为国际制度尚不明了的议题领域立规，通过新制度来绕开联合国关于难民保护的强制性规则，把难民保护的重担往发展中国家转移。② 这削弱了难民署在国际难民治理机制中的根本地位，影响了难民署治理难民的效果。例如欧盟共同的"司法与内务制度"（Justice and Home Affairs, JHA）试图制定一个共同的庇护和移民迁入政策；③ 1985年成立了以发达国家为成员的"关于迁徙、庇护与难民的政府间磋商"（Intergovernmental Consultations on Migration, Asylum and Refugees, IGC），为成员国提供在难民署的传统多边论坛之外的非正式、非决策性论坛，讨论庇护和人口迁入政策；国际迁徙全球委员会（Global Commission on International Migration, GCIM）。④ 依靠这些新兴的机构框架，国际移民组织在全球迁徙治理相关领域已经扮演的角色日益突出。虽然这些框架主要平行于全球难民制度，但欧盟和国际移民组织就按照人口迁徙议题而非采取难民署的难民议题来处理庇护事宜。

（二）联合国系统内的其他相关组织

随着人道主义危机变得越来越复杂，难民署只能果断扩大合作组织的

---

① Petrice R. Flowers, "Failure to Protect Refugees? Domestic Institutions, International Organizations, and Civil Society in Japan", *The Journal of Japanese Studies*, Vol. 34, No. 2, Summer, 2008.

② Alexander Betts, "Institutional Proliferation and the Global Refugee Regime", *Perspectives on Politics*, Vol. 7, No. 1, Mar., 2009.

③ Madeleine Garlick, "The EU Discussions on Extraterritorial Processing: Solutions or Conundrum?", *International Journal of Refugee Law*, Vol. 18, No. 3, 2006.

④ IOM, IGC Contribution to the 1st Global RCP Meeting organized by IOM-GCIM (2005), https://www.iom.int/igc-contribution-1st-global-rcp-meeting-organized-iom-gcim-2005.

数量和类型。与其关系最为密切的是联合国系统内的国际机构。这些机构的工作与难民署有互补也有融合。最为重要的组织有世界粮食计划署（WFP）、联合国儿童基金会（UNICEF）、世界卫生组织（WHO）、联合国开发计划署（UNDP）、人道主义事务协调厅（OCHA）、联合国人权事务高级专员公署（OHCHR），以及联合国艾滋病毒/艾滋病联合规划署（UNAIDs）。难民署还致力于通过"一体行动"（Delivering as One）倡议，与其他机构更紧密地合作。其目的是改进联合国在发展、人道主义援助和环境领域的联合行动。除此以外，难民署还采用了"集群方式"（cluster approach）来应对境内流离失所者紧急状况。通过这个方式，各个不同的机构可以在自己最在行的领域领导行动，共同帮助有需要的人。难民署在提供保护和庇护所、难民营的协调与管理方面为主导。①

难民署也加入联合国艾滋病毒/艾滋病联合规划署的项目，相互支持，交流思想，分享专业知识。二者一直在扩大被迫流离失所者的艾滋病毒防治、护理与干预上进行交流与合作，还同其他伙伴一起，制定在人道主义危机中应对艾滋病毒的指导和办法。

人道主义事务协调厅（OCHA）作为联合国秘书处的一个实体机构，成立于1991年，为的是在复杂的紧急情况和自然灾害下，支持动员、筹集资金和协调人道主义行动。人道协调厅由紧急救助协调员（Emergency Relief Coordinator，ERC）领导，2021年7月19日任职这个职位的是马丁·格里菲斯（Martin Criffiths）。紧急协调员负责在复杂的紧急状态和自然灾害背景下，监督联合国人道主义救援的协调。紧急救助协调员还为政府、政府间和非政府救助行动起到聚焦作用。

难民署和人道主义事务协调厅之间的关系，要追溯到20世纪90年代初期，涉及从参与联合国针对境内流离失所危机的"集群方式"，到建立人道主义协调的共同机制，范围非常广。联合国过去十年的系统性改革已经看到"集群方式"的发展，以及为人道主义融资的新方法。这些改革的支柱，让难民署、人道协调厅能够同他们的搭档一起，在田野工作层面和全球层面发展更紧密的合作。而这些合作主要是通过难民署和人道主义事务协调厅机构间接口的协调机制——机构间常设委员会（Inter-Agency

---

① UNHCR, UN and International Institutions, http://www.unhcr.org/un-sister-organizations.html.

Standing Committee，IASC）来完成，用以各领域规范和实际指导，例如需求评估、信息管理、预警与准备、性别与人道主义行动、共同倡导等领域。人道主义事务协调厅还管理着中央应急基金（Central Emergency Response Fund，CERF）——专门为联合国人道主义机构提供资金的集中供资机制。难民署可以在国家级的行动中使用该基金。

联合国人权事务高级专员公署（OHCHR）（又称人权高专办）是负责促进和保护人权的联合国组织。它主要侧重于三个领域：制定标准、监测和实地执行。设在日内瓦的人权高专办由人权事务高级专员领导，任职的是奥地利的福尔克尔·蒂尔克（Volker Türk）（2022年10月17日任职）。人权高专办还担任了联合国人权系统秘书处工作，人权系统包括人权理事会（the Human Rights Council）、联合国40人独立人权专家，以及检测执行核心国际人权条约的委员会。难民署有责任将人权纳入其所有工作领域。因此，难民署与人权高专办无论是在田野工作中还是日内瓦总部，都有着密切的合作，以确保无论在什么情况下，被迫流离失所者、无国籍者以及其他难民署关切的人群，都能充分获得人权保障。具体说来，难民署向人权高专办寻求如何将人权纳入实践工作中的专业知识，包括如何开展基于人权的项目方案。难民署同样还鼓励人权高专办将受关注人群系统性地纳入其标准制定、监测执行活动之中。难民署还与人权高专办协同宣传倡议工作，或是就共同关切的群体或是个人开展联合倡议行动。

难民署的姐妹组织还一起举办联合培训。培训政府官员、民间社会人员、个人权利拥有者，还对个别案件进行补充或是联合干预。

联合国开发计划署（UN Development Programme，UNDP）是联合国的全球发展网络，旨在提倡通过知识、经验和资源将国家连接在一起，帮助人们创建更美好的生活。开发计划署在166个国家开展实地工作，同这些国家一起，用自己的解决方案应对全球和国家面临的发展挑战。许多难民危机的根源其实是发展问题，因此，开发计划署也从加强国家或是地方发展能力方面，成为治理难民问题的重要国际组织。

联合国人口基金会（United Nations Population Fund）成立于1969年，是最大的国际人口援助来源。流向发展中国家资金中有大约1/4，是该基金会用于应对男女生殖健康问题、计划生育、预防性传播疾病（艾滋病）这三个领域展开人口援助工作的。开发计划署同难民署在1995年6月30日签署确立合作关系的协议，来帮助评估难民的生殖健康需求；倡导预防性暴力的方法,并提供保护措施;并将包括艾滋病在内的性传播疾病纳入难民署的健康服务中。这两个机构还达成合作为青少年提供性传播疾病和生殖健康的咨询。

联合国儿童基金会(The UN Children's Fund, UNICEF)是世界儿童权益的倡导者,成立于1946年,目的是为第二次世界大战摧毁的国家提供儿童的紧急食品和医疗。儿童基金会帮助了世界各地上百万脆弱的儿童和母亲。这个位于纽约的组织曾获1965年诺贝尔和平奖,其工作范围覆盖将近200个国家。现在,儿童基金会为脆弱的儿童与母亲提供人道主义和发展援助。基金会的援助工作主要集中在五个关键领域:儿童生存与发展;基本教育和性别平等;儿童保护;艾滋病或病毒携带患儿;儿童权益的政策宣传与伙伴关系建构。世界数百万被迫流离失所者都是儿童,这意味着难民署与儿童基金会天然就是伙伴关系。

这些联合国系统内部的组织机构在世界各地为应对长期的难民局势和紧急状况一起努力,促进流离失所儿童的保护、医疗和教育,包括难民、境内流离失所者和无国籍者。2007年难民署和儿童基金会联合呼吁筹集基金确保在叙利亚、约旦、埃及和黎巴嫩成千上万的伊拉克难民儿童可以上学。

世界粮食计划署(World Food Programme, WFP)是联合国机构打击全球饥饿问题的前沿组织,负责给数百万需要者分发粮食,其中包括难民、境内流离失所者和返乡者。在紧急情况下,它将粮食运往需要的地方,挽救战争、内战和自然灾害的受害者。

世界卫生组织(The World Health Organisation, WHO)是联合国系统内部负责主要指导和协调国际卫生健康工作的机构。其主要任务是防止和消除流行病,改善世界各地人民的营养、卫生、清洁和环境状况。它还根据政府的需要提供紧急医疗救助,并向包括难民在内的有特殊需求的群体提供服务和设施。

联合国志愿者组织(United Nations Volunteers, UNV)为支持世界范围的和平和发展促进志愿服务。志愿者组织的灵感来自这样的信念:志愿精神可以改变发展的脚步和性质,并且每个人都可以为和平和发展贡献自己的时间和精力。志愿者组织与难民署等合作伙伴一起倡议志愿服务,并将志愿服务融入发展计划中,动员志愿者。志愿者组织的成立于1970年,总部在波恩,归联合国开发计划署管理。每年志愿者组织都会动员超过

7500人的志愿者为发展项目和行动提供特别服务，通过互联网，将发展组织和全世界范围的志愿者联系起来。志愿者们都是有至少两年工作经验的专业人士。他们在130多个国家工作，其中80%都是来自发展中国家。每年差不多有1000名联合国志愿者与难民署一起工作。志愿者在包括阿富汗、巴尔干、哥伦比亚、厄瓜多尔、伊拉克、巴基斯坦、索马里、苏丹、叙利亚、斯里兰卡和东帝汶在内的许多行动中，都作为难民署工作组的一部分参与了工作。2000年12月，难民署成立50周年，前难民高级专员绪方贞子（Sadako Ogata）将著名的南森难民奖颁发给了联合国志愿者组织，以表彰其对难民提供的服务。2011年，联合国志愿者组织国际志愿者日10周年庆祝活动，重振并促进志愿者精神。志愿者组织还突出说明该组织在帮助难民署履行任务时所作出的贡献。

二 非政府组织①

联合国难民署与非政府组织、政府机构和联合国各机构等900多个搭档一直保持战略伙伴关系。难民署将40%的年度开支委托给合作伙伴来执行项目或方案，为被迫逃离的人提供保护和解决办法。难民署重视不断改进与合作伙伴间的协作关系，尤其是重视促进与国家政府的合作关系，因为国家是紧急行动的第一响应人。20世纪50年代初，难民署第一次开始援助被迫流离失所者时，就已经与非政府组织一起工作了。60年代、70年代和80年代，为了应对难民危机，难民署的规模、工作范围都有了相应的扩展，尤其是在非洲、亚洲和中美洲。难民署同广大新成立的人道主义、难民相关的非政府组织间的关系也得到拓展。

2007年，难民署通过"全球人道主义平台的伙伴关系原则"（Global Humanitarian Platform's Principles of Partnership），制定了人道主义团体之间共同的规则：平等、透明、互补和结果导向。难民署将该"伙伴关系原则"纳入了"伙伴执行的框架"，作为协调合作伙伴关系的制度性方法。来自世界各地的一系列国家、国际非政府组织共同参与"年度磋商"。年度磋商为难民署同国家与非政府组织间搭建网络、对话和意见交换提供了一个重要的论坛，这种方式得到非政府组织的欢迎。现在，难民

---

① UNHCR, Non-Governmental Organizations, http://www.unhcr.org/non-governmental-organizations.html.

署非常依赖非政府组织来执行一系列广泛的项目,包括分配援助、保护、后勤、庇护所、医疗、水、卫生、营养和教育类项目。有意向与难民署合作的伙伴,可以在合作伙伴门户这个加强难民署与合作伙伴沟通的互动工具上进行登记。

> "联合国难民署与志愿机构有着超凡卓绝的关系。他们的工作对难民而言的真正意义,是不可或缺且无法估量的。"[1]
> ——格里特·范·休文·戈德哈特(Gerritt van Heuven Goedhart)博士,第一任难民事务高级专员,1954年。

三 个人与私营部门

全世界被迫离乡背井的人数量逐年增加,需求随数量的增长而迅速增加,然而相应地,仅靠联合国的常规拨款,能用以保护这些人群的资金与需求增加之间的缺口却越来越大。个人支持者和企业领导人也对难民事务进行各种形式的支持。他们对全球难民工作做出的支持承诺,通过难民署,可以为数百万人提供希望、安全与尊严。私营部门的支持无疑为满足难民的需求注入了新的活力。一些先进的企业已经在帮助难民署的过程中,最大限度地扩大了企业影响力,为全世界数百万人提供拯救生命的援助以及提供永久性解决方案所需要的救援能力。[2]

难民署的私营部门主要合作伙伴主要有盖茨基金会、儿童教育、宜家基金会、H&M基金会、优衣库、奥林匹克组委会、联合国基金会等耳熟能详的机构。宜家基金会是难民署最大的私营部门合作伙伴之一,它为难民署在亚洲、非洲和中东为难民和接收社区提供庇护所、护理、教育和能源等方面的帮助。从2010年开始,宜家基金会就承诺为难民署的方案计划提供总值超过1.98亿美元的捐助,其中包括现金和实物。难民署与宜家基金会的战略合作伙伴关系可以证明,全球性企业可以为解决难民问题提供切实可行的方案。宜家基金会在紧急状况下,为难民署提供援助的新思路、新方法,为难民创造了更多有尊严生活的机会。难民署的创新计划

---

[1] UNHCR, Non-Governmental Organizations, http://www.unhcr.org/non-governmental-organizations.html.

[2] UNHCR, Private sector, http://www.unhcr.org/private-sector-supporters.html.

就是时任高级专员的古特雷斯在宜家基金会的启发和资助下成立的。宜家还是"南森难民奖"（Nansen Refugee Award）的支持企业。①

> 与联合国难民署高技能水平的工作人员一起共事，对我们而言是种优势。他们与我们一样，为了生活在那的儿童，每天都富有激情和动力地让难民营变得更好。宜家的员工同样为宜家与难民署的合作关系感到自豪，并且作为企业，都对难民儿童的福利有着深深的关切。②
>
> ——佩尔·赫格尼斯（Per Heggenes）宜家基金会的CEO

对企业而言，与难民署合作，可以为企业树立品牌、提供营销和增长的机会。与难民署联合提出倡议，还能为企业员工灌输自豪感和忠诚度，以及给客户和决策者灌输信任度和信誉。企业获得的优势包括将企业定位为社会行为者，建立国际形象，了解新兴市场，确定地方和国际合作伙伴，在一些案例中，还有共同开发新产品和解决方案。

---

① UNHCR, IKEA Foundation, http://www.unhcr.org/ikea-foundation.html.
② UNHCR, IKEA Foundation, http://www.unhcr.org/ikea-foundation.html.

第四章　国际难民制度的组织化形式：联合国难民署

现代社会，组织的正式结构形式、职位职责、专门化功能、规则、日常办公、惯例等都受到合理的制度环境传递的规定、指示与引导，并逐渐与其制度环境趋同，因此成功获得生存所需的合法性与资源。组织只有遵守理性的规定与法律或者类似于法律的框架，才有可能被认为是合法的。了解国际难民制度组织化形式的治理结构，不但能了解组织的制度设计与组织目的，还能了解该组织所代表的国际难民制度的授权过程以及其他合法性基础。本章将系统介绍联合国难民署的治理结构、具体工作内容，以及同其他治理行为体的合作模式。

第一节　联合国难民署的治理结构[①]

一　联合国难民署的授权与审议机构

国际组织的权威，最突出的特征就是需要其他行为体某种程度的同意，其合法性与权威是被授予的。当国家行为体或国家行为体的其他代理形式授予了机构权威并且服从权威判断时，它们就准予了该机构发表言论的权利以及那些声明被授予可信度的权利。联合国难民署是由联合国大会授权成立的。联合国大会是联合国的主要审议与代表机构，其中包括193个成员国。根据《联合国难民署章程》，难民事务高级专员直接遵循联合国大会和经社理事会（Economic and Social Council，ECOSOC）的政策指示。发展至今，每年夏季，难民事务高级专员会向经社理事会做口头报告。每年11月初，难民事务高级专员会通过社会、人道主义和文化委员

[①] UNHCR, Governance and Oversight, http://www.unhcr.org/governance.html.

会（Social, Humanitarian and Cultural Committee）或是第三委员会（the Third Committee）向联合国大会提交年度报告。①

第三委员会也会审议并通过关于难民署的三类决议：

1. 《关于联合国高级专员办事处工作的决议》（或称《总括决议》）（The Resolution on the Work of the Office of the United Nations High Commissioner, or Omnibus Resolution）

2. 《关于扩大联合国难民署执行委员会方案的决议》（The Resolution on the Enlargement of the Executive Committee of the Programme of the United Nations High Commissioner for Refugees）

3. 《关于援助在非洲的难民、返乡者和流离失所者的决议》（The Resolution on Assistance to Refugees, Returnees and Displaced Persons in Africa）

增加执行委员会成员的数量是技术性的，另外一项决议则是由联合国成员国每年讨论与谈判所达成的共识。关于总括决议的谈判过程，传统上是由一名驻日内瓦的"斯堪的纳维亚常驻代表团"代表担任主席，非洲决议则由非洲国家代表管理。

二 联合国难民署高级专员

《联合国难民署的章程》（第3条）规定了联合国难民署高级专员（High Commissioner）同联合国大会与经社理事会的从属关系——高级专员"应遵循联合国大会或经社理事会给予它的政策指示"。高级专员由联合国大会任命，并在副高级专员（Deputy High Commissioner）和保护与行动助理高级专员（Assistant High Commissioners for Protection and Operations）的协作下，负责指导并监督管理难民署工作。高级专员每年要向联大和经社理事会汇报难民署的工作、提出该机构两年期的项目方案和相应的预算，再由联合国难民署执行委员会（UNHCR Executive Committee）负责批准。

---

① UNHCR, United Nations General Assembly, http://www.unhcr.org/united-nations-general-assembly.html.

表 4-1　　　　　　　　　　历任难民署高级专员

	高级专员	上任	离任	任职时间	国籍
0	弗里特约夫·南森（1861—1930年）国际联盟高级专员	1921年9月1日	1927年	4—5年	挪威
1	格里特·范·休文·戈德哈特（1901—1956年）	1951年1月1日	1956年7月8日	5年	荷兰
2	奥古斯特·R.林特（1905—2000年）	1956年7月8日	1960年11月3日	4年	瑞士
3	费利克斯·施奈德（1910—1992年）	1960年11月3日	1965年12月31日	5年	瑞士
4	萨德鲁丁·阿加汗（1933—2003年）	1966年1月1日	1977年12月31日	11年	伊朗
5	波尔·哈特林（1914—2000年）	1978年1月1日	1985年12月31日	7年	丹麦
6	让-皮埃尔·霍克（生于1938年）	1986年1月1日	1989年12月31日	3年	瑞士
7	托尔瓦尔德·斯托尔滕贝格（1931—2018年）	1990年1月1日	1990年11月3日	306天	挪威
8	绪方贞子（1927—2019年）	1990年11月3日	2000年12月31日	10年	日本
9	鲁德·吕贝尔斯（1939—2018年）（因内部调查辞职）	2001年1月1日	2005年2月20日	4年	荷兰
—	温迪·钱伯林（生于1948年）	2005年2月24日	2005年6月2日	98天	美国
10	安东尼奥·古特雷斯（1949年出生）	2005年6月2日	2015年12月31日	10年	葡萄牙
11	菲利波·格兰迪（1957年出生）	2016年1月1日	现任	5年	意大利

资料来源：根据联合国难民署官网、维基百科相关信息整理。

三　联合国难民署的执行委员会

联合国难民署的执行委员会（ExCom），负责审查和批准该机构的项目和预算，为难民问题的国际保护提供咨询建议。执行委员会每年在日内瓦举行年度会议，同难民署、政府间和非政府合作伙伴在会议上讨论难民保护工作及相关议题。执行委员会的常务委员会每年举行数次，负责在全体会议间期处理机构的工作。

(一) 执行委员会的来历与责任[①]

联合国大会的［第1166（Ⅻ）］号决议要求联合国经济及社会理事会（简称经社理事会）设立一个执行委员会，要求该委员会代表由来自联合国成员国和其他专门机构的成员组成。该决议明确规定执行委员会代表必须"由经社理事会从最广泛的地理范围内最有兴趣致力于解决难民问题的国家中选出"。于是1958年，经社理事会［第672（ⅩⅩⅤ）号决议］设立了难民署的项目执行委员会，执委会的主要理事机构于1959年1月正式成立。虽然执行委员会是由经社理事会选出，但作为联合国大会的附属机构，执行委员会的文件是作为联合国大会的系列文件印发，执行委员会的报告也是直接提交给联合国大会，供第三委员会审议。难民署执行委员会并不能取代联合国大会或是经社理事会的决策职能，但有其自身的执行和咨询功能。这些功能包括：

(1) 在高级专员履行其职务时提供咨询意见；

(2) 审议基金与项目计划；

(3) 授权高级专员申报基金；

(4) 批准提出的两年期预算目标。

(二) 执行委员会全体会议[②]

难民署的执行委员会每年举行一次全体会议（ExCom Plenary sessions）。会议通常于10月份的上半月在日内瓦举行，为期一周。执行委员会的议事规则记载于文件 A/AC/96/187/Rev. 8 之中。在年度会议上，执行委员会审查常务委员会审议上一年的工作，并确定接下来12个月的工作项目。全体会议还负责审查难民署下一年的财政需求，并批准年度项目方案的实现目标。执行委员会还会通过一系列关于难民署工作的决议，其中包括一系列行政、财政和程序问题的决议。其中关于国际保护的决议，已经超过了难民署作为国际组织自身决议的规范性文件，成为国际难民制度的正式法律文件。

---

① UNHCR, Executive Committee, http：//www.unhcr.org/executive-committee.html.

② UNHCR, ExCom plenary sessions, http：//www.unhcr.org/excom-plenary-sessions.html.

这些决议以1951年《关于难民地位的公约》为基础，以协商一致的方式起草和通过，作为具体难民保护对策。国际保护是执行委员会每届会议议程讨论的优先主题。委员会在讨论过程中协商并达成一致，以《国际保护的决议》(Conclusions on International Protection) 形式表述达成的共识。这样的结果表达并构成了国际社会派出代表的广泛意见。例如2016年通过的《执行委员会决议：关于从保护与解决方案角度出发的国际合作》(Conclusion of the Executive Committee on International Cooperation from a Protection and Solutions Perspective)[1] 承诺进一步加强国际合作与团结、公平分担责任；进一步敦促所有国家和难民署更加努力地维护与执行决议重要原则。这些原则包括：通过调动资金和其他必要资源来为难民收容国提供急需的支持，保证保护与援助，落实长期解决难民问题和其他受关注人群的解决方案，从而恰当地加强难民收容国的应对和适应能力，为需要者提供更可预测的、及时的、持续的、公平的、透明的援助。[2] 虽然执行委员会这项决议并没有强制约束力，但它们对国际保护机制进行了相关解释。

四 资金来源与捐助[3]

难民署几乎完全依靠来自政府、联合国、集合供资机制、政府间机构和私营部门的自愿捐助。难民署全年都在为其项目计划和应对新紧急状况筹集资金。难民署的主要行动报告平台——全球焦点网站（Global Focus website）上可以查阅到定期更新的信息，包括行动、资金需求和捐助者捐款情况。在需求和优先事项都在快速变化的复杂环境下，难民署依靠捐助者提供的资金可以尽可能地灵活分配，以便将资金用于最需要的地方，为世界数百万难民、寻求庇护者、无国籍者和境内流离失所者，提供保护、庇护所、水、健康、教育和其他必要援助。

---

[1] UNHCR, Conclusion of the Executive Committee on International Cooperation from a Protection and Solutions Perspective, No. 112 (LXVII) 2016, 6 October 2016, http://www.refworld.org/docid/57f7b5f74.html.

[2] UNHCR, Conclusions on International Protection, http://www.refworld.org/type, EXCONC, UNHCR, 0.html.

[3] UNHCR, Governments, http://www.unhcr.org/donors.html.

表 4-2　　　　　　　2016 年 UNHCR 的十大捐助方　　　　　（单位：亿美元）

捐助政府	美国	欧盟	德国	日本	加拿大	英国	瑞典	挪威	荷兰	丹麦
金额	14.94	3.42	2.84	1.65	1.17	1.13	1.09	0.94	0.58	0.56

资料来源：2016 Contributions to UNHCR Programmes，时间截至 2016 年 9 月 30 日。

表 4-3　　　　　　　2020 年 UNHCR 的十大捐助方　　　　　（单位：亿美元）

捐助方	美国	欧盟	德国	英国	日本	挪威	中央应急反应基金	西班牙与难民署（西班牙）	丹麦	荷兰
金额	19.73	5.22	4.47	1.34	1.26	1.24	1.07	1.026	0.96	0.93

资料来源：联合国难民署政府合作伙伴，https://www.unhcr.org/donors.html。

各类会议和会晤在难民保护中发挥着至关重要的作用。通常，它们可以将来自世界各地的政府、国际组织代表、非政府组织和联合国机构、学术界、媒体、儿童保护专家、难民和年轻人聚集到一起，加强现有伙伴关系，发展新伙伴关系。与会者可以分享好的经验、教训、新途径、创新方式来解决被迫流离失所带来的动态挑战，一起塑造数百万人的未来。本轮难民危机爆发前后举行的会议活动尤其密集，例如 2016 年在开罗举行的"我们的孩子、我们的未来：归属与法律身份"（Our Children, Our Future: Belonging and Legal Identity）[①]；2016 年 9 月 19 日召开的联合国大会，并发表《纽约难民和移民宣言》（New York Declaration for Refugees and Migrants）；2016 年 7 月 6—7 日召开的"中美洲北三角的保护需求圆桌会议"（Roundtable on Protection Needs in the Northern Triangle of Central America）；2016 年 3 月 30 日召开的"接纳叙利亚难民的途径"（Pathways for Admission of Syrian Refugees）；2015 年 10 月 21 日在布鲁塞尔召开的"关于索马里难民的部长级认捐会议"（Ministerial Pledging Conference on Somali Refugees）；2014 年 10 月 15—16 日在阿联酋沙迦召开的"沙迦难民儿童会议"（Sharjah Conference on Refugee Children）；2011 年 12 月 7—8 日在日内瓦召开纪念 1951 年《关于难民地位的公约》订立 60 周年、

[①] 该会议是非盟与联合国难民署召开的第一次区域专家会议。具体内容请参见 UNHCR, Our Children, Our Future: Belonging and Legal Identity, http://www.unhcr.org/regional-expert-meeting-on-belonging-and-legal-identity-in-the-arab-region.html。

1961年《关于减少无国籍状态的公约》订立50周年的部长会议。

第二节 联合国难民署的保护工作

联合国难民署的权威不但来自组织合理的制度环境这种理性合法的权威,还可以从其组织目的与立场、专业知识和委派任务中获取权威。难民署的主要任务就是努力确保每个人都有权在另一个国家寻求庇护并找到安全的避难所,能够选择最终返回家乡、融入社会和重新安置。当流离失所发生时,难民署可以提供清洁水、卫生医疗、庇护所、毯子、家庭用品,有时还提供食物类的紧急援助。难民署的具体治理工作项目,要比想象的复杂得多:援助与保护对象,从狭义的"难民"和寻求庇护者,扩展到包括境内境外的流离失所者以及无国籍者;援助手段,从提供庇护所、保证基本生命与生存,发展到帮助促成自愿遣返、重新融入社会所需的生计手段,以及资金货币导向的物质基础。除了上述功能外,难民署还有一个重要责任,就是促进难民保护,它通过丰富的具体项目促进组织自身的保护优化、促进国家政府实施恰当的保护、促进多行为体共同合作保护等。

难民署的工作范围超过125个国家。难民署与政府进行密切合作,支持安全和尊重难民的庇护政策,包括为难民营的选址和安全性进行谈判,为难民安全返乡做保障。在难民署的帮助下,大多数国家政府负责协调难民保护与援助合作伙伴的活动,并为难民和工作搭档双方的人身安全负责。有一些国家是联合国难民署执行委员会(76名成员)的成员,并且参与年度会议和常委会协商会议。另外一些国家则是通过其在日内瓦常驻联合国的派出团代表与难民署的总部保持密切联系。许多收容难民的国家,不但为难民署提供财政支持,而且还提供了同难民保护与援助方案所需的土地、自然资源、设施、工作人员或专业知识。[①]

1951年《关于难民地位的公约》及其1967年《关于难民地位的议定书》的签署,建立了确定谁可以被视为难民的程序,设定了为寻求庇护者和难民提供维持生存、安全和永久解决方案的目标。基于这些程序和目标,难民署通常以提供咨询的顾问身份,协助政府和民间团体,加强和执

---

① UNHCR, Governments as Partners, http://www.unhcr.org/governments-as-partners.html.

行难民保护措施。针对非公约签署国，或者一国国内尚未建立可执行的立法，难民署会在政府的邀请下，努力确保各类行为符合恰当的国际标准。

一 联合国难民署的保护工作[①]

通常情况下，公民的基本人权和人身安全是由其国家来提供保障。但当人们沦为难民时，这种本国的安全保障网络就消失了。逃离战争或迫害的难民可能非常脆弱，不但没有祖国的保护，甚至可能自己的国家就是迫害的实施者。如果其他国家不让其入境，或是拒绝为其提供保护，难民可能会受到难以容忍的伤害，基本人权、安全无法保障，甚至生命都处于危险之中。

在被迫迁徙者寻求庇护或是长期居住的国家，难民署的工作是努力维护无家可归者或是无国籍者的基本人权，确保难民不会被迫遣返回很可能面临迫害的原住地。难民署还通过自愿遣返乡、融入寻求庇护所在地社会或重新安置在第三国的方式，来帮助难民找到永久的解决方案。难民署的工作人员在许多国家与其他合作伙伴一起工作，从各国首都城市到边境难民营，尝试促进保护或提供法律与物质支持，尽量减少难民面临的性侵和其他类型的暴力威胁。难民署的工作人员还设法在难民逃亡后提供及时的庇护所、食物和医疗。

（一）保护的流程与具体内容

1. 法律保护

根据 1951 年《关于难民地位的公约》，难民署的核心使命是在全世界范围内，确保背井离乡的人受到国际保护。难民署促进难民的基本人权，并确保他们不会被强制遣返回面临迫害的国家。条件允许的情况下，难民署帮助难民融入庇护国或是重新安置于第三国。难民署还推进国际难民协议的达成，帮助国家建立庇护框架，并且对难民问题进行国际监督。[②]

2. 登记

难民署主张所有难民和寻求庇护者都要单独进行登记。从 2004 年开始，难民署的登记程序引进了 pro Gres 数据库（一种难民署处理申请的数

[①] UNHCR, Protection, http：//www.unhcr.org/protection.html.
[②] UNHCR, Legal Protection, http：//www.unhcr.org/legal-protection.html.

据库），信息登记开始走向便利化。目前，难民署的庇护申请数据库已经有超过 70 个国家在使用，登记内容不但包括个人信息细节，还附有寻求庇护者的照片。难民署的登记功能已经远远超出统计人数的范围，还包括记录、验证、更新被迫迁徙者的信息，是被登记者得到保护的依据。食物、水和其他物质援助，庇护所、医疗和卫生设施的供给量需要以登记人数来确定。对于识别处于危险和有特殊需求的人，登记显得至关重要。通过登记提供难民的身份记录，有助于保护难民免受驱逐（强迫返乡）(forced return)、非法逮捕（arbitrary arrest）和拘留、获得服务或援助，甚至能够自由活动，使其独立性更强。给儿童进行登记，有助于防止儿童遭到军队招募，能为失散儿童重新与家人团聚提供资料支持。登记入册，需要录入个人寻求庇护原因的细节，这对后面决定登记者应该被重新安置、就地融入还是遣返，也起到了关键作用。[①]

3. 难民地位的确认[②]

要承认一个人是难民需要一个重要程序，那就是进行难民身份的确认(Refugee Status Determination, RSD)。这是一种法律程序或是行政程序，即根据国际法、区域法以及国家的法律，由国家政府或是联合国难民署来决定一位寻求国际保护的人是否被认定为难民。国家对确定寻求庇护者的地位负有主要责任，但是在国家没有能力或是不愿确定的时候，难民署也负有相同责任。2003 年，《在联合国难民署授权下的难民身份确定的程序标准》（*Procedural Standards for RSD under UNHCR's Mandate*）正式发布，也正在逐步修订，其中规定的接收与登记的标准，是确保难民身份确认程序的协调性、有效性和高质量的核心所在。难民署的具体难民身份确认行动已经逐步执行了该程序标准。[③] 为了加强难民身份确认程序和决策的公平、质量和有效性，难民署提供专门培训，支持在国家和区域层面保证难民身份确认质量的倡议和举措。难民署还制定了"难民署的难民身份确认部署规划与责任名单"（UNHCR RSD Deployment Scheme and Roster），来为难民身份确认行动提供专业支持，以及帮助政府建立难民身份确认程

---

① UNHCR, Registration and Identity management, http://www.unhcr.org/registration.html.
② UNHCR, Refugee Status Determination, http://www.unhcr.org/refugee-status-determination.html.
③ 《在联合国难民署授权下的难民身份确定的程序标准》以及其他与难民身份确定相关的重要法律和政策文件，可以在联合国难民署的 Refworld 网站找到。

序和增强这项能力。

因为被迫迁徙的数量和形式发生了变化，相比从前，需要难民署在越来越多的国家中负责确认难民的身份，而且需要确认的人数越来越多，难民署成为世界上第二大难民身份确定机构。即使在难民署的难民身份确认能力有所提高，仍有大量待审核确定的申请，积压的申请数量在 2013 年达到了历史最高峰（25.28 万份）。这种积压，在一些情况下会对保护和援助受关切人群造成重大影响。难民署仍然负责超过 50 个国家的难民身份确认程序。在另外 20 个国家，难民署参与政府的难民身份确认程序或是同政府同时执行该程序。

4. 保护儿童与青少年①

在危机和流离失所发生时，各种形式的虐待、骨肉分离、忽视、暴力、剥削、贩卖或是被军队招募往往是儿童和青少年会面临的风险。难民署也需要努力保护他们免受伤害，提供社会心理支持和有针对性的方案来满足儿童与青少年的具体保护与发展需求。保护举措包括：努力确保所有女孩、男孩的居住地、学习和玩耍的区域安全；无人陪伴或是与监护人失散的孩子能够得到照顾，并且追查其家人的线索、提供家庭团聚的服务；登记新生儿，支援残疾儿童；让与军事武装组织、部队有关联的儿童获得必要的支持，并让其重新融入社会；使儿童、青少年和青年可以通过社会心理辅导、文娱活动以及教育重获新生。这些都是难民署和家庭、社区、国家政府以及其他国际、当地的组织、儿童、青少年和青年本身需要共同努力的方向。

（二）保护途径与对象

1. 针对拘留

很多国家拘留寻求庇护者和难民已经变得很普遍，甚至儿童也遭到拘留。这对个人和家庭都会造成严重且长久的伤害。深感忧虑的难民署通过《全球战略——超越拘留（2014—2019）》（Global Strategy - Beyond Detention 2014—2019）来支持国家政府不将拘留寻求庇护者作为一种常规处理手段。根据该战略，难民署将同国家政府、国际或国家非政府组织、其他利益攸关方共同努力，来终止对儿童的扣留，确保在法律与司法实践

---

① UNHCR, Child and youth protection, http://www.unhcr.org/child - and - youth - protection.html.

中,替代拘留的方式可以使用,确保在符合国际标准、拘留本身是必要且不可避免的条件下才拘留。除此之外,难民署和其他难民署的合作伙伴对能够接触到迁入移民的拘留点进行定期监测。该战略将通过具体的国家行动计划,在国家和区域层面执行。包括制定一系列必须得到发展的具体行动和倡议来实现全球总目标:宣传、提高认识、提倡、合作、能力建设、加强伙伴关系、信息共享、数据收集和撰写报告、研究和监测。难民署已经首先确定了一批国家(加拿大、匈牙利、印度尼西亚、以色列、立陶宛、马来西亚、马耳他、墨西哥、泰国、英国、美国、赞比亚)来重新审查拘留实践,加强实施拘留的替代方案。

2. 伸出援手

"伸出援手难民保护培训项目"(Reach Out)① 是 2001 年由非政府组织和红十字会/红新月运动发起,并由难民署协调,来培训难民保护中人道主义工作人员的培训项目。《保护难民:非政府组织现场指南 (1999)》[*Protecting Refugees*: *A Field Guide for NGOs (1999)*] 是培训教材。随后,就对世界各地从事田野工作的人道主义工作人员展开了培训。虽然该项目于 2005 年 11 月 30 日关闭,但项目为人道主义机构提供培训教材,留存于各机构自身的培训项目与工作之中。"伸出援手项目"是一项机构间进程,已经成为一个真正的协作过程,贡献了优质的成果,并具有持久的影响力。在国际志愿者机构理事会(International Council of Voluntary Agencies,ICVSA)的网站上能够下载完整的培训资料,并有阿拉伯语、英语、法语和西班牙语四种语言供选择。

3. 关于保护的出版物②

难民署,尤其是其国际保护司(Division of International Protection)已经出版了一些手册和其他法律出版物。③ 这是难民署知识传播与促进学习,获得专业权威的过程。

4. 针对性暴力和基于性别的暴力④

"性暴力和基于性别的暴力"(Sexual and Gender Based Violence,

---

① UNHCR, Reach Out, http://www.unhcr.org/reach-out.html.

② UNHCR, Protection Publications, http://www.unhcr.org/protection-publications.html.

③ UNHCR, Protection Publications, http://www.refworld.org.

④ UNHCR, Sexual and Gender Based Violence, http://www.unhcr.org/sexual-and-gender-based-violence.html.

SGBV) 是指任何违反个人意愿犯下的恶行，这种恶行是基于性别规制以及不平等权力关系下发生的，包括暴力和胁迫。它可能是身体上、情感上、心理上的侵害或是事实上的性行为，也可能是采取剥夺资源或是获得服务的形式。这种行为对女性和男性都造成伤害。该暴力是对人权的侵犯，它剥夺了个人尊严，对人的发展造成伤害。该暴力的根源，很大程度上在于个人对家庭、社会和国家中暴力的纵容态度。该暴力既是被迫流离失所的原因，又是伴随着流离失所家庭和社区结构崩溃造成的可怕后果。受托执行保护难民和流离失所者工作的人也同样产生过该暴力加害行为。为了给难民提供国际保护，难民署与国家一起，责任共担，保护难民不受性暴力和基于性别暴力的对待，努力在发生前阻止加害，结束所有形式的暴力，并为所有幸存者（可能是女性和男性）的需求负责。难民署通过多年度的战略和倡议，降低该暴力的风险，确保幸存者能得到支持，例如由多个部门共同协作的《从起点开始安全》(*Safe from the Start*)。

5. 建立保护工作的伙伴关系[1]

针对处理难民保护、重新安置和行动中的关键问题，难民署已经与各类行为体建立执行伙伴（Implementing partners）与行动业务伙伴（Operational partners）合作关系。执行伙伴由难民署提供资金。没有获得难民署资助但在难民行动中发挥重要作用的机构，称为行动业务合作伙伴。伙伴关系进程的其中一项，就是前文提到的1997年成立"伸出援手"项目，当时难民署的保护工作面临严重挑战。

6. 法治和过渡时期司法[2]

尊重法治和人权是保护难民、返乡者以及无国籍者的根本所在。因此，难民署的许多活动都是集中在协助加强法治法律结构，促进关于关切人群的法治建设。难民署在执行提供难民的国际保护任务时，促进国际难民法律文件和其他人权相关法律文件的可获得性。难民署同时为国家法律、行政或是司法结构提供法律技术支持，包括协助国家政府进行立法草案的审查工作。难民署还为政府官员提供培训，促进政府将难民和人权内容纳入对警察、移民官员与司法官员的培训模块中。在自愿遣返行动的背景下，难民署通过支持法治机构，有效地促进和保护人权，这对冲突后国

---

[1] UNHCR, Partnership in Protection, http://www.unhcr.org/partnership-protection.html.

[2] UNHCR, Rule of Law and Transitional Justice, http://www.unhcr.org/rule-law-transitional-justice.html.

家的重建、为难民返乡创造条件来说很关键。从难民署的角度看，自愿遣返的核心在于返乡以及返回原居住地的人身安全、法律安全和物质安全条件。难民原籍国的法律体系（包括传统法律结构），往往需要重新启用或是改革。难民署的工作还包括努力为返乡识别与消除法律和行政上的障碍，同其他组织密切合作，为政府提供专业咨询和技术支持以起草公民身份、财产、档案和返乡相关的立法。难民署还通过技术和物质支持、在偏远地区当地资源无法达到司法全覆盖的地区建立流动法院项目等方面，进一步参与国家司法机构的能力建设，参与制定与构建和平共处的机制促进信任，支持可持续的返乡。

在冲突结束后，对严重侵犯人权和人道主义法律的问责，是冲突解决公认的基本要素，也是弥合分裂社区之间差距的桥梁。难民署积极参与支持和解过渡时期的司法问题。和解是一种社区之间以及社区内部进程，它需要一个长远的规划，但当国家刚刚摆脱冲突时，和解往往只处于初期阶段，所以国际社会对于国家的支持，可能有助于国家为和解迈出第一步。

公民身份和人们实现公民权利的能力都与国籍相关联，国籍为人们生活的稳定提供了不可或缺的因素，而无国籍状态是人们不安全、被迫流离失所、严重冲突的根源，这些同样可能对国家和地区的稳定造成威胁。解决无国籍状态可能是处理冲突根源、在冲突后环境中巩固和解的关键。因此，明晰与国际公认人权标准相符的国籍立法和行政实践，是法治的基本要素。难民署的任务是协助在苦难中的无国籍者，并且积极推进无国籍状态的减少。从这方面看，难民署为政府加入1954年《关于无国籍人地位的公约》（*Convention Relating to the Status of Stateless Persons*）和1961年《减少无国籍状态的公约》（*Convention on the Reduction of Statelessness*）提供技术建议和支持。关于如何建立有效的法律框架防止和减少无国籍状态，以及如何保护无国籍人士的权利，难民署为政府提供咨询建议。此外，难民署近几年还加大了对具体业务的支持，帮助国家永久解决无国籍状态，或是解决被拖延的无国籍状况。

（三）难民保护的具体措施

（1）全球行动

向被迫逃离者提供紧急救助，往往是长期保护与恢复正常生活的第一步。全球行动（Global Operations）是难民署建立的难民保护供给者、专家机构和合作伙伴的全球网络，用来满足紧急救助或是其他行动的需求。从派遣紧急应对小组到危机发生现场、提供应急食物、庇护所、水和医疗，到为大规模难民逃离安排大运输量的空运，或是安排小船队帮助较小规模的平民逃离，这些内容全球网络的行动项目都涵盖了。其他的行动方案中，还涉及保护环境、修建学校、提高对艾滋病和艾滋病毒问题的认识等。

（2）现金干预①

人们被迫逃离家园时，只能带走最基本的必需品，同时还失去了正常就业赚取报酬再消费的能力。为难民提供现金可以让他们以有尊严的方式实现自己的需求，获得市场与服务，有助于收容社区的和平共处，使当地社会经济直接受益。难民署的"基于现金的干预"（Cash-Based Interventions，CBIs）旨在通过减少难民面临的风险、保持难民的消费能力来为他们提供保护。为流离失所者提供现金和消费券，有利于最为脆弱的人群满足各类需求，包括获得食物、水、医疗、住所，能够让他们获得维持生计、自愿遣返相关的便利。只要有稳定的市场、为难民提供现金与消费券的安全途径，这种干预手段可以用于各种环境。同时还能减少流离失所者为生存而进行性交易、做童工、家庭分离和强迫婚姻等有害方式。难民署还充分利用 ATM 自动取款机、虹膜扫描、约旦的"眼云端"（Eyecloud）这些可用的最新技术来发放现金。

（3）教育②

难民署的报告认为，难民的失学风险要比全球平均水平高 5 倍。全球儿童获得小学教育的平均水平是 90%，而难民儿童只有 50% 能够获得。随着年龄的增大，这些儿童受中学教育的比例同全球平均水平之间的差距进一步被拉大，青少年难民接受中学教育的数量只占总数的 22%，而全球的平均水平为 84%。在高等教育层面，进入大学的难民还不到总人数的 1%，全球平均水平则为 34%。受教育的权利作为一项基本人权，被载入 1989 年《儿童权利公约》（Convention on the Rights of the Child）和 1951 年的《关于难民地位的公约》。保护难民儿童受教育的权利，也是难民署的一项重要工作。难民署照护的难民中，有 600 万 5—7 岁的入学适龄儿童。这个被边缘化的群体受教育的程度严重受限，超过一半人无学可

---

① UNHCR, Cash-based interventions, http：//www.unhcr.org/cash-based-interventions.html.
② UNHCR, Education, http：//www.unhcr.org/education.html.

上。约175万难民儿童没上小学，195万难民青少年没上中学。教育能够促进社会凝聚力，提供求生信息获得的途径，满足社会心理需求，而且还能为人们提供最需要的稳定与安全的环境。教育还能帮助人们重建社区、追求具有生产力的、有意义的人生。没有了学习机会，那么一整代人都会处于危险之中。为了与"联合国可持续发展目标"（SDGs）第四项保持一致，难民署同政府与国际组织合作，来确保难民儿童与年轻人获得有质量的、具有保护性的教育。

（4）维持生计

对于逃离战争或迫害之后的人而言，工作和谋生的机会，才是重塑有尊严、有和平的人生最行之有效的方式。难民署其中一项工作就是努力促进这些被迫逃离家园者工作的权利、开发技能的权利，以及推广创新方式支持他们在经济上自力更生。难民署还致力于加强收容社区的社会、经济、文化纽带，加强流离失所者提出权利诉求的能力。难民署还帮助人们培养自力更生的知识与技能，为他们提供所需的资源、培训、资产、投入、服务和市场。《联合国难民署全球维持生计战略：2014—2018》（*UNHCR's Global Strategy for Livelihoods 2014—2018*）就是为指导此类工作而设。其中的几条核心原则：保护、多样性、公平、机会获得，以及可持续性。难民署力求确保所有受关切群体能够过上安全且可持续、满足其基本需求的生活。①

（5）安全的价值链②

难民署为帮助那些被迫逃离者获得就业与谋生机会而建立安全的价值链。价值链是产品或服务在市场中价值增值（升值）的过程。难民署鼓励重建企业、提供就业机会，将经济与市场的动态考虑在内，以确保当地的市场与收容社区的发展机会不受损害，也确保国际劳工标准能够得到尊重。难民署在全球范围内有三个部门主要侧重于建立价值链工作。

农业与农村发展部门：农作、放牧或养畜都是许多难民掌握的宝贵技能。如果能有自留地，难民通常都能种植粮食，增强自给自足的能力，实现粮食安全，减轻对援助的依赖性。如果能够使用更多土地，难民甚至可以生产足以进入市场获利，生活过得红红火火，为当地经济作出贡献。难

---

① UNHCR, Livelihoods, http://www.unhcr.org/livelihoods.html.

② UNHCR, Value Chain Development for Decent Work: A systems approach to creating more and better jobs, January 2021, https://data.unhcr.org/en/documents/download/88499.

民署的工作能帮助难民生产者改进生产、增加销售、打入新市场，抵抗自然灾害以及市场震动的冲击力。

手工业市场：还有很多难民拥有祖传的专业手工技艺，甚至一生都在使用。自 2005 年以来，亚洲、美国和欧洲的工艺品行业每年在以 15%—20%的速度增长。有将近 20%—30%的叙利亚难民将自己视为工匠。难民署可以通过这个不断增长的市场，帮助难民手工业者尤其是女性工匠获得材料和市场。和所有的熟练生产者一样，只要能够获得工具和机器、车间和市场，难民手工业者能够生产和销售他们的产品，成为驱动力拉动产业发展，既能使难民受益，也能造福收容社区。难民署通过监督工作场所法规、提供更进一步的培训机会，寻求新的、未开发的市场来帮助难民手工业者。这个巨大的人口群体期盼着稳定与经济收入。但是，他们仍需要难民署的援助与其他的资本支持。

信息通信技术部门：有了信息通信技术部门，符合难民技能与需求的机会就越来越多了，部门为他们提供各类服务与就业机会。难民署的"社区技术访问计划"（Community Technology Access Programme）旨在帮助难民获得信息和通信技术，并且为远程的客户和雇主工作。难民署与合作伙伴一起建立计算机中心来培训、指导和商业支持服务，例如建立能够支付难民薪水的机制，它所提供的价值，无法估量。

（6）私营部门的参与①

私营部门在为难民提供发展机会中，发挥着至关重要的作用。从雇佣与商业机遇，到提供关键产品和服务，私营部门都和难民的生计紧密相连。难民能够提供技术、知识与专业，还有产品和服务的市场，公司与之共事是有利可图的。难民署同公司和其他私营部门直接合作，共同革新理念、设计与执行项目方案助力难民重拾生计。例如同金融机构合作开展符合难民需求的金融产品，通过"社区通信技术访问项目"开发远程工作与电子办公设备；为难民制造的产品同全球供给链建立联系。难民署还参与了"私营部门联盟解决方案专题小组"（Solutions Alliance Private Sector Thematic Group），搜集与研究私营部门与难民交往的证据，推广商业案例、分享最佳实践成果。

---

① UNHCR, Evaluation of UNHCR's Engagement with the Private Sector, Dec. 18, 2019, https://data.unhcr.org/en/documents/download/49723.

（7）为难民建立连通性

流离失所的人容易生活在没有连通性的环境中，但他们需要连通性来获得重要信息、与亲人联系沟通、获得基本服务，乃至保持同当地、国家与全球社会有所联系。难民署建立合作关系、投资优质项目，确保所有难民以及收容难民的社区，能够获得可使用的、能负担的、实用的移动互联网联通设备。制定《联合国难民署关于难民连通性的全球战略》（*UNHCR Global Strategy for Connectivity for Refugees*）就是为了对难民获得以及使用互联网和移动电话的情况进行全球评估。评估发现，有7%的难民社区缺乏连接互联网和移动通信所需的数字基础设施；29%的难民家庭根本没有电话；难民1/3的可支配收入往往都花在保持与人的联系上。大多数生活在城市地区的难民有2G或3G移动网络的覆盖，而农村地区的情况就糟糕得多，有20%的难民生活在完全没有移动网络连接的地区。①

二 促进难民保护

（一）促进保护的途径与措施

难民署促进难民保护的（Promoting Refugee Protection）活动包括：

（1）促进国家加入1951年《关于难民地位的公约》以及1967年的《关于难民地位的议定书》、1954年《关于无国籍者地位的公约》和1961年《减少无国籍状态公约》。1999年，难民署发起了推进加入《关于难民地位的公约》的运动，2001年7月难民署成立50周年庆典，同年12月召开该公约缔约国部长级会议，加入公约运动达到了高潮。

（2）协助各国颁布或修订国家难民立法，包括行政规程（administrative instructions）、行动准则（operational guidelines），以及执行国家难民地位确认程序。

（3）加强相关的行政和司法制度建设，培训政府和非政府机构的工作人员，并与其他人权机构建立联系。

（4）研究影响受关切人群的新法律与法规，并提供建议。

（5）为法学院、政府机构（包括警察和军队）以及其他机构开设难民法课程提供技术与财政支持。

---

① UNHCR, Connectivity for Refugees, http://www.unhcr.org/connectivity-for-refugees.html.

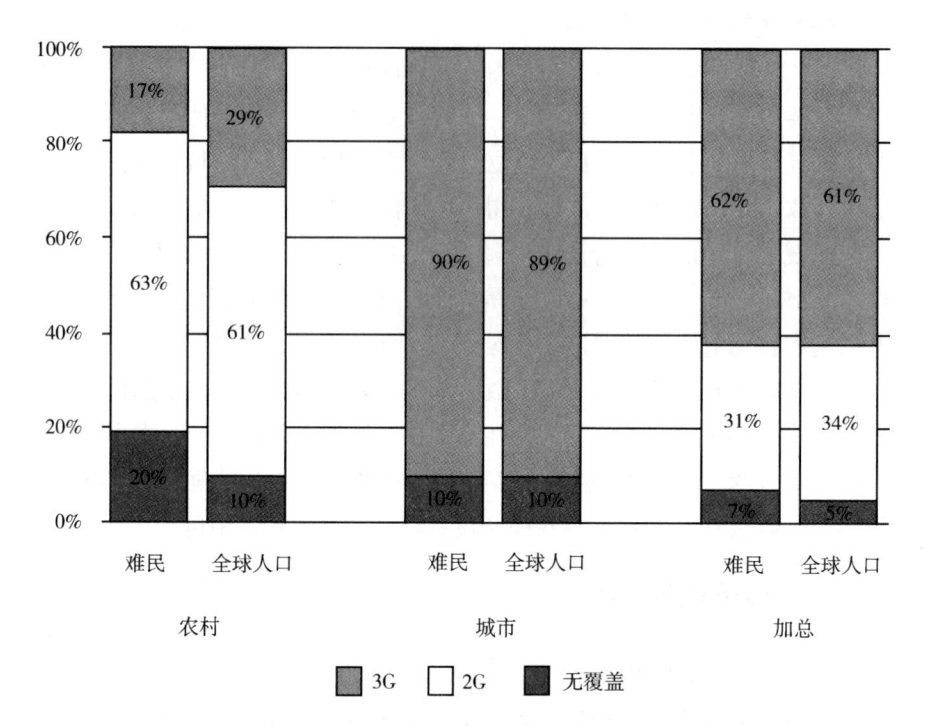

图 4-1　难民与全球人口的移动通信网络覆盖的对比情况①

（6）支持人权与难民权益的倡导团体、法律援助中心和对保护难民感兴趣的非政府组织。

（二）具体促进措施

（1）宣传倡导

宣传倡导（advocacy）是难民署一项重要工作，是从国家、区域和全球的层面，帮助改变影响流离失所者和无国籍人士的政策和服务。难民署从庇护国和原籍国国内的国家政治、经济与社会结构入手，让这些国家的政策、实践和法律符合国际标准。在被迫流离失所发生时，难民署利用宣传倡导来影响政府、非政府伙伴以及周围公众，确保其采用对流离失所者需要的保护措施。②

（2）保护政策与法律咨询

作为1951年《关于难民地位的公约》和1967年《关于难民地位的

---

① UNHCR，Connectivity for Refugees，http：//www.unhcr.org/connectivity-for-refugees.html.
② UNHCR，http：//www.unhcr.org/advocacy.html.

议定书》的守护者，难民署将其法律与保护政策的研究成果分享给决策者、学者、律师、法官、非政府组织和公众。国际保护部（The Department of International Protection）已经开始了一系列的法律研究，发表了保护政策相关的论文。难民署还努力补充公约，同国家和其他合作者讨论和谈判，调动各方支持与承诺，通过具体的多边协议，协调改善世界各地的难民保护，促进难民问题的解决。[①]

(3) 难民协调模式

难民署在紧急情况下可以同各类援助机构迅速进行有效协调做出应对，有赖于他们共同建立了"机构间常设委员会"（Inter-Agency Standing Committee, IASC）作为人道主义援助机构间的工作协调机制。难民援助类的机构一起工作万力齐发，可以产生巨大的影响。共同应对紧急状况，准备风险监测，根据情景设置应急规划，提供援助和保护的适合途径。在危机期间，收容国政府全面领导的同时，难民署运用共有知识来联合领导机构间的应对举措。难民署的"难民协调模式"（Refugee Coordination Model）是促进难民协调更具有可预测性、包容性和合作性的最佳实践方式。这种模式还能帮助难民行动中的人道主义行为体为难民提供更好的保护、援助以及永久解决方案。难民署编制的《联合国难民署的紧急应对手册》（*UNHCR Emergency Handbook*）记录了其如何敏捷、有效地进行协调，以及如何以社区为基础进行人道主义紧急应对的内容。[②]

(4) "加强保护能力"项目[③]

目前难民署已经有12个驻各国的办事处在各大洲开展"加强保护能力"项目（Strengthening Protection Capacity, SPCP）活动。始于2005年的"加强保护能力"项目在副高级专员的牵头倡议下，在喀麦隆、厄瓜多尔、格鲁吉亚、卢旺达、泰国、坦桑尼亚、也门和赞比亚这八个国家支持"全球需求评估"（GNA）试点项目。"加强保护能力"的核心特点就是吸引政府、国际国内机构以及受关切人群一起合作，加强保护能力，改进对难民、境内流离失所者和无国籍者的保护。通过使用"加强保护能力"的方法，由"全球需求评估"锁定难民和受关切人群

---

① UNHCR, Convention Plus, http://www.unhcr.org/convention-plus.html.
② UNHCR, Coordinating Assistance, http://www.unhcr.org/coordinating-assistance.html.
③ UNHCR, Strengthening Protection Capacity, http://www.unhcr.org/strengthening-protection-capacity.html.

的总需求，再与合作伙伴一起确定干预措施和预算。2009年"全球需求评估"从试点转成全球性倡议。"加强保护能力"也会成为难民署评估和规划进程的一个组成部分，现有的"加强保护能力"项目也会归入全球需求评估中。

"加强保护能力"通过保护评估、对话和参与规划这一套程序来帮助与促进国家对保护问题的回应。程序内容包括：

（1）全面综合地分析保护需求与满足之间的差距及可能产生的后果。

（2）开展国家磋商，同政府、国际国内合作伙伴和受关注人群讨论确定需求差距，提出补救措施。

（3）根据具体项目制订多年期的行动计划，改善国家法律和行政能力、加强安全、确保受关注基本需求得到满足、确保基本服务的可获得性、扩大生计范围、促进实施未来几年解决方案。

《保护中的差距：保护能力的差距评估框架》是"加强保护能力"的出版物，用于分析难民保护差距。"保护冲突引起的境内流离失所者：行动评估"是一个类似机构间的框架工具，可以用来评估对境内流离失所者的保护。保护无国籍者的框架还在制定中。"加强保护能力"的倡议受益于很多部门的技术支持，例如"国际保护服务部门"（Department of International Protection Services），支持一些领域的立法改革、行政能力建设和难民身份确定程序改善；"业务服务部门"（Department of Operational Services）的支持包括加强登记、身份证明、满足基本需求、保证基本服务，改善民生；还有对外关系部门（Department of External Relations）负责宣传和资源动员。在制定自力更生战略方面，"加强能力保护"还得益于许多国际伙伴关系，例如国际劳工组织和丹麦难民委员会（Danish Refugee Council）。

亚美尼亚：亚美尼亚的"加强保护能力"项目始于2007年，项目重点聚焦于让人口迁徙和寻求庇护系统完全符合国际标准，建设政府和市民社会在该国保护难民的能力，加快难民和入籍难民问题的永久性解决办法。

阿塞拜疆：为了应对阿塞拜疆地区的被迫迁徙问题，"加强保护能力"项目从2007年开始就与阿塞拜疆政府和社会一起加强国家和社区对难民、寻求庇护者、境内流离失所者的保护能力。为此，对境内流离失所者和难民保护的差距进行分析，就是制定和实施这些项目的首要优先事项。

贝宁和布基纳法索：贝宁和布基纳法索的"加强保护能力"项目开始于 2005 年 2 月，目标是加强难民身份确认（RSD）的能力，例如教育之类的基本服务，以及扩展自力更生的可能性。

厄瓜多尔：厄瓜多尔于 2007 年引进了"加强保护能力"项目，来加强国家和社区保护难民和其他受关切人群的能力。相应地，该项目在厄瓜多尔的第一阶段任务就是采用"加强能力保护"程序甄别保护差距，并且制定针对性项目来解决这些问题。在拉丁美洲，执行这一方法的先锋国家就是厄瓜多尔。难民保护中，拉丁美洲的 2004 年《墨西哥宣言和行动计划》与《国家庇护政策》都是具有里程碑意义的先进政策。在这些政策计划的框架内，厄瓜多尔制定执行了"加强能力保护"项目。"加强能力保护"倡议还将在厄瓜多尔政府为解决北部边界地区和平和发展而发起的全面发展计划——"厄瓜多尔计划"的背景之下展开。

埃及：2008 年，难民署将"加强能力保护"项目引入埃及。"加强能力保护"项目是埃及为加强国家和社区保护难民能力、改善移民管理的总体保护战略的一部分。

格鲁吉亚：2007 年 7 月，难民署在格鲁吉亚引进了"加强保护能力项目"，用以帮助格鲁吉亚加强应对该区域被迫迁徙问题。在格鲁吉亚，项目重点是加强国家和社会保护难民、寻求庇护者、境内流离失所者和无国籍者的保护能力。项目特别旨在提高对有特殊需求群体的保护能力，例如妇女和儿童，以及扩大者收容自力更生的机会。

肯尼亚：肯尼亚的"加强保护能力"项目一直在加强甄别难民身份的能力，并且从 2004 年 10 月开始帮助难民建立一个安全健康的环境。项目还与政府共同推进个人身份证件的印发、开展培训。

坦桑尼亚："加强保护能力"项目从 2004 年开始就一直活跃于坦桑尼亚。该项目帮助政府加强法律和行政框架，促进应对难民问题的积极态度，并且寻求包括可持续生计在内的永久解决办法。

泰国："加强保护能力"项目于 2006 年 7 月在泰国启动，组织协调应对难民尚待解决的需求问题，包括加强对性暴力和基于性别的暴力的预防与应对、儿童保护、健康和心理服务、档案建立、教育和生计。

也门：也门的"加强保护能力"项目于 2007 年年底开启。该项目是难民署针对也门总体保护战略的组成部分，旨在全面加强难民的保护能力，增强对混合迁徙的管理能力。最初的"加强保护能力"举措旨在弥合主要问题的供需缺口，例如接收条件和登记，改善生活条件，提高自力更生能力，还有加强预防与应对性暴力和基于性别的暴力。

赞比亚：赞比亚的"加强保护能力"项目开始于 2007 年。该项目与政府和合作伙伴一起，对难民进行分类、改善法律援助、加强预防性暴力和基于性别的暴力，以及制定与难民相关的法律框架。

三　保护行为的扩展

（一）环境、灾害和气候变化[①]

2009 年根据联合国科学咨询委员会（UN's Science Advisory Board）的"政府间气候变化专门委员会"（The Intergovernmental Panel on Climate Change）预测，21 世纪的流离失所的数量会有上升。气候变化和环境对世界各地数百万被迫离乡背井的人影响巨大，他们很多人都依赖于环境求生存，因此也对难民署的工作产生重大影响。在紧急状况下，食物、庇护所、能源、火种与供暖、药品、农业、创收活动等的来源，尤其依赖环境。不可持续地攫取自然资源，可能会导致环境的恶化，这种情形会对流离失所者的收容社区产生长久的负面影响。此外，对木材燃料、水和牧场这些稀缺自然资源的争夺，还可能会导致冲突摩擦。20 世纪 90 年代以来，难民署就越来越多地处理小区域容纳大量人口的环境挑战。灾害和气候变化越来越令人担忧。据估计，自 2009 年开始，每一秒钟就有一人因为灾害而流离失所。难民署关切的绝大多数人都集中在世界最脆弱的区域。气候变化会迫使人们的贫困与流离失所加剧、冲突恶化，让人道主义需求和应对变得更加复杂。难民署只能与其他机构和合作伙伴一起保护处于风险之中的人。

（二）混合迁徙

人们迁徙的原因多种多样。移民与难民有着根本性的不同，因此，国际法对待二者也有很大区别。移民是个外延广泛的术语，涵盖了在一定长的时间内迁往外国的人，移民不同于短时间造访他处的人，尤其是经济移民，是为了改善生活而选择迁移。而难民，则是为了拯救自己的生命或是自由，被迫逃离家园的。移民与难民越来越多地选择相同路线，使用相同

---

① UNHCR, Environment, disasters and climate change, http://www.unhcr.org/environment-disasters-and-climate-change.html.

的交通方式到达海外的目的地。如果移民和难民混合在一起的人流无法合法地进入一个特定国家，那么他们经常利用人口贩运蛇头的服务，远行于危险的海上或陆地，许多人因此丧命。为帮助各国用一种以保护为重的方式应对混合迁徙流，难民署在2006年就发起了"关于难民保护和混合迁徙的10点行动计划"（10-Point Plan of Action on Refugee Protection and Mixed Migration）[①]，罗列出需要采取干预措施的关键区域。混合迁徙流的重点关注区域是地中海、亚丁湾、中美洲与加勒比海地区、东南亚，以及巴尔干地区。

难民署驻日内瓦"庇护与迁徙单位"（Asylum and Migration Unit）的专家工作人员正努力解决难民署所遇到的许多挑战，帮助区域小组执行难民保护的措施，并为难民署的行动提供法律和政策建议。2016年，该单位致力于保护海上混合迁徙流的人，保护流离失所者免遭贩运以及免遭各种形式的暴力和虐待。

[①] UNHCR, Refugee Protection and Mixed Migration: A 10-Point Plan of Action, revision 1, January 2007, https://www.unhcr.org/media/refugee-protection-and-mixed-migration-10-point-plan-action.

第五章　国际难民制度的法律与规范性文件

国际难民制度的核心组成部分，就是既成规范事实，成为全球、区域共识的正式国际法律文本。公约、条约、宣言、原则、行为准则等多边共识性法律文件是其主要表现形式。其中包括规范覆盖性强、对全球绝大多数区域具有普遍规范意义的全球难民核心法律文件，如早前的《关于难民地位的公约》《关于难民地位的议定书》，和较新的2018年《难民问题全球契约》。也包括在特定区域的特定正式法律制度安排，这些法律文件虽然在签署通过时仅限于该地区适用，但随着时间的推移与规范的扩散，其中的某些原则与准则也逐步获得国际权威组织与世界其他区域的认可，继而成为新国际法律文件的基础，例如《非洲难民问题特定方面的公约》。国际难民制度的正式法律文件还包括同难民治理相关的其他专业领域文件，虽然有的并非以难民问题专项出现，却是许多难民保护国际实践的原则与依据，尤其是人权与弱势群体保护的相关文件。

第一节　全球性难民法律与相关文件

一　1951年《关于难民地位的公约》

1951年7月28日，联合国难民和无国籍人地位全权代表会议通过了《关于难民地位的公约》，并于1954年4月22日生效。截至2019年11月，签署该公约的国家共有149个，其中约有70个国家提出保留意见。尽管亚洲、中东和北非拥有悠久的友好和庇护传统，也是第二次世界大战后数次难民危机的主要收容地区，但是这三个地区相比其他地区，公约出台之时签署公约的国家不多，逐渐加入公约的步伐也滞后，在国内建立同国际法对接的正式的难民法律框架意愿不高。

《关于难民地位的公约》的发起与制定,同第二次世界大战后雅尔塔体系下的国际制度构建以及人权观的发展等背景有关:一是1945年《联合国宪章》和1948年《世界人权宣言》所确认的人人享有基本权利和自由而不受歧视的原则,保证难民可以最广泛地行使此项基本权利和自由;二是联合国在各种场合表示对难民的深切关怀,并且竭力保证难民可以最广泛地行使此项基本权利和自由;三是通过一项新的公约来修订和综合过去关于难民地位的国际公约,并扩大此项文件的规范范围及其所给予的保护是符合愿望的;四是给予庇护权可能会使某些国家承受过重负担,联合国为解决这一问题,实行国际合作。

"1951年《关于难民地位的公约》和1967年《关于难民地位的协定书》是国际难民制度中正式法律文件的基石,是难民治理实践的重要指导规范。同时,与之配套的相关正式文本还包括1967年《领土庇护宣言》、2005年《归还、恢复难民以及流离失所者住房与财产原则》、1998年《关于国内流离失所的指导原则》,以及联合国难民署(UNHCR)方案执行委员会的系列决议等。"①

二 1967年《关于难民地位的协定书》

1951年《关于难民地位的公约》对难民问题的规范有其局限,它的设计初衷针对解决第二次世界大战期间欧洲地区遗留的难民问题,因此,有着时间与空间上的具体限制。随着非洲、亚洲原殖民地地区掀起的独立运动,难民危机在这些地区也随即爆发。但《关于难民地位的公约》的内容无法适用于非洲、亚洲,以及同中国大陆地区息息相关的难民问题,因此,联合国于1966年通过《有关难民地位的协定书》,次年生效。该协定书删除了"时间"和"地域",将原公约界定的难民问题地理范围从欧洲扩大到全球,一直沿用至今。但该议定书同时也规定缔约国可自行选择保留"地理限制"的效力。②

刚刚进入改革开放、融入世界的中国,因中南半岛的冲突,收容了大

---

① 联合国难民事务高级专员2000年、2007年报告。转引自刘国福《国际难民法》,世界知识出版社2014年版,第2页。

② 联合国公约与宣言检索系统:《关于难民地位的公约》,https://www.un.org/zh/documents/treaty/files/OHCHR-1951.shtml;联合国公约与宣言检索系统:《关于难民地位的议定书》,https://www.un.org/zh/documents/treaty/files/OHCHR-1966.shtml。

规模涌入的印支难民。为了获得国际支持、更好地应对难民危机，中国政府积极同联合国难民署合作，并于1982年9月交存加入书，同年12月，《关于难民地位的公约》和《关于难民地位的协定书》在中国批准生效。中国政府在加入该公约时，对以下条款给予保留：《关于难民地位的公约》中第14条"在出席法院的权利方面给予难民以其经常居住国家的国民所享有的同样待遇"；第16条第3款"在艺术权利和工业财产方面给难民以其经常居住国家的国民所享有的同样保护"；《关于难民地位的协定书》第4条"本协定书缔约国间关于协定书解释或执行的争端，如不能以其他方法解决，应依争端任何一方当事国的请求，提交国际法院"。[①]

三 2018年《难民问题全球契约》[②]

从2016年开始，在联合国的主导下，难民署与193个成员国、世界银行、非政府组织、私营企业、宗教团体、难民和专家开始为期18个月的密集接触与广泛磋商。终于在2018年12月17日第73届联合国大会上通过了《难民问题全球契约》。这项新的全球协议将为大多数难民收容国提供更有力的支持。它将加强责任分担，帮助因冲突或迫害而被迫逃离的人。[③] 2018年《难民问题全球契约》的主要目的是强调解决难民问题需要分担责任与国际合作。其主要内容就是将分担责任的理念转化为具体的、切实可行的措施，以确保难民不会受到变幻莫测的政治局势的影响。它提供了早就应该存在的一种认识，即收容大量难民的国家为人类提供了巨大的服务，并提出了世界其他国家可以帮助分担负担的方法。由于90%的难民生活在发展中国家，这些国家提供健康或教育等基本服务能力本就十分有限。该契约旨在通过提供更多来自政府和私营部门的投资来解决这一问题，以进一步加强基础设施并提供服务惠及难民和收容社区。它还要求制定政策和措施，使难民能够在流离失所期间接受教育并过上温饱

---

① 联合国公约与宣言检索系统：《关于难民地位的公约》，https://www.un.org/zh/documents/treaty/files/OHCHR-1951.shtml；联合国公约与宣言检索系统：《关于难民地位的议定书》，https://www.un.org/zh/documents/treaty/files/OHCHR-1966.shtml。

② UNHCR，联合国难民署图尔克阐释《难民问题全球契约》，https://www.unhcr.org/cn/11937-联合国难民署图尔克阐释《难民问题全球契约》。

③ UNHCR，联合国难民署图尔克阐释《难民问题全球契约》，https://www.unhcr.org/cn/11937-联合国难民署图尔克阐释《难民问题全球契约》。

的生活。该契约还旨在解决收容难民对环境的影响,并包括促进使用替代能源的内容。

《难民问题全球契约》的总体目标是:"(1)减轻收容国的压力;(2)提高难民的自力更生能力;(3)让更多的人可选择第三国解决办法;(4)支持在来源国创造有利于安全和有尊严地回返的条件。全球契约力求实现上述四项相互联系、相互依存的目标,为此调动政治意愿、扩大支助基础、作出安排以促进各国和其他相关利益攸关方做出更为公平、持久及可预测的贡献。"①

关于难民的永久解决方案,2018年该契约体现了它最大的特点——强调发展预防与解决难民危机的根本问题。第9条规定:"全球契约补充了联合国在预防、和平、安全、可持续发展、移民及建设和平领域正在开展的努力。呼吁所有国家和相关利益攸关方:加强预防和解决冲突的国际努力,解决大规模难民局势的根本原因;维护《联合国宪章》、国际法(包括国际人道主义法),以及国家和国际一级的法治;促进、尊重、保护和实现所有人的人权和基本自由;终止剥削和虐待,以及基于种族、肤色、性别、语言、宗教、政治或其他见解、国籍或社会出身、财产、出生、残疾、年龄或其他身份的任何形式的歧视。"又呼吁整个国际社会按照《2030年可持续发展议程》和其他相关框架提供支持,减轻贫困、减少灾害风险,并向来源国提供发展援助。2018年该契约也提出了更多重新安置的机会,比如通过家庭团聚,提供学生贷款或人道主义签证,让难民可以安全移徙。2018年该契约也指出,难民在安全和有尊严的条件下自愿返回家园仍然是首选解决方案。

关于难民的国际协调机制,2018年契约第17、18和19条提出将通过设立跟踪系统来监测进展,包括每四年举行一次"全球难民论坛",让各国政府汇报并就一系列方法做出承诺——资金、政策、法律变更、重新安置和配额等。

2018年该契约作为一项新的国际协议,并不是否定1951年《关于难民地位的公约》,而是在关注难民权利与主权国家义务的基础上,补充强调国际合作,并对国际社会如何分担责任进行了具体阐述。

---

① 联合国:《难民问题全球契约》,联合国大会2018年12月17日第73/151号决议,https://www.un.org/zh/documents/treaty/A-73-12。

第二节 1951年《关于难民地位的公约》之后的区域性难民法律与相关文件

如上述内容所言，1951年的《关于难民地位的公约》只规定了第二次世界大战欧洲地区的难民权利与主权国家责任，有时间与空间上的限制，并不能满足第三世界国家地区持续出现的难民危机。因此，在难民问题亟待解决的地区，在政治经济一体化的区域整合推动下，非洲、拉丁美洲与东盟国家都有针对本区域内的国际性协议，形成了一系列区域性难民法律文件。这些区域性制度安排除了符合地区关切外，往往比1951年《关于难民地位的公约》、1967年《关于难民地位的议定书》更贴近难民问题的形成原因与客观基本事实，因此，其中有的原则与主张，也从区域性文件逐步成为全球性难民治理实践中的原则与规范。

一 非洲地区难民法律文件

（一）1969年《非洲难民问题特定方面的公约》①

在1969年《非洲难民问题特定方面的公约》（OAU Convention）中，最重要的内容就是对难民的定义和难民的安置。第1条第1、2款规定："'难民'应指凡有正当理由由于畏惧种族、宗教、国籍、属于某一社会团体或具有某种政治见解的原因遭受迫害，因而留在其国籍所属国之外，并且不能或由于有这种畏惧而不愿受该国保护的人；或者因不具有国籍所属国之外，并且不能或由于有这种畏惧而不愿受该国保护的人；或者因不具有国籍并由于上述情况留在他以前经常居住国家以外而现在不能或者由于上述畏惧不愿返回该国的人。同时，'难民'一词也适用于凡由于外来侵略、占领、外国统治或严重扰乱其原住国或国籍所属国的一部分或全部领土上的公共秩序的事件，而被迫离开其惯常居住地到其原住国家或其国籍所属国以外的另一地去避难的人。"② 逃离社会动荡、普遍暴力和战争的人都有权向公约缔约国申请难民地位，无论是否有充足理由担心自己受

---

① 刘国福：《国际难民法》，世界知识出版社2014年版，第2页。英文原版请参见 Organization of African Unity (OAU), *Convention Governing the Specific Aspects of Refugee Problems in Africa* ("OAU Convention"), September 10, 1969, https://www.refworld.org/docid/3ae6b36018.html.

② 联合国：《条约汇编》，第189卷，第2545页。

到迫害。

同时，此公约明确了缔约国安置难民、国际分担义务、安排难民地位申请被拒绝者临时居住的义务，采取更加人道的方法解决难民问题。第2条第1款规定："非洲同意组织各成员国应尽最大努力按照各自的法律接受难民，并保证安置这些因正当理由不能或不愿返回其原住国家或其国籍所属国的难民。"第2条第4款规定："当某一成员国对难民继续给予庇护有困难时，该成员国可直接并通过非洲统一组织向其他成员国呼吁，该其他成员国应本着非洲团结和国际合作的精神，采取适当措施，以减轻给予庇护的成员国的负担。"第2条第5款规定："当难民未获得在任何庇护国居住的权利时，其按照上款安排重新定居之前，可以在其首次提出去当难民的任何庇护国内暂时居住。"[1]

（二）2009年《关于保护和救助非洲流离失所者的非洲公约》[2]

非洲地区难民和流离失所问题一直非常突出，困境群体以妇女、儿童、老人和残疾人居多。因逃避迫害或冲突进入其他国家的人被视为难民，得到合法的国际保护，然而境内流离失所者却总是被排除在这一保护体系之外，这一问题需要得到改善。为了显示非洲国家在解决这一问题上的政治意愿和坚定决心，2009年非洲联盟（非盟）难民、返乡者和流离失所者问题特别首脑会议上，参会的非洲领导人于10月23日在乌干达首都坎帕拉签署了《关于保护和救助非洲流离失所者的非洲公约》（又称《坎帕拉公约》），并于2012年12月6日生效。该公约是非洲也是世界上保护和救助境内流离失所者的首个有法律约束力的国际文件。它涉及武装冲突、自然和人为灾害等导致流离失所问题的诸多因素，规定了在流离失所之前、期间以及之后非洲民众所应享有的各项权利，强调政府有责任

---

[1] 英文原版请参见 Organization of African Unity（OAU），*Convention Governing the Specific Aspects of Refugee Problems in Africa*（"OAU Convention"），September 10, 1969, https://www.refworld.org/docid/3ae6b36018.html。

[2] 刘国福：《国际难民法》，世界知识出版社2014年版，第8页。英文原文请参见 Organization of African Union, *African Union Convention for the Protection and Assistance of Internally Displaced Persons in Africa*（"Kampala Convention"），October 23, 2009, https://www.refworld.org/docid/4ae572d82.html。

为民众提供保护和救助。[①]

二 美洲地区难民法律文件

(一) 1984年《卡塔赫纳难民宣言》[②]

20世纪80年代后，尼加拉瓜、萨尔瓦多和危地马拉都爆发了内战，共有200多万人被迫逃离家园，带来了严重的经济和社会问题。为了应对这种危机，1984年11月，一些拉丁美洲国家政府代表（墨西哥、巴拿马与哥伦比亚）和法学家在哥伦比亚卡塔赫纳举行的"中美洲、墨西哥和巴拿马难民国际保护座谈会"上通过了《卡塔赫纳难民宣言》。1984年《卡塔赫纳难民宣言》对难民定义的扩展与1969年《非洲难民问题某特定方面的公约》对难民定义的扩展相似，除"普遍暴力、外国侵略、国内冲突或严重扰乱公共秩序"外增加了更为客观的原因——"大规模侵犯人权"。[③] 寻求庇护者只需证明客观上因为"普遍暴力、外国侵略、国内冲突、大规模侵犯人权行为或严重扰乱公共秩序的其他情况而生命、安全或自由受到威胁"，不需证明主观上有畏惧。1984年《卡塔赫纳难民宣言》还阐明了不推回原则和融合难民的重要性，承诺将努力消除难民问题根源。虽然1984年《卡塔赫纳难民宣言》对于各国没有法律约束力，但"大多数拉丁美洲国家在实际工作中常常使用1984年《卡塔赫纳难民宣言》提出的难民定义，有些国家还将此定义写入了本国法律"[④]。美洲国家组织、孔塔多拉集团沿用了相关解释，联合国和难民署执行委员会也都对1984年《卡塔赫纳难民宣言》表示赞赏。但联合国法律检索库收录该宣言时，做出声明"不对其内容负责，也不一定认可其内容。所表达的任何观点仅代表作者或出版商的观点，不一定反映难民署、联合国或其

---

① 联合国：《难民署欢迎非洲国家签署保护和救助非洲流离失所者公约》，2009年10月23日，https: //news.un.org/zh/story/2009/10/120972。

② 刘国福：《国际难民法》，世界知识出版社2014年版，第8—9页。英文原文参见 Cartagena Declaration on Refugees, Colloquium on the International Protection of Refugees in Central America, Mexico and Panama, November 22, 1984, https: //www.refworld.org/docid/3ae6b36ec.html。

③ Cartagena Declaration on Refugees, Colloquium on the International Protection of Refugees in Central America, Mexico and Panama, November 22, 1984, https: //www.refworld.org/docid/3ae6b36ec.html。

④ 转引自刘国福《国际难民法》，世界知识出版社2014年版，第8—9页。

成员国的观点"①。

（二）2004 年《墨西哥宣言》与 2014 年《巴西宣言》

2004 年的《墨西哥宣言与加强在拉丁美洲地区国际保护难民行动计划》又称《墨西哥宣言》（Mexico Declaration and Plan of Action to Strengthen International Protection of Refugees in Latin America，MPA）还引导区域内国家切实根据区域难民制度提升国内立法，实现国际制度转变为有约束力的国内立法，确保对区域内难民责任共担。② 2014 年的拉丁美洲国家《巴西宣言与行动计划》又称《巴西宣言》（Brazil Declaration and Plan of Action），提出坚持以最高的国际法和地区保护标准，为难民和其他流离失所者提供创新的解决方案，并结束本区域无国籍人的困境。③

三 欧洲难民法律文件

根据刘国福教授的总结，"从 1950 年代到 1980 年代，欧洲委员会先后颁布了 1959 年《欧洲取消难民签证协定》、1967 年《关于庇护可能遭迫害者的第 14 号决议》、1980 年《欧洲转移难民责任协定》、1981 年《关于协调各国庇护程序的建议》、1984 年《关于保护虽非正式难民、但符合 1951 年〈关于难民地位的公约〉者的建议》等难民文件，协调各成员国之间的难民政策法律。1959 年《欧洲取消难民签证协定》第 1 条规定：如果合法居住在成员国境内的难民，持根据 1951 年《关于难民地位的公约》或者 1946 年《关于签发难民旅行文件的协议》签发的有效的国际旅行文件，并且国际旅行期限不超过 3 个月，出境和入境不再需要签证"④。

从 20 世纪 90 年代开始，欧洲部分国家在形成统一的难民保护制度上

---

① Cartagena Declaration on Refugees, Colloquium on the International Protection of Refugees in Central America, Mexico and Panama, November 22, 1984, https：//www.refworld.org/docid/3ae6b36ec.html.

② Mexico Declaration and Plan of Action to Strengthen International Protection of Refugees in Latin America, November 16, 2004, https：//www.oas.org/dil/mexico_declaration_pln_of_action_16nov2004.pdf.

③ Brazil Declaration and Plan of Action, December 3, 2014, https：//www.refworld.org/docid/5487065b4.html.

④ 刘国福：《国际难民法》，世界知识出版社 2014 年版，第 9 页。

走出了第一步。标志性法律文件包括：1990年欧共体的《确定难民地位申请负有审查义务的条约》（简称《都柏林条约》）、1995年《申根协定》。这些条约、协定都对迁徙与难民问题产生了重要影响。《都柏林条约》规定外国人只能在第一到达国申请难民地位，虽然能够避免寻求庇护者重复申请，但潜在的矛盾丛生，这为后来几十年欧盟关于迁徙与保护的法律制度改革与斗争埋下伏笔。德、法、西、葡、荷、比、卢七国于1995年3月共同签署了《申根协定》。协定将难民地位申请纳入签证和边境管理之中。① 在申根区域内，外国人只能向一个国家提出难民地位申请，如果申请在一个申根国家被拒绝，将等同于被所有申根国家一致拒绝。被拒的寻求庇护者不能再向任何一个其他申根国家提出类似的难民地位申请，或者作为"公约难民"停留在申根国家。《申根协定》对保护对象有了新的延伸，即通过第9条迫害行为和第6—8条迫害主体，承认了非国家迫害和性别迫害。2004年《欧盟难民保护指令》还对迫害行为和严重危害行为作了扩大性限定。② 在2011年《欧洲委员会预防和打击暴力侵害妇女行为及家庭暴力公约》起草工作中，有关性别迫害和认识到性别差异的庇护程序的用语得到了正确反映，与性别歧视有关的迫害形式已被纳入该地区"难民"定义的范畴。

四　1966年《关于难民地位和待遇的曼谷原则》

除以上提到的受到联合国机构普遍认可的区域难民国际法律文件之外，也有联合国机构之外的区域法律文件。1966年12月31日由亚非法律协商组织（Asia-African Legal Consultative Organization，AALCO）起草的《关于难民地位和待遇的曼谷原则》，其最终文本于2001年6月24日通过。该原则并没有成为全球广泛认可的规范性文件，因为其对难民定义的泛化同联合国难民署的理念有所不同，难有约束力且实施困难。然而，该原则对于南亚、东南亚多发的混合流离失所问题（公约难民，寻求庇护者，无国籍者以及境内流离失所者等），有很强的指导意义。该文件历时数十年才得以通过，因而几乎囊括了1951年《关于难民地位的公约》的原则以及后来世界范围内发展出的关于难民定义与治

---

① 刘国福：《国际难民法》，世界知识出版社2014年版，第9页。
② 联合国大会第62届会议决议，《关于国际保护的说明》，A/AC.96，转引自刘国福《国际难民法》，世界知识出版社2014年版，第11页。

理原则，例如难民待遇、难民身份的剥夺、驱逐出境、自愿遣返等，也涉及国际合作与国家责任分担等，后来成为2018年《难民问题全球契约》参考的重要内容。

该原则第1条对难民的定义除了延续1951年难民公约中"受迫害或有充分理由害怕遭受迫害的人，离开其国籍所在国"的内容外，还将无国籍者和境内流离失所者也归入难民的定义中，即"离开其国籍所在地，或者，如果他没有国籍，离开惯常居住地或国家；或者在国籍所在地或惯常居住地之外，不能或不愿返回，不能或不愿享有国籍所在地或惯常居住地保护的人"。① 该原则第一章第2条，也将难民的形成原因从"受迫害"的人扩展到"难民一词也适用于因外来侵略、占领、外国统治，或者因来源国或原籍国整体遭遇严重扰乱公共秩序的事件而被迫离开惯常居住地，在他的来源国家或国籍所在国之外寻求避难"。第4条还规定"难民的合法家属应视为难民"。

同时，该原则第二章第3条还强调了"难民庇护是一种人道主义、和平和非政治行为。只要其保持人道主义、和平和政治性质，就应该受到其他国家的尊重，不应被视为不友好的行为"。该原则第四章对难民待遇的最低标准进行详细规定："（1）一国给予难民的待遇不得低于在类似情况下一般给予外国人的待遇，同时适当考虑得到普遍接受的国际法律文件中所承认的人权；（2）第1款所描述的应包括《外国人地位的委员会最终报告》（*Final Report of the Committee on the Status of Alien*）中记载的与外国人有关的权利，这些权利适用于难民；（3）作为难民本身不能实现的事，不得以难民达不到要求作为剥夺难民任何权利的理由；（4）不得以接收国与难民的来源国或地区之间没有授权此类权利的对等互惠关系为由，剥夺难民的任何权利，如果难民无国籍，那么就适用其前惯常所在地国家或地区；（5）各国承诺根据非歧视性原则，将这些原则适用于所有难民，不因种族、宗教、国籍、族裔血统、性别、特定社群成员身份或政治观点而遭歧视；（6）各国应采取有效措施改善对难民妇女的保护，并酌情确保其需求和资源，并尽可能将其融入其活动与方案中；（7）各国应采用适当措施，确保寻求难民地位的儿童或根据适用的国际或国内法律

---

① Asian-African Legal Consultative Organization (AALCO), Bangkok Principles on the Status and Treatment of Refugees ("Bangkok Principles"), https://www.refworld.org/docid/3de5f2d52.html.

与程序被视为难民的儿童，无论是无人陪伴还是由其父母或他人陪伴，均应获得适当的在享有本原则和上述国家加入的其他国际人权法律文件中规定适用权利方面提供的保护与人道主义援助；（8）各国应特别关注老年难民的保护需求，不仅要确保其人身安全，还要尽可能使其充分行使权利，包括家庭团聚权，还应特别关注其援助需求，包括与社会福利、健康和住房有关的需求。"①

尽管该原则在第三章重申了"不推回"原则，但也同样在第五章对"驱逐出境"进行了规定："（1）除为了国家或公共利益或为了保护人民外，国家不得驱逐难民；（2）在驱逐难民之前，国家应允许其有一段合理时间来寻求进入另一国。但是，该国有权在此期间采取其认为必要并适用于这种情况下对外国人的国内措施；（3）不得将难民驱逐或送回其生命或自由会因种族、肤色、国籍、族裔、宗教、政治观点或特定群体成员身份而受到威胁的国家或地区；（4）驱逐难民仅应根据正当法律程序作出决定。除非国家安全有迫不得已的理由，否则应允许难民提交证据证明自己，并为此目的向主管机关或主管机关指定的人（一人或多人），为其代理提出上诉。"②

第三节 难民相关的其他国际法律文件

一 有关难民人权保护的全球性法律文件

难民制度本身也得益于第二次世界大战后世界人权价值观的确立，蕴含了现代人权观与正义观，关于难民问题的国际人道主义精神与保护原则也进一步得到传播。1948年《世界人权宣言》、1966年《公民权利和政治权利国际公约》从人的普遍权利出发，规定了同难民保护直接相关的两个重要方面。

（一）寻求庇护与免于迫害的权利

1948年《世界人权宣言》确认人人享有寻求庇护权。该宣言第14条

---

① Asian-African Legal Consultative Organization (AALCO), Bangkok Principles on the Status and Treatment of Refugees ("Bangkok Principles"), https://www.refworld.org/docid/3de5f2d52.html.

② Asian-African Legal Consultative Organization (AALCO), Bangkok Principles on the Status and Treatment of Refugees ("Bangkok Principles"), https://www.refworld.org/docid/3de5f2d52.html.

规定:"人人有权在其他国家寻求和享受庇护以避免迫害。在真正由于非政治性的罪行或违背联合国的宗旨和原则的行为而被起诉的情况下,不得援用此种权利。"1966年《公民权利和政治权利国际公约》几乎所有条款都适用于包括难民在内的外国人,并规定了出入境权和不被未经合法正当程序的驱逐权。该公约第2条第1章规定:"本公约每一缔约国承担尊重和保证在其领土内和受其管辖的一切个人享受有本公约所承认的权利,不分种族、肤色、性别、语言、宗教、政治或其他见解、国籍或社会出身、财产、出生或其他身份等任何区别。"第12条规定:"一、合法处在一国领土内的每一个人在该领土内有权享受迁徙自由和选择住所的自由。二、人人有自由离开任何国家,包括其本国在内。三、上述权利,除法律所规定并为保护国家安全、公共秩序、公共卫生或道德、他人的权利和自由所必需且与本公约所承认的其他权利不抵触的限制外,应不受任何其他限制。四、任何人有进入其本国权利,不得任意加以剥夺。"第13条规定:"合法处在本公约缔约国领土内的外国人,只有按照依法作出的决议才可以被驱逐出境,并且,除非在国家安全的紧迫原因另有要求的情况下,应准予提出反对驱逐出境的理由和使他的案件得到合格当局或由合格当局特别指定一人或数人的复审,并为此目的而请人作代表"①,禁止未经合法正当程序驱逐难民。

(二) 作为无差异的"人"享有的具体权利

1948年《世界人权宣言》、1966年《公民权利和政治权利国际公约》除规定寻求庇护权外,与1966年《经济、社会和文化权利国际公约》等国际人权文件一样,"由于适用于任何人,规定了不歧视原则,也确立了难民作为人享有的权利"②。1966年《经济、社会和文化权利国际公约》第一次以国际公约形式确认了经济、社会和文化权利,规定了非歧视原则,尽最大能力逐步实施该公约规定的原则。该公约第2条第1、2款规定:"一、每一缔约国家承担尽最大能力个别采取步骤或经由国际援助和合作,特别是经济和技术方面的援助和合作,采取步骤,以便用一切适当方法,尤其包括用立法方法,逐渐达到本公约中所承认的权利的充分实现。二、本公约缔约各国承担保证,本公约所宣布的权利应予普遍行使,

---

① 联合国:《条约汇编》,第999卷,第14668号。
② 刘国福:《国际难民法》,世界知识出版社2014年版,第12—13页。

而不得有例如种族、肤色、性别、语言、宗教、政治或其他见解、国籍或社会出身、财产、出生或其他身份等任何区分。"第6条第1款规定："本公约缔约各国承认工作权，包括人人应有机会凭其自由选择和接受的工作来谋生的权利，并将采取适当步骤来保障这一权利。"① 第11条第1款规定："本公约缔约各国承认人人有权为他自己和家庭获得相当的生活水准，包括足够的食物、衣着和住房，并能不断改进生活条件。各缔约国将采取适当的步骤保证实现这一权利，并承认为此而实行基于自愿同意的国际合作的重要性。"

二 有关难民人权保护的区域性文件

（一）1981年《非洲人权和民族权宪章》

1981年6月27日，非洲统一组织通过了《非洲人权和民族权宪章》，1986年10月生效，这是发展中国家通过的第一个具有法律约束力的区域性国际人权文件。1981年《非洲人权和民族权宪章》既涉及公民权利和政治权利，又涉及经济、社会和文化权利；既涉及民族权，也涉及个人权；同时还规定了人的义务。1981年《非洲人权和民族权宪章》在序言中指出：考虑到《非洲统一组织宪章》规定"自由平等、正义与尊严是非洲各国人民实现其合法愿望的主要目的"；致力于消灭一切形式的歧视，特别是基于种族、种群、肤色、性别、语言、宗教或政见的歧视；重申它们坚持包含在非洲统一组织、不结盟国家运动和联合国通过的宣言、公约及其他文件中的有关人和民族的权利与自由的各项原则；深信它们促进和保护人类和各民族权利与自由的义务，并考虑到非洲传统上所赋予这些权利和自由的重要性。

（二）1969年《美洲人权公约》

1969年11月22日，美洲国家间人权特别会议通过了《美洲人权公约》。《美洲人权公约》于1978年7月18日生效，是继1950年《欧洲人权公约》之后第二个区域性人权保护公约，也是1966年2月联合国大会通过两个国际人权公约后达成的第一个区域性人权保护公约。1969年《美洲人权公约》序言指出：重申它们希望在本半球，在民主制度的范围

---

① 原文请见联合国公约与宣言检索系统：《经济、社会和文化权利国际公约》，https://www.un.org/zh/documents/treaty/files/A-RES-2200-XXI-2.shtml。

内，巩固以尊重人的基本权利为基础的个人自由和社会正义的制度；承认人的基本权利的来源并非由于某人是某一国家的公民，而是根据人类人格的属性，因此以公约形式来加强或补充美洲国家国内法提供的保护而对上述权利给予国际性保护是正当的。

（三）1950年《欧洲人权公约》及其议定书

1950年，欧洲委员会通过了《欧洲人权公约》，又称《欧洲保护人权与基本自由公约》，于1953年9月3日正式生效，同《世界人权宣言》广泛性不同，它是世界上第一个区域性的国际人权公约。公约体现了第二次世界大战后欧洲委员会成员国家保障传统公民自由理念的制度化进程。同时《关于难民地位的公约》正在起草中，且公约难民强调的是因1951年1月1日之前发生在欧洲等地的事件而流落异国他乡、沦为难民的人，不适用欧洲地区外的难民，所以该公约并没有专门规定难民问题。公约规定"缔约国应为在他们管辖下的每个人获得本公约第一章中所规定的权利与自由"（《欧洲人权公约》第1条）。因此，缔约国的难民是作为无差异的个人，享该公约规定的权利，并且不被推回。①

> 人人对本公约列举的权利与自由的享受，应予保证，不得因性别、种族、肤色、语文、宗教、政治的或其他见解，民族或社会的出身、同少数民族的联系、财产、出生或其他地位而有所歧视。（《欧洲人权公约》第14条）

1950年《欧洲人权公约》议定书的一些内容与难民密切相关。第12号议定书对于此种保护延伸到了任何法律上的权利，即使是公约中所未保障，而仅为国内法所保障的权利或自由，亦得援引本条作为禁止歧视的依据。欧洲人权法院关于1950年《欧洲人权公约》第3条的解释体现了不推回义务。欧洲人权法院强调第3条（"任何人不得加以酷刑或使其受非人道的或侮辱的待遇或惩罚"）是一种绝对条款，不论被害者的行为为何，任何成员国皆应被禁止将任何人驱逐或遣返至可能使其遭受到酷刑或不人道或侮辱之待遇或处罚的国家。②

---

① 刘国福：《国际难民法》，世界知识出版社2014年版，第16页。
② 刘国福：《国际难民法》，世界知识出版社2014年版，第16页。

1963 年第 4 号议定书规定了不得集体驱逐外国人的义务，适用于难民。该议定书第 4 条规定："禁止集体驱逐外国人。"1984 年第 7 号议定书规定了外国人的驱逐出境程序抗辩权，适用于难民。该议定书第 1 条规定：任何外国居民在面临被驱逐时都有受到正当合法且公正的程序审理之权利，即非依法定正当程序不得驱逐外国人。

三　保护难民弱势群体的有关国际法律文件

（一）无国籍者

无国籍人与难民、流离失所者存在密切的联系。无国籍被认为是导致难民和流离失所的根本原因之一。无国籍权和无公民权的个人经常被迫离开他们居住的地方，成为难民或流离失所者。相应地，难民或流离失所者更容易失去国籍，特别是在离开本国后领土重新被划定时。1954 年《关于无国籍人地位的公约》规定，无国籍人是指任何国家根据本国法律不认为属其国民的人。加入 1954 年《关于无国籍人地位的公约》的缔约国总数达到 77 个。

按照联合国大会于 1954 年通过的第 896（Ⅸ）决议，缔结国际协定减少无国籍状态，1961 年《减少无国籍状态公约》诞生，并于 1975 年 12 月生效。缔约国同意给予在其领土上出生的无国籍人国籍。缔约国还有条件地同意，如果剥夺某人国籍将使他成为无国籍人，将不采取这样的措施。不得以种族、民族、宗教或政治为理由剥夺任何个人或团体的国籍。近年来出现了加入这些关于无国籍状态公约的积极趋势。最开始 1961 年《减少无国籍状态公约》的缔约国仅有五个——多米尼加、法国、以色列、荷兰和英国，截至 2021 年，连同新加入的冰岛在内，全球加入该公约的国家总数达到 76 个。

（二）处于脆弱环境中的妇女儿童

妇女和儿童是难民群体中易陷入脆弱环境中的群体，其安全与权利保护是国际人权法的关注对象，也是联合国难民署的主要保护职责对象。在 20 世纪七八十年代平权运动的推动下，相关具有针对性的法律文件得以出台，以 1989 年《儿童权利公约》、1993 年《消除对妇女暴力的宣言》为代表，针对儿童和妇女的特点，规定了对儿童和妇女的权利与安全保护。1989 年《儿童权利公约》适用于所有儿童，"并对儿童一视同仁，这其中包括难民儿童和寻求庇护儿童，并确保难民儿童可以得到适当的保护和人道主义援助"①。该公约第 22 条规定："缔约国应采取适当措施，确保申请难民身份的儿童或按照适用的国际法或国内法及程序可视为难民的儿童，不论有无父母或其他任何人的陪同，均可得到适当的保护和人道主义援助，以享有本公约和该有关国家为其缔约国的其他国际人权和（或）人道主义文件所规定的可适用权利。"② 为此目的，缔约国应对联合国和与联合国合作的其他主管的政府间组织或非政府组织所作的任何努力提供其认为适当的合作，以保护和援助这类儿童，并为无人陪伴的难民儿童追寻其父母或其他家庭成员，以获得必要的消息使其家庭团聚。"在寻不着父母或其他家庭成员的情况下，也应使该儿童获得与其他任何由于任何原因而永久或暂时脱离家庭环境的儿童按照本公约的规定所得到的同样的保护。"③ 1989 年《儿童权利公约》有 193 个成员国，几乎包括世界所有国家。

1993 年 12 月，联合国发表《消除对妇女暴力的宣言》，适用于包括难民妇女在内的所有妇女，各国应就其责任作出承诺，整个国际社会也应作出承诺，致力于消除对妇女的暴力。"认识到迫切需要使人人享有平等、安全、自由、人格完整和尊严的权利和原则普遍适用于妇女"，"关切地注意到难民妇女和武装冲突情况下的妇女等一些妇女群体特别易受暴力行为的伤害"。

(三) 有关武装冲突中平民的保护

尽管 1951 年《关于难民地位的公约》及其 1967 年的《关于难民地位的议定书》中没有将受武装冲突影响而被迫流离失所的人归入"难民"之中，但武装冲突仍然是造成难民危机的最主要原因。因此，在上述公约出台之前就开始对这一群体的保护达成一系列国际协议。主要有 1949 年《关于战时保护平民的日内瓦第四公约》及其《第一附加议定书》中关于特殊保护的规定。1949 年《关于战时保护平民的日内瓦第四公约》规定："适用本公约内提及之管理措施时，拘留国不得将事实上不受任何政府保护之难民仅以法律上之敌国国籍而以敌侨待遇。"④ 刘国福教授认为："这

---

① 刘国福：《国际难民法》，世界知识出版社 2014 年版，第 13 页。
② 联合国公约与宣言检索系统：《儿童权利公约》，https://www.un.org/zh/documents/treaty/files/A-RES-44-25.shtml。
③ 刘国福：《国际难民法》，世界知识出版社 2014 年版，第 13 页。
④ 转引自刘国福《国际难民法》，世界知识出版社 2014 年版，第 14 页。

一额外保护承认了难民作为受冲突一方控制的外国人的脆弱性。"① 后来，1977 年的《附加议定书》第 73 条规定："在敌对行动开始前依据有关各方所接受的有关国际文件或依据避难国或居留国国内法律视为无国籍人或难民的人，任何情况下，均应是第四公约第一部和第三部的意义内的被保护人，而不加任何不利区别。"②

四 "不推回"原则在其他国际法律文件中的体现

除 1951 年《关于难民地位的公约》规定的"不推回"原则内容外，③ 1984 年《禁止酷刑和其他残忍、不人道或有辱人格的待遇或处罚公约》规定了绝对的、不存在例外的不推回，没有将任何犯有特别严重罪行的罪犯或其他不配享有、如有充分理由相信不能享有难民地位者排除在公约保护范围之外。该公约第 3 条规定：任何人在另一国家将有遭受酷刑的危险时，任何缔约国不得将该人驱逐、推回或引渡至他国，为了确定是否有这样的根据，有关当局应该考虑到所有有关的因素，包括该国。由于在适当情况下，需要将有关国家是否存在一贯严重、公然、大规模地侵犯人权的情况考虑在内，因此，刘国福教授认为该公约比 1951 年《关于难民地位的公约》中的不推回原则的规定彻底，后者要求将难民保护同某人畏惧因其种族、宗教、国籍、加入某一社会团体或持不同政治见解而受到迫害联系起来。④

---

① 刘国福：《国际难民法》，世界知识出版社 2014 年版，第 14 页。
② 刘国福：《国际难民法》，世界知识出版社 2014 年版，第 14 页。
③ 详见第一章正式国际难民制度的有关内容。
④ 刘国福：《国际难民法》，世界知识出版社 2014 年版，第 13 页。

第六章　国际难民制度产生与合法性的历史演进

除厘清国际难民制度本身的构成外，回溯其产生、发展以及合法性获得与挑战的历史演进，也是理解衡量其有效性的关键所在。本章将国际难民制度分为四个历史发展阶段，考察其在两次世界大战期间的萌芽以及第二次世界大战后的非永久性制度安排，分析成为永久性制度的联合国难民署在诞生与建立初期时面临的挑战，在冷战期间获得的自主性同遭遇的合法性危机，以及总结冷战后难民署执行的国际难民制度的合法性困境，试图从历史发展中找到国际难民制度的合法性演进逻辑，为第七章构建国际难民制度的合法性理论奠定经验基础。

第一节　国际难民制度的萌芽与第二次世界大战后的非永久性安排

难民保护的概念，在世界历史上有着古老的根源，而主权国家的出现，才赋予难民保护行为以真正的"国际"意义。正式的国际难民制度萌芽于第一次世界大战结束，成长于在第二次世界大战结束之后的国际制度发展，并在冷战中与冷战后逐步走向稳定发展。

一　国际难民制度的萌芽

（一）第一次世界大战针对俄国与亚美尼亚难民的制度安排

19世纪末到20世纪初，许多西方国家开始对移民迁入进行管制，开始逐步使用护照和签证类的旅行文件。第一次世界大战使欧洲大部分地区陷入混乱：奥匈帝国等老牌帝国分崩离析，奥地利、捷克斯洛伐克、爱沙尼亚、匈牙利、拉脱维亚、立陶宛、波兰和南斯拉夫这些新建立的政府，则想通过建立文化上、政治上都同质的人口结构来消灭旧秩序、巩固新政权,这迫使几十万人流离失所。俄国革命与饥荒也造成100多万难民。这些难民发现自己开始受制于政府越收越紧的跨国流动管控:如果没有旅行文件和护照,他们不能以合法的身份居留、迁徙甚至是返回家园。

欧洲国家政府的边境管控政策对俄国难民的影响尤其深重。十月革命爆发后,新成立的苏维埃政权否定了许多俄籍难民的国籍,其旅行证件随之无效,这些人沦为无国籍者。与其他加入新民族国家的难民群体不同,所在国总认为俄籍人会对种族同质国家造成威胁,无法很快接纳入籍。此外,流亡者,尤其是战争中的士兵,则被认定会破坏新政权的稳定。因此,面对这些不受欢迎的外来者,许多政府都迅速关闭边界,并用最简单的方式,尽可能驱逐更多流离失所者。这些群体随即陷入非法入境、藏匿、被驱逐,然后再非法入境的无限悲惨循环中。这种恶性循环不仅造成了难民的人道主义危机,也造成了欧洲国家的摩擦,因为肆意将难民赶出本国国境、迫使进入邻国国境,也会被视为侵犯邻国主权的行为。难民流动还对所在国的国内政治与当地经济产生巨大影响,甚至导致难民输出国与输入国之间双边关系的恶化。

1919年4月28日,巴黎和会通过了国际联盟盟约,并把它列为《凡尔赛条约》以及对奥地利、匈牙利、保加利亚各国和约内容的一部分。1920年1月20日,《凡尔赛条约》生效,国际联盟正式成立,最初有44个成员国,随后扩展到63个。同年(1920年),国联赋予著名的挪威探险家弗里德托约夫·南森(Fridtjof Nansen)就俄国战俘遣返问题的谈判任务。救助无国籍俄裔人的志愿机构的资源,到了1921年,已经彻底耗尽。当时的主要人道主义组织——国际红十字委员会牵头说服了国际联盟至少成立一个国际机构,来应对一部分难民。[①] 于是国联再次任命南森为第一任难民事务高级专员,专门也只处理俄国难民事务。为此,国联还建立了一系列严格的指导方针规范难民事务。国联的成员国政府规定,受援的对象只限于俄裔难民,国联的基金只能用于难民事务管理,不能直接用于救济,对难民的援助只是一种短暂行动。

俄国难民问题太过复杂以至于无法迅速解决。绝大多数人既不能简单地返乡,也不能自然而然地定居在欧洲或是移民到北美乃至海外其他

---

① Gil Loescher, *Beyond Charity: International Cooperation and the Global Refugee Crisis*, New York: Oxford University Press, 1993, p. 36.

地区。所以最初，南森主要关注俄国难民的实际问题，尤其是难民出行问题。高级专员办事处的工作人员尝试通过提供领事服务和外交干预，来保护那些受到所在国驱逐威胁的难民。后来，南森通过娴熟的外交手段，牵头说服了51个国家承认"南森护照"，真正解决了无国籍的俄裔问题。有了这些证件，不只俄国难民可以从他们短暂非法居住的地方迁往欧洲其他更友好的区域或是欧洲之外，另外18种难民也同样可以。① 这51个国家政府很快采用了南森护照系统，在1922年希土战争后，这些国家一同合作，交换和遣返了大规模的难民。经南森谈判的协议涉及在希腊的110万东正教土耳其族人，以及38万希腊的穆斯林。希腊与保加利亚之间也进行了相同的人口交换，涉及难民交换人口超过10万。② "南森护照"同与之相关的身份证件的使用，随后也通过各类正式协议扩散到其他人群。1926年《关于向俄国和亚美尼亚难民办理身份证件的协议》将其扩展到了亚美尼亚难民③、1928年通过《关于将俄国和亚美尼亚难民享有的特定便利措施扩展到其他难民分类的协议》扩展到亚述人与亚述加勒底人④。在实践中"南森护照"作为难民旅行和身份证明，使难民定义的对象范围，最终突破了俄国人，扩展到其他群体。

南森负责的难民行动也如雨后春笋般出现，高级专员的功能在不断扩展。在保加利亚、希腊和土耳其之间的人口交换之后，国家政府和国联主持下的志愿机构，还为成千上万的希腊、保加利亚和亚美尼亚难民的重新安置、就业、经济上自给自足提供了财政支持。南森认为，国际难民制度将援助重点放在为难民创造就业机会上，这样还有助于解决欧洲的经济问题。在南森的直接推动下，国际劳工组织成立了难民部门，专门为难民的

---

① Louis Holborn, *Refugees: A Problem of Our Time, The Work of the United Nations High Commissioner for Refugees, 1951—1972*, Vol. 1, Metuchen, N. J.: Scarecrow Press, 1975, pp. 8-10.

② Gil Loescher, *Beyond Charity: International Cooperation and the Global Refugee Crisis*, New York: Oxford University Press, 1993, p. 38.

③ League of Nations, *Arrangement Relating to the Issue of Identify Certificates to Russian and Armenian Refugees*, May 12, 1926, League of Nations, Treaty Series Vol. LXXXIX, No. 2004, http://www.refworld.org/docid/3dd8b5802.html.

④ League of Nations, *Arrangement Concerning the Extension to Other Categories of Certain Measures Taken in Favour of Russian and Armenian Refugees*, June 30, 1928, No. 2006, https://www.refworld.org/legal/agreements/lon/1928/en/33166.

就业信息交流提供平台，让一个国家的雇主找到符合他期望但身在其他国家的雇员。①

1933 年，为了限制遣返行为、保障俄国人和亚美尼亚人在其所在国寻求庇护的权利，国际联盟起草了一项公约——1933 年《关于难民国际地位的公约》。② 该公约赋予难民在接收国接受教育、就业以及被给予出行证件在内的很多项具体权利。但因为缔约国数量极其有限，只有比利时、保加利亚、埃及、法国和挪威五国，且这些国家缔约时都带有诸多保留条款，因此，难民的定义对象，仍然停留在之前"南森护照"扩展的范围，即俄国人、亚美尼亚人、亚述人、亚述迦勒底人。

（二）受纳粹迫害难民的制度安排

20 世纪 30 年代，欧洲涌现了新的难民群体——为躲避法西斯而逃离德国、意大利、葡萄牙和西班牙的人。这些国家极权主义的兴起，造成了数百万难民。用汉娜·阿伦特的话形容，就是在"混合居民"地带里，未获解放的各民族之间，最后残存的团结随着极权的建立而消失，各种冲突的民族主张相互转移，仇恨得以集中，斯洛伐克人反对捷克人、克罗地亚人反对塞尔维亚人、乌克兰人反对波兰人。随着东欧、南欧少数民族的出现，无国籍人士被驱逐到中欧和西欧，"非民族化"成了极权主义统治的有力武器。③ 法西斯政权就这样采用激进的手段，采取同质化、"种族纯洁化"政策，将不可接纳的族群驱逐出国境。他们驱逐的目标不只是政治上的对手，如共产主义者、社会民主党人、反法西斯的知识分子，还包括了他们认为的"劣等种族"——犹太人、斯拉夫人、吉卜赛人等。

纳粹推动的反犹太立法以及野蛮地煽动歧视，对犹太人产生严重影响。1933 年，纳粹上台，随之而来的，就是第一波迁徙潮；1935 年的《纽伦堡法案》通过之后，产生了第二波；1938 年的"水晶之夜"（十一

---

① Gil Loescher, *Beyond Charity: International Cooperation and the Global Refugee Crisis*, New York: Oxford University Press, 1993, p. 38.

② League of Nations, *Convention Relating to the International Status of Refugees* (October 28, 1933), in League of Nations, Treaty Series, Vol. CLIX, No. 3363, http://www.refworld.org/docid/3dd8cf374.html.

③ [美] 汉娜·阿伦特：《极权主义的起源》（第二版），林骧华译，生活·读书·新知三联书店 2014 年版，第 267—269 页。

月大迫害）之后，产生了第三次大迁徙。1940年，纳粹开始将德国犹太人驱赶到波兰。到1941年10月又将"最终解决方案"——灭绝犹太人，纳入国家政策中。纳粹德国以外的法西斯国家也对难民潮的形成产生了影响。在意大利，墨索里尼统治之下产生的难民，主要是反纳粹者和政治反对派相对于纳粹而言要少些。在葡萄牙，主要是萨拉萨尔的政治反对派约2000人出走。西班牙的内战和法西斯政权造成的难民数量则要多得多，西班牙共和党人因失败而出逃至法国的人数约达40万。苏联"大清洗"时期人口迁出并不多，这主要归因于这一时期国家实施了严格的出境、迁出管控，否则难民的数量可能还会大得多。亚洲和太平洋地区也发生了冲突造成的大规模流离失所。和其他法西斯国家出逃的难民主要聚集在邻国有所不同，犹太人逃离德国后分散在世界各地，有在美国的，也有在巴勒斯坦地区的。同前两次迁徙潮不同，第三次大迁徙中逃离的犹太人已经再难找到愿意提供临时庇护的国家。

1930年难民事务专员南森去世了，之后的10年里，曾经几乎靠他一人支撑的国际难民机制彻底丧失了处理犹太难民的能力，涉及难民保护工作的责任移给国际联盟秘书处主持，仅有的救助方案则由"国际南森办事处"（International Nansen Office）接手。为了应对希特勒上台后的犹太难民，国联成立了另外一个先天不足的难民机构——德国难民高级专员（High Commissioner for Refugees from Germany）。当时德国仍是国联成员国，该机构被设定在国联正式机构之外。与南森不同，这一次的高级专员甚至连管理经费都没能获得国联的资助。为了不引起德国的敏感，国联指示高级专员在处理犹太难民事务时，要避免从政治层面探讨难民问题产生的原因。高级专员与难民东道国的谈判只能限制在安置、迁出计划、工作许可和发放旅行证件上。

德国难民专员既要面对国际社会不愿接收犹太人的问题，又要在难民问题上与德国交锋，时任专员麦克唐纳德（James G. McDonald）什么也做不了，在挫败中，1936年他正式辞去职务。他认为，私营组织和国联的难民组织一样，在处理复杂、日益严重的难民问题上收效甚微。欧洲国家乃至世界其他国家吸收难民都有经济限制，要解决难民问题，必须直面难民产生的原因，要同制造难民的国家谈判。因此，只是帮助那些逃离第三帝国的人，是远远不够的，而这些处理难民来源国问题谈判，并非高级专员的职能。处理纳粹德国的问题，属于大国协调下国联的政治功能，尤其是各大国的职能范围。① 然而,主张绥靖政策的主要大国认为同希特勒对立并不恰当。

国联中的大国认为,作为国联的一员,难民问题是德国的内政。甚至到1938年德国退出国联以后,英国与法国还在安抚德国,不愿指责纳粹迫害犹太人。德国退出国联后,两个难民事务办事处——国际南森办事处和德国难民高级事务专员合并了,成为第四个难民事务专署。但它直到第二次世界大战结束后的1946年才开始发挥作用。时任新高级专员艾默生爵士(Sir Herbert Emerson)的权力甚至比之前的专员更加受限。他被剥夺了任何能够代表国联做出法律承诺的权力,国联对其行为没有法律和财政上的责任。他也没有权力进行物质援助,而且只有一名骨干工作人员协助他的工作。对高级专员的严重限制,恰好反映出国联成员国完全没有意愿去为日益恶化的难民问题承担更多责任。随着20世纪30年代后期政治经济限制性环境越演越烈,南森的后继者们对国家政府行为的影响力、对处理难民问题的积极态度,都消失殆尽。

和20世纪20年代的难民不同,出逃的犹太人既没有避难所,也难找到新的家园,更没有被先前1933年《关于难民国际地位的公约》包含在内。为了再次应对新一轮的难民潮、新难民群体,国联再次就难民问题签订单向临时安排协议,即1936年《关于来自德国难民地位的临时安排协议》②。1938年又颁布了类似的正式公约,1938年《关于来自德国难民地位的公约》赋予了来自德国的难民以权益。③ 随即1939年的《关于来自德国难民地位的公约议定书》又将相应的权益扩展到从奥地利出逃的人。④ 虽然这些公约的缔约国都不超过8个,但它们却是一次为努力保护

---

① Gil Loescher and Laila Monahan eds., *Refugees and International Relations*, Oxford: Clarendon Press, 1988, pp. 409–410.

② League of Nations, *Provisional Arrangement concerning the Status of Refugees Coming from Germany*, 4 July 1936, League of Nations Treaty Series, Vol. CLXXI, No. 3952, http://www.refworld.org/docid/3dd8d0ae4.html.

③ League of Nations, *Convention concerning the Status of Refugees Coming From Germany*, February 10, 1938, in League of Nations Treaty Series, Vol. CXCII, No. 4461, http://www.refworld.org/docid/3dd8d12a4.html.

④ League of Nations, *Additional Protocol to the Provisional Arrangement and to the Convention concerning the Status of Refugees Coming from Germany*, September 14, 1939, League of Nations Treaty Series, Vol. CXCVIII, No. 4634, http://www.refworld.org/docid/3dd8d1fb4.html.

难民而制定的国际法律条约。这些条约所赋予权益对象的范围，都被刻意局限在了狭小的种族群体之中，而且还只是对他们提供最低限度的保护。但即使如此，这些公约还是朝着更永久性的国际法与国际制度的方向迈进。

在美国国内的犹太人群体和私人志愿机构的巨大压力下，1938年美国总统富兰克林·罗斯福在法国埃维昂召开了国际会议，考虑如何重新安置从德国和奥地利出逃的犹太人。在此之前，美国几乎没有注意到已经成立的国际难民制度结构和国联的难民规范。因为美国没有批准1933年《关于难民国际地位的公约》，甚至没有为扩大犹太难民儿童准入而调整美国的迁入移民法律。[1]在埃维昂会议上，美国也没有提出增加难民接收配额的新承诺。其他政府代表指出，犹太难民的流动"干扰到了总体经济"，因为犹太人在各国失业率最严重的时候寻求庇护。"难民对接收国的行政设施和消化能力造成了严重压力"，种族和宗教问题变得更加严重，国际动乱增加，而且"国际关系中的绥靖进程"会受到阻碍。[2] 非难民相关的国际社会原本就对难民问题关注相对较少，国联成员也不倾向于为犹太人或是逃离苏联"大清洗"者采取行动。当犹太难民问题越来越严重，国联尽管也承认犹太难民的权利，但国联的成员国、非成员国都很难有意为难民提供新的法律保护，尤其想要提供保护，还需要限制国家主权减少排斥和驱逐外国人。也没有国家愿意将难民作为迁入移民接收。德国更倾向于通过驱逐来摆脱少数族裔，而埃维昂会议也没能给定新的安置地，只是重申美国和其他国家都不太情愿地为犹太难民提供有限援助。主要大国与国联，对难民的保护与援助都是暂时地和有选择性地局限于一些特定群体，这对应对欧洲的独裁政府基本毫无用处。当德国、日本与意大利都相继退出国联，国联在处理日本侵略中国与意大利侵略埃塞俄比亚完全失效后，其政治影响力和信誉几乎丧失殆尽，难民问题更加不会成为国联或是国家处理的优先选项。

第二次世界大战的爆发标志着第一次世界大战后建立的国际秩序的彻

---

[1] Gil Loescher and John Scanlan, *Calculated Kindness: Refugees and America's Half-Open Door, 1945 to Present*, New York: Free Press, 1968, p. xvi.

[2] Guy Goodwin-Gill, "Different Types of Forced Migration Movements as an International and National Problem", in Goran Rystad ed., *The Uprooted: Forced Migration as an International Problem in the Post-War Era*, Lund, Sweden: Lund University Press, 1990, pp. 18-19.

底破产，国际联盟也名存实亡。到1946年4月19日，国际联盟正式宣布解散。就在国际联盟正式解散之前，代表第二次世界大战后国际新秩序的联合国已经于1945年10月24日正式成立。在建立国联时，世界大国就已经有了想寻求的理念，联合国就是在此基础之上建立的。

（三）第二次世界大战前的制度安排与合法性挑战

第二次世界大战前缺乏对难民制度的世界化、普及化的宣传，但国际联盟将南森任命为高级专员，并且随后出台一系列相关的公约、协定，却是国际上第一次对"国际社会应该对难民负起国际责任"这种理念的正式认可。国际难民制度的建立，并不意味着难民问题得到了更充分的解决。正如后世对国际联盟的评价，认为此时的国际难民制度发挥了规范国家难民保护行为的作用，还为时过早。第二次世界大战前所建立的难民制度，也的确为后世留下了持久且重要的遗产。从建立到第二次世界大战开始前夕，经过20多年的难民组织发展和国家间协调，难民作为人权侵犯的受害者，世界对其负有特殊的责任这种理念逐渐树立。而且第一次为应对难民问题而进行的国际合作、为难民而建立的国际机构，也为后续建立的难民制度打下了基础。然而难民保护在第一次世界大战结束到第二次世界大战爆发前的整个时期依然充满了挑战。难民高级专员的组织活动、"南森护照"，以及那些成文规则、规范成果，充其量只是应对国际难民问题在程序上的第一步。这一阶段的难民制度具有以下四个方面的特点。

1. 临时性制度安排使得来自国联的合法性授权先天不足

第一次世界大战结束后，为了防止欧洲大陆再次因为强国争霸而爆发波及整个欧洲区域的大规模战争，欧洲国家继续沿用了"欧洲协调"机制，通过定期或不定期的国际会议形式，对大国间的矛盾与利益冲突进行仲裁与协商，尽量以和平的手段，维系欧洲大国间的稳定与均势。这种均势、克制与协调合作的方式在拿破仑战争之后，成为欧洲一种政治标志。第一次世界大战的爆发，这种仅限于欧洲有限大国间协调的脆弱性首先显现。第一次世界大战后，美国总统威尔逊倡导的、美国最终却未加入的国际联盟，依然是一个只限于欧洲内部协调的制度化组织，缺乏全球范围的普遍约束力与权威性。虽然欧洲大国协调下的国联，赋予其难民制度以有限合法性，但在当时，国际合作不足，其根源不仅可以追溯到为国家提供有限合作协调机制、本身就处于风雨飘摇的国际联盟及其领导下的难民组织，也可以归结为，国际社会，尤其是主权国家，没有对解决难民问题做出普遍的、一致性的国际承诺。这一时期，完全没有将必须救助难民完全制度化的广泛协议，甚至没有为难民管理设立一个永久性的国际机构。国际难民制度设计没有包含惩罚或是激励机制，制度本身对国家政府没有几乎任何约束力。

国家政府不但严重压缩了高级专员的任务，还拒绝将"难民"术语的定义范围扩展至国际上其他国家的政治异议者。当针对犹太人的大屠杀发生时，难民制度的应对可以说是彻底无效。即使为难民提供身份证明使其能够合法地跨越国际边界，也不能保证外国政府就真会发给他们准入签证。授予或拒绝入境仍然是国家主权所具有的特权，而且没有任何形式的强制性法律来保证国家会给予庇护。此外，还有许多难民没有在国际协议的涵盖范围内，他们仍旧缺乏出行与身份证明。难民事务高级专员对难民的援助与保护的尝试、对难民资格的划分，都是需要直接影响到国家政府的外交政策利益时才能实现。

2. 国际难民组织极大受制于大国财政支持

难民援助的正常运行，需要大国的资金支持。两次世界大战之间，处于萌芽阶段的国际难民制度，大多数情况下，运营预算极其有限，而且是一次性投放，没有为任何长远规划做打算。财政上，因为国联只提供难民事务的管理经费，难民援助和难民所在国政府的具体花销则直接由国家自身或支援机构自行承担。与当时国联建立的国际政治背景相同，尽管难民事务高级专员独立于国家政府，但南森的行动却要倚赖于政府的捐款。这一时期的难民援助方案都依赖于大国，尤其依赖于英、法两国的财政支持，也有一些欧洲较小的国家支持。但决定哪类人群能够获得援助，这种难民资格的政治决策，是由国联大会来决定的。因为没有官方的基金支撑救济方案，南森积极干预难民事务的能力，很大程度上取决于他的资金筹措能力，以及如何说服政府增加难民援助、降低移民迁入的壁垒、为国境内的难民提供法律保护的能力。作为人道主义机构，南森与国家政府的密切合作原本是为了确保人道主义行为的顺利实施，但也成为一种限制。

3. 主权国家治理难民行为仍取决于自身政治经济需求

虽然不能忽视人道主义原因，但新兴难民机制的运行有着深刻的政治背景，国家政府出于安全外交政策、国内经济需求原因而支持难民援助项目在当时尤为明显。比起从友好国家出逃的人，国家政府更倾向于援助那些敌对国的出逃者。比如东欧国家援助苏联的难民但不援助德国的。英国更倾向于援助希腊和保加利亚这些对它具有战略意义的盟友。在绥靖政策的影响之下，国联成员国努力回避难民援助政策可能带来的对一些法西斯国家人权状况的批判，避免惹怒这些国家的政府。这就导致类似从意大利和西班牙逃出的难民群反而被排除出在国联的援助对象之外。当一国需要迁入劳动力时，所有政府就会更愿意用非政治性的、非歧视性的方案来迎接难民。[①] 相反，在大萧条时期，几乎每个工业化国家对人口跨国迁徙的态度都是不断加强限制人口迁入的政策与实践，维护国家利益。相应地，针对难民的人道主义行动，对国家利益而言，无足轻重甚至有害，所以必须通过紧缩财政和雇用本国公民来予以限制。这样，既不会对产生难民的国家造成政治和道义上的压力，政府又不用受到来自不同政见者和少数民族群体的不必要指责，也就不会产生任何因为难民政策引发特定的外交政策得失。

20世纪20年代对俄国流亡者的援助，是在国际联盟框架下处理的难民问题。苏联当时并非国际联盟成员国，国联对俄裔难民的关切，其中一部分原因就是大多数国联成员国对苏联怀有极度的敌意与怀疑。更重要的是，英国与法国在俄国内战期间支持过白俄罗斯军队，英、法感到自身对成千上万白俄罗斯败军有财政和道义上的责任。相反，苏联则是极力排斥帮助难民的国际努力，尤其是针对救援白俄罗斯人的举措。此外，在经济与外交上孤立苏联的前沿就是国联。对苏联而言，南森难民事务高级专员的工作是国联和西方大国主导的，因此抱有深深的不信任感。所以，就这个问题，想要达成广泛的国际合作是不可能的。

4. 主要大国的国际制度与国内政策法规的互动初显

世界范围的经济萧条和大规模失业导致限制移民的政策加剧。在胡佛和罗斯福任职时期，1917年的《移民法案》规定美国领事馆拒绝给可能浪费美国公共财政支出的移民发放签证。该法案严重扼杀了大量难民作为移民迁入的可能。还有一些国家则通过曲解过的法律解释来阻止难民进入。无论是公共还是私营的国际难民机构的呼吁都被忽视。孤立主义仍然是反感外国人口迁入的重要因素。因为反犹太主义在世界的蔓延，逃离第三帝国的犹太人要成为迁入移民异常艰难。潜在的东道国家害怕接收纳粹

---

① Gil Loescher and John Scanlan, *Calculated Kindness: Refugees and America's Half-Open Door, 1945 to Present*, New York, NY, and London: The Free Press and Macmillan, 1986, p. 1.

的犹太逃犯而引起更大规模的东欧犹太人迁入。

两次世界大战期间，越来越多的政府采取很高的移民迁入限制政策，来将一些特定的、经过筛选的种族拒绝在国门之外。就连第一次世界大战之前慷慨接收大多数欧洲被迫迁徙者的美国、加拿大和澳大利亚，到了30年代末也出台并执行了限制迁入移民的政策。美国1921年和1924年的《移民法案》确立了美国限制总移民迁入额度的体系，并确保每年的新迁入者符合特定种族组合形式。英国政府颁布了限制人口计划，澳大利亚则限制了非英国移民的人口迁入。移民限制政策在加拿大和拉丁美洲也普遍成为一种常态政策。犹太难民无论去到世界哪个地方都会遇到已经关闭的边境和迁入份额越来越少的情况，但20世纪30年代后美国的情形开始有所不同。为了接收更多犹太难民，美国国内已经开始拒绝使用调整迁入移民配额的系统。于是大量带着资金、知识与技术的犹太难民进入美国。

二 第二次世界大战后的非永久性国际难民制度

第二次世界大战结束时，有数百万人流落于原籍国之外。美国国务院1945年的一份报告曾将第二次世界大战后欧洲的人口流动状况描述为世界历史上最大规模的人口迁徙。该报告估计，第二次世界大战期间，约有2000万—3000万人流离失所，又有900万流离失所的德国人从第三帝国以外的地区归来，还有400万甚至更多的战犯在苏联和盟军军队到来前就逃走了。[①] 在第二次世界大战结束前夕，随着德军从西线的撤离、苏联军队向西方的挺进，上百万流离失所者纷纷逃往德国中心地区。战争与法西斯专制政府的政策使得这些流离失所者处境堪忧，急需救助。第二次世界大战结束后，东欧的冲突与剧变又导致上百万流离失所的人，约有1200万德裔被赶出东欧和中欧地区，流向英、法、美的军事占领区，同时希腊的内战又再次引发新一轮的难民潮。第二次世界大战后，德国接收了欧洲大部分流离失所者。

（一）联合国善后救济总署（UNRRA）

为了给同盟国封锁欧洲大陆经济、联合反攻轴心国、解放欧洲提供及

---

① Guy Goodwin-Gill, "Different Types of Forced Migration Movements as an International and National Problem", in Goran Rystad ed., *The Uprooted: Forced Migration as an International Problem in the Post-War Era*, Lund, Sweden: Lund University Press, 1990, pp. 18-19.

时的援助与救济,1943年10月美、英两国达成《联合国善后救济总署协定》(以下简称《联总协定》),1943年11月,联合国善后救济总署(United Nations Relief and Rehabilitation Administration,UNRRA)正式成立。接下来的1944年、1945年,善后救济总署为进入盟军控制范围的数百万流离失所者提供了救助。救济的途径与方式沿用了两次世界大战期间已经成形的做法。善后救济总署直接由盟军指挥,但任务授权非常有限。它的救济对象在救援的过程中从盟军的国民扩展到盟军所解放国家的流离失所者。与第一次世界大战结束到第二次世界大战爆发前那段救济资源严重匮乏的时期不同,善后救济总署有44个成员国,来自成员国的资金、物资、航运、人员等的充分捐助为善后救济总署实施救济提供巨大的物质支持。从1943年建立到1947年解散,善后救济总署一共支出3.6亿美元,其中2.8亿来自美国的捐助。在其活跃的高峰期,它的雇员一度达到2.78万人。[1]

《联总协定》由序言和十项内容构成。协定明确规定了善后救济总署即将主要承担的使命:"一旦任何地区被盟军解放或敌军被迫撤出,当地居民将立即获得食物、衣物和住所援助,以减轻其痛苦;帮助民众卫生防疫、恢复健康,为战俘及流亡者返回家园作好准备和安排,帮助恢复迫切需要的农业和工业生产,恢复必需的服务。"[2] 协定还对善后救济总署的"宗旨、职能、组织机构、署长权限、善后救济资金的来源和使用、行政费用分摊、与相关当局关系等各种相关问题,逐一作出原则性规定"[3]。协定中明确规定了善后救济总署的任务和职能:为联合国控制地区的战争受害者规划、协商、管理并实施救济,使这些区域的受害者能够及时得到必要且充足的物质救援。

善后救济总署大会作为善后救济总署的决策机构,每半年召开一次,大会参会代表由善后救济总署所有成员国各派一名组成。对除了《联总协议》中明确规定之外的行动,善后救济总署大会采取简单多数的形式

---

[1] 王德春:《联合国善后救济总署的诞生及其使命》,《世界历史》2004年第5期。
[2] 参议院外交委员会主编:《美国外交政策基本文件:1941—1949》(Senate Committee on Foreign Relations,eds.,American Foreign Policy Basic Documents,1941-1949),华盛顿美国政府出版局1950年版,第15页。转引自王德春《联合国善后救济总署的诞生及其使命》,载《世界历史》2004年第6期。
[3] 王德春:《联合国善后救济总署的诞生及其使命》,《世界历史》2004年第5期。

由与会代表表决。"除了《联总协定》明文规定或大会行动本身之外,大会将实行简单多数表决。"① 大会下设中央委员会,由美国、苏联、英国、中国代表和善后救济总署署长组成,但署长不具有表决权。署长的职责是执行善后救济总署的行政权力,在大会和中央委员会限定的资源和政策范围内,执行《联总协定》第1条中规定的救济业务和协调工作,就救济供给物资的采购、运输、分配和服务的安排做出决定,有权与盟军当局或其他联合国成员国政府协商并签订协议。为确保善后救济总署的正常运作和完成赋予的工作任务,每个成员国政府应按《联总协议》规定"以捐助的方式支持其运作,捐助的数量与性质则由各国立法机关决定。善后救济总署的行政支出由署长向大会提交年度预算,预算额由各成员国政府按大会确定的比例分摊"②。

善后救济总署的主要功能之一就是促进和监督遣返工作。流离失所者和收容国都急于解决返乡问题,于是,1945年2月的雅尔塔会议上,大国为将流离失所者大规模遣返回苏联铺平了道路。同年8月的波茨坦会议,各国又规定了在波兰、捷克斯洛伐克和匈牙利的德裔少数民族的返乡行动。各盟国达成协议的解决办法就是,每个已经解放的大国必须将轴心国的战俘和本国的外来国民区分开,直到将他们交予各自国家当局。自愿遣返和重建家园后来成为联合国辩论中的敏感议题,但这并没有妨碍到善后救济总署的创立。因此,善后救济总署在为帮助盟军甄别流离失所者、按要求区分国家类别运送回国等方面,起到了非常重要的作用。当然,遣返行为并不考虑被遣送者的意愿。正因如此,善后救济总署与盟军在战后的5个月内,成功遣返了欧洲3/4的流离失所者,其中有大量的苏联和东欧公民。③ 而被认为遣返回国会遭到迫害的乌克兰人,以及尚不符合遣返资格的犹太人则被安置在营地内,等待西方大国的最终决定结果。拒绝被遣返回国的人的命运也成了东西方大国辩论的焦点。

然而善后救济总署,并不是一个严格意义上的难民组织机构:它救助所有因为战争而流离失所的人,却只是偶尔救助因为政治原因而恐惧的难

---

① 王德春:《联合国善后救济总署的诞生及其使命》,《世界历史》2004年第5期。
② 王德春:《联合国善后救济总署的诞生及其使命》,《世界历史》2004年第5期。
③ Jason Clay, "Ethiopian Famine and the Relief Agencies", in Bruce Nichols and Gil Loescher eds., *The Moral Nation: Humanitarianism and U. S. Foreign Policy Today*, South Bend, Ind.: University of Notre Dame Press, 1989, pp. 232-277.

民（按两次世界大战期间对难民的定义）；而且救助难民并非其主要业务，它的职能还包括恢复农业、工业生产，支持公共医疗、教育和其他社会基础设施建设。善后救济总署也没有权力重新将难民或是流离失所者安置于第三国，它的目标很简单，就是让这些战争导致的流民尽可能返乡。善后救济总署在欧洲设立只是为了短时之需，设计者认为一旦这些人被遣返回来源地，有充足的资源来重建家园，那么西欧国家就可以毫无顾虑地专心处理自身问题。

第二次世界大战后，西方大国与苏联之间的关系逐渐恶化，仍然身在西方国家的流离失所者既不想返回原籍国，也不想被重新安置于苏联阵营，他们的去留问题，成为西方阵营与苏联阵营之间的重大斗争领域。难民营中甚至出现了流离失所者的自杀事件，俄籍流离失所者为了对抗强制遣返，甚至与西方军队官员发生了流血冲突。"这些事件使得美国军方最终意识到这些流离失所者对政治迫害的恐惧是实实在在的。"① 此时的难民问题已经与两次世界大战期间的情况有了巨大的变化：两次世界大战期间的流离失所者被认为是"有家归不得"，第二次世界大战后的难民治理情形已经开始转向：以苏联为主导的东方阵营坚持让善后救济总署将其国民遣返归国，而流离失所者并不愿意回到原籍国。不愿回归者被苏联阵营视为叛国行为，② 苏联指责西方大国不执行遣返行动，违背《雅尔塔协议》。同时，重新安置这些流离失所者，又成为西方阵营对抗共产主义的工具。遣返与否，成为两大阵营力量在联合国对决的重大议题。于是1945年，大规模的遣返工作缓慢了下来，到1946年，几乎完全停止了。因此，原本工作就充满矛盾争议，作为主要负责遣返工作的善后救济总署已经没有能力解决这些流离失所者的安全与救援问题。尤其是善后救济总署的经费70%来源于美国，美国决定停止遣返行动、拒绝为苏联阵营控制范围的安置行动提供资金支持。③ 于是1946年12月31日，善后救济总

---

① Bruce Nichols and Gil Loescher eds., *The Moral Nation: Humanitarianism and U.S. Foreign Policy Today*, South Bend, Ind.: University of Notre Dame Press, 1989, pp. 232-277.

② Bruce Nichols and Gil Loescher eds., *The Moral Nation: Humanitarianism and U.S. Foreign Policy Today*, South Bend, Ind.: University of Notre Dame Press, 1989, pp. 232-277.

③ Dean Acheson, *Present at the Creation*, New York: Norton, 1966, p. 201. quoted from Gil Loescher, *Beyond Charity: International Cooperation and the Global Refugee Crisis*, New York: Oxford University Press, 1993, p. 49.

署终止了它短暂的使命。接下来的工作由联合国另寻其他解决途径。

（二）国际难民组织（IRO）

在善后救济总署的工作阶段，在英、美、法占区，估计仍有250万苏联公民没有遣返回苏控区交给苏联政府，其中100多万人还在难民营中。联合国大会对这些人的去留问题展开辩论，美国主张建立国际难民组织来完成善后救济总署未能完成的难民安置任务。于是1946年2月，联合国成立了另外一个针对处理难民事务的非永久性的组织——国际难民组织（The International Refugee Organization, IRO）。

苏联主张在善后救济总署主持下进行遣返行动，在联合国遭到西方阵营的否决。西方阵营认为，否决遣返是出于充分合理的理由，因为这些流离失所者害怕或恐惧遣返后会"因种族、宗教、国籍或是政治意见而遭到迫害"。为了避免苏联阵营采用与西方阵营具有相同效力的否决权来对抗国际难民组织的建立，联合国也将难民遣返条款"鼓励用所有可能的方式援助难民和流离失所者早日返回原籍国"作为组织主要目标写入了国际难民组织的章程中，同时还写入了"国际援助不能提供给叛国者、歹徒或是战争犯，不能以任何形式阻止这些人投降和接受惩罚"。但苏联最终认为国际难民组织仍然是阻止遣返的反共工具，不被遣返的人会成为西方阵营的被迫劳动力和雇佣军，西方国家以安置难民之名，行争夺劳动力、扩张自己之实。[①] 因此，苏联拒绝加入新成立的国际难民组织，也拒绝支持该组织的各类行动。

国际难民组织在它成立后的第一年（1947年），重新安置了绝大部分善后救济总署遗留的难民。当时能够实现重新安置，是因为战后西欧国家和美国等其他地区国家需要通过接收难民来缓解劳动力的短缺。德国与西欧国家比较倾向于重新安置，迫在眉睫的是战后重建问题，最大限度地减少救济问题，才是符合国家的主要利益。单身男子、无子女的夫妻、体力劳动者可以通过政府设计的劳动力使用途径同意接收，这些劳动力使用项目多半都是煤矿、路建和建筑工程。从事这些工作的回报，就是可以得到申请公民身份的机会。通过国际难民组织四年半的行动计划，美国接收并重新安置了难民人数的31.7%，澳大利亚安置了17.5%，加拿大安置了

---

① Gil Loescher, *Beyond Charity: International Cooperation and the Global Refugee Crisis*, New York: Oxford University Press, 1993, p. 49.

11.9%,英国安置了 8.3%,西欧其他国家安置了 6.8%,拉美安置了 6.5%。①

在最初的安置活动结束后,国际难民组织的安置计划就遭到了一些国家对特定群体的接收歧视与阻滞。比如智利、阿根廷和巴西就拒绝接收犹太人,欧洲国家则大多歧视知识分子和专业阶层人士,所有国家都不愿意接收无法被雇用的老病残人群。所以,在国际难民组织的任务结束时,留下的几乎都是选择性接收政策遗留下来的老大难案例(差不多 40 万人),散布于西欧各难民营中。② 这些难民营爆出的各类丑闻持续了十几年的时间,一直使西方国家备受批评。除了这些老大难的人群,难民人数还在因为逃离东欧国家的人而不断增加。

即使国际难民组织完成了大规模难民的安置工作,难民问题依然没有消失的迹象。随着冷战的开始与持续,两大阵营的局势日趋紧张,欧洲因为西方阵营的杜鲁门主义、马歇尔计划、北约的成立,苏联阵营的经济互助委员会、华约的成立分裂为两个部分,第二次世界大战结束时的难民问题还未彻底解决,新的难民问题又再次出现。到 1949 年,所有东欧的遣返使团都被要求离开西方阵营的势力范围。遣返的东道国政府也要求国际难民组织关闭在其首都的办事处。遣返,作为一个可行的难民问题解决办法,在西方国家眼中就因为战争刚结束时的强制遣返回东方阵营的行为,成为一种被污名化的方式。

国际难民组织在短暂的组织生命中意识到欧洲难民问题的威胁,所以在它提交给联合国大会的最后一份报告中警告说,原本交办给它处理的临时问题,已经迅速成为一个永久问题。除了已经被重新安置的难民,还有大量的人口生活在难民营中。大部分集中于奥地利和德国的难民营中。还有 5000 个欧洲难民的积案,急需处理,他们主要是白俄罗斯人,土耳其、西班牙、葡萄牙和中东的群体,以及两极对抗所产生的新难民。所以,直到国际难民组织关闭时,难民问题仍然和其刚成立时一样严重。但国际社会,尤其是长期承担绝大部分难民援助开支的美国,已经对难民问题的规

---

① Leonard Dinnerstein, *America and the Survivors of the Holocaust*, New York: Columbia University Press, 1982. quoted from Gil Loescher, *Beyond Charity: International Cooperation and the Global Refugee Crisis*, New York: Oxford University Press, 1993, p. 50.

② Jacques Vernant, *The Refugee in the Post-War World*, New Haven, CT: Yale University Press, 1953, p. 45.

模和成本产生厌恶。①

（三）大国夹缝中的非永久性国际难民制度

第二次世界大战后，西方大国与苏联之间的关系逐渐恶化，第二次世界大战东西方阵营，难民的"遣返"与"重新安置"双双成为意识形态的斗争场地，也成为两大阵营力量在联合国对决的重大议题。对于实施具体难民遣返、安置、救助的善后救济总署、国际难民组织而言，本身的合法性就来源于已经处于两级对抗分裂状的联合国大会。虽然联合国大会的授权范围相较两次世界大战期间的国联授权，更具有广泛性，但就规制性合法基础而言，仍然和善后救济总署的国际难民制度一样归零。除了蕴含与彰显一种人道主义价值外，更多的仍然是充当成员国，尤其是大国的工具，对大国间的协调作用非常有限。因为组织本身运作的资金来源途径完全依赖于大国的捐助，因此，组织治理难民的行为，毋宁说是最主要大国的意愿行为。

高举安置旗帜的西方国家结束了主要负责遣返的善后救济总署，建立了国际难民组织，但苏联最终认为国际难民组织仍然是阻止遣返的反共工具拒绝加入新成立的国际难民组织，拒绝支持该组织的各类行动。随着主要安置方案的开展，遣返的人数也变得微乎其微。在国际难民组织存在的5年多时间里（1946年7月—1950年1月），返回到中东欧地区的人不超过5.4万。国际难民组织最初关注的是第二次世界大战后因为种族、宗教或是政治迫害而拒绝遣返的人，后来随着1948年捷克斯洛伐克人向西方出逃，国际难民组织的项目开始扩展到逃离苏联阵营的人。尤其是在冷战中，难民作为一种西方国家对抗苏联阵营的有力工具，被赋予了更大的象征意义。因此，以美国为首的西方国家，为了让援助政策适应更大规模的出逃者，支持将难民资格标准订立得更为灵活、对象更为广泛。

从理论上说，西方阵营为主导的国际难民组织应该在安置难民的执行力方面所向披靡，但国际难民组织自成立到结束短短5年多时间里，安置高潮也只维持了1年左右，就慢慢驻足不前。此时，就需要考量大国尤其美国在其中扮演角色与态度的变化。在国际难民组织成立初期，

---

① George Warren, *The Development of United States Participation in Intergovernmental Efforts to Resolve Refugee Problems*, mimeo, 1967. Quoted from Gil Loescher, *Beyond Charity: International Cooperation and the Global Refugee Crisis*, New York: Oxford University Press, 1993, p. 53.

饱受战争摧残的西欧国家急于战后重建，吸收了大部分流离失所者重新安置工作，但没有能力接收所有人，所以除在欧洲地区重新安置的难民，其他接收的重任就由美国、加拿大、澳大利亚等其他欧洲以外的国家承担。欧洲国家与欧洲以外的西方国家协调合作，共同分担了重新安置任务，成就了国际难民组织初期的安置成果。

美国用占国际难民组织支出 2/3 的资金支持，控制了国际难民组织的领导权。杜鲁门上台开始，绝大多数美国人对犹太人表示同情，赞成犹太复国主义事业的人的比例上升了 11%。[1] 美国通过一系列的立法和行政措施许诺，在接下来的 5 年中接收 40 万流离失所者。[2] 美国的难民许可政策，反映出来自种族群体选民和游说团体对政府施加的压力，来为法西斯受害者开启迁入的新渠道。[3] 更重要的是，类似反共和恢复两欧社会稳定这些美国外交政策的关切，都被倡导难民收容的美国公民委员会用来说服美国国会，应对国会对难民事务的限制和阻碍。劳动力征聘项目也使大规模的流离失所者移民到加拿大、澳大利亚、新西兰、南美洲，甚至中东和非洲的部分地区。

然而，难民在西方国家的重新安置工作并不长久。在国际社会中，国家政府普遍认为国家接受迁入移民的重新安置是有限度的。美国也担忧，如果继续依赖国际难民组织会导致难民问题国际化，使重新安置难民成为一种美国和其他非欧洲国家界定不明、含混不清的责任，而非西欧国家的责任。在国际难民组织存在的短短 5 年多时间里，共支出 4 亿美元，已经远远超过联合国机构之下其他组织开支的总和。美国承担了这 4 亿美元开支中的 2.5 亿。国际难民组织成为美国的经济负担，却没能达到美国的利益期望。因此，美国果断地通过马歇尔计划，从直接安置难民转而为欧洲国家提供经济援助。美国认为，马歇尔计划能够改善欧洲国家的经济环境，进而使这些国家的政府，更容易吸收和消化剩余的难民。该计划的实

---

[1] Eytan Gilboa, *American Public Opinion Toward Israel and the Arab-Israeli Conflict*, Lexinton: Lexinton Books, 1987, p. 15.

[2] Robert Divine, *American Immigration Policy, 1924-1952*, New Haven, Connell: Yale University Press, 1957. Quoted from Gil Loescher, *Beyond Clarity: International Cooperation and the Global Refugee Crisis*, New York: Oxford University Press, 1993, p. 52.

[3] Gil Loescher and John Scanlan, *Calculated Kindness: Refugees and America's Half-Open Door, 1945 to Present*, New York, NY, and London: The Free Press and Macmillan, 1986, p. xvi

施，暗示着针对欧洲难民的紧急救助与重新安置措施已经成为过去式。美国政府甚至开始认为，由双边、区域甚至是联合国体系外的国际安排组成美国自己的难民方案，才能更好地服务于美国国家利益。美国当时认为遗留的难民问题是暂时性的，可以通过一个小机构来继任国际难民组织留下的这些暂时的遗留问题，国际难民组织最终走向结束。

三 平行于联合国难民署的国际机构

1948年5月，在巴勒斯坦地区宣布建立犹太国家之后，该地区爆发了第一次阿以冲突，战争造成约70万巴勒斯坦人逃离或是被赶出犹太人控制区域，逃往周边国家。联合国大会于1949年12月8日通过第302（Ⅳ）号决议，决定建立联合国近东巴勒斯坦难民救济和工程处（The United Nations Relief and Works Agency for Palestine Refugees，UNRWA）简称"近东救济工程处"。该处于1950年5月1日正式开始运作。此后历届联大都审议巴勒斯坦难民问题，并通过相关决议，延长该处任期。[①] 支持近东救济工程处的资金几乎都来源于联合国成员国的自愿捐助，除此之外，该机构还获得一定数额的联合国常规预算，用以支付国际员工工资。发展至今，该机构的工作项目已经包括了教育、医疗、救济和社会服务、营地的基础设施建设与改善、小额信贷和武装冲突期间的紧急救助。近东救济工程处的独特之处就是长期对巴勒斯坦难民这唯一个难民群体负责，在2023年以色列与哈马斯冲突爆发前已经负责了四代巴勒斯坦难民。

该机构将巴勒斯坦难民定义为：1946年6月1日至1948年5月15日，惯常居住地为巴勒斯坦地区，因为1948年的冲突，既丧失家园又丧失生计的人。巴勒斯坦男性难民的后代，包括收养的儿童，也有资格在近东救济工程处登记。1950年该机构开始运作时，是为了回应约75万巴勒斯坦难民的需求。1952年联合国大会第614（Ⅶ）号决议决定增加近东救济工程处的救济费用预算。1955年联合国大会916（Ⅹ）号决议指明了其他亟待救济的人群，即约旦边民、加沙地带的非难民、埃及的大量难民，以及某些贝都因人。在第二次中东战争后，联合国大会在1958年、1959年的决议中建议在救济工程中加入教育、职业培训、自立自强的项目，从而构成了后来近东救济工程处的工作蓝图。1967年6月爆发的第

---

① UNRWA, Who We Are, https://www.unrwa.org/who-we-are.

三次中东战争，导致30万人无家可归，其中包括12万巴勒斯坦难民。联合国大会第2252（ES-V）号决议要求近东救济工程处根据紧急情况，作为一种临时措施，对该地区亟待帮助的流离失所者，继续提供人道主义救援。1982年6月，以色列入侵黎巴嫩，第五次中东战争爆发，此后，该机构的援助便涵盖了后续战争导致的难民。同年的联合国大会第37/120（J）号决议，明确增加了近东救济工程处的责任，敦促该机构采用有效措施保障被占领土上巴勒斯坦难民的安全、法律与人权。1992—2002年，近东救济工程处与联合国中东和平进程特别协调员办事处（the Office of the UN Special Coordinator for the Middle East Peace Process, UNSCO）以及其他联合国体系下的专门机构合作努力发展巴勒斯坦被占领区（the Occupied Palestinian Territory, OPT）的经济和维持社会稳定。1993年，以色列和巴解组织（the Palestine Liberation Organization, PLO）在华盛顿签署了《关于在被占领土上巴勒斯坦临时自治政府安排的原则宣言》（Declaration of Principles on Interim Self-Government Arrangements）之后，近东救济工程处就开始制定"和平执行方案"来满足过渡时期巴勒斯坦人的需求和优先事项。

到2023年爆发以色列与哈马斯冲突前，已经有500万巴勒斯坦难民获得近东救济工程处的救济资格。因为一直没有彻底解决巴勒斯坦难民问题，联合国大会一直不断重新启动近东救济工程处的任务，最近一次的任务一直延长至2017年6月30日。虽然其他机构和行为体也在解决巴勒斯坦难民问题上发挥了核心作用，但近东救济工程处的任务是与各国政府一起开展临时措施工作，并为"得到公正解决"之前的巴勒斯坦难民提供救济与援助。近东救济工程处在这一区域发挥的作用，反映出不同时期的各种需求与压力，但其核心任务都是给巴勒斯坦难民提供援助，促进难民在东道国的经济融入，但不将其重新安置在西方国家，并且不为难民提供法律保护或是为巴以冲突提供政治解决办法。① 巴勒斯坦难民有的被阿拉伯国家接收，有的被遣返，但大多数仍然留在该地区的难民营中。因为从阿拉伯国家的外交政策的角度看，如果重新安置巴勒斯坦难民，会为将来建立一个巴勒斯坦国家的合法性带来困难。

---

① David Forsythe, "UNRWA, the Palestinian Refugees, and World Politics", *International Organization*, Vol. 25, Issue 1, January 1971.

在阿拉伯国家的坚持下,巴勒斯坦人在近东救济工程处登记,目的就在于将巴勒斯坦人的问题排除在近东救济工程处职权范围之外。美国在反共目的的推动下,对其进行支持。近东救济工程处通过对难民的物质援助和稳定阿拉伯国家国内的安全局势来遏制共产主义对这些战略要地的影响。1950年2月16日,美国第81届国会众议院第二届外交委员会会议,巴勒斯坦难民的听证会,助理国务卿麦克吉(George McGhee)证词能证明这一点:

> 中东的政治损失,将是成为一场重大灾难……如果苏联达到其在近东的目的,那么它的战略地位的增强将无法估量……实质上,冷战还会继续延伸。基于这些情况的考虑,我们对巴勒斯坦难民的关切,人道主义的考量,只是一种额外的正当理由。只要难民的问题还没解决……那么巴勒斯坦地区政治和解的达成就会推迟。难民……将继续成为共产主义破坏因素的天然聚焦点,无论我们,还是近东的国家政府,都无法承担忽视带来的后果。(George McGhee:1950)

第二节 联合国难民署的诞生与合法性来源

因为两极对抗产生的负面效应,联合国作为一个整体性的组织,没有达到美国的期望。在这种背景之下,1948—1950年联合国大会和联合国经社理事会一直在讨论创立一个新的国际难民组织——联合国难民署(UNHCR),并开始起草1951年《关于难民地位的公约》。为了制定第二次世界大战后难民制度的核心职能与任务,西方国家吸收借鉴了1921年关于应对难民问题的国际经验与努力。在这些讨论中,包括遣返在内的许多问题都极富争议,相关辩论甚至持续至今。

一 大国政治裹挟的《联合国难民署章程》

1949年12月3日,联合国大会第319(Ⅳ)号决议通过,决定于1951年1月1日设立联合国难民署。联合国大会1950年12月14日的428(Ⅴ)号决议附件正式通过《联合国难民署章程》,并于次年正式颁布。该决议再次体现了联合国大会呼吁各国政府与高级专员合作,履行其在难民署权限范围内的职责。根据该章程，难民署的工作性质是人道主义和社会性的，完全非政治性。

该章程将难民定义为："在1926年5月12日和1928年6月30日的协议之下，或者是在1933年10月28日及1938年2月10日的公约、1938年9月14日的议定书，或是国际难民组织的规章，所规定范围之下任何人；由于1951年1月以前发生的事件并有充分理由畏惧因为种族、宗教、国籍或是政治观见解而受到迫害，因为这些原因而滞留在国籍国之外，并且由于这种畏惧，或者其他除个人便利之外的缘由，不能或不愿让自己接受国籍国的帮助的人；或者是没有国籍的人，处于其原先惯常居住地之外的国家，因为畏惧或其他除个人便利之外的缘由，不能或不愿回到其原先惯常居住地的人。"①

在章程中，将迫害作为难民的核心特征，是为了适应西方国家对其寻求庇护者的解读。这种定义不但将主要来自东欧的政治难民包含在联合国难民署任务之中，还能将刚刚起步的共产主义国家谴责为迫害的施动者。同时该章程对难民的定义也被认为是处理欧洲宗教和少数民族，尤其是犹太人的恰当方式。虽然政府都同意将难民统一定义为一种具有普遍适用性的术语，但各国还是就是将难民限定在欧洲地区，还是将其继续扩展至全球范围，存在分歧。因此，《联合国难民署章程》并没有对联合国难民署的任务做时间或是地理上的限制。

第二次世界大战后的东西方紧张状态完全排除了两大阵营在难民问题上进行重大合作的可能。难民问题在冷战期间始终是资本主义与共产主义意识形态对立的核心问题。难民署成立于意识形态对立局势的高峰时段。和它的前身一样，各国赋予它临时存在的意义——在三年之内保护与救助难民。但难民署并没有被赋予为世界难民强制执行国际法律规范的权力，只能得到维持行政开支的有限财政支持。由于每年预算只有30万美元，行动也有时间和地理的限制，所以难民署在刚成立之时，工作受到极大限制，对欧洲难民状况的影响，微乎其微。所幸章程中规定了难民署可以跨越3年期的责任限制，②为后来难民署自主发挥能动性留下了空间。

---

① UN General Assembly, Statute of the Office of the United Nations High Commissioner for Refugees, December 14, 1950, A/RES/428 (V), http：//www.refworld.org/docid/3ae6b3628.html.

② UN General Assembly, Statute of the Office of the United Nations High Commissioner for Refugees, December 14, 1950, A/RES/428 (V), http：//www.refworld.org/docid/3ae6b3628.html.

二 建立时围绕授权的大国斗争与转机

在国际难民组织走向终点之时,参与建立新联合国难民机构谈判的政府之间,就国际难民组织后继组织的管辖权和融资问题产生了严重的意见分歧。法国与比利时主导下的欧洲国家,急于为不断从东欧地区流入的难民潮寻求可靠的行动资金支持,巴基斯坦和印度这些同样面临本地区严重难民问题的非欧洲国家则认为难民署必须是个强有力的永久性组织,具有基于自愿基础上的资金筹措能力,来为组织行为寻求物质支持。而面对南亚次大陆、朝鲜半岛、巴勒斯坦地区的事态,美国和西欧的官员们开始相信,世界难民问题实际上是无休无止的,所以反对让联合国提前承担尚未明确的责任。鉴于之前国际难民组织的高昂行动支出,美国反对建立一个新难民机构来为未来可能产生的所有难民问题承担责任、做出承诺。

在主导制定1951年《关于难民地位的公约》的谈判中,西方国家政府关注的重点在于限制公约对其产生的财政和法律上的约束。各国想要建立的国际难民公约,是一个既不会对国家主权构成威胁,也不会强加给国家新的财政义务的公约。通过国际谈判确定了国家对难民事务的国际法律义务之后,还需要对难民署的职能和管辖权进行严格限制。[1]

但20世纪50年代初,美国还是充斥着反联合国的情绪。在保守派主导的国会影响之下,美国对苏联在联合国安理会的权力、共产主义国家在联合国秘书处和联合国专门机构中的代表权、联合国对人权公约的倡导,统统都心存怀疑。参议院围绕"布瑞克宪法修正案"(Bricker Amendment)[2]和美国支持国际劳工组织与否的辩论,都显示出其对国际主义的不信任。共和党人和南方保守的民主党人都将国际主义定义为没有明确为美国利益服务的事物。

美国寻求建立一个管辖权狭窄、功能有限的临时难民机构。美国认为,难民署唯一的职责只应该是国际保护,因此,尤其想通过剥夺联合国大会对难民署行动的支援、难民署寻求自愿捐款的权利,来否决难民署的

---

[1] British Public Records Office, Foreign Office Files, FO 371/87443, 23 September 1950. Quoted from Gil Loescher, *The UNHCR and World Politics: a Perilous Path*, Oxford: Oxford University Press, 2001, p.55.

[2] Gil Loescher, *The UNHCR and World Politics: a Perilous Path*, Oxford: Oxford University Press, 2001, p.55.

救济作用。美国在限制高级专员的授权、否决高级专员办事处的管辖权与物质援助行动筹措能力这三方面的企图,很大程度上都成功了。就这样,难民署成为一个完全依赖联合国大会,且只有极小行政预算保障的机构。难民署拥有低微的难民"紧急基金",美国在 1955 年以前是没有做出任何贡献的。最终的结果就是,难民署在难民事务中的职责,被缩减得几乎同当年国际联盟委派给高级专员的权限无异。①

美国对难民的承诺,越来越具有区域和单边性质,这些政策都不同程度地反映着美国国内反共和麦卡锡主义的狂热。难民署就是这些情绪的主要受害者。美国官员强烈反对为联合国同难民和劳动力流动相关的组织提供资金支持,因为他们认为美国本应该对这些难民和移民在联合国框架之外具有更强的控制力和影响力。美国一面抵制难民署的建立,一面试图发展在自身控制之下的难民组织。在美国的努力下,几乎由美国完全控制的近东救济工程处,在对美国具有核心战略意义的近东区域建立。作为西方大国的主导者,美国依照自身的外交政策优先事项建立难民政策,公约生效时,并没有签署,一直到 1968 年才加入 1951 年《关于难民地位的公约》与其 1967 年的《关于难民地位的议定书》。加入之前,美国一直没有受到难民公约束缚。

对于美国而言,此时这些难民在两大阵营中,显示了一种用脚投票的效果,来证明共产主义国家的缺陷,也为他们在冷战中与共产主义国家斗争的行为谋求合法性。② 基于这种清晰的意识形态目的,美国决策者在 1947—1952 年,颁布了一系列政策,发掘了大规模迁徙的象征意义和工具价值。③ 美国和英国利用破坏、游击战术和宣传战,鼓励铁幕另一边的人口反抗苏联阵营。苏联阵营的叛逃者很多也参与了西方国家的各类宣传活动和秘密军事行动。1949 年美国建立中央情报局的法案中,包括通过

---

① UNHCR, Prolongation of the Office of the United Nations High Commissioner for Refugees Prolongation of the Office of the United Nations High Commissioner for Refugees 727 (Ⅷ), General Assembly, October 23, 1953, http://www.unhcr.org/excom/bgares/3ae69ef010/prolongation - office - united-nations-high-commissioner-refugees.html.

② Gil Loescher, *The UNHCR and World Politics: a Perilous Path*, Oxford: Oxford University Press, 2001, p. 56.

③ Gil Loescher and John Scanlan, *Calculated Kindness: Refugees and America's Half-Open Door, 1945 to Present*, New York, NY, and London: The Free Press and Macmillan, 1986, p. xvi.

立法程序批准每年招募一百名叛逃者。① 1950 年，美国国务院和中情局启动了"创建自由欧洲国家委员会"（National Committee for a Free Europe）这个私营组织，来推动"自由"政策。在美国国会于 1951 年通过的《共同安全法案》授权下，杜鲁门设立了"美国逃亡者计划"（United States Escapee Program，USEP）。1952 年，又设立了"心理战略委员会"（the Psychological Strategy Board）主管协调美国情报和宣传活动，该部门在监视东欧人员涌入以及组织招募大量情报人员或美国无线电台工作人员中起着积极作用。②。

难民署作为联合国的机构，并不是直接由美国指挥操控。当非美国支持的格里特·范·休文·戈德哈特（Gerritt van Heuven Goedhart）当选为第一任高级专员时，美国的担忧得到了有效的证实。联合国成为美国外交政策的最次处理事项，美国开始回避难民署，非但不支持其项目，还将资源集中于自己的军事与经济计划，开始实施马歇尔计划以及后来的 1951 年《共同安全法案》。该法案还在自身框架内为人道主义项目方案和难民援助提供资金。为了接收更多的德国人，美国还对其迁入移民法进行了专门修改，理由是西德可能遭受到"人口过剩"的侵扰，这可能会导致西德的不稳定，并且促进共产主义的扩散。③ 从美国的角度来看，难民署的方案和经费支出可能会使与美国没有政治相关性的难民受益，还会增加重新安置于美国的请求。所以只要有可能，美国就只支持难民署以外的难民机构，这样，西方阵营才能直接参与。美国协助建立在中东和朝鲜半岛的两个不受难民署指挥的近东救济工程处和联合国朝鲜重构机构（United Nations Korean Reconstruction Agenacy，UNKRA），都处于美国地缘政治利益的关键地区，受到美国政府的慷慨资助。

难民署也还是没能和国际难民组织一样得到来自苏联阵营的支持。同美国对难民署的态度相同，苏联也抵制参与到这一新兴的难民制度之中。苏联反对一切不以遣返难民为目的的举措。对苏联而言，难民署和两次世

---

① House, Central Intelligence Agency Act of 1949, Chapter 227; 63 Stat. 208; approved June 20, 1949, http: //legcounsel. house. gov/Comps/CIA49. pdf.

② Gil Loescher, *The UNHCR and World Politics: a Perilous Path*, Oxford: Oxford University Press, 2001, p. 54.

③ CIA, Approved Release 2006/01/12: CIA - RDP80R01731R003000170004 - 1, https://www. cia. gov/library/readingroom/docs/CIA-RDP80R01731R003000170004-1 pdf.

界大战期间的南森办事处一样，只不过是西方大国的工具，不可能信任。而且，苏联和东欧国家本身也是许多难民的来源国，很多来自苏联阵营而不愿返回的流离失所者，很容易被认为有叛国嫌疑，因此苏联更不可能参与到联合国安置与援助这些人的项目之中。直到苏联解体、冷战结束，难民署也没能得到苏联的支持，苏联也没能成为1951年《关于难民地位的公约》的缔约国。因此，难民署完全不可能成为一个能够在西方国家庇护与重新安置、东欧国家生产难民这种矛盾环境中，扮演两大阵营之间的调解者。

  缺乏最主要大国授权的难民署，要发展成为一个具有自主性、代表处理难民事务最高权威的机构步履维艰。这种处在美国所主导的战后国际秩序之下的组织机构，其缺少美国支持的尴尬境地，终于在"匈牙利危机"爆发后，出现实质性的转机。1956年10月23日，匈牙利首都布达佩斯出现学生示威。1956年11月4日，苏联坦克开进布达佩斯，爆发了武装冲突。在冲突爆发不到一个月的时间里，就已经造成20万匈牙利人出逃，其中18万逃到奥地利，2万逃到南斯拉夫。① 面对始料未及的大规模匈牙利难民，难民署遇上重重挑战。同前文提到的局限一致，第一，难民署在建立过程中，因为遭到以美国为首的大国限制，只不过是联合国的一个临时机构，仅负责处理第二次世界大战形成的难民，授权不但不足，且到1958年就将结束。第二，在匈牙利危机爆发时，难民署所遵守执行的是1951年《关于难民地位的公约》关于难民的定义，既有"1951年以前"这个时间限制，又没有对难民产生区域做出明确、具体的规定。因此，难民署在甄别这20万出逃的匈牙利人时，不能一次性同样界定，只能一一单独进行难民身份确定程序。第三，许多出逃的匈牙利人，都没有携带身份证明，这为身份确定程序带来巨大困难。第四，在危机爆发时，曾备受美国与法国抵制的难民署第一任难民事务高级专员戈德哈特不幸刚因心脏病离世，而新一任高级专员要到12月才能被选出。

  面对重重困难，难民署还是很快投入到应对匈牙利难民的工作之中，并且在难民的身份确认程序之中创造了根据"表面证据"（prima

---

① 联合国：《难民署纪念成功处理匈牙利危机50周年》，2006年10月23日，http://www.un.org/chinese/News/story.asp? newsID = 6669。

facie）确定难民身份的实践方式。这一措施后来成为国际难民法中极其重要的一个概念。难民署还创造性地与其他国际组织开展新的合作模式。在处理匈牙利难民过程中，难民署与红十字会联合会（League of Red Cross Societies, LRCS）和欧洲移徙问题政府间委员会（ICEM）以及一批当地非政府组织分工合作开展救援。难民署主要负责全面的法律工作和难民保护，红十字会负责协调，欧洲移徙问题政府间委员会负责难民的登记和运送工作。通过这些努力，逃入奥地利和南斯拉夫的18万匈牙利难民在很短时间内就被汽车、火车、飞机和轮船转运到了5大洲的37个国家定居。留下的难民也成功地融入当地社会。

当年对20万匈牙利难民的处置方法已成为有关难民的国际法和国际惯例不可磨灭的一个组成部分。联合国秘书长安东尼奥·古特雷斯（António Guterres）回忆道："二次大战后，大家都以为难民危机已经结束。但匈牙利危机使人们意识到，难民问题还会出现，国际社会必须有所准备。"[1] 美国对难民署的态度，也在匈牙利危机后产生了根本的变化。难民署在应对1956年匈牙利危机的过程中证明了，它是唯一能够在牵涉东西方权力政治背景下，处理复杂人道主义问题的国际难民机构。从此以后，当国际政治体系中的发展问题关注点，从欧洲转向发展中国家时，美国的政策制定者开始看到难民署对于美国国家利益的潜在可用之处。难民署被授权了远远超出原先责任范围的任务，成为第二次世界大战后新兴难民制度的核心。

第三节 冷战期间联合国难民署的自主性与合法性危机

匈牙利难民危机后难民署真正崛起，最终从一个受到各类限制的边缘国际机构，成为自主权和权威不断扩大、塑造国家行为、保护与援助世界流离失所者的全球性组织。从匈牙利危机解除到冷战结束的三十多年里，难民署在组织崛起过程中努力提高适应性、争取合法性。作为组织领袖，20世纪60年代以来的历届高级专员在冷战的不同关键政治节点回应流离

---

[1] 联合国：《难民署纪念成功处理匈牙利危机50周年》，2006年10月23日，http://www.un.org/chinese/News/story.asp? newsID=6669。

失所挑战的方式，能够体现这一过程。

一　向发展中国家地区扩展的方式：善意斡旋（Good offices）[①]

到20世纪60年代，虽然难民署主要忙于欧洲地区的难民问题，但各办事处步步为营，将其活动领域向发展中国家扩展，奠定了各地区的工作基础。第二次世界大战后，非洲与亚洲的前欧洲殖民地对独立的渴望剧增，非殖民化进程不仅使联合国的会员国数量增加，还对难民署的工作影响巨大。法国控制的阿尔及利亚，葡萄牙的殖民地安哥拉、几内亚比绍和莫桑比克的非殖民化过程产生的暴力造成了大规模难民的流离失所。难民署开始应对来自联合国新成员国的压力，为非第二次世界大战产生的新难民提供国际援助。对于这些新的流离失所群体，难民署面临着严峻的政治问题。与欧洲在东西阵营之争的背景下处理难民问题完全不同，在发展中地区，难民的处境不但直接牵涉难民署的创始成员国家，也就是西方殖民大国的政治利益，还关乎新独立国家的安全问题。[②] 在这种情况下，难民署只能设法避免将逃离其支持者和亲密盟友的殖民地和领地的难民视为受迫害者的尴尬。于是，联合国内部出现了一种应对难民问题的新方式。每当伴随政治变化出现的难民局势，如果与难民署章程所覆盖的欧洲情况不符，又或是涉及一个或多个西方大国时，联合国大会受到后殖民国家的支配越高，则越会授予难民署高级专员新的管辖权，以便他采取行动。因此，在接下来的几十年里，只要能有效利用难民署的服务来应对新的、不同的难民群体以及流离失所者，国家都愿意向难民署求助。这种新方法被称为"善意斡旋"方案。该方式涉及联大对难民署筹款的授权，或者发起超越惯常委任的援助计划。这使难民署能够开始援助这些既不属于其任务范围，又无法确认是否遭到来源国迫害的群体。而在此之前，难民署介入援助，由于缺乏政治与法律基础，面临巨大挑战。

[①] Gil Loescher, Alexander Betts, and James Milner, *The United Nations High Commissioner for Refugees (UNHCR): The Politics and Practice of Refugee Protection into the Twenty-first Century*, London and New York: Routledge, 2008, pp.22-26.

[②] Aristide Zolberg, Astri Suhrke and Serio Aguayo, *Escape from Violence: Conflict and the Refugee Crisis in the Developing World*, New York: Oxford University Press, 1989, p.28.

1960年菲利克斯·施奈德接任奥古斯特·林特的高级专员职务,他预见难民署有必要靠"善意斡旋"决议的管辖权来应对新的难民紧急状态承担新任务。联大通过了一系列决议让难民署应对世界范围内的新情况,并允许其援助不能严格符合章程规定可为难民的流离失所者。[①] 1961年,联大授权高级专员援助"章程难民",以及"善意斡旋"扩展后的难民。这有效移除了难民署行动的法律和制度障碍。1965年,联大彻底摒弃了善意斡旋覆盖的新难民群体同"章程难民"之间的区别,并要求高级专员"继续努力确保为难民提供足够的国际保护,并在其权责范围内为受难的不同群体提供令人满意的永久解决方案。

在施耐德的领导下,难民署还扩大了针对难民和东道国人口与政府的计划。难民署在发展中地区的扩展,与联合国增加了后殖民国家成员以及世界对第三世界的经济政治问题认知的提高高度吻合。贸易、发展问题和其他发展中世界的重要问题开始在联合国议程中占主导地位,联合国成立的新机构也反映了这些关切。因为这些有利形势,尤其在非洲,难民署借势扩大了自身机构和项目。施耐德设法将难民署在非洲的工作作为联合国援助发展中国家进行现代化建设和发展的一部分。基于对难民之于经济社会问题和欠发展之间关系的深刻认识,难民署清楚想要有效解决难民问题,援助难民的计划必须成为东道国发展计划的一部分。难民署认为应对发展问题,联合国机构其他机构和非政府组织所扮演的角色应该比难民署更积极。因此,施耐德开始与国际劳工组织、联合国发展计划署以及路德教世界联合会(LWF)一起为非洲地区的难民和收容社区建立农村安置框架。针对侧重在发展中国家援助难民,难民署内部出现了政策优先选项上的分歧。高级专员认为像非洲地区这类情形,难民最紧要的需求是紧急发展援助,而不是国际法律保护。施耐德和难民署援助司(UNHCR's Assistance Division)的负责人认为,向难民提供物质援助将改善流离失所者的经济状况,从而最终有助于其获得新社会中的法律地位。但难民署里并非所有人都同意这一立场。难民署法律司的人认为,难民在收容社会的法律地位关乎其社会融入,因此与物质援助同样重要。他们还抱怨各办事处

---

① UNHCR press release, N. Ref. 638, Geneva, 1 February 1961. Quoted from Gil Loescher, Alexander Betts, and James Milner, *The United Nations High Commissioner for Refugees* (*UNHCR*): *The politics and practice of refugee protection into the twenty-first century*, London and New York: Routledge, 2008, pp. 26-28.

的工作人员很少花时间解决这一地区保护的法律问题。难民署内部关于保护与援助之争,在后来几十年里愈演愈烈。很明显,到了20世纪60年代,当时法律规范不适应处理发展中地区难民的状况愈发明显。亚非地区的难民并非因欧洲形势而逃离家园,而且大多数难民也不符合国家法律文书中对个人受迫害做出的规定。虽然联大已经授权难民署通过"善意斡旋"关切更多难民群体,但这些措施仅仅是建议,始终不能对国家产生任何法律约束力。于是,施耐德和难民署执委会着手消除1951年《关于难民地位的公约》中关于地理和时间的限制。1967年,在施耐德辞职后,他们的努力终于以《关于难民地位的议定书》的形式实现。当时许多国家(包括一些未加入1951年该公约的国家,尤其是美国)都签署了该议定书。该议定书产生了重大影响,它将该公约与难民署章程中规定的普遍任务相一致。到20世纪60年代中期,许多发展中国家也对国际难民法律文书没有反映第三世界难民情形而表示不满。例如1964年,非洲统一组织(OAU)成立了非洲难民问题委员会,与难民署合作起草了本区域的难民法律文件。1969年《非洲统一组织难民公约》最为重要的特征是非统组织扩大了1951年《关于难民地位的公约》中难民产生的原因,加入了"受外部侵略、占领、外国统治或严重扰乱的公共秩序的任何人"。[①] 1984年《卡特赫纳宣言》再次将定义扩展为"普遍的暴力"。这些区域性的法律规范事实上比1951年《关于难民地位的公约》及其1967年《关于难民地位的议定书》更具包容性,更贴近非洲、中美洲和世界其他地区流离失所者产生的原因。最重要的是,这些法律文件对普遍的暴力和严重侵犯人权致使许多人逃难而无法根据《关于难民地位的公约》构成受迫害的书面证据这一事实作出了正式回应。

二 行动范围与职能的转变:阿尔及利亚难民危机

1957年5月8.5万阿尔及利亚难民跨越边境来到突尼斯,突尼斯向难民署求助,难民署回应了阿尔及利亚的难民危机。[②] 这是难民署第一次回应来自第三世界的援助请求,对其向发展中国家扩展意义重大。这标志着该组织采取必要行动时的政治条件,以及允许其履行职责的范围向前发

---

① Organization of African Unity, "The Organization of African Unity Convention Governing Specific Aspects of Refugee Problems in Africa", OAU Document CM/267/Rev. 1, September 10, 1969.

② Cecilia Ruthstrom-Ruin, *Beyond Europe*, Lund: Lund University Press, 1993, p. 304.

展迈出重要一步。

援助阿尔及利亚难民的决定引起了难民署内部的激烈争论,因为这关乎难民署未来在第三世界发挥的作用。难民署内部的一部分人认为,难民署应该继续根据原本的任务专注于解决留在欧洲的难民。而高级专员奥古斯特·林特(Auguste Lindt)①则觉得,突尼斯的请求对于难民署而言是个获得新的国际支持和善意的机会,这是难民署应对匈牙利难民危机之后的收获。同时,这还肯定了难民署主导国际难民机构的地位,是世界唯一一个能够对任何出现新紧急状况的地区做出反应的国际组织。②此外,在回应匈牙利难民时,对所有匈牙利人都进行"初步确认"也成为难民署的任务,因为在大规模的驱逐中不可能逐一确认寻求庇护者,这也为难民署援助阿尔及利亚难民的行动提供了先例。林特担心,如果难民署忽视了阿尔及利亚人,会被指责组织有歧视倾向,他也不想自己成为"欧洲难民的专属高级专员"。他认为章程规定难民署的任务是全球的,所以他的办事处有责任处理不同的人群。③他担心如果难民署拒绝援助突尼斯,将会使组织与第三世界疏远隔离。做出援助阿尔及利亚难民的决定并不容易,难民署顶住了来自法国的压力。身为殖民大国的法国政府否认难民署对该事件的管辖权,并声称阿尔及利亚是法国不可或缺的一部分,永久解决办法只能是帮助在突尼斯和摩洛哥避难的阿尔及利亚人返乡。法国同样还担心难民署的介入会使危机国际化,主要的西方国家政府并不愿意站到法国的对立面。尽管如此,林特还是坚持使难民署通过外交联合与道德权威最终介入阿尔及利亚难民事件。

难民署与红十字会联盟合作先发起了紧急救济方案,随后启动针对18万阿尔及利亚难民的返乡与重返社会计划。通过东道国、来源国和难民署三方的安排将参与同责任正式化。重返社会和重建援助不但提供给返

---

① 任期为1956—1960年。

② Interview with Auguste Lindt, UNHCR Oral History Project. quoted from Gil Loescher, Alexander Betts, and James Milner, *The United Nations High Commissioner for Refugees (UNHCR): The Politics and Practice of Refugee Protection into the Twenty-first Century*, London and New York: Routledge, 2008, p. 30.

③ Gil Loescher, Alexander Betts, and James Milner, *The United Nations High Commissioner for Refugees (UNHCR): The Politics and Practice of Refugee Protection into the Twenty-first Century*, London and New York: Routledge, 2008, p. 30.

乡的难民，还提供给来源社区，这种援助方式成为后来遣返的模板。这样，难民署让阿尔及利亚的返乡方式成为随后20世纪六七十年代几乎所有遣返行动和政策的蓝本。在许多发展中国家看来，难民署的这项行动同样也标志其在地理范围和职能上的转折。阿尔及利亚难民行动是难民署在全球和机构发展的桥头堡。在林特在任的四年中，他目睹"难民署从一个附带角色，走向世界政治舞台中央的重大转变"。在他最后一次对执委会的讲话中指出，难民署必须保持灵活性和弹性来回应新的难民形势。他的下一任高级专员则面临重大挑战，尤其是在非洲。

20世纪60—70年代，冷战已经从欧洲扩展到部分发展中地区。非洲去殖民化以及独立后的国内冲突产生了大量难民，同时也强调了欧洲以外地区的战略重要性。两大阵营都在争夺其对非洲和亚洲的影响力，并力图将战略对手在这些区域获得政治优势的可能性降到最低。美国与苏联通过经济援助、政治支持和武器交付竞相在第三世界建立地方盟友。① 因为冷战的地缘政治原因，美国将第三世界的难民问题视为会被苏联利用的不稳定性来源。因此，西方国家政府开始将援助难民作为针对新独立国家的外交政策核心。各国政府在这一时期的军事援助、发展援助和难民救济之间并没有太大区别。更重要的是，因为难民署是西方所主导和资助的，多边难民援助方式几乎不可能存在主要资助国无法接受的风险。西方国家政府因此愿意从政治上和财政上支持难民署向发展中世界进发。同时，对难民署执行委员会而言，联合国中新增的亚非新独立国家更容易使之成功通过联大决议，援助欧洲之外种类更广泛的流离失所者。由此，难民署最终将其资金从欧洲转移到非洲，到1964年，高级专员年度预算的一半都分配给了非洲和其他第三世界项目。这段时期的两位高级专员——菲利克斯·施耐德（Felix Schnyder）② 和萨德鲁丁·阿加·汗（Sadruddin Aga Khan）③ 采取措施扩大难民署的全球影响力。因为这两位高级专员的政治敏锐度，让其预见到国际体系中的重大政治变革——非殖民化和亚非新独立国家的崛起以及由此产生的难民迁移，意识到曾用于欧洲难民的概念和法律定义已经不再适用于发展中国家。

---

① Gil Loescher, "Refugee Movements and International Security", Adelphi Paper, London: International Institute for Strategic Studies, 1992.
② 1960—1965年在任。
③ 1965—1977年在任。

三 组织的全球化：管辖权的扩展

萨德鲁丁领导下的十年，难民署迅速进化为真正的全球组织。各大洲全部出现了难民危机，难民规模成倍上升，这是难民署在此之前所未知的。针对很多难民和处于"类难民"状态的人，难民署开展了新项目，应对来自东巴基斯坦、乌干达和中南半岛的大规模出逃人员，还有智利和阿根廷高度政治化的难民危机，南苏丹难民和境内流离失所者的遣返以及重新融入社会。难民署从一个主要负责法律保护和推进国际难民法律文本的小型非常设机构，迅速发展成为世界最重要的人道主义组织。难民法和"善意斡旋"原则的扩展，将难民署塑造成为难民和"人为"灾难受害者的援助协调者，还为一些特定事例中的境内流离失所者提供有限的援助渠道。[①]

1972年《亚的斯亚贝巴协定》之后，联合国大会第一次在决议中将难民和境内流离失所者并列提及，以便去往邻国避难的苏丹难民和境内流离失所者能够返回家园。1975年和1979年，联大要求高级专员推进"无论何地产生"的难民和境内流离失所者问题得到持久和迅速的解决。萨德鲁丁的管辖权得到合法扩展，这使他让难民署参与到世界大规模物质援助项目中赢得更大的余地。萨德鲁丁决心提高难民署的独立性，在他任期内，联合国成立了联合国救灾协调专员办事处（UNDRO），这是联合国第一个成功整合联合国涉及援助遭遇自然灾害和人道主义突发事件的机构。难民署为了保持自己对各类行动的控制权进行了艰难的斗争，成功抵御了救灾协调专员办事处想要凌驾于难民署的企图。难民署和联合国其他机构的类似紧张关系成了其在联合国格局中的一个特征。

20世纪70年代，人道主义灾难和联合国系统内的非政府组织、专门机构的数量都有显著增加，当有必要采取国际人道主义行动时，全面协调工作就显得尤为重要。在缺乏机构间有效协调机制的情况下，时任联合国秘书长的库尔特·瓦尔德海姆（Kurt Waldheim）多次呼吁萨德鲁丁来协调这一时期联合国的人道主义救济项目。1971年东巴基斯坦/孟加拉国危

---

① Sadruddin Aga Khan, *Legal Problems Related to Refugees and Displaced Persons*, The Hague: Academy of International Law, 1976. Quoted from Gli Loescher, Alexander Betts, and James Milner, *The United Nations High Commissioner for Refugees (UNHCR): The Politics and Practice of Refugee Protection into the Twenty-First Century*, London and New York: Routledge, 2008, p. 29.

机第一次使用了难民署所假设的"聚焦点"这个角色，从此，在任何一个机构单独行动都不足以支撑技术和物质需求的重大人道主义突发事件中，这种协调联合国各项行动的国际安排为大家所接受。这可能是多次难民危机中第一次联合国秘书长呼吁难民署担任国际人道主义援助的牵头协调机构。

  1976年经社理事会要求高级专员"继续与政府、联合国机构、恰当的政府间组织以及志愿机构一同合作，减轻难民署所关注人群的痛苦"。经社理事会由此确认了协调功能成为难民署职能的一部分。该决议将难民署的关注人群确定为"难民与流离失所者、人为灾难的受害者，紧急人道主义援助求助者"。在此过程中，难民署制定了一项宏观议程，大大延伸了其总体职能和权限，成为非洲、亚洲和中美洲许多重要政治发展中不可或缺的自主行为体。20世纪70年代的另外一个突出的新特征就是将重新安置作为一种永久解决方案。阿根廷、智利、希腊、苏联、乌干达、乌拉圭和越南等国的军事政变或镇压极大提升了全球对人权侵犯的认识，并激发了大量人权倡议。跨国的人权倡议网络也开始形成。与此同时，美国和欧洲国家的决策者对人权问题产生了兴趣，开始通过立法将人权考量纳入其外交与安全议程中。在这种新国际政治环境中，通过海外重新安置侵犯人权受害者的项目得到了有力支持。国际人权运动的发展直接影响了大多数国家加强与难民署合作的意愿，并慷慨地资助难民署的重新安置计划。世界难民局势前所未有地恶化，客观上导致难民署员工的增加、工作预算的增加，尤其是援助与遣返计划开支的大幅度增加。难民署年度开支从1970年的830万美元飙升到1975年的6900万美元。难民署20世纪70年代迅速组织了一系列大规模的遣返行动，尤其是针对1972年的孟加拉人和1973年的苏丹人返乡。在每一项案例中，联大都要求不但要让难民返乡，还要让他们得到重新安置。难民署这项扩展功能很快成为标准做法。在非洲前葡萄牙领地独立时，有数以万计的人在1974—1975年回到几内亚比绍，在1975—1976年回到莫桑比克和安哥拉，针对这些人的返乡项目与恢复计划一起纳入这些地区的长期发展规划中。除了常规项目，这一时期的难民署还协调联合国范围内的人道主义项目，预算达数亿美元。难民署的特别行动预算开支从1966—1975年增长了30倍。到20世纪70年代中期，难民署终于完成了从一个小型法律机构向世界最大的人道主义救济组织的蜕变。

四 庇护的全球挑战与难民署的财政危机

在难民署扩张脚步走了 20 年后，进入 20 世纪 80 年代则迎来了限制与挑战的新时代。经济衰退以及许多西方国家政治选举让保守政府上台，导致对人权的关注度发生改变，实施越来越严格的庇护政策，也削弱了难民署在发达地区的权威。同时，尤其是在亚非拉地区，超级大国之间的竞争和区域冲突加剧，造成第三世界大规模的难民流动难以解决，也导致发展中地区实施的庇护政策越来越严格。虽然在难民署的帮助下，像印支难民危机、中美洲难民这些最困难的难民危机得到了解决，但 1989 年，冷战的终结给非洲和亚洲留下了数量庞大且旷日持久的难民人口。在这十年，难民署共经历了三位高级专员——哈尔·哈特林（Poul Hartling, 1978—1985 年），让-皮埃尔·霍克（Jean-Pierre Hocke, 1986—1989 年），以及索瓦尔德·斯托尔滕贝格（Thorvald Stoltenberg, 1990 年）。他们都致力于应对这些来自南北世界的挑战。愈发严格的庇护政策、难民署与国家之间的关系，以及对难民署资金捐助的大幅度下滑，严重限制了高级专员们的成就。尤其是难民署面临工业化国家回避庇护责任的问题，这在之前几乎是没有的。

大多数西方国家都承认，难民署在关切难民的法律方面具有卓绝的特定的专业知识，所以授权难民署各办事处以庇护政策的管辖权。除美国外，在许多工业国家的难民身份确认程序中，难民署都扮演了积极的角色，并对政府决策产生重要影响。难民署声称其决策具有中立性和非政治性，再加上其在难民法方面的专业地位和权威，使得难民署在欧洲发挥的影响力巨大。在这一时代，难民法律规范、规则是难民署存在的价值并渗透入各办事处的文化，法律保护司的权力也相比难民署其他部门大大增强。因此，难民署的自主权得到加强，大多数西欧国家政府也对寻求庇护者的态度表现得很宽容。

然而，到了 20 世纪 80 年代中期，越来越多的人从第三世界前往西欧和北美寻求庇护。冷战在第三世界的加剧，加上航空旅行方式的普及使得大量难民去往西方世界求得庇护。尤其让西方国家政府头疼的是，越来越多的申请庇护者绕过既定的难民程序渠道。和数百万在发展中地区经受严酷难民营地生活的人不同，新的寻求庇护者要么是独立主动地在西方国家确保安全，要么是通过"蛇头"购买虚假证件前往工业国家。

美国史上最空前的庇护危机深刻地影响了美国的庇护政策。1980年4月第一波古巴人通过船运到达佛罗里达，接下来的5个月，共有13万古巴人在美国海岸登陆。这些古巴人与同年到达美国的1.1万海地船民以及数量仍不明朗的伊朗人、尼加拉瓜人、埃塞俄比亚人一同寻求美国庇护。仅1980年一年时间，寻求美国庇护者人数达15万，这让美国的庇护体系不堪重负，美国政府同时还正式安置了将近20万印支难民。大规模迁入的寻求庇护者数量顿时达到紧张危机限度。仅1980年一年，美国就有80万迁入移民和难民合法地、非法地（多为墨西哥人）进入美国领土，数量是其他工业化国家的总和。庇护系统无奈关停，美国大众对难民的敌意也与日俱增。

在公众意识中，寻求庇护者与难民问题已经同非法外国人问题联系在一起，引发了公众对不受控制的非法移民进入美国边界的恐惧。在20世纪80年代早期，除了古巴人和海地人这些"船民"（boat people）之外，还有大量因为暗杀队和暴力冲突逃离家园的萨尔瓦多人和危地马拉人跨入美国边界寻求庇护，他们被叫作"徒步难民"（feet people）。为了应对当时的态势，美国政府采取了一系列限制性措施和遏制政策，其中包括通过美国海岸警卫队在公海拦截载有难民的船只，大范围拘留寻求庇护者，拒绝使用正当程序，以及迅速遣返。难民署在这一时期对美国的抗议已经常态化，并呼吁美国当局履行签署1967年《关于难民地位的议定书》时对难民保护所作出的承诺。美国完全拒绝了难民署对其庇护政策的所有批评，而难民署也没有办法对华盛顿施加更大压力要求其改变政策和做法。

以前，西欧对寻求庇护者表现出很大的宽容，而且难民署办事处对西欧的绝大多数国家政府也很有影响力，然而到了20世纪80年代，西欧对寻求庇护者的欢迎政策发生了巨大的变化。欧洲国家收到的庇护申请数量从1976年的2万份增加到1980年的15.8万份。各国政府通过加强边境管制来应对急速增长的庇护压力，但这种威慑性措施的作用并没有长期奏效。到20世纪80年代末，欧洲收到的庇护申请一年达到45万，60%来自发展中国家，大多数人既不能安全返乡，又无法达到1951年《关于难民地位的公约》的难民标准。各类冲突给欧洲带来大量庇护申请：两伊战争带来了15万伊朗和伊拉克人申请，斯里兰卡内战又产生了10万泰米尔人申请，黎巴嫩战争也带来了5万黎巴嫩人申请。经济移民也开始尝试使用庇护渠道进入欧洲。西欧的难民身份确认系统不堪重负。加之大多数申请被拒绝的人仍然留在欧洲,有的为了上诉甚至滞留数年,给接待和融入设施带来巨大压力。各国政府开始相信限制寻求庇护者的到达才是限制其数量的最有效方式。于是西欧各国开始修改移民法和庇护条例与程序、采取限制与威慑性措施来遏制新到达者,以此建立寻求庇护隔绝壁垒。除了阻止新到达者,各国政府还通过立法使寻求庇护程序更加困难,同时开始撤回大部分给予寻求庇护者的社会福利与工作许可。

难民署因此增强了对西方国家庇护政策的监测,并发布报告。西方国家政府不仅对难民署毫无帮助且干涉其内政的做法极为不满,试图将难民署办事处排除在其国家庇护政策探讨之外。难民署在难民与庇护议题上的权威与专业性已经不能赋予其办事处在欧洲曾有的权力和影响。到20世纪80年代中期,欧洲国家政府与难民署的共同利益已不复存在,这些政府开始发起新的区域政府间团体来协调庇护政策。这类团体大多反映了该区域不断加强的限制政策,且不对包括难民署在内的观察员开放。到20世纪80年代末期,难民署几乎完全被排除在欧洲关于庇护政策的讨论之外,且它在欧洲的权威与自主权跌至历史新低。

并非只有西方国家对庞大的难民数量和其需求丧失耐心,早在20世纪70年代末,许多第三世界国家曾一度包容难民并为其提供庇护,然而越来越多的难民无法在发展中国家地区找到安全的庇护场所,被送回边境或是强制遣返。人们将难民的大量涌入视为发展中国家的巨大经济、环境压力还有政治负担,甚至危及国内稳定与中央政府权威。于是很多东道国开始按照国际难民保护标准和惯例实施国际援助,并增加对难民署的捐助和将难民重新安置于第三国的配额。这是20世纪80年代冷战加剧和两极冲突结构变化导致的情形。美苏争霸,双方在第三世界支持各自当地的代理人导致的国内冲突外溢为全球性和极端暴力性的冲突。[1] 东南亚、阿富汗、中美洲和南部非洲的区域、国内冲突旷日持久,持续不断的难民潮使世界难民从1977年的300万,增加到1982年的1000万。国际社会对长期收容在难民营的难民始终未能制定综合的永久性政治解决方案,也没能提供任何替代性方案解决难民营的存续问题,而后发现这些难民问题越来越难以解决。各种方案都被第三世界难民营地中建立起的武装团体所挫

---

[1] Aristide R. Zolberg, Astri Suhrke, and Sergio Aguyao, *Escape from Violence: Conflict and the Refugee Crisis in the Developing World*, New York: Oxford University Press, 1989, p. 122.

败。这些武装团体有的利用人道主义援助隐藏在难民营中，给游击队的抵抗运动提供劳动力、新兵源，甚至还有政治合法性。例如阿富汗"圣战"游击队（mujahideen）、柬埔寨红色高棉（Khmer Rouge）和尼加拉瓜反抗军这些招募"难民斗士"的组织，就被外部大国利用作为其干预主义政策和区域大国斗争的重要工具。

难民署同时要面对三个大陆的大规模难民危机带来的复杂挑战。萨德鲁丁的继任者哈特林担任高级专员期间，难民署的工作已经很难保持公正与人道主义。资助难民署难民营的西方国家在当地都有地缘政治利益，出于扶持反共的"难民斗士"的目的，西方捐助国接受了难民署关于应对全球难民人口激增做出的援助呼吁。该组织的年度预算1975年不到7600万美元，到1980年猛增超过5亿美元。

虽然难民署20世纪70年代末、80年代初在第三世界的项目都获得了实质上的捐助，但难民问题的政治化使得许多难民问题无法得到解决。由于遣返、就地融入和重新安置的努力都被地缘政治和当地的政治现实所阻碍，这三条难民署的传统解决途径都已经不再够用了。到20世纪80年代中期，海外重新安置方案已经大大缩减，第三世界的东道国也限制了就地融入途径，仅有少量难民得以就地安置。这意味着绝大多数难民只在难民营得到临时庇护，没有长期有效安置的前景。在20世纪80年代的大部分时间里，超级大国和其代理人，并没有政治意愿寻求政治途径解决持续已久的区域冲突。将难民限制在边境营地的做法彻底消除了解决难民问题根源的迫切性，以及达成政治妥协与解决方案的显性压力。

出于对收容邻国难民存在安全风险和对当地经济、政治、环境与物质资源带来的压力，东道国政府将难民营视为隔绝难民对当地社会影响的最便利方式。难民署和非政府组织的官员认为，通过将难民聚集在一个地方，他们就能更好地得到食物、庇护以及其他赖以生存的资源供给。难民营也更容易集中得到捐助政府的关注，证明实际需求。甚至难民自己的政治领袖们也意识到营地生活的优势，可以作为将其事业推向世界的途径。此外，阿富汗、柬埔寨、中美洲、非洲之角、巴勒斯坦和南部非洲流亡的难民战士都与难民营领导机构中的适合人选维持政治团结。20世纪80年代初难民署的政府捐助已经快跟不上难民数量的增长，非政府组织也越来越多，为难民提供援助的责任越来越大。捐赠资源稀缺也使难民署还要面

第六章　国际难民制度产生与合法性的历史演进　　175

临非政府组织带来的筹款竞争。同时，包括难民署在内的许多联合国机构都为自身的任务与捐助国的政治利益所累，应对复杂难民局势的能力大大受限。结果是捐助政府将更多的官方资金用于资助非政府组织更高调的救济计划，这种趋势一直持续到20世纪90年代甚至21世纪。

五　难民署应对资金的援助方式变革

（一）提升难民署的援助行动，降低国际保护司职权

难民署越来越无法继续筹措足够的资金来支持不断扩大的预算。事实上，难民署在20世纪80年代用于每位难民的经费已经减少了50%以上。① 为了突出难民署之于捐助国利益与优先事项的关联性，新任高级专员霍克试图将难民署的精力从法律保护转向第三世界的物质援助行动。在他看来，难民署的传统手段和方法已经不再奏效，难民署过于注重保护。于是他提携了难民署负责行动与援助方面的部门，同时降低国际保护司的职权。他倡导针对发展中世界的新策略，要求难民署不但要与庇护国家打交道（传统做法），还要同难民来源国打交道，应对难民流亡的"根本原因"。他将遣返作为难民署的新优先选项，以及"唯一可以让慈善无限存续的现实选择"②，同时延长了难民营的禁闭时间。

（二）加大难民遣返力度，遣返成为难民问题最主要的永久性解决方案

霍克任职期间，在发展中国家地区为终止造成难民危机的区域冲突而进行的严肃政治谈判非常有限。③ 因为东道国政府都缺乏为难民提供就地融入的意愿，对于霍克而言，遣返成为当前唯一可行的选择，还能停止对难民长期的照料。他获得了难民署执行委员会的支持，执委会于1985年10月通过决议鼓励难民专员寻求机会推动遣返。这些举措包括作为调解人促进政府和难民之间的沟通与对话，争取难民返回的适合条件。随后，难民署在遣返方面发挥了更加积极的作用，并为遣返和难民保护提出了新

---

① Jean-Pierre Hocke, "Beyond Humanitarianism: The Need for Political Will to Resolve Today's Refugee Problem", in Gil Loescher and Laila Monahan eds., *Refugees and International Relations*, Oxford: Oxford University Press, 1989, pp. 37-48.

② Lawyers' Committee for Human Rights, *UNHCR at 40: Refugee Protection at the Crossroads*, New York: Lawyers' Committee for Human Rights, 1990, pp. 37-48.

③ UNHCR, "Note on International Protection", Geneva: UNHCR, July 15, 1986.

的思路。难民署的遣返政策变得更加灵活,更多基于务实的考虑而非保护原则。在难民署内部,越来越多的人认为重新安置和就地融入不再是现实的解决方案,难民也不可能在难民营获得令人满意的保护,相反,长期的难民营生活使难民身体饱受摧残。他们认为,即使遣返可能并非在理想状态下实施,但保护的初衷要求难民尽快从难民营地解脱出来并找到返回家园的方式。难民署执行委员会并不鼓励办事处等待机会,而是鼓励去创造遣返的可能。在20世纪80年代末期,难民署积极推进泰米尔人和萨尔瓦多人返乡,然而事实上,这些政策将返乡者置于极端暴力的内战风险之中。[1]

(三) 寻找综合解决方案

20世纪80年代难民署还有其他与发展计划相关的重要举措来应对非洲难民情况,针对旷日持久的中美洲和印支难民则是制定综合的区域方法来应对。这些方式各不相同,但都起到了作用,抓住了在区域和全球政治中不断变化的机会。在考虑就地安置、重新安置于第三国和遣返时,必须牢记一个事实,就是这些方法的开发与实施几乎是同步的,还要考虑到发达国家对庇护的限制。在实践中,因为"中美洲难民国际会议委员会"(Committee of the International Conference on Central American Refugees, CIREFCA)[2]和1989年"印支难民综合行动计划"(Comprehensive Plan of Action for Indochinese Refugees, Indochinese CPA)回应了同冷战地缘政治有关的难民迁移,而且二者的实施很大程度上得益于冷战结束带来的推动力,因此,二者到20世纪90年代还在实施,相关难民问题基本获得了解决。

20世纪60年代到70年代初,非洲国家收容了越来越多的难民,这些难民是为了逃离民族解放战争和后殖民国家间的冲突。几乎非洲所有地区都受到影响,到1970年非洲的难民总数达到100万。许多收容国选择通过当地的安置计划安置难民。这些计划鼓励难民在经济上自给自足,因

---

[1] Gil Loescher, Alexander Betts, and James Milner, *The United Nations High Commissioner for Refugees (UNHCR): The Politics and Practice of Refugee Protection into the Twenty-first Century*, London and New York: Routledge, 2008, p. 30.

[2] Refworld: Declaration of Commitments in Favour of the Populations Affected Both by Uprootedness and by Conflicts and Extreme Poverty, within the Framework of Consolidating Peace in Central America, https://www.refworld.org/publisher, CIREFCA, 3f43394e4, 0.html.

此收容国为难民提供土地用于居住和耕种，还有收容国和国际组织提供技术与财政支持。到 20 世纪 70 年代后期，随着非洲难民数量的继续攀升，就地安置的方式已经难以为继，难民人口越来越依赖国际援助以满足最基本的需求。为此，1979 年非统组织主办了一次会议来考察非洲难民的特殊问题。在会议召开期间，许多非洲国家政府表示，如果还要他们为不断增加的难民继续提供慷慨的庇护，那就必须采取一种新的方式。此外，他们认为捐助国要更多地支持收容国，帮助非洲收容国处理因收容难民带来的经济与环境的不利因素。但捐助国政府表示他们不愿在非洲大陆资助长期的难民援助方案。为了克服这种僵局，非洲国家利用其在联合国大会中日益增长的影响力推动在 20 世纪 80 年代初争取额外的资源来援助收容国。1980 年 11 月，联大通过决议，呼吁次年召开"援助非洲难民的国际会议"（International Conference on Assistance to Refugees in Africa，ICARA）。该项决议肯定非洲已经收容了世界一半以上的难民，并且联大"意识到由此给提供庇护的非洲国家所带来的社会经济负担"①。这项国际会议有三个目标：一是让世界关注非洲难民问题；二是为该问题调动更多资源；三是通过这些额外的资源来援助收容国。对 1981 年 4 月日内瓦举行的会议到底多大程度上实现了其目标还存在分歧，但这次会议确实让国际社会关注到了非洲的大规模难民问题，还为收容国筹集到了 5.7 亿美元的捐款。② 这次会议还标志着难民署"难民援助与发展"（Refugee Aid and Development，RAD）途径的正式使用，即以发展援助促进难民的自给自足和融入当地。③ 但会议并未达到组织者与非洲国家的期望。捐助国将绝大部分捐助资金专门指定给少数几个受欢迎的收容国，而会议组织者认为最需要捐助的国家（例如埃塞俄比亚等非洲之角国家）得到的认捐却微乎其微。1982 年 12 月当援助非洲难民再次回到联大议程时，有人指出：

> 该会议成功地提高了世界对非洲难民和返乡者苦况以及庇护国家

---

① UN General Assembly resolution 35/42 of 25 November 1980.

② Barry N. Stein, "ICARA Ⅱ: Burden Sharing and Durable Solutions", in *Refugees: A Third World Dilemma*, John R. Rogge ed., Totowa, NJ: Rowman and Littlefield, 1987, pp. 47-59.

③ UNHCR Archives, "Lesotho Government Assistance Proposals for Submission to the Conference", 19/12/80 (Fonds UNHCR 11, 391.62/113).

所面临问题的了解,但在资金和物质援助方面的结果却并未达到非洲国家的期望。①

联合国秘书长同非统组织与难民署密切合作,在 1984 年召开了第二届援助非洲难民的国际会议,审议第一届会议的结果,考虑到对非洲国家经济的影响,向他们提供所需援助来加强其社会经济基础设施,应对大规模难民与返乡者带来的负担。② 在准备第二届会议过程中,建立了一套严格的协商程序,通过为会议准备国别报告,详细评估难民与返乡者援助需求,更好地为收容国提供必要的基础设施援助。然而,许多捐助国认为第一届会议已经成功,并没有参加第二届会议的意愿。③ 即使第二届会议作了大量的准备,但收容国和捐助国之间关于收容国的负担问题存在的严重分歧已经越来越明显。虽然大会只筹集到 8100 万美元,但从乐观的角度看,第二届会议的《最后宣言》以及《行动纲领》提出了可以建立的一般性原则,其中包括持续的援助、对非洲不成比例的难民负担的认识,以及配合难民需求开展更广泛的发展计划。④ 第二届会议制定的原则最终还是没能得到持续。同第一届会议失败的原因一样,主要是期望与利益的南北两极分化,以及南北世界对会议目的理解的分歧。非洲国家希望着重于对收容国的责任分担与补偿,而捐助国则希望着重于难民局势的解决方案。虽然捐助者并不拒绝分摊负担这一概念本身,但随之而来的是要加大经济承诺,这就同就地融入机会的扩大直接关联。鉴于难民署只是将这两次会议作为募捐会议,并不是一项政治进程,因此并没有投入足够的努力来确保南北这些利益诉求能够同时实现。在 1984 年第二届会议结束不久,就传出埃塞俄比亚大饥荒的新闻。国际关切一度从难民转向了针对埃塞俄比亚饥荒的人道主义动员,会议发起的势头也就这样被打消了。

同难民署在非洲的努力相比,难民署在中美洲的区域难民危机应对,则产生了更为显著的效果。20 世纪 70—80 年代中美洲地区的国内冲突和

---

① UN General Assembly resolution 37/197 of 18 December 1982.

② Operational paragraph 5, UN General Assembly resolution 37/197 of 18 December 1982.

③ Robert F. Gorman, *Coping with Africa's Refugee Burden: A Time for Solutions*, The Hague: Martinus Nijhoff, 1989, pp. 67-71.

④ Robert F. Gorman, *Coping with Africa's Refugee Burden: A Time for Solutions*, The Hague: Martinus Nijhoff, 1989, pp. 67-71.

残酷的动乱造成大规模且旷日持久的被迫流离失所。① 为了促进国际合作应对该问题,1989 年在危地马拉城召开了"中美洲难民国际会议"(CIREFCA)。会议通过了《协同一致行动计划》(Concert Plan of Action)以解决该地区的流离失所的议题政治化。尽管"中美洲难民国际会议"的核心倡议是将这次会议视为一项进程,② 即在"难民援助与发展"的原则下,通过融入发展途径推动难民与流离失所者问题得到永久性解决,这是在冷战结束的背景下开展区域和平进程的主要目的。该会议既是 1984 年《卡特赫纳宣言》的后续行动,也是 1987 年"第二次埃斯基普拉斯会议"(Esquipulas Ⅱ)中美洲和平协定的后续。从中美洲和平谈判之初就已经显示,要成功解决冲突,不但要终止各种冲突,因为战争已经造成大范围的社会经济混乱包括流离失所,大幅度援助也要紧紧跟上。这次和平协议的立场是如果本区域难民、流离失所者和返乡者的问题没有解决方案,那也不可能实现持久和平。难民署参考了专门针对流离失所者需求的内容,并将其加入区域和国际承诺中以寻求解决方案。在进程中,人道主义和发展行为体之间的紧密联系也很重要,特别是将会议通过的《协同一致行动计划》纳入联合国开发计划署(UNDP)在该区域的冲突后重建计划中。事实上,会议将流离失所的永久性解决方案融入发展方式中,从而填补了救济与发展之间的鸿沟,既解决了难民、返乡者和境内流离失所者的需求,同时还造福了当地社会。联合国难民署和开发计划署为该项计划在哥斯达黎加的圣何塞建立了常设秘书处。两个组织都为本区域国家提供发展自身"优先项目"的技术支持,这些项目既可以初步提交给本次会议,也可以提交给后续的国际会议。

本地区的收容国和来源国、捐助国政府和国际组织都参与到了这次进程中。项目的提案因国而异,尤其是看一国该划归为收容国还是来源国。当将某一国家作为收容国时,需要深入权衡该国对迁徙自由以及对难民的社会经济融入的容忍度或是限制程度。例如,在墨西哥的项目侧重于危地马拉难民的自给自足,尤其是恰帕斯州(Chiapas)的农业项目,以及坎

---

① Alexander Betts, "Comprehensive Plans of Action: Insights from CIREFCA and the Indo-Chinese CPA", *New Issues in Refugee Research*, Working Paper No. 120, Geneva: UNHCR, 2006.

② UNHCR Archives, "International Conference on Central American Refugees, Guatemala City, May 1989: Preliminary Information", memo, Mr Deljoo to Mr Asomani, 5/12/88 (UNHCR Fonds 11, Series 3, 391.86, HCR/NYC/1466).

佩切州（Campeche）和金塔纳罗奥州（Quintana Roo）的农村安置项目。而鉴于洪都拉斯对自由迁徙的限制，它的项目则是在难民返回危地马拉和尼加拉瓜前，着力加强难民署对难民营的援助。萨尔瓦多的项目除了支持尼加拉瓜难民和返乡者之外，主要关注本国的境内流离失所者。

紧接着，因为难民保护和永久解决方案得到加强，"中美洲难民国际会议"受到广泛认可。[①] 据估计，会议共为中美洲地区筹到价值4.223亿美元的额外资源。在整个进程中，最主要的捐助者是通过双边协议捐助与欧共体（EEC）捐助的欧洲国家。虽然没有什么正式的监督机制监督进程中的项目实施进展，不过它在中美洲和平巩固方面的积极作用，可以归因于以下几个方面。

一是"中美洲难民国际会议"进程以协作方式为基础，涉及一系列联合国的其他机构参与，并不是孤立的设想，而是从结构上将本地区广泛的和平与冲突后重建计划相联系。为推进自力更生、就地融入和遣返，难民署与开发计划署一同实施融入发展方针，由此建立了良好的伙伴关系。

二是难民署提供了政治领导力。难民署将会议发展成一个持续的政治进程来引导各国对难民保护和永久解决方案作出承诺，而不是作为一次单纯的技术型认捐会。

难民署也采用了相同的方式来处理越南、老挝和柬埔寨的数百万难民需求问题。国际对印支难民的问题回应使这个漫长的问题走向结束。从1975年开始的20年里，估计有300万人逃离越南、柬埔寨和老挝。老挝人和柬埔寨人经陆路逃往泰国。绝大多数越南人则是乘渔船逃往中国和其他地区，许多人死于沉船事故或海盗袭击。此时人道主义同美国的地缘政治利益相契合，于是受利益驱动的西方国家将"船民"初步认定为难民并将其重新安置。仅1975—1979年，就有55万印支难民在东南亚地区寻求庇护，其中有20万人被重新安置到西方国家。[②] 随着到达的越南船民持续超出重新安置的配额，东南亚收容国家在1979年宣布危机已经超出他们的能力范围，并将不再接收新到达者，这些国家将寻求庇护者的船只拖离海岸的行为也时有报道。

---

① UNHCR, "Review of the CIREFCA Process", 1994, https://www.unhcr.org/au/publications/review-cirefca-process.

② UNHCR, *State of the World's Refugees: Fifty Years of Humanitarian Action*, Oxford: Oxford University Press, 2000, p. 84.

这导致了 1979 年 7 月 "印支难民国际会议"的召开。各国同意将全球重新安置的配额增加一倍，船民可以被视为初步认定的难民，必须防止非法遣送离境，以及建立区域程序处理中心，并以重新安置于西方国家作为正式交换条件，换取将东南亚地区作为第一庇护地的保证。该协议使超过 100 万印支难民在东南亚得到临时庇护，并于 1979—1988 年重新安置于西方国家。但到 1988 年年底，逃离越南的人数还在增加，无论是提供临时庇护的东南亚国家也好，还是区域外提供重新安置的国家也好，已经再没有意愿提供更多保护了。随重新安置配额减少而来的是在第一庇护所的"长期滞留者"数量不断增多。东南亚国家开始将重新安置视为诱导经济移民增加的"拉动因素"。同期滞留在营地的越南难民数量几乎同得到重新安置的难民数量持平。① 时任难民署亚洲局（Asia Bureau）主任塞尔吉奥·比埃拉·德米罗（Sergio Vieira de Mello）曾说："来源国、第一庇护国和重新安置国需要共同合作，以解决方案为导向，达成新的共识。"② 到 20 世纪 80 年代末，越南宣布愿意参与到该项进程以及遣返中，不惩罚、不迫害自愿返回的人。一般来说，这种友好关系的恢复得益于世界形势的变化，也就是冷战结束时超级大国间关系的改善，以及柬埔寨冲突的解决取得进展（包括越南撤军）。越南愿意接受其国民返乡，使难民身份确认程序中可以将害怕遭受来源国迫害作为重新安置的缘由从筛查机制中排除，使印支难民自愿返回越南成为国际合作的新基本共识。1989 年《全面行动计划》（Comprehensive Plan of Action）在日内瓦得以通过，是倚赖于东南亚地区的第一庇护国、主要来源国和重新安置国的三方承诺。③ 第一庇护国再次承诺在等待解决方案时期为印支难民提供临时庇护。作为主要来源国的越南，不仅同意不符合难民地位的人返乡，还要为逃离越南的人提供管理"有序离境计划"。重新安置国家则同意将特定

---

① New York Times, "Vietnam and Laos Finally Join Talks on Refugees", October 30, 1988.

② UNHCR Archives, Memo, Sergio Vieira de Mello to Refeeudin Ahmed, Secretary-General's Office, "Recommended Opening Speech for Kuala Lumpur Meeting, 7-9 March", 22/2/89 (UNHCR Fonds 11, Series 3, 391.89 HCR/NYC/0248).

③ Courtland Robinson, Terms of Refuge: The Indochinese Exodus and the International Response, London: Zed Books, 1989, pp. 187-230; Courtland Robinson, "The Comprehensive Plan of Action for Indochinese Refugees, 1989-1997: Sharing the Burden and Passing the Buck", Journal of Refugee Studies, Vol. 17, No. 3, 2004; Shamsul Bronee, "The History of the Comprehensive Plan of Action", International Journal of Refugee Law, Vol. 4, No. 4, 1992.

日期之前到达第一庇护国的难民重新安置，并且安置在截止日期后到达的、通过难民身份确认程序得到认定的难民。到 1996 年，该地区的营地与拘留中心已经按照《全面行动计划》进行清除，越南"船民"问题得到最终解决。事实上，尤其是出于担忧因为越南同意返乡后从重新安置项目中筛查掉而遭强制遣返的人，还有寻求庇护者在第一庇护国遭到拘留状况，《全面行动计划》经常遭到人权倡导者的批评。尽管有批评，但该计划还是总体上实现了目标——减少秘密离境数量并为被认可的难民在地区外找到永久解决方案。1989 年大约有 7 万越南人在东南亚寻求庇护，到 1992 年人数下降到 41 人。同时，1995 年《全面行动计划》结束时，已经有 195 万难民得到重新安置。

由于《全面行动计划》和"中美洲难民国际会议"的政治进程都是在 20 世纪 80 年代末才开始启动的，而且针对非洲、亚洲和中美洲的绝大部分冲突解决的外交倡议，被冷战政治拖入僵局，这也导致大部分难民在 20 世纪 80 年代都被困在难民营中。因此，由难民署重视与维系的这些项目，人员和预算都在继续无休止地增长，来应对旷日持久的难民局势。难民署的资金还提供给了索马里、莫桑比克和苏丹以应对来自阿富汗、伊朗和越南的持续迁出潮，以及纳米比亚、尼加拉瓜和斯里兰卡的大规模遣返项目。到 20 世纪 90 年代，难民署陷入严重的财政赤字，也因此，捐助国强迫时任难民署高级专员霍克辞职，并将该组织置于捐助国严格的财务控制之下。这些事件凸显了难民署一直以来最显著的制度缺陷——依赖自愿捐助来执行计划。

难民署的财政和制度危机同冷战结束苏联解体、东欧剧变的国际政治环境急剧变迁相吻合。冷战后时代所产生的新的大规模难民与流离失所者又给难民署和国际社会带来了新的挑战。这些挑战包括：

（1）对难民来源地流离失所者的援助与保护；

（2）提升国际社会对应对境内流离失所问题重要性的认知；

（3）难民处境旷日持久；

（4）试图通过重申 1951 年《关于难民地位的公约》的相关性来加强避难保护；

（5）回应跨国移民流转带来的需求。

难民署的规范性议程与国家安全利益之间的紧张关系加剧，这导致冷战后全球难民治理中的保护与援助变得越来越复杂。

第四节　冷战后的联合国难民署与合法性困境

20世纪90年代迎来了国际政治最为重大的变化，国际关系发生了重大调整。1991年苏联解体并切断了其对第三世界代理政权的财政支持。美苏对峙的突然结束，挪走了阻止冷战中旷日持久的冲突走向终结的诸多政治障碍。冷战结束后发展中国家发生的政治变革为难民署解决世界上延续时间最久的难民局势带来了前所未有的机遇。与此同时，冷战结束后，国际社会对"世界新秩序"的探求、全球政治与区域政治中的剧变，也在20世纪90年代给难民署提出了新的考验。

国际社会在冷战结束后形成的乐观情绪在索马里崩溃、南斯拉夫解体，以及卢旺达种族灭绝这些新危机中消失殆尽。这些危机每一次都体现了被迫流离失所的严重性与复杂变化，也为此呼吁难民署要发挥更重要的作用。难民署办事处通过更直接地参与到有关国家、地区和国际不安全的新原因讨论，以及通过自身改组来为国内冲突提供人道主义援助，以求代表难民争取持久的、最终解决难民苦况的国际行动。相反，国家政府则是通过人道主义救济来替代开展能够解决大规模流离失所根源的政治行动。同时，全球发达与发展中地区，都采取越来越严格的庇护政策，以求同难民问题保持距离，这挫败了为长期处于难民境地的人寻求永久性解决方案的努力。"9·11"恐怖袭击加剧了国家对安全的担忧，并揭开了限制难民的新时代，同时也给难民署和执行《关于难民地位的公约》带来了更深刻的挑战。在冷战结束后，难民署努力适应和它创立之初截然不同的全球政治背景，以让其工作更为有效。这种适应过程极大程度上蕴含着难民署对其任务和未来组织发展方向的诠释。20世纪90年代难民署角色不断转化：在遣返中的作用不断增强，回应新的国内冲突，扩大工作范围，包括在人道主义救济和保护境内流离失所者方面发挥更大作用。还有21世纪初因为美国所谓的"反恐战争"在伊拉克和达尔富尔地区产生的新冲突，以及联合国系统的人道主义改革都对这一转化进程产生巨大影响。

一　绪方贞子时代（20世纪90年代）："遣返十年"

（一）返乡与自愿遣返争议

冷战的结束，为难民问题的永久性解决方案实施创造了机会，在这基础上，新任难民署高级专员绪方贞子（Sadako Ogata）在 1990 年就职（1990—2000 年）后不久，就将难民署的主要目标设定为遣返。[①] 绪方领导下的难民署延续了 20 世纪 80 年代中期的政策方向，她宣称 90 年代将是"自愿遣返"的十年。大规模的难民和流离失所者在 90 年代早期到中期实现了返乡。在联合国倡导的和平安置下，有超过 4.2 万人返回埃塞俄比亚。经过多年的战争和饥荒，1991 年亚的斯亚贝巴政府换届后，有 100 万难民返回埃塞俄比亚和厄立特里亚。1992 年和 1993 年约有 37 万柬埔寨人从泰国难民营返乡，其中很多人是从 1979 年就居住其中的。1992—1996 年，约有 170 万莫桑比克难民从马拉维和其他五个邻国返乡。虽然阿富汗爆发内战，但 1992—1996 年有超过 270 万阿富汗人从巴基斯坦和伊朗遣返回国。1991—1996 年这五年间，世界范围内估计共遣返 900 万难民。[②]

然而，返乡并没有让难民危机彻底结束。难民署之所以仍面临解决难民处境的挑战，是因为冷战的结束并没有给难民的来源地带来和平。事实上，并不是所有冷战冲突都能轻易得到解决。像安哥拉与阿富汗，还有其他对于解决冲突难以克服的政治经济障碍。与此同时，20 世纪 90 年代初，利比里亚、伊拉克、塞拉利昂、索马里、南斯拉夫、卢旺达和东帝汶这些国家还出现了新的冲突。为了能使难民遣返即使在冲突还在继续的地区仍能有效实施，难民署采用了新手段，在未达到遣返标准条件的情况下仍然考虑遣返。难民署创设了相关的"术语"和"概念"，例如"安全返回"（safe return）就是规定返乡的条件不必然是有"实质性"改善，只要有"显著"改善就可以进行"安全"返乡。[③] 遣返不再是严格地由难民自愿做出返乡的决定，而是由难民署评估返乡条件是否会对难民的安全造成威胁。除此以外，越来越多的观点认为，难民安全与否并不必然凌驾

[①] Gil Loescher, *The UNHCR and World Politics: A Perilous Path*, Oxford: Oxford University Press, 2001, pp. 280-281.

[②] UHNCR, *The State of the World's Refugees: A Humanitarian Agenda*, Oxford: Oxford University Press, 1997, p. 143.

[③] Michael Barnett, "Humanitarian with a Sovereign Face: UNHCR in the Global Undertow", *International Migration Review*, Vol. 35, No. 1, 2001.

于国家的安全利益抑或是更广泛的和平缔造目标之上。① 遣返政策还要求难民署更加积极地介入难民来源国,通过开展重返社会、恢复和发展返乡地区的工作机会来补充传统的保护行动。由于越来越多的难民被遣返回社会动荡和政治不稳定的地区,难民署感到需要国际力量监测难民在重新融入返乡地区社会的福利。此外,因为大部分难民返回的地区都惨遭数十年冲突的破坏,国际上也有人担忧这些难民返乡后难以自给自足,可能再次流离失所。

为了填补短期人道主义救济与长期发展之间的鸿沟,难民署发起了新战略——"返乡者救助与发展"。② 根据该战略设想,难民署负责提供短期援助来促进难民重新融入社会,国际发展机构提供的长期发展援助紧随其后。但国际发展和金融机构认为他们有各自的发展重点,不会将重点转移到流离失所问题。因此,联合国开发计划署与世界银行没有在难民返乡人口密集的地区设置经济发展项目,而且这两个机构处理从冲突到和平、紧急救济到发展的过程过于缓慢。为了填补该过程出现的"空档期",难民署大量精力与资源都用来促进后冲突时期的难民重新融入社会。就这样,冷战刚结束的一段时期内,难民署采取进一步措施扩大任务范围,以应对难民和返乡者不断变化的需求。

(二) 境内流离失所问题与人道主义紧急情况

当难民署试图通过遣返方案来解决长期存续的难民问题之时,各地办事处同样还要应对大量新出现的大规模人道主义危机。③ 20世纪90年代的难民危机主要是由冲突引发的,在这些冲突中种族身份是冲突方在冲突中选择攻击的目标和手段的重要因素。随着大规模境内流离失所成为一种宣示领土控制的政治策略,平民越来越成为冲突中被攻击的目标。在这类冲突中,驱使平民人口的被迫迁徙是冲突的主要手段,其中包括南斯拉夫解体后的冲突。在其他冲突中,例如缅甸中央政府试图通过平定叛乱来打压政治反对派,强迫人口流离失所,使民族地方武装无法得到当地人口的

---

① UNHCR, Note on International Protection, UN doc. A/AC.96/799 (1992), paras. 38 and 39.

② UNHCR, Returnee Aid and Development EVAL/RAD/15, May 1, 1994, https://www.unhcr.org/research/evalreports/3bd40fb24/returnee-aid-and-development.html.

③ UNHCR, *The State of the World's Refugees: Fifty Years of Humanitarian Action*, Oxford: Oxford University Press, 2000, pp. 281-282.

支持。因此，冷战后获得武器越来越容易为20世纪90年代初的难民流动和其他被迫流离失所推波助澜，社会冲突和侵犯人权造成的难民问题越来越多。

由于冲突的成倍增加，难民署不得不迅速地，有时候甚至相互重叠地、持续地应对难民紧急状况。难民危机横扫伊拉克、波斯尼亚、索马里、缅甸、不丹、高加索地区、塔吉克斯坦、卢旺达、布隆迪、利比里亚、塞拉利昂、刚果（布）、科索沃和东帝汶，难民署的承受能力已经达到极限。[1] 到1996年，世界难民总数达到1320万，难民署的行动成本从1990年的5.5亿美元左右，骤增到1996年的13亿美元。

随着国内冲突数量的激增，境内流离失所者数量也迅速上升。境内流离失所者的苦况在20世纪90年代初已经成为一个国际问题。[2] 1982年世界上境内流离失所者为120万人，而到了1992年，则已经增加至2400万人。即使境内流离失所者已经引起国际关注，但围绕境内流离失所者的政治议题，尤其是国家主权问题，使境内流离失所者成为国际社会最为复杂的难题之一。对于日益增多的境内流离失所者，挑战在于没有足够的国际法主体来规范政府对流离失所者的行为，也没有专门的国际组织被授权委托对其进行援助与保护。

事实上，境内流离失所者问题成了联合国现有机构间的留白问题。人道主义紧急状况的激增，以及境内流离失所者问题在20世纪90年代日趋严峻促使人们为联合国应急能力和人道主义机构改革进行了几方面的努力。为了在联合国系统内为境内流离失所者建立联络点，时任联合国秘书长布特罗斯·加利（Boouts Ghali）1992年任命弗朗西斯·邓迪（Francis Deng）为其代表，处理境内流离失所者问题。更宽泛地说，联合国大会1992年3月成立了人道主义事务部（Humanitarian Affairs, DHA）并任命了第一任人道主义援助协调员，以此努力加强紧急人道主义救援的协调。同时，设立机构间常务委员会（Inter-Agency Standing Committee, IASC）以便进行人道主义应急的机构间协调。

但遗憾的是，人道主义事务部从未获得过充分授权或是充分的资金来

---

[1] UNHCR, *The State of the World's Refugees: Fifty Years of Humanitarian Action*, Oxford: Oxford University Press, 2000, p. 278.

[2] Thomas Weiss and David Korn, *Internal Displacement: Conceptualization and Its Consequences*, London: Routledge, 2006, p. xv.

维持机构运行。除此以外，包括难民署在内的其他的联合国机构也很警惕人道主义事务部在本领域变得越来越活跃，这会直接同各机构的权威与项目形成竞争关系。随后对联合国人道主义结构改革的尝试表明，人道主义机构间一直存在紧张关系。作为回应，1997 年在联合国秘书长科菲·安南（Kofi Annan）领导的联合国机构重组中，取消了人道主义事务部。安南新设立了负责人道主义事务的副秘书长职位，并将人道主义事务部更名为人道主义协调厅（Coordination of Humanitarian Affairs，OCHA）。副秘书长负责人道主义协调厅，同时兼任紧急救济协调员，并担任机构间常务委员会主席。副秘书长从而能够将涉及人道主义紧急情况下的各部门的工作整合到一起，即人道主义救济、人权、政治事务，以及维持和平。

非政府组织同样在 20 世纪 90 年代的人道主义紧急状况中发挥越来越重要的实操角色。[①] 1994 年，非政府组织提供的人道主义援助占国际援助总量的 10%—14%，超过整个联合国系统的总和（不包括世界银行和国际货币基金组织）。在 20 世纪 90 年代中期，20% 的美国援助是通过非政府组织提供的。到 20 世纪 90 年代末，美国人道主义援助的大部分预算，尤其是科索沃危机，都是通过双边项目转输给非政府组织的。

（三）国际安全理解的变化以及难民署的回应

对于国家与国际安全威胁源头，以及国家识别出的新安全问题范围，这一时期都在理解与认识上发生了巨大变化，这是冷战后时代又一个重要特征。在冷战结束时的安理会第一次首脑会议上，安理会主席在 1992 年指出："经济、社会、人道主义和生态领域的非军事不稳定源头，已经对国际社会构成威胁。"[②] 特别是难民危机在关于全球和区域安全的话语中，成为一种新的政治特征维度。[③] 难民的迁移是安理会众多决议中的核心内容，也越来越多地成为安理会、北约和地区组织举行的政治与军事论坛讨

---

① Thomas G. Weiss and Leon Gordenker, *NGOs, the UN, and Global Governance*, Boulder: Lynne Rienner, 1996, p. 60.

② UN Security Council, "Statement by the President of the Security Council", S/PRST/1992/5, 31 January 1992.

③ Adam Roberts, "Humanitarian Action in War", Adelphi Paper 305, London: International Institute of Strategic Studies, 1996.

论的主题。① 这一时期,尤其是针对那些政府不愿或是无力应对自己边界内的大规模境内流离失所者的国家,对干涉他国内政的态度也发生了变化。在许多国际政治与安全危机中,视难民为对区域和国际安全的威胁,因此《联合国宪章》第七章为干预行动提供了基础。② 国际干预被授权以应对伊朗北部、索马里、前南斯拉夫和海地的难民潮。此外,大湖区、西非、巴尔干和东帝汶,被迫流离失所也是危机的中心问题。在大多数情况下,联合国或是在联合国授权下行动的地区或国家军事力量,都试图通过直接干预导致大规模流离失所的国内冲突来阻断危机。

同时,人们开始认为难民可能对国际与地区安全构成威胁,收容国也越来越将难民视为威胁社会凝聚力的负担。面对越来越多的非法移民以及对庇护制度的滥用,从20世纪80年代开始的限制性庇护政策在90年代得到集中加强。发达国家越来越不愿提供庇护,并且制定了新的入境管制措施。西方国家引入各种形式的"临时保护"以替代庇护来应对逃离战争和"种族清洗"的人。对于发展中国家而言,越来越多的流离失所者进入本身就已经不稳定或是经济不景气的国家,由此带来的问题甚至威胁国内稳定与政府权威。对于许多较贫穷和不稳定的发展中国家来说,发展援助水平下降、捐助国长期的难民援助支持减少以及以强制实施的经济结构调整方案的援助条件更是让困苦的状况雪上加霜,这也导致对难民憎恶的情绪增加。

在应对全球发展问题中,大多数国家政府不仅采取了更严厉的限制性庇护政策,还推动制定一项全面的国际政策,以求通过难民来源地区的冲突解决、缔造和平与维护和平来遏制难民迁移。这些政策重点在于防止难民潮,推动快速遣返,以及援助境内流离失所者防止其流出国门在国外寻求庇护。与此同时,全球媒体对人道主义紧急状况的关注也在增加,这也给政府施加了压力来应对危机。国家政府因此一再要求难民署和非政府组织提供紧急救济援助,以减轻、防止或是遏制本国或来源国的难民危机。对于世界最强大的国家而言,从财政上、政治上提供人道主义援助比干涉更可取,既符合大众对采取某些行动减轻人类苦难的需求,又使政府免于

---

① Roberta Cohen and Francis Deng, *Masses in Flight: The Global Crisis of Internal Displacement*, Washington, D. C. : The Brookings Institution, 1998, p. 120.

② Alan Dowty and Gil Loescher, "Refugee Flows as Grounds for International Action", *International Security*, 21, No. 1, 1996.

采取政治与军事干涉。因为干预需要政府更加有决断力，而且会陷入更高的政治经济安全风险之中。

这些国家对安全与干涉态度产生的根本变化，为难民署提供了使其与国际社会更加密切相关联的机会。为了表明这种关联性，难民署各办事处开始从地区与国际和平的贡献方面来介绍自己的工作。难民署相信，通过呼吁各国对安全问题的关切，能够说服决策者将政治和财政资源用于寻求解决难民与境内流离失所者状况的方式。难民署办事处越来越频繁地参与到国内冲突中，与联合国授权的军事机构分担责任，援助在母国流离失所的人。难民署还对防止与遏制难民潮、为制造大规模冲突的政治问题寻求解决方式表现出极大兴趣。

难民署通过强调难民输出国的义务、把大规模流亡难民打上国际和平与安全威胁的标签，企图将自己推动遣返的行动以及联合国与相关国家干涉难民来源地区以减轻甚至解决争端缘由的行动合法化。

人道主义行动被给予极高的优先权，难民、境内流离失所同国际安全之间的联系逐步得到承认，这意味着在将难民设置入在国际政治议题中，难民署发挥了愈发重要的作用。[1] 绪方贞子为难民署注入活力，让其成为20世纪90年代诸多人道主义危机的核心行为体。自1992年，难民署高级专员开始定期向国际与区域组织提交报告，详述难民与流离失所危机的潜在不稳定因素。在巴尔干危机中，高级专员主持了针对前南斯拉夫地区的人道主义问题工作组的国际会议，定期会见国际和平谈判代表、政府领导，以及各交战派别领导。绪方贞子还在给安理会的多份报告中强调了流离失所会带来的不稳定后果。这些报告中最卓著的一份，是1998年关于塞尔维亚军事部队在科索沃的循环暴力与镇压将导致大规模流离失所的报告。对于难民署高级专员这一职位而言，绪方贞子拥有同各国总理、总统和外交部长的接触权是罕见的，她也将其作为说服和发挥杠杆作用的工具。

国际安全新环境的紧急状况、更加坚决的安理会，极大地改变了难民署的运作方式。在冷战期间，人们认为给国内的境内流离失所者与战争受害者提供援助与保护，是侵犯国家主权，因此对联合国机构而言是个忌

---

[1] Anne Hammerstad, *The Rise and Decline of a Global Security Actor: UNHCR, Refugee Protection and Security*, University of Oxford, 2014, pp. 175-176.

讳。相比之下，在后冷战时期，联合国为应对例如国家内部的被迫流离失所制定了一系列新举措，其中包括一些人道主义干涉。相比提供完全的难民身份地位，这些措施更倾向于提供临时保护，建立安全港，提供跨边界援助，以及利用军事资源提供人道主义援助。对难民署而言，处理难民问题最大的变化在于愈发注重难民来源地国内的工作，以减少大规模难民潮跨境流动的可能。此外，全面综合的联合国维和行动与缔造和平行动常常要求难民署加入其中，这些行动涉及联合国政治与军事行为体间甚至数十上百的非政府组织间的合作。

为了回应这些巨大发展，难民署将其服务对象范围进行大幅度的扩展。例如，20世纪90年代波斯尼亚冲突中，难民署让未流离失所但需要人道主义援助与保护的"受战争影响的人口"（war‐affected populations）成为难民署扩展服务对象后最大的受益者。世界范围内受难民署援助的人从1990年的150万增加到1996年的260万峰值。重要的是，难民只占难民署"受关注人口"的50%。结果难民署从专注于难民的组织扩张成为联合国最为重要的人道主义机构，从而在国际政治中获得更高的姿态，并且为组织的行动争取到更为慷慨可靠的资金支持。[①]

（四）新安全倡议的幻灭与"人的安全"话语

20世纪90年代中期，这些创新的保护与援助已经不是出自定义明确的战略安排，而是应对眼前安全危机的手段。在巴尔干、非洲和苏联地区，冲突仍在继续，难以解决，各国显然缺乏发起有效维持和平与安全的意愿来赋予人权机制权力或促进危机地区的可持续发展。主要大国对大多数国内冲突和人道主义危机的兴趣极低，国际上对难民危机的回应也仍然是被动、自私地以临时倡议为主。当国际社会应对卢旺达和前南斯拉夫大规模侵犯人权失败时，并不能保证国家会在最迫切需要的时候出现，对危机进行干预。在联合国应对1994年卢旺达种族灭绝中，美国以及世界其他最主要大国都选择无动于衷，因为它们试图恢复索马里稳定时就失败过。同样的顾虑也导致西方国家政府没有派出足够的地面部队到波斯尼亚以保卫包括斯雷布雷尼察在内的"安全区"。

---

① UHNCR, *The State of the World's Refugees 1997: A Humanitarian Agenda*, Oxford: Oxford University Press, 1997, p. 4.

最令人恐慌的是，陷入残酷冲突的流离失所者的苦难，似乎也被新的倡议加剧并延长了。难民署在伊拉克北部、波斯尼亚和卢旺达高调的救济努力，在旷日持久的国内冲突和地区安全危机中，越来越暴露出在人道主义救济项目中对保护的供给不足。20世纪90年代难民署在庇护国家开展的工作同冷战时期不同，在崩溃的国家之中，流离失所者成为战争攻击目标的情况下，难民署总是不得不同政府、反对派运动以及游击队派别合作。难民署常常发现自己没有能力满足境内流离失所者和返乡者在社会暴力和持续冲突条件下生存的需求。对于大多数难民署雇员来说，保护平民免受伤害和将被迫流离失所、平民从冲突地区撤离和安置，以及评估例如萨拉热窝被困人口，这些都是新的工作项目。在国内冲突的交战时刻，士兵和游击队都将境内流离失所者和返乡者视作敌人，联合国的援助也被交战方视为战争行为，而难民署大多数工作人员既没有受过专业训练，也不是招募来应对这种交战状况的。

难民署在试图应对冷战后的世界冲突与流离失所的急剧变化中，对国际社会深感失望，尤其是无法结束中非大湖区的危机。国际社会没能在1994年阻止卢旺达的种族灭绝，没能在1994—1996年阻止扎伊尔将难民营地军事化，更没能在1996年阻止强制遣返卢旺达难民，也无法在1996年年底保护与援助被驱赶进入扎伊尔东部的卢旺达难民。这些惨烈的历史都表明，难民署没有决心与承诺从国家冲突根源上解决难民问题。国际社会常常乐于鼓励难民署和人道主义组织去处理冲突导致的后果，却不鼓励它去积极努力寻求解决国内冲突的政治和安全方案。难民署经常被迫去处理完全不可控的情况，难民署已经认识到，靠自身之力无法解决难民问题。想要解决难民问题的根源，只能依赖国际社会积极且持续的参与。对于大国而言，尤其是美国认为在20世纪90年代初期的干预，使联合国过度扩张，未来的干涉措施必须大幅度限制，尤其是限制联合国在世界最具战略价值的地区的干涉行为。正如安南在1999年给联大的报告说的那样："干涉失败的原因更多是因为成员国不愿支付人力和其他干涉开支，而且对使用武力能否成功有所怀疑。"[①] 国际社会对是否使用武力阻止难民流

[①] Kofi Annan, *Preventing War and Disaster: A Growing Global Challenge*, New York: UN, 1999, p. 21.

动仍然存在高度争议。① 北约 1999 年干涉科索沃、2003 年干涉伊拉克都引起了尤为激烈的争论，这表明尤其是在发展中国家，对干涉的概念和使用武力干涉以解决安全威胁和难民危机都存在极多反对意见。绪方贞子在担任高级专员期间强调，她面对的最重要挑战就是如何在难民保护的原则与国家的合法性关切之间取得平衡。② 但是，大湖区和其他行动的灾难性保护危机表明，对于难民署而言这种平衡根本不可能仅通过诉诸国家的安全利益来实现。难民署过分高估了国际社会对干预主权国家来救助难民与流离失所者的意愿和能力。同样明确的是，国家的安全利益要比难民署预期的更为狭隘和自私，总是不能同难民的保护需求相匹配。

为了应对这种情况，难民署开始淡化其安全话语中的政治因素，通过更加着重强调人道主义来重新定义安全、发展新概念和行动工具。尤其是它借鉴了联合国开发计划署于 1994 年首次提出并随后加入到加拿大、瑞典和挪威的外交政策议程中的"人的安全"这一概念，③ 人的安全这一概念使个人而不是国家成为安全的主要指涉对象。这一概念上的转变标志着冷战后的一种转变，也就是从先前关于国家主权不可侵犯的全球共识转变为人们开始逐步认识到确保公民能够获得人权和人的发展至少是构成主权的部分条件。难民署从 20 世纪 90 年代中期开始使用这一概念，以此来调和国家对安全的担忧、难民的保护需求，以及难民署工作人员自身的安全需求这三者间的矛盾。难民署还利用人的安全概念来试图证明，只有为"人"提供了安全，才可能实现国家和国际社会的真正安全。④

然而，人的安全这一概念还有很多局限性。国际法和国际关系的重点仍然集中在国家主权和促进国家利益上，而不是包括难民在内的个体人的安全保障上。人的安全强调人权、个人的人身安全同国家安全之间的联

---

① Thomas Weiss, *Humanitarian Intervention: Ideas in Action* (Second Edition), Cambridge: Polity Press, 2012, p. 34; Nicholas Wheeler, *Saving Strangers: Humanitarian Intervention in International Society*, Oxford: Oxford University Press, 2000, p. 21.

② Sadako Ogata, "Humanitarian Action: Charity or Realpolitik?", 21 October 1997, https://www.unhcr.org/in/publications/humanitarian-action-charity-or-realpolitik-statement-mrs-sadako-ogata-united-nations.

③ United Nations Development Programme (UNDP), *Human Development Report* 1994, New York: Oxford University Press, 1994, p. iii.

④ UNHCR, *The State of the World's Refugees: A Humanitarian Agenda*; Sadako Ogata, *Peace, Security and Humanitarian Action*, London: IISS, 3 April 1997.

系，这种包罗万象的概念没有给难民署提供非常有用的工具来理解和解释难民问题的本质。难民署强调的人权同国家受到难民潮破坏产生的安全关切之间存在断裂，而这个人的安全概念还不能将其弥合。特别是人的安全低估或忽略了国家的安全关切，尤其是长期收容大规模难民带来的后果。虽然这一概念关注到被迫迁徙是冲突的后果，却忽略了难民也经常导致冲突。因此难民署定义的人的安全，作为理解国家安全关切和难民保护之间关系的框架，其效果很值得怀疑。

在非洲大湖区的灾难后，国际社会开始讨论如何采取更结构化的应对方式来解决难民收容国的安全威胁，尤其是难民营中武装分子的威胁。① 1998 年，安理会通过了 1208 号决议，其中罗列了在应对难民潮安全隐患中各国家、区域组织以及联合国的责任。② 于是 2000 年 4 月，安理会要求秘书长注意难民营地军事化涉及的严重事件，考虑采取"恰当的步骤为受冲突困扰的平民创造一个安全环境"③。一年后，联合国秘书长安南认识到，需要一支军事力量将武装斗争人员拒之于难民安置点之外，并建议安理会"在怀疑有武器、战斗人员和武装分子存在时，部署国际军事观察员为境内流离失所者与难民监测营地情况。并且考虑各种选择，（包括）强制解除战斗人员和武装分子的武装"④。在这些讨论的基础上，难民署提出了"备选方案"作为联合国应对难民营不安全问题的新基础，即基于《联合国宪章》第七章，通过监测与武力干涉采取应急规划与预防性措施。⑤ 随后，难民署与少数几个政府建立了紧急待命部署，由指派为人道主义安全官员的警察和公共安全专家在难民危机最一开始，就部署成为难民署应急反应小组的一部分，或者同难民收容国的公共安全机构合作。难民署还参与大量的军民会议，设计针对人道主义官员的培训

---

① Karen Jacobsen and Jeff Crisp, "Introduction: Security in Refugee Populated Areas", *Refugee Survey Quarterly*, Vol. 19, No. 1, 2000.

② UN Security Council resolution 1208, 1998, http://unscr.com/en/resolutions/1208.

③ UN Security Council resolution 1296, Statement of the President of the Security Council, UN Doc. S/PRST/1992/5, January 21, 1992, http://unscr.com/en/resolutions/1296.

④ UN Security Council, Report of the Secretary-General on the Protection of Civilians in Armed Conflict, UN Doc S2001/331, 2001.

⑤ UNHCR ExCom 1999, https://www.unhcr.org/publications/fundraising/3e2d4d547/unhcr-global-report-1999-excom-members-observers.html; UNHCR ExCom 2000, https://www.unhcr.org/protection/globalconsult/3b9388e94/89-li-conclusion-international-protection-2000-unhcr-excom-meeting.html.

项目，建立联合国安全协调员（UN Security Coodinator，UNSECORD）的联络点。最后，难民署同联合国维和部队讨论，是否有可能在已经出现军事化或是有种族灭绝或反人类罪行风险的难民人口密集地区部署维和任务。但这样的举措在像达尔富尔或是索马里这样难民署和维和部队没有控制的情况下，在保护难民和流离失所者方面仍旧是无效的。

二 吕贝尔斯时代（21世纪初）：新一轮财政危机与"责任分担"

2000年年底，绪方贞子彻底卸任高级专员，难民署面临关键时刻。难民署因为对1999年科索沃难民危机缺乏准备且反应迟钝而广受批评，而且该组织又面临这一个十年最严峻的财政危机，因此难民署的全球影响力收缩了。在新任高级专员吕德·吕贝尔斯（Ruud Lubbers）（任期：2001—2005年）的领导下，难民署在国际安全与国际政治中的角色式微。进入21世纪，尤其是武装冲突的级别急剧下降等新趋势深刻影响了难民署的工作。到2005年，相比20世纪90年代初，冲突的数量减少了40%。因此，难民紧急状况也随之减少，在很多严重的冲突解决后，大量的难民返回了家园。难民数量从1992年的1800万，下降到2005年年初的900万。

（一）财政危机与收容国的入境限制

尽管有这些和平带来的鼓舞人心的趋势，但国际难民制度中存在危机已经成为共识，这就是吕贝尔斯任期一开始就要应对的问题。不仅是难民署的预算资金存在严重短缺，还有发达国家和发展中国家都继续限制对难民提供庇护。加上国际社会无力解决"失败和脆弱国家"中持续存在的冲突和侵犯人权问题，难民收容国的限制性政策就意味着大量严重且旷日持久的难民问题仍然得不到解决。世界上越来越多的难民长期处于边缘状态的悲惨境地。到2004年，世界难民有2/3被困于被无限延长的难民处境，而看不到解决的前景。

吕贝尔斯上任9个月后，"9·11"事件发生了，反恐战争的揭幕导致国家对难民的保护进一步恶化。反恐战争给世界各地的难民和移民带来前所未有的敌意。绝大多数政府，尤其是欧洲和北美国家政府，制定了严格的反恐新法或是重新启用曾用来压制异见者与其他公民政治自由的旧法。政治家和媒体开始将所有越境者（无论是移民还是难民）描绘成潜在的恐怖分子或是安全威胁。每当新的恐怖袭击发生，随之而来的就是政府以安全之名进一步收缩迁入移民体系和签证机制，并限制他们的重新安置项目。结果就是"9·11"事件后的许多年里，保护难民的前景急剧下降。

由于获得合法迁徙的途径受限，寻求庇护者和移民一起都转向人口贩运渠道躲避边境管制，并都在西方国家声称避难。因此，要将需要国际保护的人和寻求更好的经济机会的人群区分开，变得越来越困难。这种"避难—移民"联结出现的现象模糊了寻求庇护者和移民之间的界限，导致政府进一步限制迁入移民并且采取附加策略来遏制庇护申请。西方政府采取了一系列控制移民迁入措施来阻止新到移民，这些措施包括增加进港前筛查、针对寻求庇护者的例行拘留，以及将难民驱赶到所谓的安全第三国。为了控制寻求庇护者自发到达西方国家的领土，这些国家的政府还采取了在难民来源地区处理庇护申请措施。澳大利亚是最早引入区域申请流程的国家，并很快成为避难接收国家的榜样。2001年下半年，堪培拉推出了"太平洋解决方案"应对从印度尼西亚到澳大利亚海岸越来越多寻求庇护的南亚和中东船民。① 澳大利亚的政策包括在海上拦截船只，将这些难民转移到附近的岛屿进行程序处理，并且强制拘留上岸的寻求庇护者。

一些欧洲的国家政府也试图采取类似的方案和倡议，建立区域难民申请处理中心，在欧洲边界以外处理庇护申请，使寻求庇护者回到欧盟国家以外的来源地区。一些难民收容国对这些新方式表示担忧，并在2003年日内瓦举行的一次政府间会议进行了说明。② 大多数难民收容国指出，期待已经收容过大规模难民的收容国（土耳其、伊朗、巴基斯坦、肯尼亚、泰国）再同意让寻求庇护者从欧洲回到收容国的领土是很不合理的。伊朗已经承担了数百万阿富汗难民超过20年，因此伊朗呼吁进行"公平分担责任"，并且质疑让大量持久的难民人口就地融入的可行性。土耳其极力反对区域协定，巴基斯坦则指出，国际支援与关注越来越少，这是将难民的责任留给收容国单独承担。泰国也表达了对区域处理机制的担忧，认为这会变成"转移负担"而不是分担。

---

① US Committee for Refugees (USCR), "Sea Change: Australia's New Approach to Asylum Seekers", February 2002, https://www.refworld.org/reference/countryrep/uscri/2002/eu/91785.

② UNHCR, Convention Plus/Forum Briefing, 7 March 2003, Internal Summary by the Department of International Protection.

总体而言，非洲和亚洲这些发展中地区的庇护国家承受了巨大压力，加上西方国家也努力为将难民留在来源区域，于是，发展中国家的庇护限制也在增加。一些国家关闭边界防止入境者，早一步将难民推回到来源地区（往往不构成安全返乡条件）。在一些特殊情况下，一些国家还强制驱逐全部难民。更通俗地说，有些国家还否认难民在1951年《关于难民地位的公约》中享有包含的社会与经济权利（包括迁移自由与就业权），降低了给难民提供庇护的质量。许多发展中国家认为，难民必须留在难民营中，切断同当地社会的联系，完全依赖日益减少的国际援助。而各国解释，之所以要进行这些限制，是因为在国际体系中最贫困的国家收容了世界80%以上的难民，大量涌入且长期存在的难民对收容国家和社区都产生了负面影响，国际捐助界越来越不愿意为收容国难民提供财政支持，而难民的存在也带来了许多安全问题。

（二）"全球磋商"与《关于难民地位的公约》的加强版倡议

南北世界庇护降低，各国对1951年《关于难民地位的公约》幻想破灭，保护框架中出现明显缺口，这成为难民署需要应对的问题。为此，难民署在2000年年末发起倡议找到难民保护需求与国家利益之间的集合点。执行倡议的进程被称为"国际保护的全球磋商"，世界南北国家、非政府组织、公认的难民法专家都参与其中，难民署则"作为国际保护框架的支撑，探索通过新方式加强保护的能力，也尊重国家和其他行为体的关切与约束限制"①。全球磋商进程持续了近两年，将过去10年之中南北国家所表达的广泛担忧与关切考虑在内，其中包括在1951年《关于难民地位的公约》中没有具体解决的问题。

全球磋商有两个主要成果：一是2001年年底为1951年《关于难民地位的公约》成立50周年纪念，由一百多个国家通过了宣言。宣言重申了《关于难民地位的公约》对于难民保护的基石地位，以及"作为任务就是向难民提供国际保护与促进永久性解决方案的多边机构，难民署至关重要"②。二是2002年在联大的支持下形成了《保护议程》。③《保护议程》

---

① Erika Feller, "Introduction: Protection Policy in the Making: Third Track of the Global Consultations", *Refugee Survey Quarterly*, Vol. 22, No. 2/3, 2003, p. 1.

② "Declaration of States Parties to the 1951 Convention and or its 1967 Protocol relating to the Status of Refugees", Geneva, 13 December 2001, HCR/MMSP/2001/09.

③ General Assembly resolution 57/187, 18 December 2002.

概述了一系列活动和优先事项，旨在满足各国的关切并加强对难民和寻求庇护者的国际保护。保护议程围绕五个目标，呼吁难民署、各国和非政府组织采取具体行动，加强对 1951 年《关于难民地位的公约》原则的尊重，应对难民流动的安全影响，加强与第一庇护国的责任分担，《保护议程》虽然范围广泛，但在其通过后的几年中影响有限。① 这可能有几个原因。首先，议程可能过于宽泛，涉及广泛的问题而没有深入关注个别问题。其次，该议程也不是具有约束力的协议，因此受到与其他非约束性协议相同的限制。最后，该议程并未得到难民署内部的普遍支持。全球磋商进程在该组织内被广泛视为由难民署保护部门领导的一项举措，也是绪方贞子时代的最后"遗产"。事实上，难民署的成员在议程正式完成之前就开始与议程保持距离。2001 年吕贝尔斯上任后不久，宣布在全球磋商结束前将开始一系列新举措。这在难民署内部造成了严重的混乱，也使为全球协商进程提供了大量财政支持的捐助界感到沮丧。因此，《保护议程》在国际难民保护制度中的地位仍然不确定，其潜力在很大程度上尚未得到发掘。

吕贝尔斯上任后不久发起的倡议，统称为"公约加强版"，其主要动机是高级专员希望重新同欧洲捐助国的利益相结合。"公约加强版"试图制定新的国家间协议，以补充 1951 年《关于难民地位的公约》，并增强原籍地区难民解决方案的前景。这些举措旨在通过提高捐助者对原籍地区东道国的承诺水平，并将这一新的、抽象的承诺用于为特定的旷日持久的难民局势寻找持久解决方案，从而增加责任分担。这些目标将通过基于"印支难民综合行动计划"和"中美洲难民国际会议委员会"的先例的一般国家间协议和更有针对性的综合行动计划来实现。为反映这一框架，"公约加强版"分为两个主要领域：一般工作和特定情况工作。在一般工作的背景下，难民署寻求达成关于重新安置、"非正规二次流动"（ISM）和"定向发展援助"（TDA）的新协议，以改善在原籍地区获得持久解决方案和保护能力的机会。重新安置部分是试图对重新安置的重要作用达成共识。重新安置与其他永久性解决方法一起为解决难民问题发挥

---

① Erika Feller, Volker Türk, and Frances Nicholson (eds.), *Refugee Protection in International Law: UNHCR's Global Consultations on International Protection*, Cambridge: Cambridge University Press, 2003, p. xviii.

重要作用。① 非正规移民的辩论试图界定一国在怎样的情况下可以将已经获得国际保护的难民遣返至第一个庇护国。发展辩论的重点是如何利用发展援助来促进发展中国家难民的遣返、融入当地社会或自给自足。② 这三个领域的一个共同特点是它们试图确定国家对难民保护和永久性解决方案的责任，并寻求解决发达国家担忧的寻求庇护者的不正常流动的问题，以及解决发展中国家担忧的旷日持久的难民局势和缺乏国际责任分担的问题。为促进这些讨论，难民署发起了所谓的"高级专员论坛"——各国与难民署在日内瓦举行一系列多边会议，错开同难民署执行委员会召开的经常性会议。

到2005年11月，"公约加强版"进程在很大程度上未能实现其最初的目标，并且从未达成预期的新协议。唯一接近达到这一目标的成果是关于重新安置的多边谅解框架，但即便如此，这也是一份温和且没有争议的声明，不包含任何约束性承诺，仅打算与其他方面的协议一起适用，从而使其最终的相关性极其有限。③ "公约加强版"失败的主要原因是发达国家和发展中国家在讨论发展和移民问题时立场的两极分化。在发展辩论中，发达国家对捐助国不愿提供大量额外援助，难民东道国因为被许多"仅限捐助者"的讨论排除在外而感到失望。与此同时，发达国家显然不愿意为作为发展中国家的难民东道国提供为难民融入当地或自给自足的机会买单。在非正规移民辩论中，发达国家想要一个"有效保护"的定义，这能使他们更容易让难民返回来源地区。就发展中国家而言，他们想要一个定义，以确保捐助者做出更大的财政承诺加强东道国的难民保护能力，又同重新接纳无关。就难民署而言，它无法打破这种"南—北"僵局，这是导致"公约加强版"进程全面失败的一个重要因素。

在"公约加强版"的旗帜下，难民署还试图制订综合行动计划来解决一些长期存在的难民情况。选择的试点案例是索马里的难民问题，难民署在2004—2005年致力于为索马里难民制订综合行动计划。该项目

---

① UNHCR, "Convention Plus: At a Glance", 2005, https://www.unhcr.org/403b30684.pdf.

② UNHCR, "Framework For Durable Solutions for Refugees and Persons of Concern", 2003, www.unhcr.org/en-lk/3f1408764.pdf.

③ UNHCR, Multilateral Framework of Understandings on Resettlement, FORUM/2004/6, 16/9/04, www.unhcr.ch.

的重点是努力为吉布提、埃塞俄比亚、肯尼亚的索马里难民以及也门、索马里兰和索马里中部、南部的国内流离失所者与返回者，提高保护能力并增加其获得持久解决方案的机会。之所以选择将重点放在索马里，主要是因为该项目的主要捐助者欧盟委员会、丹麦、荷兰和英国，特别担心大量索马里寻求庇护者和难民前往欧洲。难民署希望这种主要出于对移徙和安全问题的关注的政治利益，能够驱使这些国家对来源地区的保护和永久性解决方案做出承诺。然而最终，这些捐助者对难民署制订的计划没有兴趣，索马里《全面和平协定》从未启动。尽管索马里综合行动计划声称借鉴了"印支难民综合行动计划"和"中美洲难民国际会议委员会"的成功先例，但它有许多差异，突出了其失败的原因。首先，该项目的失败可能部分是选择索马里本身就有问题。索马里持续的冲突限制了遣返的范围，而且索马里缺乏一个可行的政府来使来源地区有意义地参与到计划中，而这是"印支难民综合行动计划"和"中美洲难民国际会议委员会"成功的关键因素。其次，与这两个历史先例不同的是，索马里综合行动计划并非基于持续的政治进程，而是同"援助非洲难民的国际会议"一样，最终以一次性认捐会议告终。由于没有发达国家和发展中国家的对话，因此几乎没有机会建立捐助国和东道国对该项目可行性的信心。再次，与前两个综合行动计划不同的是，难民署没有让高水平、有政治才能的工作人员参与该项目的工作，并且没有得到难民署内部的优先考虑。最后，索马里《全面和平协定》没有将人道主义因素与根本和至关重要的经济、政治和安全因素充分联系起来。索马里综合行动计划的主要弱点在于它仍然脱离了在摩加迪沙重建中央政府的政治努力。[1] 因此，不应将索马里综合行动计划的失败视为类似综合行动计划方法的局限性的例证，但作为一个过程，强调了难民署需要吸取历史教训并更好地了解其以前的综合行动计划取得成功的条件。

除了这些公约附加项目之外，在吕贝尔斯时代，难民署内部还实施了其他一些更成功的举措。例如设立了"阿富汗综合解决方案部门"，该部门与政治行为体系的合作，加强对巴基斯坦和伊朗超过 200 万阿富汗难

---

[1] Gil Loescher and James Milner, "The Long Road Home: Protracted Refugee Situations in Africa", *Survival*, Vol. 47, No. 2, 2005.

民的保护，寻求永久性解决方案。尽管实际进展相对缓慢，但该部门的工作有助于促进遣返的可持续性，并同东道国政府一起，将同阿富汗难民状况交织在一起的复杂移民网络也考虑入工作中。这一举措对难民署来说是开创性的，通过与东道国和来源国的政治行为者合作，允许两名高级别工作人员全职工作，处理长期难民的具体问题。吕贝尔斯时代还见证了用自给自足方案替代保护方案的兴起，让难民掌握生计、自给自足，等待获得永久性解决方案。难民署还宣传了乌干达和赞比亚难民自力更生项目的成功范例，试图说服其他国家为难民提供更大的行动自由，支持难民谋生和就业。然而，大多数发展中国家仍然对允许自给自足项目持高度怀疑态度，认为它们是给难民就地融入敞开后门。难民署工作中的一些局限性明显在吕贝尔斯任期内显现出来。难民署同少数欧洲捐助国的利益往往过分紧密地保持一致，相反常常疏远发展中国家。例如"公约加强版"在极少的协商后就出现，这遭到许多发展中国家的怀疑。在"公约加强版"时期，为了整合新出现的移民控制，适应所谓的庇护—移民关系，难民署经常在组织的核心任务上做出妥协。此外，在吕贝尔斯任期的大部分时间，都缺乏清晰和连贯的战略，举措往往是临时性的。

尽管有这些局限，吕贝尔斯的任期也有很多优点。在他的任期中，针对旷日持久的难民局势，难民署的工作重点集中为制定一个更强有力的框架来分担责任、制定综合方法应对难民问题，这一点对后来难民制度的发展很重要。此外，在其任期内出现了一系列创新想法，特别是来自"公约加强版"的经验。例如，该项工作突出了难民署在办事处设置小型、常设和政治导向的秘书处的潜在重要作用。与此同时，"高级专员论坛"高度创新，为发展新的规范性承诺提供多边对话和辩论场所。吕贝尔斯时代还见证了难民援助和发展概念的兴起，以及人们认识到开发计划署和世界银行等发展行动者在加强难民保护和获得持久解决方案方面的潜在重要作用。

三 古特雷斯时代：额外责任与庇护环境的改变

吕贝尔斯因性骚扰指控于2005年2月辞去高级专员职务。[①] 2005年

---

① "Lubbers Quits over UN Sex Claims", BBC News on-line, February 20, 2005, news.bbc.co.uk/2/hi/europe/4282333.stm.

6月中旬，安东尼奥·古特雷斯就任新的难民事务高级专员，满怀希望解决该组织内部遗留的分歧。他一就任，立刻就面临应对被迫流离失所性质变化的挑战。到2005年，发达国家的限制性庇护政策导致工业化国家的寻求庇护者人数大幅减少，仅欧洲国家2004年收到的庇护申请就比2001年减少了约36%。[1] 然而，彼时全球的境内流离失所者人数保持在2500万左右，对国际局势的影响越来越大。2004年12月的印度洋海啸和2005年10月的巴基斯坦地震等极端自然灾害也造成了大量流离失所者，引起了媒体的广泛关注。这些事态发展使难民署越来越多地参与到自然灾害之中。难民署不仅参与境内流离失所的行动，还参与到因自然灾害而流离失所的国际响应行动中，这是难民署对其任务理解上的又一次重大扩展。

古特雷斯采取了一系列举措，应对国际人道主义环境和被迫流离失所的动态变化。特别是难民署越来越多地参与到境内流离失所者问题。从20世纪90年代末到21世纪初，围绕"保护责任"展开的关于新国际规范的讨论，联合国为协调国际社会应对境内流离失所者问题而进行新的改革，呼吁难民署在应对境内流离失所者的保护和援助方面发挥更大作用。2005年9月，机构间常委会（IASC）指定难民署在境内流离失所的保护、庇护所和营地管理方面要发挥主导作用，难民署的这一新任务正式确定。该职责主导了难民署日内瓦高级管理人员和田野工作人员的工作议程，对难民署的传统工作产生了重大影响。2006—2007年，古特雷斯责成难民署总部和外地的高级管理人员制订计划、开展活动，确保难民署在现有和新出现的境内流离失所局势中发挥领导作用。难民署的大量时间和精力用于加强组织内部能力和准备工作、同非政府组织建立支援安排、对工作人员进行保护和国际法律标准培训、为新的人道主义紧急情况建立物资储备。2007年年中，难民署正式为24个国家的境内流离失所者开展保护和援助活动，覆盖人数约达1800万。[2] 针对境内流离失所者和自然灾害受害者，如果新的国际协调安排确实促成更有效的储备和部署资源，那么难民署对

---

[1] UNHCR, *The State of the World's Refugees: Human Displacement in the New Millennium*, Oxford: Oxford University Press, 2006, p.14.

[2] UNHCR, "UNHCR's Role in Support of an Enhanced Humanitarian Response to Situations of Internal Displacement: Update on UNHCR's Leadership Role within the Cluster Approach and IDP Operational Work Plans", informal consultative meeting, May 25, 2007.

非难民紧急情况的参与可能会继续增加，这是对难民署任务的解释中最重要的演变之一。

联合国新的合作方式和难民署的作用是否有效，仍然值得怀疑。虽然难民署在处理难民紧急情况和难民保护方面拥有丰富的经验，但在涉及境内流离失所情况下的运作经验有限。鉴于境内流离失所者人数远多于难民人数，各办事处需要大幅调整和升级其应急能力和保护职能，以满足额外的案件量。能否在联合国合作方式内完成这些新任务取决于是否有大量额外资金和强有力和持续的政治支持，而这两者都没有保证。在古特雷斯领导下，难民署的第二大当务之急是从根本上重新考虑难民署的管理结构和开支的优先事项。2006年年初，古特雷斯启动了一项重大的管理改革进程，其任务是重新考虑被拓宽领域的结构、人员配备和程序问题。这项工作主要是回应捐助者的压力，减少难民署日内瓦总部的规模和预算，并将这些资源重新部署到难民署的田野行动中。

特别是考虑到流离失所性质的变化以及联合国系统内正在发生的其他改革，难民署改革的第二个动机是希望机构应对变化能更加迅速有效。虽然这一改革进程的结果尚未确定，但难民署将行政和业务支持职能重心外派，将一些职能重新部署到日内瓦总部以外，而总部预算裁减约20%，这就表明，这一进程已经开始对难民署的工作产生重大影响。

除了这些政策和管理问题外，难民署在古特雷斯任期的头两年还面临业务能力方面的一些挑战，包括在乍得/达尔富尔边界沿线以及伊拉克及其周边地区的流离失所问题。2003年年初苏丹西部达尔富尔地区爆发暴力事件后，约有160万人在境内流离失所，超过20万难民越过边界逃往邻国乍得。对这些人群的需求做出反应对难民署构成了重大挑战。流离失所者分布在一个广阔且无法进入的地区。因为冲突双方的武装分子袭击了难民营和境内流离失所者营地，流离失所者和人道主义工作者的安全也成为一个重大问题。同样，在美国2003年入侵伊拉克之后的几年里，伊拉克中部和南部的暴力事件迫使数百万伊拉克人流离失所。2007年年中，难民署估计有220万伊拉克人在邻国叙利亚和约旦避难，约有200万人在境内流离失所，收容流离失所者对这些东道国而言已经不堪重负。难民署于2007年4月在日内瓦召开了一次国际会议，响应该地区东道国的援助呼吁，争取捐助者支持难民署在该地区的行动。2007年7月,难民署将其为流离失所的伊拉克人提供的预算增加到1.23亿美元,并对捐助国继续不愿履行在4月会议上做出的承诺表示失望。国际社会对于遏制暴力和解决冲突导致的人道主义后果做出的承诺有限,而伊拉克和达尔富尔地区持续动荡,这都表明两场危机将是难民署面临的长期挑战。

与此同时,难民署已投入大量资源来管理阿富汗、南苏丹、西非和中非的大规模遣返行动。2005年1月,苏丹政府与苏丹人民解放军/运动达成和平协议后,难民署于2005年12月启动了遣返计划,六个邻近东道国对数十万南苏丹难民提供遣返支持。然而,数十年的战争对遣返目的地造成了严重破坏,基础设施极度匮乏,不足以维持如此大量人口遣返和重新融入社会,遣返努力受挫。2001年12月波恩进程成功完成后,类似持续的不安全状况也使从巴基斯坦和伊朗遣返阿富汗难民的努力受挫。虽然报告显示,自2002年以来,约有400万阿富汗人遣返,但局部冲突和地方性贫困仍在继续使这些难民重新融入社会的努力受阻,估计350万难民的遣返前景堪忧。

2006年年底,这些遣返挑战,加上伊拉克和乍得新难民危机的增加,导致全球难民人数五年来首次增加。截至2006年12月31日,世界上有990万难民,难民署关注的总人口为3290万,这些数字的背后是大多数难民情况的日益拖延。20世纪90年代,大多数难民处于紧急状态,国际社会的重点是在难民营提供救生援助和庇护所。然而,截至2006年年底,世界上2/3以上的难民处于长期难民境地已超过五年,通常被关在孤立和不安全的难民营中。由于对失败和脆弱国家的国际反应证明是不够的,难民状况也将持续更长时间。事实上,难民状况的平均持续时间从1993年的9年上升到2004年的17年,且仍将持续上升。[1]

---

[1] UNHCR, "Protracted Refugee Situations", Standing Committee, UN Doc. EC/54/SC/CRP.14, June 10, 2004.

第七章　为实现而互动：国际难民制度的合法性理论

在针对全球性问题的治理行为中，国际难民制度最终在国内治理中得到实施，是一种国际难民制度合法性的具体实现。在制度的动态发展过程中，衡量国际难民制度合法性的实现与否，很难有确切的指标。观察危机化解的效果，随着制度自身的发展与外部条件的变化，制度的实现应该是一种有程度区别的演进过程，体现国际制度合法性的实现机制。合法性的实现机制需要同难民来源国内部、国家间冲突危机解除所带来的难民危机化解相区别。彼时的国际规范，此时成为国内共识；此时的国内特色，他朝也可能成为国际共享知识。难民署在获得自主性之后，不再是简单的大国代理，它开始有能力架构全球性问题并且运用社会的话语，在同主权国家互动中影响国内、国家间和跨国的治理空间与进程，[①] 在危机中努力实现合法性再造。国际—国内的制度二元互动，既是当代治理中复杂性的体现，也会是理解与应对治理复杂性的重要方式。在动态复杂的二元交互中，捕捉一种具体、实在，又具有代表性的互动机制，对理解与探索国际难民制度的合法性与有效性，具有深远意义。

第一节　国际难民制度合法性实现"三图景"

全球难民治理的行为体继承了全球治理的显著特征——多元与多层次的复合性。[②] 在主权国家之上，是超国家、跨国政府间组织和国际性非政府组织。国家之下，参与治理的行为体可能还有国家政党、社会组织、教

[①] ［美］迈克尔·巴特尼、［美］玛莎·芬尼莫尔：《为世界定规则——全球政治中的国际组织》，薄燕译，上海人民出版社，2009年版，第239页。

[②] 刘贞烨：《第三章　全球治理行为体》，蔡拓、杨雪冬、吴志成主编：《全球治理概论》，北京大学出版社2016年版，第94页。

会、专业团体、企业等行为体及其构成的治理网络。同时，地方政府机构也以独立的身份与角色，参与到全球治理的具体议题中。① 主权国家参与，是多元角色、多国共同的复合参与，而参与难民治理的国际政府间组织亦然。在全球性问题的治理主动权之争中，随着主权国家的全球治理主体地位受到的挑战，以及中央政府在国家治理范畴中地位的变化，国际—国内的二元互动中的"国际""国内"因素，不再简单的是"国际政治"与"主权国家中央政府"间的互动，而是具备更广泛的含义。加之，难民治理与其他全球性问题一样，存在多元行为体的交叉治理行为，容易产生行为体间治理的功能性竞争与合作、规范与协调问题。国际性的物质因素，如贸易、金融投资，国际性的理念也在以各种类型的国际社会交往为载体，以不同组织形式为推动，不断影响着全球事务的参与者，推动制度不断扩散，② 从而加强国际难民制度的覆盖性。在国际关系理论的发展中，理论界对"国际"的理解则是随现实世界本身的变化，观测现实世界的范式变化，而有所不同。

国际A——"国家间关系"（国际体系）。20世纪50年代，肯尼斯·华尔兹（Kenneth Waltz）在通过三个层次分析国际冲突原因时提出国内政治对国际冲突（国际政治）影响的"第二意象"。③ 无论是格拉汗·阿利森（Graham Allison）还是彼得·卡赞斯坦（Peter Katzenstein）都更倾向于找到国家对外行为的国内动因，在他们解释的世界图景中，国家本身的"黑箱"已经打开，但国际社会仍然最主要是由作为"黑箱"的国家、各个国家的对外行为相互构建而成的国际体系，以及各种国际结果组成。这一阶段的国际—国内二元互动模式，国内是因，国际是果。

国际B——"全球化要素"。国际关系理论研究进入20世纪七八十年代，基欧汉（Robert O. Keohane）与奈（Joseph Nye）描述了一种各类行为体呈网络交织状的国际社会现实，虽然着眼点仍然处在复合相互依赖中

---

① ［英］戴尔·赫尔德等《全球大变革——全球化时代的政治、经济与文化》，杨雪冬等译，社会科学文献出版社2001年版，第5页；［英］赫德利·布尔：《无政府社会——世界政治秩序研究》（第二版），张小明译，世界知识出版社2003年版，第224页。

② 杨雪冬：《论国际因素的合法化机制——以地方治理创新为例》，《世界经济与政治》2014年第9期。

③ ［美］肯尼斯·华尔兹：《人、国家与战争——一种理论分析》，信强译，上海人民出版社2012年版，第100—101页。

的国家行为体上，但已经开启了国际关系的多行为体时代。对国内结构产生影响的国际因素，开始指代全球化分工中的生产要素，尤其是带有国际背景的资本、信息、技术对国内政治所产生的影响。

国际C——"国际制度"。基欧汉划时代地将国际制度作为霸权机制之后一个具体的、整合的角色，协调与维系国家间合作关系，影响国家行为。但此时的国际制度至多算是一种干预变量，仍然不是一个与国家行为体施动能力相抗衡的行为体。20世纪90年代开始，跨越整个全球化的高潮期，以基欧汉为代表的新制度主义学者分别从组织行为、国家边界与国家动员等不同的角度，将国际制度作为研究对象，考察国际制度对国家行为的影响。

国际关系学科中，国际制度研究者在描述规范国家行为的动因时，同制度合法性相对应的分析路径，可以总结为三个图景。

一 图景1："国家为何遵守国际制度"——强制约束力带来的工具理性考量

在世界政治的背景下探讨国际制度的来源与意义时，学者们通常更倾向于从历史的或是理性选择的新制度主义研究中博采众议，将国际制度的来源与意义直指国家的遵约行为。理性选择模型将民族国家视为自利的行为体，在处理国际关系时，试图将国家自身权力或是利益最大化。之所以建立、遵守规则，是因为国际制度能够降低不确定性、减少交易成本，弱化信息的不对称。① 理性选择的视角对国际制度如何被设计用来解决行为体间的协调合作问题，具有很强解释力。国家的集体行动也通过制度设计所蕴含的奖惩机制得以实现。在理性主义的分析框架内，国家会对国际制度做出工具性的成本收益计算，当遵守国际制度对国家而言收益大于成本时，选择遵守。选择计算的路径可以分为以下几种。

（一）议题间的联系

国家选择接受某一议题领域的国际制度约束，以获得其他议题领域的收益。基欧汉认为国家之所以会遵守国际制度，很可能是因为国家之间存在多重议题，为了在特定议题中获益，国家会在其他议题中对国际

---

① Andreas Hasenclever, Peter Mayer and Volker Rittberger, *Theories of International Regimes*, Cambridge: Cambridge University Press, 1997, p. 57.

制度妥协，通过"议题间的联系"，实现战略目标。① 詹姆斯·雷旺德·弗里兰（James Raywond Veeland）强调国际组织准入机制中针对国家设置的条件性条款，来规范国家行为。② 例如意欲加入欧盟的波兰、匈牙利、保加利亚等国家需要首先解决其同邻国的领土边界争议，以此作为加入欧盟的前提条件之一。在关于国际难民制度有效性的解释中，难民治理的政治性就是典型的议题间联系机制的体现。冷战期间，西方国家收容逃离苏联阵营的难民，可以视为这些国家对各类议题进行成本收益考量后选择遵守国际难民制度。

（二）强制性惩罚机制

如果国家不遵守某一或某些国际制度，将受到国际社会的惩罚。莉萨·马丁（Lisa Martin）通过国际制度中的强制性规制，解释国家因为惧怕国际制度例如经济制裁、声誉受损在内的惩罚机制，而遵守国际制度。③ 联合国安理会对于破坏《联合国宪章》、实施恐怖主义、侵犯人权和违反核不扩散的行为体进行制裁，就是最典型的国际制度惩罚性机制。④

（三）加强国内动员与扩大自主性机制

贝斯·A. 西蒙斯（Beth A. Simmons）解释了在没有文化、政治制度匹配的极端情况下，国际制度仍然能够约束国家行为，因为国家领导者或是其他利益集团能够通过加入国际条约而获得国内权力与更广泛的社会支持。软性法也能够适应对合法化准备程度不同的国家。当领导人或是其他利益集团意图达成的目的不被国内所接受时，他们恰恰能够通过硬法承诺，来强制国内认同。也可通过专业组织机构、法律从业者和专业权威人士替代领导人之口向国内社会解释达成协议的意义。⑤ 而那些

---

① ［美］罗伯特·基欧汉：《霸权之后：世界政治与经济中的合作与纷争》，苏长和、信强、何曜译，上海人民出版社 2006 年版，第 91—95 页。

② Jamew Raywond Vrecland, "Political Institutions and Human Rights: Whcy Dictatorships Enter iuto the United Nations Cnueution Against Tortare", *International Organization*, Vol. 62, No. 1, 2008.

③ ［美］莉萨·马丁、［美］贝恩·西蒙斯编：《国际制度》，黄仁伟、蔡鹏鸿译，上海人民出版社 2006 年版，第 35—64 页。

④ 关于制裁的内容请见联合国安全理事会网站：https://www.un.org/securitycouncil/zh/sanctions/information。

⑤ Beth A. Simmous, *Mobilizing for Human Rights: International Louo in Domestic Politics*, New York: Cambridge University Press, 2009, p. 59.

因这些领域的弱点而妨碍实施硬法承诺的国家也可以采用例外、保留条款或阶段性实施的方式，解释更软性的协议形式来获得国内支持。许多条约也为发展中国家、转型经济体或其他类型的国家开通了采取此类特别规定的途径，① 以吸引更多的国家成员加入条约，加强条约规范的覆盖性。

但制度的存在时间有时甚至比国家存在的时间更加久远，以国家为行为主体的理性选择很难解释在一段较长历史阶段中，制度为何能够一直存在，甚至不断发展与进化。

二 图景2："国家为何有选择性地遵守"——文化匹配

虽然理性选择充分解释了为何国家选择赋予国际制度合法性，受其规范，但国家不是毫无选择地全盘接受国际制度，国际制度也并非全盘接纳所有国家。相较理性主义重视的"国家为何遵守国际制度"，建构主义的制度主义更注重"国家为何有选择地遵守"国际制度。这种分析路径可以总结为：文化匹配。芬尼莫尔认为专业国际组织例如联合国教科文组织对国家的影响是来自世界文化赋予国际组织的适当性，也就是本书沿用社会制度主义者更承认的译法——"合法性"。也就是，契合的国内文化使国际组织推行的规范在国内社会具有合法性。正如杰弗里·T.切克尔（Jeffrey T. Checkel）认为的，国际制度之所以能够在国家内部消化，实现国际规范本土化，与"文化的匹配度"有关，也就是国际制度与国内话语、法律体系和官僚机构所蕴含的制度是否具有一致性，程度如何。② 二者匹配度越高，则国际制度转化为国内制度的可能性越高，反之则困难度越大。他还认为，当国际制度试图说服的对象满足五个条件时，说服工作会相对容易：第一，学习者处于新的和不确定的环境中，比如新议题出现、危机发生或者政策失败时；第二，学习者几乎没有与传授者信息不一致的根深蒂固的先验信念；第三，被说服者业已归属的或者意欲归属的集团，而传授者是该集团中的权威成员；第四，说服者对被说服者言传身教、以身作则，而非采用训诫和压制方式压迫被说服者说服；第五，说服

---

① Kenneth W. Abbott and Duncan Snidal, "Hard and Soft Law in International Governance", *International Organization*, Vol. 54, No. 3, Summer 2000.

② Jeffery T. Checkel, "Norms, Institutions, and National Identity in Contemporary Europe", *International Studies Quarterly*, No. 43, 1999.

者和被说服者的互动发生于较少政治化、较大封闭性以及私人性的背景中。①

图景1展示出的国际制度,以强制约束与激励属性作为前提条件,对国家的遵约行为具有很强的解释力。在权力政治情境中,对国际制度的认可充满了功利主义色彩。然而,在应对全球性问题的国际法或专业国际组织,很难具有强制约束力,甚至鲜有经济性的激励机制。国际难民制度就是一种典型缺乏强制惩罚措施的国际制度,经济激励更是微乎其微。除了国际社会可能存在的道义谴责与难民保护相关的国际法、国际规范并没有关于国家违背《关于难民地位的公约》或是《关于难民地位的议定书》等相关规定的惩罚机制。这些国际法律文件对国家的约束,更多体现为一种道义权威,而执行该公约的难民署能动性依靠的也是道义权威以及该组织经年工作经验积累的专业权威。

图景2能够解释国际制度在缺乏强制约束力的前提下,仍然能够因为与一部分国家的文化禀赋相匹配,而对其行为产生影响。然而,全球范围内,不同地区国家的文化多样性尤为显著,除了一些典型本土文化元素之外,很难界定什么样的文化具有国别性、世界性或是全球性。文化与文明之间的差异,曾被塞缪尔·亨廷顿(Samuel Huntington)解释为世界矛盾与纷争的原因之一,还可能削弱国家内部的凝聚力与向心力,导致族群与文化群体之间的冲突。② 按照这样的逻辑,一旦文化无法匹配,国际制度非但不能扩散其规范,还可能引发国家内外争端。发展至今的国际难民制度,影响力几乎覆盖世界各个角落,但原发于欧洲地区,很容易被打上西方世界基督教文明产物的烙印。按照亨廷顿的逻辑,伊斯兰文明、东方儒教等文化似乎很难与原发于西方世界宗教庇护文化的国际难民制度相匹配。事实上,国际难民制度在纷争的中东世界、复杂的非洲地区、各类文化交融的东亚和东南亚都发挥着难民救助的极大作用,1951年《关于难民地位的公约》的缔约国也遍布世界,甚至非缔约国也有参与难民署活动的身影。由此,在多元文明世界背景中,图景2的理论分析对不具有强制约束力的国际难民制度在制度扩散中的合法性解释力仍有欠缺。

---

① Jeffery T. Checkel, "Why Comply? Social Learning and European Identity Change", *International Organization*, Vol. 55, No. 3, Summer 2001.

② [美]塞缪尔·亨廷顿:《我们是谁——美国国家特性面临的挑战》,程克雄译,新华出版社2005年版,第18—23页。

具有国际属性的难民问题,也紧随着主权民族国家的出现而凸显,甚至难民问题的根源本身就与国家、主权与民族密切相关。虽然各类宗教、文化道德中都记载有援助受难陌生人的传统,但城门与边界并不必然为难民敞开,国家对自己国境与土地具有主权,管辖权的难民寻求庇护的目的地即使有"不推回"原则,也对处理难民问题有着很大的自主选择权。那么,关于难民救助与保护的国际规则是被主权国家有意识地建立,刻意用来约束自身行为吗?为什么参与难民治理的国际组织与国家会遵守国际难民制度?是因为他们可以从中获得回报、奖赏?还是因为他们认为有遵守的道德义务?或是因为他们根本想不到其他的应对方式?业已形成的国际难民制度的合法性基础来源是什么?

新制度主义者克拉斯纳与基欧汉则更强调国际制度本身的能动性,促进国家行为体之间合作的国际制度出现后,其本身对参与其中的其行为体具有独立的、重要的影响能力。[1] 就如基欧汉指出的,制度不仅反映了建构它的各行为体的偏好与权力,制度本身也会对这些偏好与权力产生影响。[2] 即使从微观角度出发,将国际制度与国家看作两个独立的行为体,考察国际制度如何对国家个体的偏好产生影响,涉及一套复杂的影响机制。从历史视角观察这套影响机制则会发现,宏观上国际制度形式的演化,与国家实际是一种在互动中不断建构的过程。[3] 原本已经充分解释国际制度的来源与意义的分析方式,已经很难满足治理难民这种复杂的互动过程。因此,探索国际难民制度的合法性来源更有助于理解其中的复杂性。

要解释国际难民制度这个曾经只是欧洲区域性的制度安排是如何向其他地区扩散的,仍然需要第三幅国际—国内二元互动图景。

三 图景3:"如何让国家遵守"——国际制度的能动作用

理性主义强调的有效国际制度是具备强制约束力与有效物质奖惩激励

---

[1] Stephen D. Krasner, *International Regimes*, Ithaca, New York: Cornell University Press, 1983, p. 372.

[2] Robert O. Keohane, ed., *International Institutions and State Power: Essays in International Relations Theory*, Boulder, CO: Westview Press, 1989, p. 382.

[3] John W. Meyer and Brian Rowan, "Institutionalized Organizations: Formal Structure as Myth and Ceremony", *American Journal of Sociology*, No. 83, 1977.

机制的，这同对国际制度的建立与设计有关。而国际制度这类被设计出的、能为国家承诺与遵约所理性考量的，是这些制度的自身属性，不应当归于制度的"能动"作用。尤其是缺乏强制约束力与奖惩机制的国际难民制度在扩散时，其合法性来源需要借助建构主义的分析范式，这样能够比较清晰地看到，国际制度与国家二元互动形式中，能够截取出另一幅图景——国际制度如何行为，才能让国家改变国家行为，接受与遵守国际制度。根据建构主义的观点，国际制度不仅会限制行为体的行为，还能塑造其偏好、构成身份。这种偏好的塑造与身份构成的过程，建构主义者通常认为是国际制度对国家的"说服"与"传授"的过程，以及国家对国际制度的"接受"与"学习"的过程。

由此，第三幅图景的问题关键在于，由谁来"说服"与"传授"国际制度中的规范性要义？如何"说服"与"传授"？"说服"与"传授"的内容与途径为何？传授对象是否实现有效"学习"？有效的"学习"又需要具备怎样的条件？"学习"效果受到哪些因素的制约？怎样的"说服传授与接受学习"二元互动才能使国际制度在国家治理层面中得到实施？

研究国际难民制度与国家国内制度的二元互动，对探索与观察第三幅图景"如何让国家遵守"，即国际难民制度在国内合法性实现的机制，有着深远意义。

第二节 国际难民制度的合法性实现过程

在研究国际难民制度与国家国内制度的二元互动机制前，我们必须首先理解国际难民制度的合法性原理（包括特征、来源与危机）及其实现的整体过程。基于此，进一步理解二元互动之于国际难民制度合法性的意义所在。

难民与危机迁徙议题牵涉甚广，不但关乎其难民的人道主义状况，还与世界发展问题、国际关系、国家安全息息相关。危机迁徙与难民问题虽属非传统安全领域，产生于原籍地区的自然灾害、疾病与贫困等全球性问题，更被迫始于战乱、宗教冲突、种族屠杀等传统安全危机。若是治理得当，可以较大程度上缓解地区矛盾，促进与危机人口流动相关地区的稳定与发展。相反，如果治理不当，甚至缺乏治理，则危及难民的原籍国、中转国（过境国）以及目的地的国家间关系、所在国内部社会经济与政治的稳定。这就使国际难民制度与国家紧紧联系在一起，第三幅图景描述的互动，成为国际难民制度与国家在治理难民问题时无法割裂的关系。应对危机而存在的国际制度，有其本身存在的必要性，这首先成为国际难民制度诞生的理由（目的与价值），也就是被"设计"赋予合法性的初始条件。当该制度设计成形后，能够发挥主观能动性的制度化组织的合法性如何？是否遭遇合法性危机？又对制度本身的合法性造成怎样的影响？为了回答这些问题，我们首先需要回到关于制度合法性的理论解释，分析合法性应有的结构与来源、合法性危机的类型，从而观察国际难民制度的合法性问题。

一 合法性与制度合法性的特征

"合法性"（legitimacy）是政治社会学的基础概念之一，为同法学中的"合法"（legality）相区别，也被翻译为"正当性"。韦伯将"正当性"直接归结为统治者和（特别是）被统治者双方相互认同的一致性信念。权威的合法性归根结底是个信念问题，这种信念，关系到权威在其中得以运用的制度体系的正义性，关系到运用者在这个制度体系中充任权威角色的正义性，关系到命令本身或命令颁布方式的正义性。[①] 合法性有以下几个特征：

一是合法性根植于一个规则或制度运行其中的社会或共同体之中。在社会学的组织或机构合法性研究中，合法性指一个集体受众所共有的、不依赖于特定奉行者的信念，即"在某种由全社会共同形成的规范、价值、信念和定义体系中，个体的行动是可取的、适宜的或恰当的"[②]。

二是合法性还指向共同体制度化的过程。在这些过程中，实践被正在进行的合法化和去合法化过程的共同体制度化了，或者被接受为"恰当的"。[③] 合法性还同权威关系有关，这些关系赋予参与者权威关系的参与

---

① ［德］马克斯·韦伯：《经济与社会》（第一卷），阎克文译，上海人民出版社2019年版，第153—161、398—404页。

② Mark C. Suchman, "Managing Legitimacy: Strategic and Institutional Approaches", *Academy of Management Review*, No. 20, 1995.

③ Mark C. Suchman, "Managing Legitimacy: Strategic and Institutional Approaches", *Academy of Management Review*, No. 20, 1995.

者和机构通过相互作用获得权力。

三是合法性还根植于恰当与正当、规则或制度运行的共同体以及认同中。哈贝马斯认为，"合法性意味着某种政治秩序被认可的价值以及事实上被承认"。① 梅丽莎·S.威廉姆斯（Melissa S. Williams）将合法性理解为"根据人们所能接受的理由，对他们影响的那些人所采取的行为的认同"②。斯蒂文·伯恩斯坦（Steven Bernstein）和威廉·D.科尔曼（William D. Coleman）的合法性定义强调接受和理由，跨越了合法性的经验方法和规范理论之间的传统界限。伯恩斯坦从韦伯的理论出发，考察参与者是否将一种规则或制度接受为权威。科尔曼则质询权威是否具备合法性。

关于制度的合法性，总是围绕制度本身的价值、恰当性与正当性来阐述的。马克·C.萨奇曼（Mark C. Suchman）认为，制度合法性应该是一种"对于某个实体所进行的行动，具有普遍性的理解或是假定，也就是说，如果该实体进行某种行为，需要假定这种行为在社会建构的规范、价值、信念和身份系统之中，是有价值并且恰当的。"③ 彼得·L.伯格（Peter L. Berger）与托马斯·拉克曼（Thomas Luckman）明确提及制度的合法是来自制度在社会中形成的秩序。在制度活动的早期阶段，制度化的活动随着行为模式的不断重复而形成，随后，这种行为模式会在参与者之间引起共同的意义，即"第二阶意义"。这种秩序的合法性，把秩序与广泛的文化结构、规范或规则联系起来，"通过赋予这种秩序以一种规范尊严，证明了制度的正当性"④。

相比政治哲学层面的"正当性"，以约翰·道林（John Dowling）和杰弗里·普费弗（Jeffrey Pfeffer）为代表的自愿依赖理论与社会交换理论

---

① [联邦德国]哈贝马斯：《交往与社会进化》，张博树译，重庆出版社1989年版，第184页。

② Melissa S. Williams, "Reasons to Obecy: 'Multiple Moderuities' and Constructions of Political Regitimacy", in *East Asian Perspectives on Political Legitimaug: Bridging the Empirical - Normative Divide*, edited bry Joseph Chau, Doh chull Shin, Melissa S. Williams, New York: Cambridge University Press, 2016, pp. 25-54.

③ Mark C. Suchman, "Managing Legitimacy: Strategic and Institutional Approaches", *Academy of Management Review*, No. 20, 1995.

④ Peter L. Berger and Thomas Luckman, *The Social Construction of Reality*, New York: Doubleday Anchor, 1967, pp. 92-93.

还从微观层面将合法性视为组织从其制度环境中所抽取的一种资源。① 但詹姆斯·斯科特（James Scott）认为组织合法性是一种反映被感知到的、与相关规则和法律、规范支持相一致的状态，或者与文化—认知性规范框架相亲和的状态。与物质资源和技术信息不同，合法性不是一种为了生产某些新的、不同的产出而进行的投入，而是一种从外部可见的方式来展示的符号性价值。②

对于制度化组织的合法性，学者大多讨论强调的是一种功能性和过程性的效果，即"文化支持"。约翰·W. 迈耶（John W. Meyer）和 W. 理查德·斯科特（Richard Scott）强调的是"文化支持"。他们认为在认识文化—认知性制度独特重要性的同时，制度组织的合法性是指组织得到文化支持的程度。③ 并非所有文化性的规则都能为组织提供支持与合法性。彼得·L. 伯格（Peter L. Berger）与布丽吉特·伯格（Brigitte Berger）、卡勒纳（Hansfried Kellner）强调，文化或是信念的因素，需要一种"被理性化"的过程，就是通过特定的目标而设计那些详细规定、规则和程序的各种方式。④

斯科特将这些关于制度合法性的关键基础要素总结为规制性（regulative）、规范性（normative）和文化—认知性（culture-cognitive）。制度的这三大基本要素为合法性提供了三种不同的支撑：法律制裁；道德支配；可理解、可认可的文化支持（见表 7-1）。⑤ 关注规范性制度要素的理论，强调评估合法性的较深层道德基础。比起规制性控制，规范性控制更有可能被行动者内化。因此，促进行动者遵守规范的激励，除了外在的物质奖励，还可能包括内在的、本质的激励。关注文化—认知制度要素的理论，则强调通遵守共同的情景界定、参照框架，或被认可的角色模板或结构模

---

① John Dowling and Jeffrey Pfeffer, "Organizational Legitimacy: Social Values and Organizational Behavior", *Pacific Sociological Review*, No. 18, 1975.

② James Scott and Gerald F. Davis, *Organizations and Orgauizing: Rational, Natural and Open Systems Perspectives*, Roufcedge, 2016, p.179.

③ John W. Meyer and Richard Scott, with the assistance of Brian Rowan and Terrence E. Deal, *Organizational Environments: Ritual and Rationality*, Beverly Hills, CA: Sage, 1983, p.45.

④ Peter L. Berger, Brigitte Berger and Hansfried Kellner, *The Homeless Mind: Modernization and Consciousness*, New York: Random House, 1973, p.14.

⑤ ［美］W. 理查德·斯科特：《制度与组织——思想观念与物质利益》（第三版），姚伟、王黎芳译，中国人民大学出版社 2010 年版，第 59 页。

板而获得合法性。为了与特定的情景相联系而采纳正统的结构或身份，其实就是通过认知一致性来寻求合法性。来自文化—认知的合法性，是一种"最深层次"的合法性，因为这种合法性依赖于潜意识的、被认为当然而接受的各种理解或认知框架。①

制度的这三大基本要素相联系的合法性基础，有着实质性的区别，并且彼此之间有时可能会发生冲突。看一个组织是否具有规制性的合法性，就是鉴定组织是否依法建立，是否采取了与法律和规制一致的行为。强调一个组织具有的规范性的合法性，那么就是强调组织的道德责任，而这可能支持组织的行动偏离"纯粹的"法律要求。遵守规范性标准，又有可能会偏离科层组织的规则要求。组织还会展示一种文化建构、以获得特定的组织模式，并且被其成员视为合法的组织方式。②

表 7-1　　　　　　　　制度三大合法性基础要素

	规制性要素	规范性要素	文化—认知性要素
遵守基础	权宜性应对	社会责任	视若当然、共同理解
秩序基础	规制性规则	约束性期待	建构性图式
扩散机制	强制	规范	模仿
逻辑类型	工具性	适当性	正统性
系列指标	规则、法律、奖惩	合格证明	共同信念、共同行动逻辑、同形
情感反应	内疚/清白	羞耻/荣誉	确定/惶惑
合法性基础	法律制裁	道德支配	可理解、可认可的文化支持

关注规范性制度要素的理论，则强调评估合法性的较深层道德基础。比起斯蒂文·伯恩斯坦（Steven Bernstein）和威廉·D. 科尔曼（William D. Coleman）从全球化的背景出发，将合法性定义为一个共同体对共同规则的接受和认可。这一定义是政治的，而非法律或是社会学的，将"合法性"同遵照一套公认的法律体系的"合法"相区别开。法律或许是合法性的一个来源，而合法性或许是法律的一个重要支柱。全球化动摇了法律与合法性之间的关系，使国际制度也受到评估与挑战。正在形成的人权

---

① ［美］W. 理查德·斯科特：《制度与组织——思想观念与物质利益》（第三版），姚伟、王黎芳译，中国人民大学出版社 2010 年版，第 70 页。
② ［美］W. 理查德·斯科特：《制度与组织——思想观念与物质利益》（第三版），姚伟、王黎芳译，中国人民大学出版社 2010 年版，第 59 页。

法中关于"保护责任"也因为观察到存在许多的矛盾而不断接受反思。①

二 国际难民制度的合法性来源

制度的合法性同权力有着千丝万缕的联系。亚瑟·L. 斯廷克库姆（Arthur L. Stinchcombe）以权力为线索，解释合法性时指出，谁的价值观确定了合法性的这个问题，同样关乎权力。权力肯定会在合法过程中起到支持作用，但权力并非绝对的仲裁者。② 让-马克·柯伊考对于国际制度的合法性论述主要集中在制度化了国际组织。可将他关于国际组织的合法性来源出总结为国家的授权、给定的任务以及国际组织对单个成员国局限的弥补三个方面。

（一）国家的授权

国际组织是由国家所创立，国际组织是一种处于低制度化水平的组织，主要由西方大国授权，并由此获得进行常规工作的方式和途径。因此，对于国际组织而言，获得各国的承认与持续合法性至关重要。③ 巴特尼与芬尼莫尔将国际组织的权力归结为三个原因：授予性权威（delegated authority）、道义性权威（moral authority）和专家权威（expert authority）。在他们看来，国际组织的权力来源其中一项是国家所授予的权威。国际组织之所以是权威机构，是因为国家让他们掌管特别的任务。联合国的维和行动权威来自成员国通过安理会赋予它的指令。联合国难民署的权威来自其他成员国所创立的章程。道义权威性是指国际组织创立经常旨在体现、服务或者保护某种广泛共享的原则，并且经常利用这种地位作为权威性行动的基础。国际组织通常通过它们对世界的关切与国家服务自我的诉求加以比较，强调中立、公正与客观性，它们的道义权威很大程度上依赖于建立与国家的自利行为相反的话语体系。联合国难民署则是利用其保护难民的道义责任作为自主行动的基础。

---

① [加] 斯蒂文·伯恩斯坦、[加] 威廉·科尔曼主编：《不确定的合法性——全球化时代的政治共同体、权力和权威》，丁开杰等译，社会科学文献出版社 2011 年版，第 6 页。

② Arthur L. Stinchcombe, *Constructing Social Theories*, Chicago: University of Chicago Press, 1968, p. 162.

③ [法] 让-马克·柯伊考：《国际组织与国际合法性：制约、问题与可能性》，刘北成译，《国际社会科学杂志》（中文版）2002 年第 4 期。

(二) 给定的任务

国家并不会将自己主权管辖权完全让渡给国际组织,因此,在授权的过程中,对于超国家责任部分,各国也会确立自身的"第二个合法性标准"以在组织成员之间建立一种拥有共同价值的文化。[①] 因此,国际组织通过国家授权和建立的共同价值文化而建立了国际社会政治意义、存在正当理由以及自身在特定领域所特有的宗旨。除国家的直接授权外,在国际社会中,各种文化的以及政治的"权威机构",例如联合国,也可以授予其他行动者或者国际机构合法性。但机构"权威"与否,仍然与国家的授权有关。联合国难民署创建之初就被赋予了执行 1951 年《关于难民地位的公约》的职责来处理难民事务。按照难民署章程和公约对难民的定义与相关规范来保护难民,最终使难民问题得到永久性解决。因此,难民署按照联大和经社理事会的要求履行职责的行动是具有合法性的,而一旦无法完成任务,则会伤害其合法性,除非给定任务的定义与规则发生变化。

(三) 国际组织对单个成员国局限的弥补

国际组织不单要确保自身的授权问题和任务完成效果,还需要通过各种程序、实践工作,实现成员国家间的求同存异、兼容并蓄,在弥补单个国家行为不足的情况下,实现多边努力的合力,增加合力的附加值。甚至弥补与提升国家本身的合法性。[②] 专家权威是国际组织因为自身具有的专门知识而获得的权威性。专家宣称拥有一种具有道义性的、建立在技术知识和专业训练基础上的专业知识。专业知识不仅使得国际组织具有权威性,而且塑造了这些组织的行为方式。国际组织的工作人员强调他们所掌握知识的"客观性",专家越是能够成功让数据自己说话,越是能够在不需要官僚解释就产生的政策建议上看起来更具有说服力。[③] 国际难民制度一经建立,就有着处理与应对各类难民问题的使命。为了让其履行治理难民的职责与使命,在联合国大会与经社理事会授权其对难民问题进行治

[①] [法] 让-马克·柯伊考:《国际组织与国际合法性:制约、问题与可能性》,刘北成译,《国际社会科学杂志》(中文版) 2002 年第 4 期。

[②] [法] 让-马克·柯伊考:《国际组织与国际合法性:制约、问题与可能性》,刘北成译,《国际社会科学杂志》(中文版) 2002 年第 4 期。

[③] [法] 让-马克·柯伊考:《国际组织与国际合法性:制约、问题与可能性》,刘北成译,《国际社会科学杂志》(中文版) 2002 年第 4 期。

理，同时主权国家将其作为"国际权威"机构对其进行合作授权。在第一次世界大战结束到第二次世界大战爆发前的制度萌芽与早期发展阶段，国际难民制度得到了国际联盟的授权，第二次世界大战后则由联合国大会授权处理难民事务，并直接成为联合国众多功能性组织中重要的一员。来自这些权威机构的认可、证明、鉴定、资格认证或是委托，也就成为联合国难民署作为难民组织合法性的重要标志。

虽然具有国际概念的难民问题应对方式出现于第一次世界大战结束后，但对难民的庇护文化，一直存在于欧洲的宗教世界。相较其他国际组织功能，国际难民制度就是为应对难民问题这一完全独特存在的目标而设计的，包括规则、规范与决策程序。在特定的国际社会环境中，难民组织如果想要生存下来，完成初始任务、发展壮大，除了需要物质资源和技术信息，还需要得到与之相对应的社会认可、接受与信任。

在考察国际难民制度产生、发展至今的整个过程，我们可以发现，在国际社会的现实中，国际难民制度的很多形式，并非规制性、规范性或是文化—认知这三种制度合法性基本要素中的某一项在单独起作用，而是以不同的组合形式出现，或是三项同时出现。在三要素共同作用的情境中，治理难民问题的国际制度实践，才逐步被国际社会所接受，从一些短暂的、具有特定针对性任务的制度，蜕变为当今联合国难民署这个得到国际广泛规范性许可甚至自身获得了权威化的权力，这是非强制性国际制度发展史中的惊人结果。当然，在第六章关于难民署发展历程的回顾中，我们仍然能够看到，在获得授权认可、专业权威的难民署，依然在不同的发展阶段遇到巨大的挑战，直至遭遇合法性危机。

三　国际难民制度的合法性危机

全球化将合法性问题引入全球政策领域，国家间经济与文化的相互依存关系，使得治理议题的超领土化，越来越难受国家边界的控制，国内权威处理这些跨国关系时出现了不协调。这一直是国际难民制度合法性危机产生的根源性问题，也是第二次世界大战后关于民族国家内部政治合法性争论发生转向的原因之一。约翰·鲁杰（John Ruggie）有说服力地将这一治理问题总结为国际制度的结果。国际制度被国家设计用于降低国家间关系的不确定性，社会与国内民众也会期望这些国际制度提供社会正义、平等、生态安全，甚至是人的安全。

作为国际制度的组织形式，国际组织努力通过各种程序与实质工作，给予各国以自身努力之外的附加值，使其努力得到升华和改造，以实现更多的国际互惠、责任共担。国际组织不单要确保自身合法性的类型和程度，还要在任何需要的时间和空间中，弥补国家行动的不足，促进国家身份变化、推动国家面向多边利益，从而弥合与提升国家自身的合法性。然而，用夸克的话来说，冷战后国际组织的进步依旧渺茫，国家依然故我、关注自身，国家间、国家同国际组织间隔阂依旧如故，从而影响并伤害国际组织的合法性。①

逐渐获得权威的国际难民制度，形成了独立于国家而运行的、有其特定目标与任务、有自主性的机构——联合国难民署，从而限制主权国家的自主性与公民参与决策的能力。然而，超越国家权威场所的参与者，常常没有代表受其决策影响的对象，使得责任问题复杂化。如果合法性总是建立在一致接受、相关共同体所承认的规则和正当规范的基础上，那么定义特定共同体成员身份就成为首要问题。因此，共同体成员的身份问题以及恰当的规范应该包括哪些就成为首要关注点。当共同体与成员的身份开始重新商议与定义时，国际制度长期存在的规则和规范就遭到质疑，动摇了合法性的实现，从而产生合法性危机。②

根据国际难民制度历史演进中遇到的挑战，结合研究合法性的学者关于合法性来源与合法性危机的描述，可以将国际难民制度的合法性危机总结为三类：一是覆盖性不足与授权代表性质疑；二是权威削弱与认同危机；三是制度扩散受阻于制度重叠遭遇的制度间竞争（详见表7-2）。

表7-2　　　　　　　　难民署的合法性危机与原因

合法性来源	合法性危机类型	合法性危机表现	原因
国家的授权	成员覆盖性不足，授权代表性遭质疑	世界仍有国家未签署《关于难民地位的公约》；缔约国未遵约	一些主权国家不愿对难民保护责任做出承诺，或不愿履约

---

① ［法］让-马克·柯伊考：《国际组织与国际合法性：制约、问题与可能性》，刘北成译，《国际社会科学杂志》（中文版）2002年第4期。

② ［加］斯蒂文·伯恩斯坦、［加］威廉·科尔曼主编：《不确定的合法性——全球化时代的政治共同体、权力和权威》，丁开杰等译，社会科学文献出版社2011年版，第8—10页。

续表

合法性来源	合法性危机类型	合法性危机表现	原因
道义与专业性权威	权威削弱	难民署无法主导保护行动；难民治理主体采用替代性规则，绕开难民保护责任	与国际难民制度同相关制度与组织（例如国际移民组织）的重叠
给定的任务	认同危机	难民署同其成员国或非成员国之间、与其他国际组织或机构之间在价值观念和政策方面的分歧	无法实现其宗旨——保护难民，最终实现难民问题的永久性解决
对单个成员国局限的弥补	行动受限	难民署不再着力对单个国家的难民保护行动进行财政支持	财政缺口，自筹经费有限

（一）覆盖性不足与授权代表性遭质疑

难民公约签署国、联合国难民署与其他相关机构成员对国际难民制度的质疑，全球化快速扩大了质疑合法性的范围。①

斯蒂文·伯恩斯坦（Steven Bernstein）和威廉·D. 科尔曼（William D. Coleman）认为，重新定义或重新商谈有关政治权威以执行集体自主性的诸多努力都对合法性的基础提出挑战。同样，团体成员对权利的要求可能会对这样一个问题的基础提出挑战：如果他们不被包含在决策过程当中，那么集体自主性如何执行。简言之，在为这些重新商谈和疑问开启通道的过程中，杰克·史密斯（Jackie Swith）认为全球正义运动对公权机构的怀疑，国家和国家间机构的参与对全球体制的民主化是必要的。观察全球化相关的社会运动的分支，他担心，如果缺少这种民主参与，那么，来自极左和极右翼的抵制派就会占上风。结果，对全球民主和智力都有潜在的破坏力。② 研究者们发现，全球化有助于重新配置政治权力，使得全球化能使传统民族国家结构之间不断地再协调。关于合法性的斗争不仅仅是参与式的全球化，这种参与式的全球化根植于自主性的表达，能够在适当层级上建构合法化的权力，这种全球化也是为道德使命而竞争的全球化。反之，则合法性受挫。

一方面，全球化使得难民问题与难民危机的溢出范围更广，规则与规

---

① ［加］斯蒂文·伯恩斯坦、［加］威廉·科尔曼主编：《不确定的合法性——全球化时代的政治共同体、权力和权威》，丁开杰等译，社会科学文献出版社 2011 年版，第 4—5 页。

② 转引自［加］斯蒂文·伯恩斯坦、［加］威廉·科尔曼主编《不确定的合法性——全球化时代的政治共同体、权力和权威》，丁开杰译，社会科学文献出版社 2011 年版，第 22 页。

范具有更普遍意义时，未对难民制度做出承诺的制度外国家和其他行为体，就同这些规则规范产生了矛盾与张力。同时，许多签署与加入公约的成员国对公约内容做出的保留性承诺，也会削弱制度的规范性效果。因此，这种矛盾张力和保留性承诺使公约的规范范围出现覆盖性不足的问题。另一方面，对于在历史演进中成就的、属于国际难民制度的新规则、规范，最初加入公约的国家并不一定认同并为之做出新承诺，使得新制度虽然由联合国难民署执行，却存在对授权代表性的质疑。

（二）权威削弱与认同危机

这一类合法性危机是由于制度权威受到削弱，造成制度所要协调的领域遭遇认同危机。对于国际难民制度而言，最典型的认同危机就是国际社会对联合国难民署难民治理能力的不认同。哈贝马斯谈及政治危机倾向时曾对"合法性危机"进行定义。他认为合法性危机是一种认同的危机，来自系统的局限性。政治系统需要尽可能投入各种不同的大众忠诚，所产出的则是由权力机构贯彻的行政决定。合法性系统无法贯彻来自经济系统的控制命令，将大众忠诚度维持在必要的水平上。[1] 在联合国难民署备受国际社会质疑且不被配合与需要时，反映出的就是这种大众忠诚度难以维系。

1. 国际组织存在的价值观念与政策分歧

这种认同上的合法性危机，首先体现在国际组织——联合国难民署同其成员国或非成员国之间、与其他国际组织或机构之间，甚至于难民与所在国民众在价值观念和政策方面的分歧中。[2] 在处理重大争端时，人们还会指望国际组织能够起到主导作用。然而，国际组织内部、国际组织间存在的政策分歧，容易导致建议、决策与执行缺乏一致性，成员内部缺乏凝聚力，认同不再。

在联合国难民署正式成立以前，甚至是该组织成立之初，针对难民的国际救济行为主要是指国际社会对于欧洲地区流离失所问题的一种短暂、临时的行动。在某一次突发事件或是某一个难民群体的阶段性问题解决之后，这种时效性的组织往往被解散。但难民问题本身此起彼伏，无论是针

---

[1] ［德］尤尔根·哈贝马斯：《合法化危机》刘北成、曹卫东译，上海人民出版社2009年版，第54—57页。
[2] ［法］让-马克·柯伊考：《国际组织与国际合法性：制约、问题与可能性》，刘北成译，《国际社会科学杂志》（中文版）2002年第4期。

对俄国难民南森两次被任命以及难民高级专员的诞生、针对犹太人和其他从德国出逃者的救助行为，还是各项公约与协定的产生，都是一种相同或类似行为模式的反复实践。虽然组织和救助行为是临时且短暂的，但其间发展出的保护与救助规范在国际社会人道主义领域逐步获得肯定。

第一次世界大战和第二次世界大战期间的难民高级专员和第二次世界大战后的国际难民组织，都受到不同权威——国际联盟、联合国以及处于绝对优势地位国家的合法性授权并受其支配。这些不同权威的利益、意见、理解不一致则会造成难民制度安排的否定性后果。而到底是哪个权威机构的评价对于难民制度安排的合法性起决定作用？国际难民制度的很多组织结构之所以存在和扩散，例如难民事务高级专员，是因为它们被相对独立的强大机构视为合适的、适宜的。而如善后救济总署或是国际难民组织的结束，也是因为被权威的力量所否定的结果。

难民问题爆发的历史背景都非常复杂，通常伴随国家、国家同盟间的战争、族群或是宗教的冲突而来。在治理难民的过程中，治理行为体也面临各种竞争性的统治或是治理主动权的争夺，这一点，在第二次世界大战后难民署、联合国近东巴勒斯坦难民救济与工程处的建立过程中，体现得淋漓尽致。该过程体现了国家间、国家联盟间、国家与国际组织，甚至是国际组织间的竞争。第二次世界大战后，虽然两大阵营的领导者——美国与苏联具备国际社会中其他行为者难以匹敌的权力，且联合国也成为两股力量的较量场所，但美国没能成功阻止难民署的诞生与成长，苏联也没能维持善后救济总署的遣返行为。看似已经确立的国家权力影响，还是受到各方反抗性权力的相互抵消。

面对这些冲突性规范要求与标准，作为能动者的组织往往发现自主性受限，无法采取行动。因为如果该组织遵守其中一种要求和标准，就会妨碍其他机构或是国家的规范支持。难民署在建立之初，组织运行、援助任务实施所遵循的是1950年《联合国难民署章程》。但该章程存在的不足也是明显的。为了弥补章程的不足，1951年《关于难民地位的公约》才正式出台。16年后，《关于难民地位的议定书》再次修正了《关于难民地位的公约》对难民定义的缺陷。随后，国际难民制度还出现区域性的扩展条约，再次将难民定义放大以符合治理难民的实际需求。

2. 国际组织的"侍从主义"

国际组织的"侍从主义"（clientelism）产生的根源在于国际组织需

从成员国处获得符合其多边使命的有力支持与合作。这就容易导致身负普遍主义重任的国际制度在包容性和普遍利益方面的信息缺失，甚至偏向于那些在财政经费支持上、国际体系中有重大影响的国家以及其他利益攸关方，造成普遍利益的特殊化、特定议题决策的民主赤字。因此，作为国际制度与组织合法性关键来源的多边性难以彰显，组织章程中特定目标与权限同实现手段之间严重失衡，破坏了国际制度的合法性。① 这一点同覆盖性的不足有关联，又不完全一致，二者分属代表性不足的不同维度。覆盖性强调的是"新成员"的承诺、支持与认同，或是"老成员"对新规则规范程序的认可与新承诺。侍从主义则更强调制度在成员中，对某些成员的利益有显著偏好。

3. 国际原则、规范的确定性和不确定性

国际制度是建立在一些得到普遍认可的基本原则之上。这些国际原则在历史演进中得到承认与确立，是国际制度社会化的结果，有的原则具有兼容性和聚合性，规范概括了国际领域各参与者的合法行为与责任，这些原则与规范是确定的，具有规范性。但问题在于原则形成的规范、价值内容表达、解释与应用，在历史发展中不一定是前后一致的。② 最显著的例子就是联合国维和行动、人权保护与不干涉原则之间的倾轧与矛盾。当国际局势相对稳定、国际矛盾相对缓和时，国际社会可能相对满足某一种解释，或者相对其他解释更偏好于其中一种解释，奉行该原则的国际制度与组织的国际支持度就相对较高，合法性彰显。而当国际冲突激化、国际社会极化，对原则的解释则尖锐对立，规范共识不明确，原则的应用、组织行动的合法性随之受损。再如难民署的遣返行动。按照自愿遣返原则，难民署的遣返行动不能违背难民的意愿，且需要返回地区的安全条件。然而，现实中的情形会更加复杂。且不论陷入困难境地的难民自主选择权极为有限，难民返回的乡里安全局势也很可能瞬息万变。难民署很难预测安全局势的长久变化，也不具备安全供给与保证的能力和权责。返乡者在当地局势恶化后再次陷入危险、再度逃离，这使难民署的遣返行动屡遭诟病。

---

① ［法］让-马克·柯伊考：《国际组织与国际合法性：制约、问题与可能性》，刘北成译，《国际社会科学杂志》（中文版）2002 年第 4 期。

② ［法］让-马克·柯伊考：《国际组织与国际合法性：制约、问题与可能性》，刘北成译，《国际社会科学杂志》（中文版）2002 年第 4 期。

（三）制度的扩散受阻与制度重叠

如第三章提到，难民署所遇到的挑战还可能来自制度的重叠。新全球治理手段不断地扩散，使其他类型的制度在功能上具备了一些与难民保护机制平行或重合的元素。随着全球性议题及其参与者的多元化、大规模流离失所问题的产生，混合国际迁徙趋势开始凸显；区域性政府间组织、非政府组织等越来越多的行为体参与到难民治理中；例如《欧洲人权公约》和《禁止酷刑和其他残忍、不人道或有辱人格的待遇或处罚公约》[①] 等人权制度开始与难民署所主导的难民保护机制形成互补。在国际难民制度保护规范向国家层级扩散时，会遭遇国内制度的认同困境，此时，相关的非政府组织可以对国际制度向国内扩散时起到重要的促进作用。[②]

国际难民制度
- 联合国难民署UNHCR
- 1951年关于难民地位的公约
- 区域条约

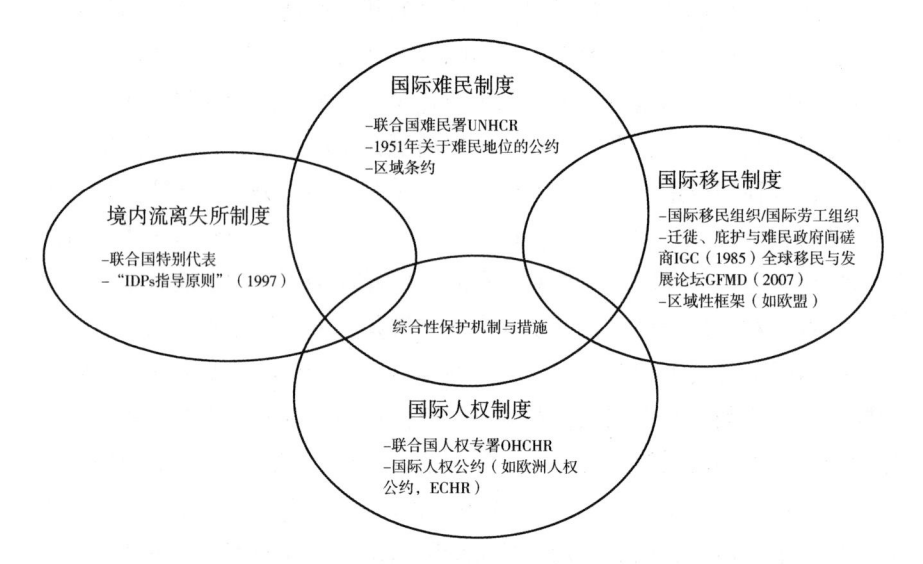

国际移民制度
- 国际移民组织/国际劳工组织
- 迁徙、庇护与难民政府间磋商IGC（1985）全球移民与发展论坛GFMD（2007）
- 区域性框架（如欧盟）

境内流离失所制度
- 联合国特别代表
- "IDPs指导原则"（1997）

国际人权制度
- 联合国人权专署OHCHR
- 国际人权公约（如欧洲人权公约，ECHR）

综合性保护机制与措施

图 7-1　国际难民制度同相关制度的重叠[③]

但并非所有与难民署代表下的难民制度平衡或是重叠的机制都对难民治理有积极作用。

---

① 资料来源于UNHCR网站，http://www.unhcr.org/49e479d10.html。

② Petrice R. Flowers, "Failure to Protect Refugees? Domestic Institutions, International Organizations, and Civil Society in Japan", *The Journal of Japanese Studies*, Vol. 34, No. 2, Summer, 2008.

③ Alexander Betts, "Institutional Proliferation and the Global Refugee Regime", *Perspectives on Politics*, Vol. 7, No. 1, March, 2009.

一方面，一些发达国家还战略性地缔造与难民制度平行或重叠的新制度，来绕开联合国关于难民保护的强制性规则，把难民保护的重担往发展中国家转移。尤其是与难民机制重合的新迁徙机构，可以针对自发到达的避难行为，变更难民准入的规则与门槛。20 世纪 90 年代，爆发了严重的境内流离失所者（IDPs）问题，人们慢慢意识到，与难民相比，境内流离失所者很少能得到国际保护。以针对境内流离失所问题设立的联合国秘书长特别代表（UN Secretary General's Special Representative）以及 1997 年《境内流离失所的标准指南》（Guiding Principles of Internal Displacement）为基础的新制度框架开始逐步兴起，用以治理境内流离失所问题。[1] 许多发达国家之所以甄别"国内逃亡的替代选择"，就是为了证明那些遭受迫害的人可以在原籍国境内受到保护，因此没必要逃离原籍国。这就暗示了一种情况，那些本来可以得到庇护的难民，如果能够在原籍国找到保护，那么他们对其他国家提出的庇护申请就会遭到拒绝，并被遣返。国内逃亡的替代性选择，成了境内流离失所治理机制与难民机制相重合的一种方式，很可能损害到保护难民的行动。

另一方面，新兴的全球治理手段逐步形成扩散后了的机制，抢先为国际制度尚不明了的议题领域立规。这种结果削弱了难民署在国际难民治理机制中的根本地位，影响了难民署治理难民的效果。随着时间推移，在国际移民领域并没有与难民保护同时发展出正式的国际多边治理制度，取而代之的是区域性和跨区域的非正式治理框架。从 20 世纪 80 年代开始，出现了与难民保护机制有潜在竞争，甚至相背离的机制环境。例如欧盟共同的"司法与内务制度"（JHA）试图制定一个共同的庇护和移民迁入政策；[2] 1985 年成立了以发达国家为成员的"关于迁徙、庇护与难民的政府间协商"（IGC），为成员国提供在联合国难民署的传统多边论坛之外的非正式、非决策性论坛，讨论庇护和人口迁入政策；还有国际迁徙全球委员会（GCIM）。[3] 依靠这些新兴的机构框架，国际移民组织（IOM）在全球移民治理相关领域已经扮演的角色日益突出。虽然这些框架主要平行于全

---

[1] Thomas Weiss, and David Korn, *Internal Displacement: Conceptualization and its Consequences*, London: Routledge, 2006, pp. 71–88.

[2] Madeleine Garlick, "The EU discussions on extraterritorial processing: Solutions or Conundrum?", *International Journal of Refugee Law*, Vol. 18, No. 3, 2006.

[3] 资料来源于 IOM 网站，https://www.iom.int/igc。

球难民制度，但像欧盟、"关于迁徙、庇护与难民的政府间协商"和国际移民组织就按照人口迁徙议题，而非采取难民署的难民议题来处理庇护事宜。当然，虽然2016年国际移民组织也正式成为联合国系统机构，与难民署相互协作应对混合迁徙问题，形成紧密协同的"姐妹"机构关系，但功能重叠依然使二者面对许多领域的竞争。

四　国际难民制度合法性的实现过程

在全球性问题日益凸显的时代背景下，一个具体化了的国际制度如何实现它的合法性，有着复杂的因素，这不但涉及国际制度的合法性来源，更体现其制度化组织的能动性、组织内部成员的遵约行为甚至是制度对组织外其他相关行为体的影响，并尤其体现为国际制度是否能在主权国家层面得到实施。如果国际制度得不到相关行为的法律化承诺与制度性实施，那么制度很难有效，其权威性同合法性也会遭到损害。

本书的研究目的，是要从国际难民制度发展中还原一个合法性实现的过程，因此需要选出最具代表性的行为主体，以及划分各个合法性实现的行为过程阶段。首先需要界定在合法性实现过程中，体系庞杂的国际难民制度是什么。为了让合法性实现具有可观测性，接下来我们将采用第一章中对国际难民制度做出的狭义定义，即最具法律约束力的1951年《关于难民地位的公约》、1967年《关于难民地位的议定书》，以及为执行难民公约而生的制度化组织——难民署。正如第六章回顾的，第二次世界大战结束后成立的善后救济总署、国际难民组织都是非永久性的制度安排，相较难民署成立至今已经有大半个世纪，显然代表性较弱。1951年《关于难民地位的公约》和1967年《关于难民地位的议定书》出台后，成为获得国际社会最广泛认可的"正统"国际难民制度规范。难民署成立后，难民治理领域进入了"难民署"执行公约的时代，国际难民制度有了最具专业权威的、长久性的制度化组织，公约也有了"正统"且权威的专业执行组织。因此，可以将国际难民制度的合法性实现过程，切分为两部分：既定的上述公约及议定书，以及制度化的组织、发挥主观能动性的公约执行者——难民署。

结合国际难民制度在难民署成立后的发展历程回顾，以及前文关于合法性基础、来源与危机的理论解释，国际难民制度合法性的实现，可以大致从以下三个过程来探讨：

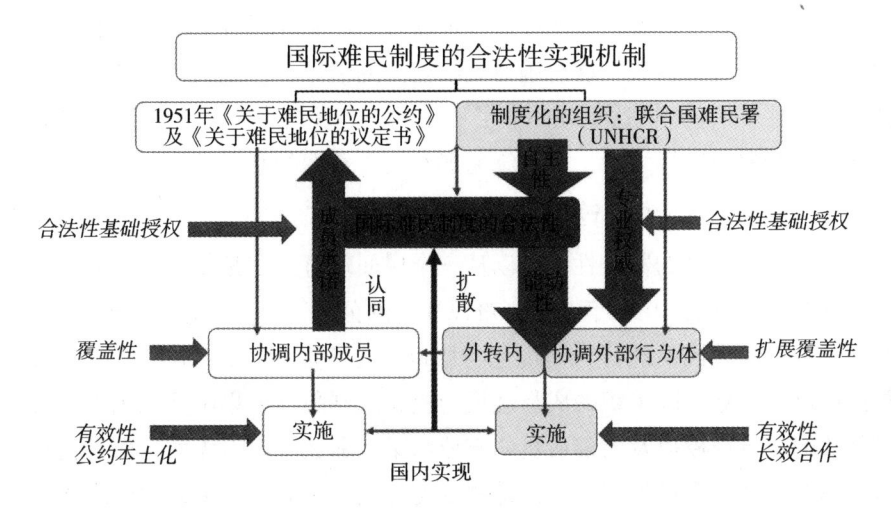

图 7-2　国际难民制度的合法性实现机制

（一）获得合法性基础的授权过程

对于国际难民制度而言，获得各国的承认、让渡主权而被授权，是合法性基础，并对合法性的可持续至关重要。制度化的组织——难民署，之所以能够成为权威机构，是国家让其承担特别的任务——难民事务权威来自其他成员国定义其任务的章程。在非权力政治的语境下，1951年《关于难民地位的公约》旨在体现、服务并保护国际广泛共享的国际人道主义精神，以及对人无差别的尊重原则，所代表的，也是强调国际道义的力量。这就赋予了国际难民制度的道义权威性。

从1951年《关于难民地位的公约》的角度看，获得合法性基础的授权的过程首先是主权国家为了应对难民问题，愿意让渡部分可接受的主权来创制国际难民公约。在主导制定1951年《关于难民地位的公约》的谈判中，西方国家政府关注的重点在于限制公约对其产生的财政和法律上的约束，想制定一个既不会对国家主权构成威胁，也不会强加给国家新的财政义务的公约。[①] 因此，在公约签署生效后，以公约为核心的现代国家难

---

① British Public Records Office, Foreign Office Files, FO 371/87443, 23 September 1950. Qwoted from Gil Loescher, *The UNHCR and World Politics: a Perilous Path*, Oxford: Oxford University Press, 2001, p.55.

民制度就正式获得了合法性基础授权。

虽然"公约—难民署"时代的国际难民制度成形之初,美国的保守主义对苏联在联合国安理会的权力、苏联阵营国家在联合国秘书处和联合国专门机构中的代表权、联合国对人权公约的倡导,统统都心存怀疑,对国际主义并不信任。[①] 这也就凸显了"公约—难民署"时代的国际难民制度在获得授权合法性之后,仍继续拓展其覆盖范围的必要性。

(二) 覆盖性扩展过程

国际难民制度的覆盖性,可以从三个层面理解。一是制度内部成员的承诺(加入、签署1951年《关于难民地位的公约》),并对其做出承诺、接受制度对其难民治理行为的规范与协调。是否能得到内部成员的承诺,一般应该是根据国际组织的成员规模与成就来判断,如果国际组织不能得到足够的成员规模以及内部成员的充分承诺,那么它们就无效,而且其权威性和合法性也会遭到损害。二是制度覆盖性的扩展。包括发挥制度化组织也就是难民署的能动性,动员制度外行为体的加入公约并对难民署时代的难民保护相关规范做出承诺,实现非公约签署国的"外转内"。三是努力说服与协调公约签署国之外的国家治理行为。得到外部行为体的加入并承诺覆盖性的实现,可以加强制度本身的合法性。从过程演进上看,第一层面大体已经在授权合法性获得之时就得到实现。因此,第二层面的"外转内"、第三层面的"协调制度外行为体"就更有针对性地描述了国际难民制度的覆盖性扩展过程。

从公约的角度看,公约生效之初,虽然已有了最初的授权合法性,但其覆盖性非常有限。作为主导两大阵营的美国与苏联,都从己方利益出发不认同公约的意义,更未对公约做出承诺。作为西方大国的主导者,美国依照自身的外交政策优先事项建立难民政策,并没有迅速签署公约。苏联直至解体,也没有加入公约。但匈牙利难民危机后,认识到公约价值的美国,终于在1968年加入1951年《关于难民地位的公约》与1967年《关于难民地位的议定书》。这是公约第一次具有里程碑意义的覆盖性拓展,因为获得了美国的认同与承诺。美国在国际体系中权力占优、在联合国决议中有强大影响力,这对难民署从专业权威到财政支持都产生了积极的作

[①] Gil Loescher, *The UNHCR and World Politics: a Perilous Path*, Oxford: Oxford University Press, 2001, p. 51.

用。随后几十年,在难民署的推动促进下,公约成立的50、60周年都有一批批新的国家加入公约签署行列,为国际难民保护做出承诺,保护行为受1951年《关于难民地位的公约》规范。作为固定的、静止的法律文本,除了从公约签署国数量不断增多、做成履约承诺的国家越来越多之外,国际难民制度的覆盖性扩展过程显得有些单调与呆板。而组织化了的难民署,它的覆盖性扩展过程就要能动、生动得多。

从难民署的角度看,在其成功应对了匈牙利难民危机、专业权威获得国际社会广泛认可之前,虽然已经获得国家授权(联合国大会),却是一个自主性极低、完全依赖于联合国大会,且只有极小行政预算保障的机构。美国一直寻求建立一个管辖权狭窄、功能有限的临时难民机构。美国认为,难民署唯一的职责只应该是国际保护,想通过剥夺联合国大会对难民署行动的支援、难民署寻求自愿捐款的权利,来否决难民署的救济作用。美国限制高级专员的授权、否决高级专员办事处的管辖权与物质援助行动筹措能力。难民署仅掌握了资金量极低的难民"紧急基金",美国在1955年以前更是没有为其应急基金做出任何贡献。难民署在难民事务中的职责,被缩减得几乎同当年国际联盟委派给高级专员的权限无异。[①] 难民署也还是没能和国际难民组织一样能得到来自苏联阵营的支持。苏联反对一切主要目的不是遣返难民的所有举措,因此不可能对难民署加以信任。直到苏联解体、冷战结束,难民署也没能得到苏联的支持。

执行公约的难民署,并未止步于成立之初的授权合法性。对难民不分种族、性别与群体的普遍人权保护,是难民署的道义权威来源,是国际组织创立经常旨在体现、服务或者保护某种广泛共享的原则,并且经常是权威性行动的基础。国际组织通常用它们对世界的关切与国家服务自我的诉求加以比较,强调其中立、公正与客观性,它们的道义权威很大程度上依赖于建立与国家的自利行为相反的话语体系。难民署则是利用其保护难民的道义责任作为自主行动的基础。同时,财政拨款与筹款问题,使难民署获得自主性的保障。匈牙利难民危机之后,其专业权威暴涨、财政有了自筹权,任务也从欧洲走向全球,对发展中地区的关注也使其道义权威走向

---

① UNHCR, Prolongation of the Office of the United Nations High Commissioner for Refugees Prolongation of the Office of the United Nations High Commissioner for Refugees 727 (Ⅷ), General Assembly, October 23, 1953, http://www.unhcr.org/excom/bgares/3ae69ef010/prolongation-office-united-nations-high-commissioner-refugees.html.

高峰。这是难民署最经典的覆盖性扩展阶段。

(三) 国际难民制度的国内实现

难民署认为,能对难民提供终极保护的主要还是国家,自己首先是《关于难民地位的公约》的执行机构,同样负责难民保护、监督与辅助国家符合公约要求地保护难民,动员非缔约国加入公约,同时辅助非缔约国也对难民进行救助。从而,在一切可能的情况下,最大限度地救助难民,最终解决难民问题。因此,在能够实现最主要的治理行为体——主权国家对制度的承诺、认同与覆盖性扩展后,对于国际难民制度而言,判断其合理合法有效与否,关键在于规则规范是否在主权国家内部实现本土化,即在国内治理中实施。这就是国际难民制度的最终合法性之所在。然而,国家会对国际难民应对的新态势同国内秩序维护之间进行权衡,因此,即使公约的成员国家也并不必然对新的难民危机、新规范做出承诺,承诺后也并不必然遵约或为新旧规范提供国内合理化的依据。因此,这些国家遵约环节对于衡量国际难民制度的有效性就显得至关重要。在承诺与遵约的过程中,国内制度无疑同难民保护的国际制度以及执行制度的难民署紧密地相关联。这不但对难民危机影响深远,更关乎国际难民制度规范主权国家保护行为的有效性,即遵约的直观表现是国际规范的国内化。也就是需要国际难民制度与主权国家的国内话语、法律体系和科层机构等国内制度构成,具有制度上的一致性。[1]

对 1951 年《关于难民地位的公约》而言,规范化内容和协调内部成员的功能想要真正发挥作用,需要国家成体系的法律规范来实现。公约合法性最终在国内法中的实现,并不容易。实现与否,需要考察对公约做出承诺的国家在国内是否已经有庇护法律体系,该体系是否与公约精神相一致。主权国家的遵约效果同国家政府的遵约决心、国内治理水平密切相关。国家的财政状况、法治化水平、中央与地方关系、国内法律法规的执行力等,都会影响公约在国内的实现效果。

对于难民署而言,则在应对难民问题上能同主权国家进行长效合作。长期有效的合作基础是遵约,不但包括国家对全球难民行动的财政支持,更重要的是,当国家卷入难民危机时,能够持续同难民署密切合作,从政

---

[1] 关于国际规范国内化的相关论述,详见 Jeffery T. Checkel, "Norms, Institutions, and National Identity in Contemporary Europe", *International Studies Quarterly*, No. 43, 1999.

策法律、治理行为上，支持与配合难民署的行动，直到危机彻底化解、难民问题得到永久性解决。所以，理想状态下，难民署同国家的有效合作应该表现如下：

一是当国家为难民来源国时，能够按照联合宪章要求，尽快结束国内/国际危机，阻断侵害国民的根源、铲除病灶复发的可能，实现国内社会秩序、基础设施的重建，为逃往他国的国民返乡生活发展做好准备。

二是当国家为难民第一到达国时，能够遵循公约要求、难民署执委会有关决议，同难民署合作（或授权难民署处理相关事宜），在大规模危机迁徙者涌入时，能够遵循"不推回"原则、施行有效的临时保护，接受与处理庇护申请，同时开启身份甄别程序确定难民身份，给予他们同身份相对应的居住与发展权利，使其融入当地社会或是转移安置于第三国，并将不符合难民身份要求的寻求庇护者在尊重其人权的条件下遣返回原住地。

三是当国家既非难民来源国，也非难民第一到达国时，应当出于国际人道主义精神，本着公约原则以及《难民问题全球契约》倡议，支持难民署工作，努力促进和平与发展进程，积极分担难民负担，给予难民署和其他难民收容国以必要的资金支持、营造宽容与仁慈的国际国内社会氛围，从而为难民适当提供重新安置于本国和他国的机会。无论是同以上哪一类国家合作，难民署都需要说服国家政府和国内社会民众，倡导国内遵约的法治化进程，与国内社会各界协作，营造难民保护的宽容社会氛围，使难民无论身处哪一类国家，都能融入社会，发展生计。

当然，这些都只是被倡导出的理想状态，现实中，国际难民制度在国内的实现举步维艰，即使在国家政府已经做出承诺、决心遵约的情况下，国家依然会受制于国内社会舆论的不认同、不接受，囿于国家/地方包括财力、治理能力与动员能力、不健全的法制，国际难民制度合法性的国内实现任重而道远。

第三节　构筑第三图景：国际—国内的二元互动

上一节论述了以1951年《关于难民地位公约》和难民署为核心的国际难民制度的合法性实现过程，分割并模拟出实现的三个阶段，即获得合法性基础的授权过程、覆盖性扩展过程,以及包含公约本土化与同难民署长效合作在内的国际难民制度国内实现的过程。由此回答了第一节在回顾与反思合法性实现"图景"中的提问:国际难民制度在获得国家授权的合法性后,由谁来主导"说服"与"传授""规范要义"。被传授的"规范要义"是国家授权最充分、覆盖性最广且国际社会认同度最高的1951年《关于难民地位的公约》及1967年《关于难民地位的议定书》。主导"说服"与"传授"的,理所应当是执行公约的难民署。关于难民署如何"说服"与"传授"?"说服"与"传授"的内容与途径为何?"传授对象"也就是主权国家,是否实现有效"学习"?国家有效的"学习"又需要具备怎样的条件?"学习"效果受到哪些因素的制约?怎样的"说服传授"与"接受学习"才能使国际难民制度在国家治理层面中得到有效实施?这六个问题,将在国际—国内二元互动的分析框架搭建以及第八章的三组案例中试图解答。

包含公约本土化、国家同难民署长效合作在内的国际难民制度合法性国内实现的过程,是能够展现国际难民制度有效与否的阶段。虽然,国际难民制度与国家的互动存在于制度合法性实现的每一个过程,但描绘"国内实现"阶段的互动,可以更加深入与具体,直指"公约—难民署"指代的国际难民制度的有效性。

"二元互动"应当包含两个主体的行为:一是为实现国际难民制度合法性的难民署,发挥主观能动性同国家进行合作,通过一定的互动途径与内容实现合法化;二是为解决难民问题的国家,在一定的政治经济文化禀赋条件的基础上通过一定方式,遵守公约并使其本土化,同难民署合作应对治理挑战,最终实现治理效果。也就是难民署能动地"说服""传授"以及国家本土化"学习"的二元互动分析。

难民署的"说服""传授"途径与国家的本土化"学习"条件要素是复杂多元的,大致可概括为表7-3中的各项内容。本节内容将详细阐释国际—国内二元互动结构。观测与描述的重点在于公约的国内本土化与难民署同国家的长效合作。

表7-3 国际难民制度合法性国内实现的"国际—国内"二元互动机制

UNHCR"传授"途径		主权国家"学习"(本土化)条件	
目标设置	倡导与传播	静态	动态

续表

UNHCR "传授" 途径		主权国家 "学习"（本土化）条件	
指导行动方案	对关注群体分类、界定	危机，新的不确定环境	原国内规范受质疑
参与者的认同与承诺	形势评估	国际制度与国内话语、法律体系的一致性	国内精英及其他倡导者
吸引外部支持者	倡导难民保护、专业政策、法律咨询	中央承诺与地方政府行为认知的一致性	内外规范可嫁接的空间
评估绩效	标准化程序与措施	无相反的先验信念	想让外部承认的内部规范要素

一 难民署的能动"传授"途径

玛莎·芬尼莫尔（Martha Finnemore）重视国际组织在国际制度扩散中的能动"传授"作用。难民署除了完成本身肩负的难民保护工作，还主动担任"教师"，为国家和其他行为体提供明确的学习计划，[①] 说服其认同、认可计划，并使之能够运用难民署的难民保护知识体系与行为规则来处理难民问题。在国际难民制度扩展覆盖性的过程中，制度的三个合法性扩展覆盖要素支撑了整个"传授"与"说服"的过程。

表 7-4 "国际—国内"二元互动机制：UNHCR "传授"途径

UNHCR "传授" 途径	
目标设置	倡导与传播
指导行动方案	对关注群体分类、界定
参与者的认同与承诺	形势评估
吸引外部支持者	倡导难民保护、专业政策、法律咨询
评估绩效	标准化程序与措施

（一）传授的基础设定——联合国难民署的目标

国际组织的"传授"行为要建立在组织目标的基础上。组织行为研

---

① Martha Finnemore, "International Organization As Teachers of Norms: the United Nations Educational, Scientific, and Cultural Organization and Science Policy", *International Organization*, No. 47, Autumn 1993.

究学者 W. 理查德·斯科特（W. Richard Scott）和哥拉尔德·F. 戴维斯（Gerald F. Davis）认为，组织的目标能够发挥多种用途：认知功能，指导行动方案的选择；激励作用，成为参与者认同和承诺的来源；吸引外部支持者；作为评估绩效、参与者和行动计划执行的标准。① 根据章程，难民署既定的终极目标与组织存在的价值是最终解决难民问题。出于此项根本目标，难民署根据每一个阶段全球范围内所面临的难民或其他受关注人群的问题，制定相应的行动方案。行动方案针对的是具体难民或相关人群的保护工作，重点在于保护对象，而非地域范围。因此行动范围不但涵盖了 1951 年《关于难民地位的公约》及其 1967 年《关于难民地位的议定书》的签署国，还包括许多非缔约国。最典型的就是难民署在东南亚的许多行动都是在非缔约国地区开展的。每个行动项目的具体安排都设置定期的公开评估，衡量组织与国家的行动是否在朝目标迈进。

（二）传授的内容——联合国难民署的专业知识

除了有关难民保护的既定内容——1951 年《关于难民地位的公约》及《关于 1967 年难民地位的议定书》，对难民相关事务的对象进行"分类""确定含义"与"解释"国际保护内容，也属于难民署"传授"与"说服"的知识基础。按照巴特尼与芬尼莫尔的理解，国际组织能够通过对分类、确定含义来彰显其在某一国际领域的权力。② 难民署也有对所管辖事务的专业分类与定义的功能：（1）对难民及其他关切人群的分类，即运用一种分类标准，在难民、移民、境内流离失所者和其他类型的人之间做出区别；（2）确定难民相关事务的含义，例如"持久"与"永久"解决方案；（3）制定具体应对难民保护、治理难民问题的标准化程序、措施；（4）根据具体情况，单独或同其他组织一同为需要的国家地区保护难民提供现金、贷款等资金与物资帮助。当然难民署也可通过其执委会决议对国际保护、临时保护进行具体解释。

（三）倡导与传播

（1）倡导难民保护。推动国家和其他行为体认识并遵守国际难民制

---

① ［美］W. 理查德·斯科特、［美］杰拉尔德·F. 戴维斯：《组织理论——理性、自然与开放系统的视角》，高俊山译，中国人民大学出版社 2011 年版，第 247 页。

② ［美］迈克尔·巴特尼、［美］玛莎·芬尼莫尔：《为世界定规则——全球政治中的国际组织》，薄燕译，上海人民出版社 2009 年版，第 44—47 页。

度。难民署会根据全球难民形势的变化,针对某一特定区域或群体的难民问题推出不同的全球倡议,号召与动员国际社会对难民提供援助与保护,并最终解决该问题。难民署每年还会出具年度的全球难民报告、区域报告盘点难民问题现状,呼吁国际社会持续关注难民问题,并给出应对方案,疏导舆论。(2)评估。传授过程中,国际组织可以通过框定"比喻、象征性陈述、认知暗示以及评估"方式来描述和塑造行为与实践并且建议替代性的行动模式①。评估不仅针对组织本身,还针对项目行动所涉及的国家行为,从而对国家与联合国难民署的合作关系、国家自身的难民保护进展本身,客观上产生影响。(3)咨询。为有需要的国家、其他难民治理行为体提供专业的保护政策与法律咨询服务。组织、指导与参与相关工作人员培训,甚至为推广政策法律提供资金支持。具体项目与途径可以参考第四章的内容。

二 国家的本土化"学习"条件

在多元化的世界中,意欲"说服"与"传授"的难民署所面对的广布于全球各个角落的国家行为体,很难完全逐项匹配切克尔提出的静态条件(具体内容请参见本章第一节内容,图景2:"国家为何有选择性地遵守"——文化匹配)。国际制度的扩散,并不是只存在于理性主义解释的"存在"与"接受",或部分建构主义者解释的"文化匹配"或是"文化相容"。国际难民制度的覆盖性扩展,需要更多地考量国家行为体的"学习"(本土化)效果。如果不将切克尔提出的静态条件完全理解为一种遵约的文化匹配定律,而是公约获得本土化的必要条件,那么我们能够看到的是一幅国家"黑箱"打开后的景象,即(1)公约本土化与国家遵约行为可能发生的契机式情境——难民危机及其带来的不确定性环境;(2)国际难民制度合法性在国内实现的社会法治条件,即公约原则、难民署话语同国内话语尤其是法律体系的一致性;(3)在次国家行为体层面,公约本土化与国家同难民署长效合作的条件,即在难民保护承诺与遵约问题上,中央政府与地方政府的行为是一致的;(4)合法性的国内实现所需的国内社会条件,绝大多数相关的国内社会民众没有同国际难民制

---

① [美]迈克尔·巴特尼、[美]玛莎·芬尼莫尔:《为世界定规则——全球政治中的国际组织》,薄燕译,上海人民出版社2009年版,第46页。

度倡导的价值相反的先验信念，比如不会反对人的基本权利与对生命的尊重，或是最理想状态反对一切形式的歧视等。

阿米塔夫·阿查亚（Amitav Acharya）认为国家的"学习"过程可能是一种国际要素的"本土化"过程，作为一种静态文化匹配论的补充解释，他强调这种过程并不是全盘接受或者排斥国际制度，而是指本地行为体对外来观念的积极建构，使外来观念与本地信念和惯例具有显著一致性。有利于"本土化"的条件，他总结为以下几个具体方面：（1）现有规范秩序的某些方面合法性仍是强有力的，但规范秩序的另一些方面遭遇新且未知的挑战、受到质疑或者发现现有规范秩序不够完善。（2）在外来规范向内扩展时，必须有可信的本土行为体自愿认可和倡议规范。不应该将这些"内部倡议者"尤其是精英倡议者，看作外部力量的配角。（3）在外来规范和现在规范结构中的某些方面，应有某些可嫁接的空间。两者的关系应该拾遗补阙，而非完全替代。（4）通过借用或应用国际规范，让现有规范结构中的某些元素得到更广泛的外部承认空间。[①]

阿查亚提到的这四种本土化的有利因素，处于"学习"状态的国家行为体并不需要同时具备。"学习者"国内政治现状、社会结构不同，也会使这些有利因素效果有所不同。例如国内倡导者之一——"精英"所能发挥的效果较之其他行为体或许影响更大。国内精英决策者负责制定政策且对政治结果最有影响力，可能会主导关于国内对国际规范的认知与学习，最有可能推动国际规范自上而下地转化为国内政策，也最有可能采纳与国际规范相符的对策。但当国际规范自下而上地转化为国内政策的过程中，非国家行为体和倡议网络会动员起来并强制决策者去改变国家政策，精英"学习"或许并没有发挥决定性的作用。因此，在国际规范影响国内议程的过程中，精英"学习"在不同的国内结构下会发挥不同的作用。在国家高于社会的国内结构中，精英决策者的社会学习是最重要的规范扩散机制。在法团主义的国内结构中，较前者，精英"学习"对规范扩散发挥作用的程度就相对弱化了。

[①] Amitav Acharya, "How Ideas Spread: Whose Norms Matter? Norm Localization and Institutional Change in Asian Regionalism", *International Organization*, Vol. 58, Spring 2004.

表 7-5 "国际—国内" 二元互动机制：主权国家 "学习"（本土化）条件

主权国家 "学习"（本土化）条件	
静态	动态
难民危机，及其带来的新不确定环境	原国内规范受质疑
国际制度与国内话语、法律体系的一致性	国内精英及其他倡导者
中央承诺与地方政府行为的一致性	内外规范可嫁接的空间
国内社会民众无相反的先验信念	想让外部承认的内部规范要素

综上"传授"与"学习"的二元互动要素，囊括了联合国难民署的能动扩散途径——"目标设置"和"倡导与传播"，以及主权国家本土化的"静态"与"动态"条件中的多项命题。通过这些命题所搭建的国际—国内制度二元互动机制，便于逐项考察与解析当代国际难民制度合法性的国内实现（参见表 7-5）。

本书主要观察的是难民署同国家的互动，二元互动机制的构建是为考察国际难民制度合法性在国内的实现，即 1951 年《关于难民地位的公约》在国内的本土化和难民署同国家的长效合作，因此，其他行为体对国际难民制度的影响将不作为本书的重点研究对象。当然，"公约—难民署"时代有着多元、多层级复合难民治理网络，难民署与国家的二元互动，不可避免地有其他行为体参与其中。其他行为体，尤其是区域国家间组织、次国家行为体的国内地方政府行为，是其国内实现的重要干预变量，对国际难民制度合法性的影响不容忽视。因此，在下章的三组案例中，都会有相关行为体的身影，例如印支难民危机中中国的地方政府与华侨农（工）场，再如科索沃难民危机中的北大西洋公约组织，以及委内瑞拉难民危机中的国际移民组织和美洲国家组织。

第八章 案例分析:"公约—难民署"合法性的国内实现

为了进一步观测国际难民制度合法性在国内的实现,本研究将以第七章建构的第三图景——国际—国内二元互动机制为分析框架,分析难民署"说服与传授"、国家本土化"学习"的具体形成条件为何?互动之后,国家的本土化效果如何?受哪些因素制约?"公约—难民署"的合法性是否在各国国内实现?本章将选取三组案例六个国家,用以分析难民署在三个不同时期、不同区域的难民危机中同各国的互动,追踪观察"公约—难民署"的合法性在各国国内的实现情况以及难民署在应对难民危机时的能动与挑战。

第一节 "公约—难民署"合法性国内实现的案例选择

一 案例的选择

本章之所以选取3次难民危机中的3组国家在危机应对时同难民署的互动以追踪并观察"公约—难民署"合法性国内实现,主要基于以下五方面的考量。

一是所选案例组需要呈现国际难民制度在不同发展阶段的显著特征。从难民危机爆发时间来看,三个案例组涉及的难民危机爆发时间,分属于难民署获得自主筹款权、成为联合国的常设机构后的不同阶段。三次危机分别是:发生于冷战中后期的印支难民危机;冷战结束后全球化发展高潮期的科索沃危机;以及逆全球化趋势显现的当下哥伦比亚—委内瑞拉难民危机。

二是在充分兼顾全球不同区域的情况下,案例组有意识地避免"西方中心主义"与"西方话语体系控制下的舆论热点",将选择侧重点偏向更有代表性、对难民治理贡献更大的"一带一路"沿线及相关国家。这些国家地区既包括发展中国家地区,东亚与东南亚地区的中国与泰国,拉丁美洲地区的委内瑞拉与哥伦比亚,也包括传统认知视为发达地区(欧洲)中的发展国家,如阿尔巴尼亚与马其顿。这些都是难民治理领域的经典案例,却并非中国学界与社会舆论耳熟能详的危机状况。这些国家与地区的危机应对经验对难民治理的代表性与意义,在国内研究中长期受到忽视。

三是在案例组合的选择上,三个案例组中的六个国家,两两同为危机爆发地区的毗邻国家,所面临的难民危机爆发区域相同、难民群体相似。按此原则选出的案例有助于控制在难民署与国家"传授"与"学习"二元互动之外的变量,进行有针对性的比较。

四是案例各组分别描述了国际难民制度的三类合法性危机特征。这三类合法性危机处于难民署同六个国家的互动之中。包括:(1)覆盖性不足/缺失与授权代表性不足。在印支难民危机中,泰国并非公约缔约/签署国。(2)权威削弱与认同危机。在科索沃危机中,难民署的危机应对能力遭到国际社会质疑,主导角色逐渐丧失。(3)制度扩散重叠带来的竞争与协调危机。在委内瑞拉难民危机中,难民署已经不是治理的主导者,甚至必须同国际移民组织"双头"推进工作。

五是遵循本部分的研究目的——考察"公约—难民署"合法性的国内实现情况,选出对本书而言较为恰当的危机案例。案例需同时满足观察难民署在不同时期同国家形成互动关系之异同的要求,以及同一区域不同国家在相同难民危机中做出的选择之间异同的要求。因此,国内外媒体或国内学界的关注热度仅做备选参考,不作案例选取之关键依据。因此,科索沃难民危机对于难民署与欧洲而言,或许比2015年叙利亚难民潮对欧洲的冲击更有跨时代代表征。欧共体与继而诞生的欧盟也是对科索沃难民危机应对反思之后,重新构建的一系列迁徙与庇护体系(具体内容请见第一章),试图通过区域制度绕开"公约—难民署"限制,对难民署形成了较为实质的权威削弱。在叙利亚难民危机爆发时,欧盟国家对于难民潮的应对,所沿用的仍是科索沃难民危机后欧盟的区域迁徙与庇护制度。随后出现的合法性危机并引发欧盟成员国内部斗争与协调的,仍然主要是欧盟区域性的国际难民制度。2018年通过的《难民问题全球契约》,谈判过程中难民署的低姿态也是对欧盟区域制度安排的一种妥协。但这是难民署针对区域制度安排的权威削弱与妥协，而非难民署针对欧洲某一国家的互动结果。因此，科索沃难民危机对于难民署与国家的"传授"与"学习"二元互动要比叙利亚难民危机对本书的研究目的更为恰当。

二 案例组1：覆盖性缺失的差异互动

第一个案例组追踪的是20世纪70年代末期中南半岛爆发的印支难民危机，观察难民公约缔约国的中国与非缔约签署国的泰国如何同难民署的合作互动应对危机治理难民问题，考察"公约—难民署"的合法性是否在两国国内得到实现。选取印支难民危机以及组合中国与泰国成为第一案例组，原因有三：

一是难民与其他流离失所问题的复杂性、争议性在亚洲地区显得尤为突出，治理难度有很强的代表性。在亚洲区域，尤其是东南亚地区，在较长时间里，对难民的定义、其他流离失所者的类型，如寻求庇护者、无国籍者、境内流离失所者等受联合国难民署关注的人群没有国际统一的界定，而是被"边民""山民"等国籍不清晰的称呼代替。同时，本地区国家之间，两两相接甚至三国相接，具有复杂的毗邻关系，边界意识与民族国家意识的欠缺，多民族、多宗教、多边界所产生的复杂与争议一直伴随着该区域的难民治理。中国与泰国所面对的难民以及其他流离失所者在来源与人口构成上有着很大的相似性。因此，选取中国与泰国为案例，有便于在相似的复杂背景下观察国际—国内二元互动的制度扩散与治理的差异性效果。

二是国际难民制度向国家内部扩散的难度有很强代表性。与其他亚洲国家相似，中国与泰国所处的区域虽有区域整合的痕迹，但在治理全球性问题时，一贯奉行国家间互不干涉内政，相互尊重彼此主权与领土完整的原则。20世纪70年代，受冷战影响，本区域对安全问题的认知与表达，传统安全有根深蒂固的优势。对人的安全关注度与应对手段发展程度不高，针对迁徙，全面综合的法律规范仍在建构的起步阶段，在应对包含难民在内的复杂混合人口迁徙时，治理体系相对脆弱、现代化技术支持有限。加之，本区域传统文化与西欧国家迥异，按文化匹配理论的论断，国际难民制度的扩散难以实现。

三是20世纪70年代中后期，无论是中国还是泰国都尚未深刻参与第二次世界大战后以西方世界为主导的国际秩序中。无论治理理念、话语与法律体系中国都与西方世界存在巨大差距。对"难民"本身的理解就与当时的国际难民制度有根本差别。"印支难民"的称谓是在与联合国难民署的"传授与学习"互动开始后逐步形成，直至今日仍有研究将之称为"归难侨"。难民保护理念在 1982 年《中华人民共和国宪法》中阐述为"对于因为政治原因要求避难的外国人，可以给予受庇护的权利"。① 此前，1975 年《中华人民共和国宪法》保留了 1954 年《中华人民共和国宪法》对"受到迫害的外国人，给以居留的权利"的内容，并强调"国家保护国外华侨的正当权利和利益"。② 虽然这些法律都一定程度上同"难民"群体有关，然而它们强调的是外国人的居留权以及"国外华侨"的正当权利，尚不是真正意义上的"难民"法。

中、泰两国无论是从政体、法律体系还是官僚机构都与国际难民制度诞生的西欧地区少有一致性。文化匹配论的相关要素能否成为国际难民制度在国内治理中得到学习与执行的条件，仍然存疑。因此，在国际制度扩散困难程度较高、"学习"条件较差的案例中，更有利于观测与评估联合国难民署的"传授"与国家的"学习"效果。

三 案例组2：权威削弱与认同危机中的互动

第二组案例追踪了 1999 年欧洲爆发的科索沃难民危机。观察同为难民署成员国与公约签署国但在民族构成与宗教信仰上存在较大差异的阿尔巴尼亚和马其顿，在完成了"十年遣返"成果的难民署主导下，是如何应对科索沃难民危机的。考察这两个对科索沃难民态度迥异的国家如何最终同样应对大规模涌入收容科索沃难民。相比关注文化与民族、种族主义的视角，该案例组在控制种族与宗教因素的情况下考量国际难民制度合法性的国内化，很有代表性。

在科索沃危机中，阿尔巴尼亚和马其顿两国政府，都对稳定国内政治经济环境、获得外部世界认可有着迫切需求，试图寻求全球、区域的多边

---

① 中国人大网：《中华人民共和国宪法（1982 年 12 月 4 日）》，2014 年 12 月 3 日，http：//www.npc.gov.cn/zgrdw/npc/zt/qt/gjxfz/2014-12/03/content_1888093.htm。
② 中国人大网：《中华人民共和国宪法（1975 年）》，2000 年 12 月 6 日，http：//www.npc.gov.cn/wxzl/wxzl/2000-12/06/content_4362.htm#fillback=0100307b617b7b32353237626635-6265347b637b7b240000&anchor=testanchor。

国际组织帮助来应对新的不确定环境，做出遵约承诺并同难民署达成密切合作成为两个国家理性选择的优选项。就最终治理结果而言，难民署与两个国家的难民危机合作应对是有成效的。然而，难民署自身的局限性逐渐暴露：中层和实地执行人员配置不足；应急机制（包括应急人员需从日内瓦总部派遣、应急筹款缓慢）启动不够迅速；穿越战区的后勤保障能力缺失；难民署高层参与危机外交谈判的能力有限；对于难民规模的预估能力不足，财政无法支持难民署的任务承诺。这次危机带来了难民署进入21世纪之后工作原则与机构的转变，该案例组本身有许多值得深究的问题。

一是阿尔巴尼亚和马其顿在民族构成、宗教信仰上存在较大差异。许多基于民族、种族主义观念来分析判断国家难民收容与保护动因的观点，或许并不会轻易赞同国际难民制度对于主权国家行为的规范效果，而往往将难民接收视为同一民族间的认同与凝聚力。两国在民族文化构成上的不同，的确能够解释两国在科索沃难民涌入国境时态度为何大相径庭。不难理解，主体民族为信奉伊斯兰教的阿尔巴尼亚族的阿尔巴尼亚为何对科索沃阿族难民保持友好宽容的态度。也能解释以信奉东正教的马其顿人为主体的马其顿，为何会出于对国内族群关系、阿族分离主义和极端主义倾向的担忧，而对收容以阿族为主要群体的科索沃难民顾虑重重。然而，民族与种族视角并不能很好解释危机爆发后为何马其顿同样接收数十万阿族难民的行为。

二是国际体系转型对阿尔巴尼亚和马其顿两国遵约的理性考量产生的影响需要着重关注。科索沃战争爆发时，阿尔巴尼亚和马其顿两国都处于南斯拉夫解体、冷战结束后的恢复与发展期，国内政治结构与社会都处于急速向资本主义国家转型的剧变期。两国政府都对稳定国内政治经济环境、获得外部世界认可有着迫切需求。面对难民大规模涌入，对两国政府而言，寻求全球、区域多边国际组织帮助应对新的不确定环境，成为理性选择的优选项。这既可获得实际的经济物资援助，又能迅速得到国际社会的充分认可，使之从东欧剧变、脱离苏联阵营过程中产生的国家新政权重新融入欧洲区域整合之中。这些都成为国际—国内制度融合的静态（危机、不确定环境）与动态（想让外部承认的内部规范要素）条件。

三是需要看到，两国从签署、加入公约到国际难民制度扎根于国内制度，经历了较长过程，是国际—国内长效互动的结果，并非国家一朝选择,一蹴而就。两国对1951年《关于难民地位的公约》的承诺达成于危机爆发前。阿尔巴尼亚在变更国名后一年(1992年)已经加入该公约,而马其顿也在加入联合国的后一年继承了南斯拉夫对公约签署与批准的法律效力。从法律上承认公约对本国的规范性意义,为国际难民制度的合法性与有效性提供了两个关键条件:国际制度与国内话语、法律体系的一致性(静态),以及内外规范可嫁接的空间(动态)。阿尔巴尼亚同难民署在大规模涌入前的准备工作阶段出台《庇护法》(1998)并制订《应急计划》。虽然马其顿在承续1951年《关于难民地位的公约》后国内法依旧空白,但因为静态一致性的存在,仍为其收容难民、维系同难民署的合作奠定了基础,并在同难民署以及其他国际组织互动中,逐步发展出内外规范可嫁接的空间。

四是在国际难民制度向国内扩散与融合的过程中,难民署的形势评估能力、倡导难民保护原则的能力遭遇权威"滑铁卢",从科索沃难民危机应对中的主导地位滑坡至北约与欧安会之后,伤及欧洲社会对难民署的认可度。同时,在难民保护实践中,尽管难民署始终在理想化的任务完成度和实用主义之间摇摆,但在同主权国家、其他各难民治理行为体的协商与妥协中,仍尽可能将临时保护规则、群体甄别、遣返规则与程序标准化,提高治理的有效性。它从一味追求高成本、易遭国家强烈抵触的难民国际保护目标逐渐转向有针对性和时限的专项问题行动方案以及对难民来源地的发展援助方案。难民署对自身的职责范围进行了反思,将工作重心定位在难民保护上,而不是国际人道主义援助制度的领导者,这对未来工作的有效性可能大有裨益。[1] 正是如此,科索沃难民危机后,难民署作为一个非政治、非军事的组织,逐渐从国际社会对"武力干涉""预防性保护"争议的风口浪尖中全身而退,进入21世纪的组织定位。

四 案例组3:再造合法性的互动

本书的最后一组案例是追踪观察在难民署的协助下,相继爆发难民危机并互为难民来源与收容国家的哥伦比亚(《关于难民地位的公约》缔约国)与委内瑞拉(《关于难民地位的议定书》加入国)如何应对危机,且

---

[1] Astri Suhrke, Kathleen Newland, UNHCR, "Uphill into the Future", *International Migration Review*, Vol. 35, No. 1, 2001.

效果如何。之所以选择这一组案例，是因为进入 21 世纪的头 20 年，西方主导的自由主义经济全球化由盛转衰的势头日趋明显。联合国处境艰难，多边主义备受质疑，难民署在多重复合治理网络行为体相互竞争中，合法性权威也早已不如当年。研究此时的难民署是否还能继续推进合法性的国内实现，显得尤为必要。

一是难民署无法以主导角色应对委内瑞拉的跨境流离失所者问题，而是同国际移民组织，通过并行联合的方式，共同参与到区域协调机制、行动与哥伦比亚的国内保护机制中。难民署和国际移民组织形成的"双头多元多层次"应对机制，削弱了难民署在委内瑞拉难民问题上的主导地位，并为工作协调带来更多复杂性。人道主义协调机制同难民移民保护协调机制共存，形成的"双网交错"，加大了参与执行组织机构的工作难度。相比此前的案例，难民署此时已经彻底丧失了单独主导治理的地位。然而在合法性再造的过程中，仍然能够看到难民署的主观能动作用。

二是国家间形成的规范性道德在委内瑞拉与哥伦比亚实施难民保护中尤为明显。尽管难民署权威不再，但国际难民制度不断在两国国内的一系列庇护法律、身份登记规则、居留政策以及保护措施中得到本土化。共同的信念、共同行动对于"公约—难民署"时代的国际难民制度在这两个国家实现本土化中意义重大。

三是在应对委内瑞拉难民危机中，难民署同国际移民组织形成的协调机制、拉美地区的区域性制度安排，都为研究难民署合法性再造提供了契机。在"基多进程"中，难民署仍在新协调机制下积极加大国际难民制度的覆盖性。难民署从直接同国家互动实现国际难民制度的有效性，转而开始深度借力区域协调机制，从复合多元多层治理网络中促成合法性再造。难民署—国际移民组织形成的双头协调制度对于治理全球迁徙问题的有效性，将成为国际难民制度合法性延续的又一存在形式。

第二节 覆盖性缺失中的互动：印支难民危机

本节将借助中国对印支难民问题的永久性解决以及泰国治理难民及其他流离失所者问题的案例组，探究联合国难民署在其中所发挥的说服"传授"作用与两个国家在具体本土化"学习"过程中不同的"学习"路径与回应，剖析"公约—难民署"合法性在两个国家国内的实现情况

第八章 案例分析:"公约—难民署"合法性的国内实现　　245

与两国治理效果的差异。

本节将 1951 年《关于难民地位的公约》的签署国——中国(在危机发生时中国也并非公约签署国)与非该公约签署国——泰国作为案例,观察难民署同两个国家的互动,分析中国由非公约签署国,到 1979 年开始同难民署合作、1982 年加入公约,再到最后永久性解决印支难民问题的整个过程;分析泰国作为非公约签署国,在同难民署的长期合作下,应对与解决印支难民与无国籍者问题、确定各类人员的身份认证规则的过程。观察"公约—难民署"代表的国际难民制度在合法性"覆盖性缺失"情况下,国际难民制度是否在收容印支难民的国家中得到实施,实现其合法性的国内化?难民署的"传授"途径、两个国家的本土化"学习"条件,以及治理效果有何异同?

一　中国的印支难民治理

1978 年越南入侵柬埔寨并从越南、柬埔寨和老挝驱赶大批华侨、华裔和越南人。据统计,仅被越南驱赶出国而幸存的难民,1978 年平均每月有 7500 人,到 1979 年仅 5 月单月已达 5.9 万人。[①] 同年 7 月,100 多万难民越过边界,漂洋过海,涌向中国与东南亚其他国家。此间,中国安置了逃入中国境内约 26 万的印支难民(中国官方称为"印支难侨")。1981—1982 年,中国也为身处泰国难民营的 2500 名老挝难民和一些柬埔寨难民提供安置机会。[②] 20 多年后,安置群体数量已经超过 30 万。当时,中国是整个亚洲国家中唯一一个允许安置难民并融入当地社会的国家。2006 年,时任联合国难民署高级专员现任联合国秘书长古特雷斯访华时,曾称赞中国的这一举措为"世界最成功的融入方案之一"。截至 2015 年12 月,中国共收容 30.1622 万受联合国难民署关注的人群,其中绝大部分生活在中国大陆的印支难民已经成功融入当地社会。[③]

中国救助与安置印支难民其实面临多重挑战:一是改革开放初期,如

[①] 谢益显主编:《中国外交史:中华人民共和国时期 1949—1979》,河南人民出版社 1988 年版,第 272 页。

[②] UNHCR, The People's Republic of China Fact Sheet, December 2015.

[③] UNHCR, "Vietnamese refugees well settled in China, await citizenship", http://www.unhcr.org/news/latest/2007/5/464302994/vietnamese-refugees-well-settled-china-await-citizenship.html? query=China.

何在复杂的国际形势下,恰当处理与越南的冲突与危机;二是如何在国家缺乏难民保护相关立法与执行体系的情况下,凭借行政命令,通过计划经济时代特有的、既是基层政府组织形式又是社会融入机制的华侨农(工)场,应对大规模难民涌入;三是如何在整体国家经济陷入困难的情形下争取外部支持,为大规模涌入人群提供人道主义救助。这些困难也是中国与难民署合作的客观原因。

(一)联合国难民署的努力

难民署对中国处理印支难民问题的协作影响可以大致分为三个阶段:

第一阶段:1979—2002年。推动中国加入《关于难民地位的公约》,建立中国与难民署的长效合作机制。中国应对印支难民问题,从非公约签署国的独立保护行为,走向签署国的国际制度化保护。1978年之前,中国尚未加入该公约,却已经开始陆续接收大规模受迫害的印支流离失所者。当时的经济状况与对外关系,使中国接收与保护难民面临巨大的经济挑战,中国需要外部援助。1978年十一届三中全会开启了中国改革开放的步伐,中国政府对国际社会与国际组织的态度与认识发生了变化,从抵触与怀疑,到开始参与并积极互动。难民署与中国政府就印支难民治理开始合作,这为推动中国加入该公约提供了契机。1979年,难民署在北京正式成立驻北京的特派团办公室(The Office of the UNHCR Chief of Mission),这标志着难民署与中国的合作关系正式确立。1979年8月4日,国务院接待安置印支难民工作会议结束当天,卡塞拉和另一位难民署官员到中国做援助在华印支难民的前期调查,随后与中国签署了为期5年总额为5000万美元的援助项目协议。此后,循环援助贷款计划一直持续到2001年。[①] 1982年,中国正式签署《关于难民地位的公约》及《关于难民地位的议定书》,正式成为公约缔约国。1995年北京特派团办公室升级成为分支办事处,1997年香港回归中国后,再升级成为地区办事处,从此工作范围涵盖了蒙古国和朝鲜。香港特别行政区的分办事处,负责处理香港和澳门特别行政区的难民署利益与活动,并向北京的地区办事处汇报工作。地区办事处负责倡导国际难民法律文件与相关法律与能力的建设;监测保护实践与遵守公约的情况;举办筹款活动、加强公众认识,推进难

---

① 郑建成:《从难侨到难民:中国印支难民政策的形成(1978—1979)》,博士学位论文,暨南大学,2015年。

民保护目标和具体项目的实现。

第二阶段：2002—2007 年。调整合作模式，从偏重物质援助，转向引导身份认定专业化、咨询与培训。中国与难民署达成合作的 20 多年后，以越南难民为主的印支难民已经基本融入当地社会，中国也开始了企业改制的步伐。改制开始暴露出印支难民融入当地社会后的其他问题。难民署支持中国应对印支难民问题的循环信贷基金计划（Revolving Fund Based Credit Scheme，RFBCS）在 2001 年上半年停止后，难民署协助制定了包括技术与管理咨询、培训，还有联合甄选、监测与评估循环基金信贷计划所赞助支持在内的项目任务框架，旨在与中国民政部继续开展合作关系打下坚实的基础。[①] 绝大多数越南难民都希望留在中国，只有少数人表示愿意返回越南，因此难民署继续同越南和中国政府合作，商议和协调自愿遣返的模式，自愿遣返这些愿意回到越南的人，并为愿意留在中国的人寻求合法身份。2005 年后，难民署的工作重点转向敦促中国政府对该群体发放身份证明。

第三阶段：2008 年至今。促进中国立法的横向发展与加大公众对难民问题的认知。2008—2011 年，联合国难民署开始组织中国官员培训，为民政、出入境管理、公安边防、外事部门提供保护难民权利、难民身份确认的培训，为政府或社会组织工作人员进行应急预案方面的培训等。难民署还力图为中国政府提供更深入的意见，试图协助中国出台难民相关的条例草案。[②] 2012 年 6 月 30 日，《中华人民共和国出境入境管理法》正式公布，于 2013 年 7 月 1 日生效。2012 年 7 月 30 日《中华人民共和国外国人入境出境管理条例》出台，2013 年 7 月 1 日正式实施。其中第 46 条规定"因人道主义或其他原因拟在中国境内永久居留的外国人，如果符合中国经济社会发展需要或者符合中国国家利益，可以按规定申请永久居留资格"。但 46 条并没有涉及具体实施细则，因此，难民署在《中华人民共和国出境入境管理法》以及《中华人民共和国外国人入境出境管理条

[①] UNHCR, UNHCR Country Operations Plan 2003 - China, September 1, 2002, https://www.refworld.org/cgi - bin/texis/vtx/rwmain? page = search&docid = 3d941f510&skip = 0&query = contry%20operations%20plan&coi = CHN.

[②] UNHCR, UNHCR Country Operations Plan 2005 - China, September 1, 2004, https://www.refworld.org/cgi - bin/texis/vtx/rwmain? page = search&docid = 4180ea894&skip = 0&query = contry%20operations%20plan&coi = CHN.

例》出台后，对中国施以影响的内容就集中于：游说中国政府制定具体实施细则，并出台一整套的国家综合庇护法律；发展中国的《关于难民地位的公约》与《关于难民地位的议定书》的执行能力；登记受关注人员；引导个体的难民身份确定程序；继续通过倡导印支难民合规化、合法化，为难民重新安置于第三国提供便利，从而为难民寻求永久解决方案；说服香港特别行政区政府在处理难民问题时沿用相关难民定义；加大公众对难民事务的意识，鼓励政府、私营部门与个人为全球难民提供捐助；在该地区范围内推进国家对难民与无国籍者的保护。[1] 这一时期，难民署除了促进中国的难民保护立法与执行之外，还开始加大对中国公众难民认识的宣传，例如在2010年任命在媒体与社交网络有巨大号召力的姚晨成为联合国难民署的亲善大使参与并宣传难民事务；为法学院、政府机构（包括警察和军队）以及其他机构开设难民法课程提供技术与财政支持；为在校学生介绍难民问题，为学生提供参与难民及相关群体的慈善、筹款等项目的机会；支持国际法专家研究与出版国际难民法等相关出版物等。

（二）中国的主动治理：承诺遵约与国际国内制度衔接

起初为了解决归难侨问题，中国一直支持通过中越政府双边谈判来处理两国之间的矛盾，坚持认为越南会接受那些想要回去的难民。"两国政府之间的谈判并不顺利"。[2] 越南入侵柬埔寨之后，联合国大会于1979年11月22日通过决议要求外国军队立即从柬埔寨境内撤走，但越南当局并不愿意放弃它区域霸权主义的政策，拒绝执行。1979年12月19日第十五次会议后，中越谈判就此中断。其后，越南从未停止在中越边境制造武装挑衅的流血事件。1980年3月6日，中国外交部照会越南外交部，指出越南毫无谈判诚意，建议结束谈判，历时九个月的第二轮谈判，正式宣告失败。[3]

中国国内制度与国际难民制度之间的衔接与内化得以开启，与中国领

---

[1] UNHCR, UNHCR Countrny Operaion Plan 2007 - China, Septemker 1, 2006. https://www.refworld.org/docid/450e588a2.html.

[2] UNHCR, "Vietnamese Refugees Well Settled China Await Citizenship", http://www.unhcr.org/news/latest/2007/5/464302994/vietnamese - refugees - well - settled - china - await - citizenship.html? query=China.

[3] 谢益显主编：《中国外交史：中华人民共和国时期1949—1979》，河南人民出版社1988年版，第280页。

导人的倡导有较大关联。1978年8月4日，时任国家领导人在听取接待安置印支难民的工作会议汇报时，发表了看法，认为需要对来华的难民，无论是华侨还是原籍为越南的人，应该一视同仁，不受政治或是经济上的歧视。国家领导人的看法表明中国开始放弃中国一贯对"难民"称谓的国籍模糊性，开始借鉴难民署主张的《关于难民地位的公约》与《关于难民地位的议定书》界定的难民定义，在难民保护的实践中，不以种族作为被迫流离失所者保护与否的区分。①

1979年1月，邓小平应邀访美，在与卡特总统的会谈中提到了中国接收越南难民所面临的困境与挑战。面对安置的巨大压力，中国亟须就难民的安置行为获得国际道义与经济支持，于是，中国参加了1979年7月20日在日内瓦召开的联合国讨论印支难民问题的部长级专门会议。②中国出席会议的代表团团长章文晋在会议提出的五点建议中有三点都是主张同联合国难民署合作：（1）建议难民接收国与所在国同难民署合作，简化手续，加快安置的步伐；（2）建议越南政府承诺与难民署达成合作，给予愿意返回越南者提供收容场所，而迫于无奈需要离开越南者则保证其有序离境；（3）所有国家的船只都有义务救援在公海上遇险的"船民"，并设法转送至难民转运站或难民营暂时收容，难民署将根据自愿原则在最短时间内安排他们到第三国定居。③中国代表团的这些提议与中国政府的举措，都反映出了难民署对中国的影响效果与中国的协作意愿。随即同年8月，国务院召开了接待安置印支难民工作会议，会后，中国就与难民署正式签订援助项目协议。此时中国的官方态度是对外明确一律统称为难民，对内明确区分难民中哪些是华侨，哪些不是华侨。④随后中国与难民署签

---

① 郑建成：《从难侨到难民：中国印支难民政策的形成（1978—1979）》，博士学位论文，暨南大学，2015年。

② 周聿峨、郑建成：《在华印支难民与国际合作：一种历史的分析与思考》，《南洋问题研究》2014年第3期。

③ 《中国代表团出席联合国有关会议文件集（1979.7—12）》，世界知识出版社1980年版，第215—217页。转引自周聿峨、郑建成《在华印支难民与国际合作：一种历史的分析与思考》，《南洋问题研究》2014年第3期。

④ 郑建成：《从难侨到难民：中国印支难民政策的形成（1978—1979）》，博士学位论文，暨南大学，2015年。

署了相关的援助项目协议。① 从此中国处理印支难民问题的重点正式从与越南的双边的谈判，逐渐转为与难民署合作，接受难民署的帮助。

当时，中国国内已经存在接收难民的华侨农（工）场，也为国际难民制度的本土化提供了条件。20世纪50年代以来，中华人民共和国接收了来自马来亚、新加坡、印尼、缅甸、印度、越南、柬埔寨、老挝等国的难民（当时称"归难侨"），并同时通过行政手段逐渐建立了84个华侨农（工）场，这些难民中的大部分，被安排到粤、闽、桂、琼、滇、赣等南方各省的华侨农场工作和生活。华侨农场大多数来自之前的农垦农场，因为接收了大量归难侨而改制为华侨农场，也有从事各类制造业的工厂。20世纪70年代末到80年代初，中国政府在中越边境建立了多个接待站，归难侨一回国即有人为其登记与安排。入境之初，政府提供必要的生活用品，大约一周到一个月之后，归难侨被分配到各地的华侨农场。随着华侨进入各地农（工）场工作，接待站也逐渐解散。中国政府为救济难民拨出的救济费和开办农场和工厂、提供简单食宿的费用已相当于4.5亿美元。中国南方边境各地政府，至1979年6月底已经花费了人民币5.7亿多元，并另拨工业投资1.5亿元。

北海的地角可能是维持时间最长的接待站，大规模难民接待一直持续到1982年北海新港渔港完全建好。各地接收越南归难侨人数从数百人到几千人不等，随机分配华侨农（工）场。归难侨进入农场以后，年龄在18—55岁的，分配一份农场职工的工作，按照当时体制属于国营农场全民所有制工人。农场职工家庭成员属于城市居民（商品粮）身份，18岁以下的青少年被安排进各类学校就读。20世纪90年代之前，超过18岁的子女都有可能在农（工）场得到一份正式工作，成为国家编制内的农场职工，享有城市户口带来的一系列福利待遇。

中国的印支难民问题永久性解决，到这一阶段还未彻底完成。在1979—1982年逃入中国者，虽已经享有大部分中国公民权益，但仍不具备公民身份。在中国进行企业改制的步伐下，收容并最终让印支难民在中国南方各地实现社会融入的华侨农（工）场，开始暴露一些问题，国内更具体的庇护法律程序与规范的缺失，也引发难民署质疑。"现在对于难

---

① 郑建成：《从难侨到难民：中国印支难民政策的形成（1978—1979）》，博士学位论文，暨南大学，2015年。

民署的挑战就是让这些人入中国国籍,因为他们已经在这个国家生活超过了25年",难民署驻北京的地区代表王若鹏(Verrapong Vongvarotai)是这样认为的。[①] 中国开始在难民署的协助下针对大陆的印支难民群体进行第二阶段的国际难民制度的本土化进程。

根据《中共中央、国务院关于华侨农场经济体制改革的决定》(中发〔1985〕26号)和《国务院办公厅转发国务院侨务办公室关于深化华侨农场经济体制改革意见的通知》(国办发〔1995〕61号)文件的相关规定,各有关省区政府及侨务部门在华侨农场领导体制、管理机制等方面开始改革。到2003年,全国84个华侨农(工)场中已有79个农场下放到市、县,实行属地管理,还有海南的4个和福建的1个华侨农场仍由省侨办管理。华侨农场下放到地方领导管理后,有的由地级市管理,设立华侨管理区,赋予部分县级管理职能;有的由县管理,华侨农场设立镇;有的把华侨农场改制为企业集团公司,基本不再负担行政管理职能,成为县属企业。[②] 改革过程中,暴露出了以下问题:

第一,华侨农场土地权益保护。华侨农场土地被侵占的问题比较突出,农场土地被政府及有关部门以开发的名义大片征占,造成农场职工失地失业,陷入困境,严重影响归难侨的生产生活和华侨农场的稳定。还有农场周边农民的蚕食侵占,而在土地纠纷调处中,一些地方政府重视不够,处理不力,有的甚至偏向村民,助长了侵占、挤占行为。第二,华侨农场债务负担沉重,社会养老保险缴费缺口大,医疗保险未解决,对难民未能应保尽保。据统计,2002年仍有68个农场亏损,亏损额为1.5亿元,负债47.5亿元。"2002年全国华侨农场年人均收入2410元(职工年人均收入5442元),其中年人均收入低于1000元的达5.2万多人,其中归难侨近2.6万人,占归难侨总人数的15%。"[③] 到2004年,只有部分华侨农场进入地方低保,还有相当部分符合低保条件的归难侨未能纳入低保

[①] UNHCR, "Vietnamese Refugees Well Settled China Await Citizenship", http://www.unhcr.org/news/latest/2007/5/464302994/vietnamese-refugees-well-settled-china-await-citizenship.html? query=China.

[②] 中国侨网:《李海峰在全国华侨农场改革与发展经验交流会上的讲话》,2004年7月8日。http://www.chinaqw.com/news/2005/0920/68/285.shtml。

[③] 中华人民共和国国务院侨务办公室:《华侨农场改革之进展、问题及意见》,《侨务工作研究》2004年第2期。

范围。"全国华侨农场已基本参加了社保统筹，但由于华侨农场离退休人员比例大，参加社保缴费缺口相当大，以广东省为例，华侨农场参保缴费缺口达1.57亿元。此外，全国华侨农场职工的医疗保险基本未纳入医疗保险统筹，医疗费拖欠情况严重，常出现因病致贫的家庭。"① 第三，大部分华侨农场救灾、扶贫工作未纳入地方统筹解决。第四，华侨农林场归难侨危房改造问题突出。

华侨农场是在特殊历史时期，国家为安置被迫于回国的大批归难侨设立的国有农业企业。它具有双重属性，既有国有农业企业的经济属性，又有难民安置的政治属性，它体现着中国政府签署1951年《关于难民地位的公约》及其1967年《关于难民地位的议定书》对国际社会做出的庄严承诺。由于历史的原因，华侨农场退休人员比例高，政策性负担重。2001年，全国华侨农场离退休金支出为6.9亿元。2004年，有关领导人在全国政协联组会特别讲到中央下决心帮助解决华侨农场职工基本养老保险问题，使得解决华侨农场的问题被提上日程。② 2005年开始，曾经收容印支难民的地方政府结合难民署的建议，通过相关培训，开始为印支难民办理身份证与户口登记。这些最终难民获得中国的基本公民待遇。2007年，《财政部国务院侨务办公室关于印发"华侨农场土地确权登记办证中央财政奖补资金实施办法"的通知》为华侨农场的土地纠纷提供了解决途径。

至此，虽然后续华侨农场的土地归属问题仍在不断解决中，但"印支难民问题"在接下来的十几年里以各种形式逐渐退出了地方治理舞台。目前，虽然中国离建立完善、可操作的难民甄别与安置的法律体系还有距离，涉及中国自主的难民安置问题，主要只停留在印支难民这一群体上，但在中国与难民署的长期合作与互动中，建立中国的国内难民治理制度、实现国际难民制度与国内制度接轨的进程一直在持续。

二 泰国印支难民的治理

20世纪70年代，中南半岛的紧张局势与冲突形成的印支难民危机也对泰国造成了巨大影响，加之持续动荡的缅甸局势产生的危机迁徙者，到

---

① 中华人民共和国国务院侨务办公室：《华侨农场改革之进展、问题及意见》，《侨务工作研究》2004年第2期。
② 李海峰：《中国重视华侨农场改革发展》，2004年7月9日，http://www.china.com.cn/overseas/txt/2004-07/09/content_5606291.htm。

2017年，泰缅边境的难民问题已经进入第34个年头，可以算世界持续时间最长的难民问题之一。泰国目前仍然不是1951年《关于难民地位的公约》以及1967年《关于难民地位的议定书》的签署国，国内也还没有保护难民与寻求庇护者的具体法律框架。难民署于20世纪70年代为应对印支难民问题在泰国边境设立的人道主义难民营，延续数十年，但本质上仍然只是"临时"庇护。泰国与柬埔寨、老挝、缅甸两两接壤，与邻国接壤的地区多为山地与密林，在形成的"三不管"区域，难民问题、非正规迁徙、无国籍问题、跨境犯罪等治理难题都在这些区域有不同程度的呈现。难民署在泰国边境建立的难民营在当时虽为保护该区域内流离失所者提供了庇护所，但因为营地中的流离失所者身份以及去留等问题一直无法及时解决，为接下来数十年泰国的难民治理困境埋下了隐患。

难民署2002—2007年的国家行动报告显示，泰国政府迟迟没有给予在难民营生活的人以合法居留地位，由此引发了一系列人道主义危机，使泰国一直受到来自国际社会，尤其是人道主义非政府组织的压力与指责。泰国政府既无法安排自愿遣返的难民，难民也没有自由迁徙、务工的权利，无法实现自给自足，只能滞留在难民营的有限范围内，依靠难民署与其他非政府组织的微薄救济，生活极度困苦。冒险外出的打工者，很多成为非法劳工，很容易就成为人口贩卖者的目标，在务工过程中，权益无法保障，尤其奴役童工、性剥削等各种残酷剥削难以避免。冒险外出的人，还会因为没有根据《泰国移民法》签发的有效签证，处于非法居留状态随时可能被拘留与起诉。当第二代、第三代难民儿童在难民营出生时没有及时做出生登记，又或是父母没有泰国的合法身份，而相关各国管理上存在各类问题，无法提供原籍国的身份证明、无法辨别国籍，存在无国籍的风险或者已经陷入无国籍的事实之中。[①]

（一）联合国难民署的多重方案：向外部成员的扩展覆盖

从20世纪70年代中后期的印支难民安置，到解决泰国边境的无国籍问题，泰国在应对与解决难民及其他受关注的流离失所人群中，难民署的身影，几乎一直存在并发挥着至关重要的作用。难民署一直鼓励泰国加入1951年《关于难民地位的公约》以及1967年的《关于难民地位的议定

[①] UNHCR, Country Operations Plan 2002-2007 (Thailand), https://www.refworld.org/cgi-bin/texis/vtx/rwmain? page=search&skip=0&query=country+operation&coi=THA.

书》、1954 年的《关于无国籍者地位的公约》，以及 1961 年《关于减少无国籍状态公约》。它还努力协助泰国进行国家难民立法，包括颁布行政令、行动指导说明，以及执行难民地位的确认程序。为了加强泰国相关行政和司法制度，难民署还对政府和非政府机构的工作人员进行培训，并与其他人权机构建立联系。支持倡导人权与难民权益的团体、法律援助中心和对保护难民感兴趣的非政府组织参与治理发挥作用。

第一阶段：1975—1980 年。难民署与泰国政府签订协议保护与援助印支难民。难民署自 20 世纪 70 年代开始，针对泰国境内中南半岛国家的流离失所者问题，数次与泰国政府签订双边、三边协议。1975 年 7 月 30 日，难民署与泰国达成了双边合作协议，共同为在泰柬埔寨、老挝和越南的流离失所者提供人道主义援助，并通过自愿遣返、安置于其他国家等方式，共同合作为这些群体找寻保护与救助方案。根据协议，难民署一方面向国际社会呼吁筹集了 1240 万美元的预算作为泰国 1975 年 8 月 1 日到 1976 年 12 月 31 日援助流离失所者的经费，解决泰国应对印支难民的燃眉之急。另一方面，难民署努力帮助泰国政府为流离失所者提供照顾，并且设法从其他国家政府、联合国的专门机构、国际社会的志愿组织等渠道获取现金、物品、材料、设备以及服务等捐赠。泰国政府则需要根据协议，接受难民署的咨询建议，协商、承担责任，并按协议框架的要求，向这些流离失所者供必要的临时救济，包括提供食物、庇护所、服务和医疗。[①] 难民署与泰国政府又于 1977 年 7 月[②]、1979 年 12 月[③]两次续签该协议，使难民署在泰国对流离失所者的援助项目一直持续到 1980 年年末。

第二阶段：1998—2007 年。缅甸流离失所者最初进入泰国边境时，难民署并没有像应对 20 世纪 70 年代在泰的印支难民时那样通过与泰国的双边、三边协议，协助应对该危机。作为无权处理国家内部事务的独立国际机构，难民署也没有获得泰国当局的邀请，得到在泰国扩散国际难民制度的合法性来源。直到泰国当局与国际社会都逐渐意识到，中南半岛持续

---

① UNHCR, 1975 Agreement between the United Nations High Commissioner for Refugees and the Government of the Kingdom of Thailand.

② UNHCR, 1977 Agreement between the United Nations High Commissioner for Refugees and the Government of the Kingdom of Thailand.

③ UNHCR, 1979 Agreement between the United Nations High Commissioner for Refugees and the Government of the Kingdom of Thailand.

多年爆发的各类危机所产生的流离失所问题，早已不能依靠泰国一己之力、通过临时性的应对举措或是短时期内的单一处理模式得到彻底解决。由于滞留于泰缅边境的人，长期无法实现大规模返乡，而长期堆积的安置人员身份问题，使得安置营地甚至周边相关区域的人道主义危机持续发酵。针对泰缅边境难民，难民署启动了有区域针对性的国家行动，试图通过综合手段解决问题。这些综合性的手段包括：

其一，通过"泰国流离失所服务协调委员会"协助与观测泰国难民收容程序。

泰缅边界的第一批难民营成立于1984年，当时有9000名难民到达泰国，"泰国流离失所服务协调委员会"的成员在泰国内政部的邀请下提供基本的人道主义援助。于是在泰国政府与难民署的共同努力下，1998年，泰国政府正式邀请难民署到达泰缅边境见证泰国接收新难民的程序。1998年，泰国政府与难民署达成协议，邀请难民署按约定提供保护。泰国流离失所者协调委员会的20个非政府组织成员，根据同"流离失所者行动中心"（OCDP）、泰国内政部以及难民署的协议，为难民营提供服务。[1] 从1999年开始，难民署开始紧密关注泰国的难民收容程序，通过观察者身份，对新到达者进行访谈、搜集信息，从多个层面介入并鼓励泰国政府对新到流离失所者提供符合国际标准的临时保护。同时，难民署还观察难民营地的生存条件、安全和平民事务。虽然难民署没有直接参与提供援助，但也越来越多地负责联络援助的非政府组织，确保流离失所者受到非歧视性对待，妇女和儿童的情况也被充分考虑。在没有其他项目作为保护活动的补充时，难民署会资助非政府组织来执行教育、环境和防地雷宣传方案。难民署也一直在处理难民营地周边的泰国当地人口状况与问题。[2]

其二，实施泰缅边境综合解决流离失所者需求的计划。

一开始，规范化的收容程序只能用以应对新到达的流离失所者，但对早已临时安置于难民营的流离失所者在泰国的身份地位问题仍然束手无策。针对该问题，难民署协助泰国针对泰缅边境实施了综合解决流离失所者计划。到"泰缅边境综合解决流离失所者需求的计划"推出之时

---

[1] UNHCR, Analysis of Gaps in Refugee Protection Capacity-Thailand, November 2006, pp. 7-9, https：//www.refworld.org/docid/472897020.html.

[2] UNHCR, Analysis of Gaps in Refugee Protection Capacity-Thailand, November 2006, pp. 7-9, https：//www.refworld.org/docid/472897020.html.

(2005年)，泰国已经接收了近300万处于类难民状态的流离失所者。此时在泰缅边境的9个难民营有约15万缅甸流离失所者生活于此，还有至少1000名寻求庇护者居住于城镇地区。据难民署估计，另外还有超过20万缅甸流离失所者包括逃离掸邦的掸族人居住于难民营之外。随着缅甸局势的恶化，处于泰缅边境的难民营人数，每年都有增加，但返乡前景却是微乎其微。①

长期无法解决的流离失所者问题不但给该群体带来流放与限制的巨大压力，也不断考验着泰国政府与捐助者的耐心。2005—2006年，泰国流离失所者服务协调委员会同难民署一起，主张采取更加全面综合的方式，试图让该群体在颠沛流离中变得更有价值，无论是从泰国回到缅甸还是去往第三国，都能够充分发挥与实现自我价值。这种方式不但努力让难民能够自力更生，还潜在地减轻援助压力。难民营所处的地区都很贫困，因此，开展经济活动不仅可以让泰国社会受益，还能促进边境敏感区域的经济发展与国家安全形势的改善。2005年，泰国流离失所者服务协调委员会和难民署驻曼谷办事处制订了2006年的第一个综合计划。同年12月就该计划与泰国政府举行研讨会，随后将2006年计划延续到2007年。2006年5月还召开了捐助者论坛，泰国国家安全委员会和内政部也都出席了此次会议。

第三阶段：2008年至今。在难民署特别针对泰国行动、综合解决方案实施的同时，国际社会逐步意识到，流离失所问题作为一个全球性问题，需要全球性的应对安排。于是，在泰国完成2006年第一个综合计划后，2006年8月发起了第二个综合计划——2007/2008综合计划，开始将难民署的"加强保护能力"（SPCP）的泰国项目也加入计划之中。计划的目的是识别供需缺口，改善泰国难民接收与保护的能力，加强难民的自力更生能力，增加永久解决方案实现的机会。计划最终于2007年形成了一份完整的保护与人道主义援助服务文件，并于2008年识别各部门需求缺口、给具体项目建议书附上预算。泰国"加强保护能力"项目于2006年7月在泰国启动，组织协调应对难民需求保护问题，包括"加强对性暴力和基于性别的暴力"（SGBV）的预防与应对、儿童保护、健康和心

---

① UNHCR, A Comprehensive Plan Addressing the Needs of Displaced Persons on the Thailand/Myanmar (Burma) Border in 2007/2008, May 2007, http://www.refworld.org/docid/4728970a0.html.

理服务、档案、教育和生计。泰国的"加强保护能力项目"是难民署同泰国政府、非政府组织的合作伙伴、捐助者以及难民社区共同协调合作推进的。2009年"全球需求评估试点项目"（GNA）评估认为泰缅边境流离失所者的遗留问题，部分是因为提供临时保护时被保护者受到不同程度的行动限制甚至拘留所造成的。"超越拘留全球战略2014—2019"（Global Strategy Beyond Detention）是难民署支持与鼓励泰国政府以及其他国家结束拘留寻求庇护者与难民的全球战略。① 在战略中，难民署介绍逐步替代拘留的办法，倡导在泰国国内建立受关注人群保护问题的整体法律框架。在该法律框架中，拘留是其中一部分内容。为了让入境拘留中心的条件更好，"机构间拘留工作组"（DTF）于2011年成立，并定期举行机构间的会晤。难民署也是工作组协调委员会的积极成员。2015年几个非政府组织组成的工作组也成为协调委员会成员。难民署根据这些协调机制同民间社会与政府协商起草了"国家行动方案"。②

（二）泰国的回应式参与：公约承诺外的合作与治理

长期滞留在泰国边境地区难民营的人，入境时持无效证件或未持证件入境，多年过后也再无可能从原籍国（尤其是缅甸）获得身份/国籍证明者，因而陷入无国籍状态。流离失所者生活了数十年的难营地，已经有第二代甚至第三代出生于此。当泰国政府、难民署与其他非政府组织共同协作采取综合解决方案应对泰缅边境问题时，开始发现，难民营地内，甚至当地社会，无国籍状态或无国籍的风险普遍存在，如何应对成为最棘手的问题。③ 这些处于无国籍状态或无国籍风险的人，往往生活在偏远山区的部落或是边界地区，称流离失所者或称山民。泰国政府或周边国家欠缺主动为这些群体提供正式身份的能力与意愿，流离失所者自身获取权益、获取国籍程序相关的信息同样极为有限。由于没有国籍，大多人无法享受正

---

① UNHCR, Thailand-Progress Report: Global Strategy Beyond Detention, 2014-2019, MID-2016, http://www.unhcr.org/protection/detention/57b583e57/thailand-progress-report.html?query=thailand.

② UNHCR, Thailand-Progress Report: Global Strategy Beyond Detention, 2014-2019, MID-2016, http://www.unhcr.org/protection/detention/57b583e57/thailand-progress-report.html?query=thailand.

③ UNHCR, A Comprehensive Plan Addressing the Needs of Displaced Persons on the Thailand/Myanmar (Burma) Border in 2007/8, May 2007, http://www.refworld.org/docid/4728970a0.html.

规迁徙权与财产权,而且极难获得可承受范围内的医疗和较高程度的教育。①

在难民署以及相关组织的协助与指导下,泰国识别与确定流离失所者身份程序在十几年间有了很大进展。在2004年之前,没有泰国国籍的人士身份证是无防伪技术的塑封纸质证件,一般称为"少数人员群体"证件,每个民族的身份证件颜色不一样。一直到2004年,特别保护办出台规定,更换了无泰国国籍人士的身份证件材质与颜色,改为双面粉红色有磁性的塑料材质证件,所有少数民族统一了证件颜色,但在证件的正面写明证件持有者所属的少数民族名称,并标有13位身份证号码。

在经过与难民署长达30年的合作与多层次协作后,泰国政府充分意识到了要解决边境地区流离失所者问题,必须将临时性的手段与规定上升为国家层面立法。2005年1月18日泰国内阁通过了《关于人的法律地位与权利的国家战略》,并且于2008年颁布立法改革,促进一些长期居住于泰国的群体获得泰国国籍。《关于人的法律地位与权利的国家战略》将有法律地位和权利的人分为6个目标群体:(1)有法律地位问题的长期居留者,包括他们在泰国出生的子女;(2)泰国教育系统的学生;(3)无根者;(4)对国家有较大贡献的人;(5)根据国家核查计划被拒绝来自缅甸、老挝和柬埔寨的非正规迁徙人士;(6)无法返回原籍国的其他非泰国人口群体。统称为"不具有泰国户口人员"② 根据战略相关规定,泰国内务部需给这些未落户的人员落户(上户口)及出具文件证明其身份。这些规定还可以考虑让那些被发现不是泰国人的人获得泰国永久居住权,同时,相关框架还计划让他们获得教育与医疗。在诗琳通公主(Princess Maha Chakri Sirindhorn)的倡议下,更多学龄儿童和弱势群体获得了国籍。

泰国司法部和社会发展与人类安全部负责经营城市里受难民署关注的儿童庇护所。同时,难民署还同泰国于2014年为人口贩卖的受害者罗兴亚人状况,设立了非正式的"临时保护"机制。虽然从技术上讲,该机制是拘留,但允许妇女、女孩以及15岁以下的男孩居住在由社会发展与

---

① UNHCR, A Comprehensive Plan Addressing the Needs of Displaced Persons on the Thailand/Myanmar (Burma) Border in 2007/8, May 2007, http://www.refworld.org/docid/4728970a0.html.

② UN Parter portal, "Support Unreyistered stateless children with Ciril Identity or other Legal Identity Pouluments", https://www.unpartener portal.org/api/public/export/projects/9865.

人类安全部管理的半开放庇护所中。这些庇护所负责提供一些基本服务（医疗、教育等）。认定为被贩卖人口的受害者，还可以进入半开放式的保护与职业发展中心住所，而不被拘留。在泰国的法律中，15 岁以下儿童不承担刑事责任，因此废除了对儿童的保释金规定。

根据难民署 2016 年的数据，在过去三年里，泰国有超过 1.8 万无国籍者获得泰国国籍。泰国政府 2016 年更新后的数据显示，泰国的无国籍人员人数下降到 443862 人。[①] 难民署已经将泰国在处理无国籍问题所取得的进展作为亚洲地区的积极榜样。泰国对于联合国的"2024 彻底消灭无国籍战役"倡议的合作，无疑是一件里程碑式的成果。

泰国政府还在同难民署合作，简化申请程序，确保合格的申请人能够及时进入申请程序。泰国区一级政府以及决策者也在难民署的指导下进行能力建设，并为偏远山区部署的流动小组提供资金支持，加强社区对无国籍事宜的认识，并为其提供咨询服务，协助当地社区完成国籍申请、跟进处理悬而未决的案例。

虽然在印支难民问题与泰缅边境难民营问题爆发多年后，泰国仍然未成为《关于难民地位的公约》的签署国，但其在难民署持久协调与不间断的规范化项目影响下，已经对治理难民与其他流离失所人群的国际制度进行了深层次内化，并最终反映在泰国国内立法与国内治理之中。

三 结论

如本章第一节"案例选择"部分提到的，本节之所以选取印支难民危机及中国与泰国两个国家作为案例，是因为难民与其他流离失所问题的复杂性、争议性在亚洲地区显得尤为突出，治理难民具有代表性。多民族、多宗教、多毗邻边界所产生的治理复杂性与争议性一直伴随着该区域的难民治理。中国与泰国所面对的难民以及其他流离失所者，在来源与人口构成上有着很大的相似性。因此，选取中国与泰国为案例更能将"公约—难民署"同两个国家的二元互动与制度合法性实现效果的差异性清晰化。

从中国与泰国应对危机、治理难民问题的过程中，一方面，我们可以

---

① UNHCR, "Thousands of Stateless People Given Nationality in Thailand", December 1, 2016, http://www.unhcr.org/ibelong/thousands-of-stateless-people-given-nationality-in-thailand.

看到，难民署与两个国家之间的互动，有两个主要相似之处：

一是中、泰两国在本土化"学习"之初都面临不同的国内形势与挑战，国家对难民的治理都有很大程度的不确定性，流离失所者涌入的源头有很大程度的重合。在印支难民问题爆发之时，中国面临着改革开放同周边国家关系带来的不确定性。泰国也同样在经历艰难的政治现代化进程与越柬冲突带来的边境危机。20世纪70年代中、泰面临的大规模难民涌入挑战，都是来自中南半岛的冲突，尤其是越南对国内其他民族的迫害性政策、入侵柬埔寨以及对邻国所发起的挑战所致。随后，缅甸国内的局势与民族政策，也让中、泰两国都面临了缅甸流离失所者涌入的问题。因此，中国与泰国在治理对象的群体构成上，也有很大的重合。

二是中国与泰国都不是以"公约—难民署"为代表的国际难民制度的发源地，作为亚洲地区国家，无论是政体、宗教信仰还是民族，都与欧洲迥异，很难实现文化上的匹配。但两个国家也都不同程度地证明，"公约—难民署"的合法性，在难民署的"说服""传授"与国家本土化"学习"的互动过程中得到了有效的国内实现。中国虽然尚未正式公开出台难民法以及相关庇护实施细则，但从对印支难民在中国的实际社会融入可以看到：中国1982年加入1951年《关于难民地位的公约》与1967年《关于难民地位的议定书》后，实现了公约精神在国家宪法、出境入境管理法以及地方实践中的体现。此外，2004年后开始逐步实现华侨农（工）场难民的公民身份，以及在难民署对中国政府相关人员的宣传与培训都体现着中国同难民署深入、长效的合作。泰国虽然仍未加入《关于难民地位的公约》，但应对流离失所者、消除无国籍者以及有区别的身份证制度也从很大程度上反映了"公约—难民署"的影响力，国际难民制度的合法性也通过在泰国的本土化部分得到实现。

另一方面，在难民署与两国的互动也存在许多方面的差异。

一是难民署针对中国与泰国的传授方式多元化程度不同。观察难民署的"传授"过程，可以看到，虽然难民署的基本目标、资金与物质支持、评估方式与宣传倡导手段在中国与泰国之间没有根本区别，但难民署的"传授"途径在泰国显得更多元化。这种多元化体现在两方面：（1）难民署传授专业内容的重要途径——国家行动在泰国发起的种类与次数明显多于中国。在中国的行动主要是围绕印支难民的救助以及完善中国难民保护法律制度两部分，尤其在印支难民在中国基本实现社会融入之后，仅留后一项。在泰国发起的多次国家行动，不但包括了印支难民问题，还有"加强保护能力"项目、泰缅边境综合行动、非拘留行动以及消除无国籍等。（2）难民署与其他多元化国际组织，如国际劳工组织、人权保护类国际组织的合作在泰国的治理中也更为明显。泰国国内倡导与推动本土化"学习"的，除了泰国政府、政治精英外，社会非政府组织也起到了很大的影响。

二是中国与泰国相比，最根本的区别并不是《关于难民地位的公约》签署国的身份，而是有自身原有的华侨、归难侨的保护法律制度，以及援助与保护机制——华侨农（工）场。中、泰的治理对象群体有重合的部分，但泰国面临的受关注人群要比中国更为复杂，国家治理能力也与中国有差距。因此，在难民署的"传授"行为中，不但泰国受关注人群的行动任务更加多元化，而且如上文所述与难民署合作的组织类型也更加多元化。而中国收容的印支难民虽然类型多元，但主体依然是"归难侨"，用《中华人民共和国国籍法》时代的话语，即涌入的难民主体由华侨与华人构成。当时中国国内已经有成文的华侨保护相关法律制度，[①] 尤其是有适合居住、融入与自给自足的华侨农（工）场。华侨农（工）场在中国的计划经济年代，不但是社会生产组织形式，更是一种中国政府的基层派出机构，是一种强制度形式的国内难民治理行为体，这种情况一直维持到中国的经济体制改革时期。在中央政府对地方尤其是边境地区强有力的控制能力条件下，有了华侨农（工）场的存在，地方政府行为就同中央政府对"公约—难民署"的承诺相一致，具备了静态本土化学习条件的一致性（参见表7-5）。因此，在与难民署的互动过程中，中国可以迅速有序地适度调节救济方式与程序，实现部分国际难民保护规范与国内保护方式对接，完成保护规则本土化的第一步。也因为国内保护机制与国际规则能

---

① 《中华人民共和国宪法》（1954年）规定：中国公民有居住与迁徙自由；中华人民共和国保护国外华侨的正当的权利和利益。到《中华人民共和国宪法》（1975年）颁布，"迁徙自由"条款被删除，"国家保护国华侨的正当权利和利益"得到强调，同时保留了1954年宪法对"受到迫害的外国人，给以居留的权利"的内容。作为十一届三中全会召开以前通过的最后一部宪法，1978年通过的《中华人民共和国宪法》规定"国家保护华侨和侨眷的正当的权利和利益"，删除了1975年宪法的"国外"并加入"侨眷"。参见杨靖旼、杨雪冬《中国跨边界人口流动治理研究》，《中国社会科学内部文稿》2021年第1期。

够顺利对接，为本土化的第二步骤——最终实现例如难民登记、临时保护措施、分阶段取得公民待遇等打下了坚实的国内基础。有了前两步本土化的学习过程，才能为中国最终建立一整套完善的难民保护立法、操作程序、执行细则提供了可能。

而泰国并没有就1951年《关于难民地位的公约》做出承诺，大量的流离失所者只能通过难民署安置于边境地区法律关系不甚明晰的难民营。或许因为泰国政权在20世纪70年代发生了较大变动，囿于国家治理能力问题，尤其是中央政府对边境地区控制能力的局限，泰国国内也并没有一套如中国一般自成体系的机制化保护模式。对印支流离失所者问题的治理，很大程度上依赖联合国难民署的介入，泰国政府虽然配合，但对于难民署"传授"的内容，泰国的本土化"学习"效果相对中国而言，并不明显。虽然生活在华侨农（工）场的印支难民身份证件与户籍问题是在中国政府"学习的本土化"第二步中得到逐步实现，但并没有如泰国一般因为难民营中难民法律地位一直无法确定那般，导致代际无国籍问题与其他恶劣人权境遇问题产生，进一步加重治理的复杂性。

三是从保护的逻辑上看，泰国更依赖于难民署"传授"的行动，而中国的治理注重的是为难民创造自力更生的可能。中国以华侨农（工）场的农作物与经济作物的种植、加工为依托，让难民通过自身的劳动，最终实现自给自足。华侨农（工）场的印支难民在最初并未获得完全的公民待遇，也并不能实现在华侨农（工）场之外的彻底迁徙自由。这从客观上使可能因为语言、生活习惯不同等潜在的社会融入挑战弱化，在集中统一、有序管理的同时，更有利于中央与地方政府有针对性地培养难民自给自足的能力，为难民提供医疗、教育等基本权益。中国印支难民在自给自足与社会融入方面的成功，为难民署树立了一个难民安置的典型范例，使之在后来很多区域的难民保护行动中不断探索难民的生计问题，传授自给自足的国际经验。这也是中国国内经验对于世界难民治理与国际难民制度的贡献之一。

而泰国国内缺乏相应的保护机制，将对难民与流离失所者的治理主动权交给了难民署、社会团体与非政府组织。这虽然一定程度上反映并促进了泰国对国际社会的积极态度与国内社会治理力量的发展，但过分依赖外部的辅助，以及动员能力、执行力与控制力相对较弱的社会组织力量，主要凭借部分政府资金的支持，事实证明，无法为难民与其他流离失所者提供自力更生、自给自足的可能。加之，泰国中央政府对边境地区的治理能力有限，不但严重缺乏医疗、教育，边境难民营因为法律地位问题、泰缅泰老边境地区的"三不管地带"的跨境犯罪问题，甚至导致许多极端情形的出现，例如人口贩卖、针对性别的暴力、性剥削等。

第三节　权威削弱与认同危机：科索沃难民危机

科索沃地区位于巴尔干半岛，其西南面是阿尔巴尼亚，东南面为前南斯拉夫马其顿（2019年2月更名为北马其顿共和国，后文沿用危机发生时的简称"马其顿"），由东至北与塞尔维亚接壤，西接黑山，面积近1.1万平方千米。区域内的族群主体由阿尔巴尼亚族（阿族）和塞尔维亚族（塞族）构成，其中，阿族占居民中的大多数，且比例在第二次世界大战结束后逐步升高，到1981年达到77.4%，塞族则逐步降低至13.2%。[1]

1980年自铁托去世后，南斯拉夫的内部凝聚力开始瓦解，民族主义运动逐渐兴起，尤其围绕该地区的归属和治理问题，科索沃地区两大主体民族间的矛盾不断。随即，阿族开始谋求科索沃独立。1981年大规模的示威导致流血冲突，许多塞族与黑山族人开始逃离科索沃。1989年，时任塞尔维亚总统的米洛舍维奇为了压制阿族民族运动，下令取消科索沃省的自治地位，这一做法引起科索沃的阿族群体的强烈反对，阿族与塞族冲突激化升级。1991年，南斯拉夫迅速解体，阿族人举行了"全民公决"，决定成立"科索沃共和国"。1996年阿族极端组织"科索沃解放军"出现，针对塞族警察和平民的恐怖活动不断升级。1998年南联盟开始清剿阿族武装，南联盟军警与"科索沃解放军"的冲突加剧。由于1999年2—3月的朗布伊埃谈判没有达成协议，科索沃冲突再次激化。1999年3月24日，北约未经联合国授权，在"防止科索沃人道主义危机"的旗号下，开始对科索沃的南联盟军事目标进行轰炸。

族群冲突加上北约的轰炸，大批科索沃难民流离失所，涌入周边国

---

[1] Statistical Office of Kosovo, Demographic Changes of Kosovo Population 1948–2006, 2008, p. 7, https://ask.rks-gov.net/media/1835/demographic-changes-of-the-kosovo-population-1948-2006.pdf.

家，其中绝大多数为阿族难民。这场大规模的难民危机从 1999 年 3 月 24 日北约轰炸科索沃开始，一直持续到 6 月 10 日双方达成和约，南联盟同意从科索沃撤军结束。① 由于科索沃同阿尔巴尼亚、黑山以及马其顿接壤，北约轰炸开始后，大部分难民通过陆路交通涌入这三个邻国。根据难民署统计，在北约军事行动开始的 9 周内，有 86 万阿族科索沃人逃离家园，其中 44.46 万难民进入阿尔巴尼亚，34.45 万人进入马其顿，6.99 万人进入黑山。②

作为难民的两个主要涌入目的地，阿尔巴尼亚和马其顿面对短期内大规模涌入难民，显然无法独自应对，纷纷向联合国、北约、欧盟等国际组织，以及美国和西欧国家寻求多边和双边的援助。难民署作为处理难民问题的专门机构，与三大收容国在不同程度上进行了合作。作为《关于难民地位的公约》的执行机构，难民署在科索沃难民危机爆发前期，将自我定位为处理难民问题的主导机构，预期统一协调国际援助和难民安置。然而，在事件高度政治化和军事化的背景下，各个组织的职能范围，以及人道主义援助的非军事性边界变得模糊。尤其危机爆发之后，难民署由于组织本身的限制因素，在面对短期大量涌入的难民潮时，调配资金和组织人道主义援助的应急能力非常有限。在难民主要涌入的阿尔巴尼亚和马其顿之后，美国领导的北约在人道主义援助中占据主导地位，难民署作为坚持难民保护非政治性的组织，作用被边缘化。随着区域局势的稳定，难民署从 1999 年 4—6 月回归为一个专门机构，负责协调、管理难民登记和物资调配等一般性管理事务。

在庇护制度方面，阿尔巴尼亚在难民大规模涌入前，就同难民署进行了积极密切的合作，并且于 1998 年出台了《庇护法》，作为国内的制度准备。而马其顿在科索沃难民危机之前没有相关的临时庇护机制，危机解除后，该国政府鉴于加入欧盟的压力，在难民署的协助下，逐步建立临时保护的机制，并于 2003 年通过《庇护和临时保护法》。

---

① 孔田平：《巴尔干国际治理：科索沃案例》，《俄罗斯中亚东欧研究》2009 年第 2 期。

② Astri Suhrke, Michael Barutciski, Peta Sandison and Rick Garlock, "The Kosovo Refugee Crisis, An Independent Evaluation of UNHCR's Preparedness and Response", 2000, p. 6, https://www.unhcr.org/media/kosovo-refugee-crisis-independent-evaluation-unhcrs-emergency-preparedness-and-response.

一 阿尔巴尼亚的应对：同难民署的密切合作与转变

阿尔巴尼亚国土面积28748平方千米，根据1989年的人口普查数据，总人口约为310万，其中绝大部分的国民为阿族，占总人口的98%。[1] 大量涌入的难民与阿尔巴尼亚主体民族相同，并且阿尔巴尼亚政府曾提到要推动"所有在巴尔干半岛上的阿尔巴尼亚人的团结"[2]；同时，阿尔巴尼亚政府多次表示对科索沃地区独立的支持，并在为阿族武装提供在其领土北部的庇护。[3] 因此，在接收阿族难民问题上，阿尔巴尼亚政府没有异议。其面临的主要挑战在于，如何为数量庞大的难民提供援助和庇护。

（一）难民署同阿尔巴尼亚的密切合作阶段：涌入前的应急准备

冷战结束后，南斯拉夫社会主义联邦共和国迅速解体，阿尔巴尼亚社会主义人民共和国在1991年4月通过宪法修正案，改国名为阿尔巴尼亚共和国。由于科索沃持续不稳定的局势，从20世纪90年代起，阿尔巴尼亚政府与难民署就已经开始积极合作。1992年8月，阿尔巴尼亚正式加入1951年《关于难民地位的公约》。随着科索沃局势的恶化，难民署同阿尔巴尼亚政府逐步合作制订应对可能大量涌入的难民的计划。该计划在1998年年初得到重启并且细化和完善。同年，阿尔巴尼亚国内有关难民庇护的立法也有了新进展，《庇护法》正式通过。在科索沃难民形成大规模涌入之前，阿尔巴尼亚在同难民署的国际合作机制上、国内制度上都做了相应的准备。

一方面，难民署作为危机应对的主导机构，在阿尔巴尼亚政府、当地非政府组织、联合国人道主义事务协调厅的协作下，于1998年5月制订

---

[1] Kosta Barjaba, "Recent Implications of Inter-Ethnic Relations in Albania", *Anthropological Journal on European Cultures*, Vol. 4, No. 1, 1995.

[2] Astri Suhrke, Michael Barutciski, Peta Sandison and Rick Garlock, *The Kosovo Refugee Crisis, An Independent Evaluation of UNHCR's Preparedness and Response*, 2000, p. 11, https://www.unhcr.org/media/kosovo-refugee-crisis-independent-evaluation-unhcrs-emergency-preparedness-and-response, https://www.unhcr.org/3ba0bbeb4.pdf.

[3] Astri Suhrke, Michael Barutciski, Peta Sandison and Rick Garlock, "The Kosovo Refugee Crisis, An Independent Evaluation of UNHCR's Preparedness and Response", 2000, p. 11, https://www.unhcr.org/media/kosovo-refugee-crisis-independent-evaluation-unhcrs-emergency-preparedness-and-response, https://www.unhcr.org/3ba0bbeb4.pdf.

了《联合国关于科索沃的人道主义区域应急计划》(United Nations Humanitarian Regional Contingency Plan Related to Kosovo)(下文简称《应急计划》)①。该计划针对阿尔巴尼亚薄弱的基础设施，制定了相应的难民安置措施，包括：(1) 所有援助食品的进口；(2) 快速将难民迁移至远离边境冲突的地区；(3) 难民安置以公共建筑、工厂、军队设施的集中安置为主，辅以家庭寄宿，将临时帐篷作为最后选择。

随着计划的实施，1998 年年中之前涌入阿尔巴尼亚的约 2 万名科索沃难民基本得到了妥善的安置。②

在应对大规模涌入难民的准备阶段，难民署对同在科索沃问题中有直接相关利益的北约合作起初持保留态度。这主要是由于难民署高级专员应当坚守人道主义援助的公正性 (impartiality)、非政治性原则，确保援助能够不偏不倚地提供给所有需要的人群，也要保证提供援助的工作人员以及接受援助的人群不会成为冲突方的目标。北约作为军事联盟，且是直接参与冲突的一方，按照原则，显然不应该成为难民署的合作对象。于是在 1998 年 9 月，当北约向难民署提出合作应对可能大量涌入的难民潮时，难民署强调人道主义援助的非政治和非军事性，拒绝"合作"(cooperation)，并强调自身作为总"协调者"(co-ordination) 的角色。直到 1999 年 4 月初面对涌入的大量难民，难民署完全无法满足资源配置和人员安置需求时，考虑到阿尔巴尼亚和马其顿政府的现实诉求，难民署才不得不与北约展开正式合作。③ 由于对原则的坚持、对机构能力的自信，难民署应对难民潮的前期工作安排主要侧重于和阿尔巴尼亚政府的合作，将自身定位为处理难民问题的主要执行和协调机构。

另一方面，阿尔巴尼亚国内的《庇护法》也于 1998 年通过，该法第五章对寻求临时庇护人员的定义和权利做出规定，实现了阿尔巴尼亚在签

---

① 共有 7 个国际组织：难民署、UNDP、UNICEF、WHO、WFP、EU、OSCE；2 个国际非政府组织：无国籍医生组织（比利时）、OXFAM；2 个阿尔巴尼亚非政府组织；阿尔巴尼亚政府：国防部与内政部，以及总理办公室，都参与到了应急计划的制定过程中。

② Astri Suhrke, Michael Barutciski, Peta Sandison and Rick Garlock, "The Kosovo Refugee Crisis, An Independent Evaluation of UNHCR's Preparedness and Response", 2000, pp. 23 - 24, https://www.unhcr.org/media/kosovo-refugee-crisis-independent-evaluation-unhcrs-emergency-preparedness-and-response.

③ Michael Pugh, "Civil-Military Relations in the Kosovo Crisis: An Emerging Hegemony?", Security Dialogue, Vol. 31, No. 2, 2000.

署《关于难民地位的公约》及《关于难民地位的议定书》之后，国内法与国际法的对接，并融入了国际难民制度的扩展规则——临时保护。同时，《庇护法》还针对有可能大规模涌入的情况，提出群体身份甄别，而非个体甄别。

第 31 条 总则

1. 在大规模涌入平民阿尔巴尼亚领土寻求国际保护的情况下，可以中止本法第 21—30 条规定的程序（庇护申请），向所有人提供临时保护。

2. 关于平民是否构成大规模涌入，属于临时保护的范畴，以及终止临时保护制度的决定，应由国家难民事务委员会作出。国家难民事务委员会在作出这一决定时，须考虑导致流离失所的情况，并审查这一群体是否具有获得临时保护人群的特征。

第 32 条 获得临时保护人员权利

1. 享有临时保护的外国人，在阿尔巴尼亚共和国被暂时接受。

2. 出于客观原因，享有临时保护的外国人的一些权利，尤其是工作权和行动自由权，可能会在其居留于阿尔巴尼亚领土的第一个三年间受到国家难民事务委员的限制。

3. 在任何情况下，这些人不应该因此入境的非法性受到惩罚或不公的待遇，对他们的接待将根据国际公认的人权标准和本法的有关规定进行。

1998 年阿尔巴尼亚《庇护法》①

此外，该法第 5 条强调了阿尔巴尼亚是国际制度的严格遵守者，并重申不推回原则。由于除了难民公约外，阿尔巴尼亚还是《欧洲防止酷刑和不人道或有辱人格的待遇或处罚公约》《联合国禁止酷刑公约》《公民权利和政治权利国际公约》《联合国儿童权利公约》等相关国际条约的缔约国，如果（外国公民的）条件不符合难民标准，且不满足本法第五章有关"临时保护"的相关条件，基于人道主义的原则，亦不得受到阿尔

---

① Law on Asylum in the Republic of Albania, 1998, https://www.legislationline.org/documents/id/6669.

巴尼亚共和国有关当局发布的驱逐令或驱逐出境令。①

（二）大规模涌入后：难民署同阿尔巴尼亚合作关系的调整阶段

在先前的准备下，难民署与阿尔巴尼亚政府本应该在科索沃难民大规模涌入时开始有条不紊的收容工作，然而，事与愿违。难民署和阿尔巴尼亚政府一同拟定的区域应急计划预计难民人数在2万到10万，而当北约开始轰炸科索沃后，特别是轰炸刚开始的一周内，就有约8万人涌入阿尔巴尼亚的边境城市。② 接下来的几周之内，难民涌入数量将近50万时，原本的应急计划几乎无法发挥预期作用。难民署的部署开始面临物资短缺、配置能力不足、筹款不力、人员派遣不够迅速等问题，应急乏力。

危机爆发之后，此时的阿尔巴尼亚政府出于现实考虑，更倾向于向北约和西欧国家寻求援助和合作。相比难民署，北约作为一个军事同盟组织，对成员国有更加直接的约束力和更强的资本组织动员能力，而这些成员国大多是难民署的主要捐助国，这使得北约应对危机和调配资金的能力与效率高于难民署。由于与北约的战略关系，相比难民署，阿尔巴尼亚同北约的合作，大大提高了对涌入难民的援助与保护效率。阿尔巴尼亚是唯一同意北约不受限制地使用其领土和领空进行针对南斯拉夫的军事行动的前线国家，这既加大了阿尔巴尼亚同北约博弈的筹码，又通畅了援助物资的运输。因此，阿尔巴尼亚政府未通过难民署，直接向北约申请提供空中物资的投放。从而，北约在大量难民涌入的初期占据了援助的主导地位。危机彻底爆发后，阿尔巴尼亚将难民署在危机应对机制中的角色降级。难民署则更多地作为一个处理难民事务的专业机构，与北约合作，关注援助的细节部分，比如为了让物资有效分配，北约召集参与空中运送物资的国家，形成一套规范和程序，在难民署审核之后，有序地向阿尔巴尼亚

---

① Law on Asylum in the Republic of Albania, 1998, https://www.legislationline.org/documents/id/6669.

② Astri Suhrke, Michael Barutciski, Peta Sandison and Rick Garlock, "The Kosovo Refugee Crisis, An Independent Evaluation of UNHCR's Preparedness and Response", 2000, p. 32, https://www.unhcr.org/media/kosovo-refugee-crisis-independent-evaluation-unhcrs-emergency-preparedness-and-response.

输送。①

同时，阿尔巴尼亚与1999年3月31日到达的德国、法国、意大利代表讨论援助事宜，在一系列的对话之后，多个欧洲政府在卢森堡会议上决定资助阿尔巴尼亚接收难民。在应对危机的政府组织架构安排上，阿尔巴尼亚政府没有通过危机之前由难民署高级专员协助建立的地方政府部难民事务办事处（Office of Refugees）组织国际救援工作，而是与欧安会（OSCE）密切合作，建立了一个新的应急管理小组（Emergency Management Group, EMG），总体上协调和管理援助工作。难民署没有被放在总体协调者的位置上，而是作为应急管理小组的调配部分，与欧安会一起主要负责人员安排。由此，原先阿尔巴尼亚同难民署积极紧密的合作关系，发生了逆转。

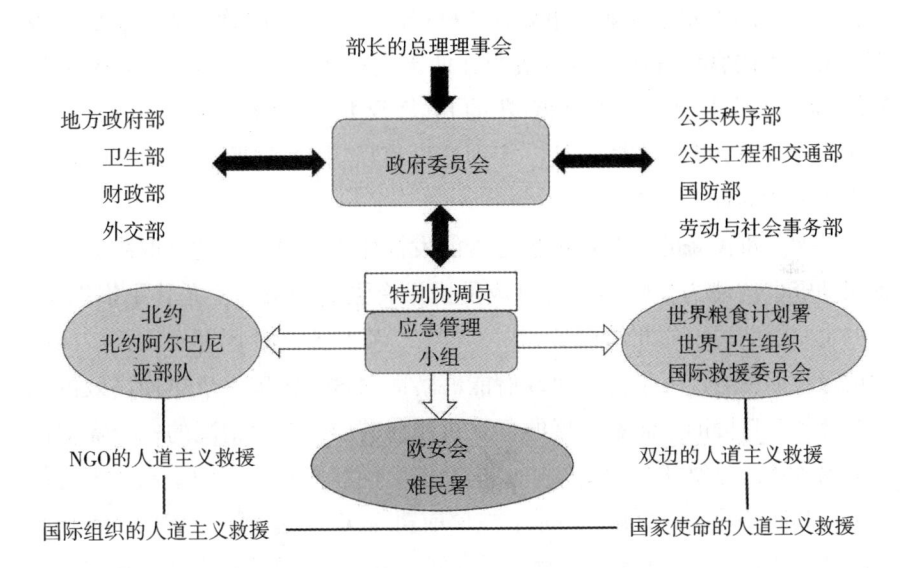

图 8-1　阿尔巴尼亚应对科索沃难民危机的应急管理与协调机制

（三）难民署与阿尔巴尼亚政府关系转变的原因

科索沃难民大规模融入阿尔巴尼亚之前，难民署在同阿尔巴尼亚的紧密合作中，一直是引领者的角色，而在大规模涌入后，二者的关系发生巨大转变，难民署的地位急速下降，这有着许多深层次原因。

---

① Jef Huysmans, "Shape-Shifting NATO: Humanitarian Action and the Kosovo Refugee Crisis", *Review of International Studies*, Vol. 28, No. 3, 2002.

首先，难民署在难民涌入初期面临人员严重不足，以及应急人员派遣时间长的问题。难民署一开始对自我能力有着较为乐观的预期，按照计划，它应该成为全局性计划、指挥难民工作的机构。但随着难民在极短时间内大规模的涌入，难民署的能力无法达到应对危机的要求。与此同时，难民署在前期准备阶段对难民数量做出了过低的预估，并向阿尔巴尼亚政府过于自信地保证其自身危机应对能力，导致当其无法胜任安置大规模涌入的难民工作时，阿尔巴尼亚政府对其产生了极大的不满和不信任。出于对工作人员安全考虑，难民署于1998年9月关闭了一间位于阿尔巴尼亚北部很有可能是难民涌入点的办事处，同时将位于北部库克斯（Kukes）的办事处缩减至1名当地员工。这导致从空袭开始到1999年3月29日，这名员工不得不独自面对处理约6.4万名难民涌入的问题。同时，难民署的阿尔巴尼亚办事处在1999年3月27日向总部请求支援，因难民署庞大的官僚程序，应急机制在两天之后才被启用。这导致1999年3月30日从日内瓦组织派遣的应急反应队（Emergency Response Team）直到1999年4月2日，才到达库克斯，[①]而这距离北约轰炸已经过去了一周时间。

其次，难民署的协调者角色是否能发挥作用，很大程度上取决于其调动捐助资金的能力，而难民署对成员国没有强制约束力，尤其是捐助国。它的主要捐助国中的北约成员和西欧国家，在科索沃地区都有直接或间接的地缘政治利益，阿尔巴尼亚政府能够转而向这些国家寻求更加高效的双边资金和项目援助。而难民署的募款机制使其应对紧急情况的资金需要向成员国募集，导致其行动受到主要捐助国美国和西欧国家的牵制，没有能力坚持其原本的组织原则和诉求。按照前期筹款"综合呼吁"（Consolidated Appeal）计划，难民署本来有信心筹集的1.68亿美元足够使其在阿尔巴尼亚和马其顿的工作开展到1999年4月底，然而，在危机发生10天之后，难民署仅获得不到50%的资金，同时涌入的人数大大超过预期，导致其面临

[①] Astri Suhrke, Michael Barutciski, Peta Sandison and Rick Garlock, "The Kosovo Refugee Crisis, An Independent Evaluation of UNHCR's Preparedness and Response", 2000, p. 41, https://www.unhcr.org/media/kosovo-refugee-crisis-independent-evaluation-unhcrs-emergency-preparedness-and-response.

临时资金短缺的问题。①

再次，伴随涌入的难民，大量的非政府组织也相继涌入阿尔巴尼亚，而其中的很多没有参与或配合难民署的协调工作。高峰时段，在阿尔巴尼亚的非政府组织达到160个。许多参与双边援助的国家也绕过难民署，同参与援助的非政府组织达成协议，大大削弱了难民署统一协调资源和安排难民安置工作的能力。② 直到它们的主要捐助者，尤其是欧洲公民保护与人道主义援助总署（Directorate-General for European Civil Protection and Humanitarian Aid Operations，ECHO）将资金直接授权给难民署支配，而不是与其他非政府组织建立双边协议之后，难民署才开始更好地发挥协调者的作用。③

最后，阿尔巴尼亚国内土地产权问题不清，难民署无法按照正常程序提前建立难民营。导致在难民大量涌入的时候，阿尔巴尼亚需要一支有强执行力的军队，在边境迅速建立难民营应急，这一任务北约可以更好地实现。事实上，按照应急计划，难民署在准备阶段已经开始着手评估和选择建立难民营的地点，以应对可能大量涌入的难民。然而，由于阿尔巴尼亚不清晰的土地所有权制度，经常有数个"拥有者"同时索要租金，使得难民署无法展开与难民营建设有关的工作。④ 同时阿尔巴尼亚北方与科索沃接壤的地区政府由在野党控制，所以中央政府的指令在边境城市无法有效地落实，这在一定程度上导致了边境城市物资准备不充分的问题。⑤

---

① UNHCR, Kosovo Crisis Update, 1999, https://www.unhcr.org/news/updates/1999/3/3ae6b80dc/kosovo-crisis-update.html.

② Peter Morris, "Humanitarian Interventions in Macedonia: An NGO Perspective'", Forced Migration Review, Vol. 5, 1999, https://www.fmreview.org/sites/fmr/files/FMRdownloads/en/kosovo/morris-p.pdf.

③ Toby Porter, "Coordination in the Midst of Chaos: The Refugee Crisis in Albania", Forced Migration Review, Vol. 5, 1999, https://www.fmreview.org/kosovo/porter.

④ Astri Suhrke, Michael Barutciski, Peta Sandison and Rick Garlock, "The Kosovo Refugee Crisis, An Independent Evaluation of UNHCR's Preparedness and Response", 2000, p. 24, https://www.unhcr.org/media/kosovo-refugee-crisis-independent-evaluation-unhcrs-emergency-preparedness-and-response.

⑤ Astri Suhrke, Michael Barutciski, Peta Sandison and Rick Garlock, "The Kosovo Refugee Crisis, An Independent Evaluation of UNHCR's Preparedness and Response", 2000, p. 26, https://www.unhcr.org/media/kosovo-refugee-crisis-independent-evaluation-unhcrs-emergency-preparedness-and-response.

二 马其顿的应对：犹豫地合作与难民署的边缘化

（一）低调的难民署与犹豫不决的马其顿：涌入前的准备

前南斯拉夫分别于 1951 年 7 月 28 日和 1959 年 12 月 15 日签署并批准了《关于难民地位的公约》，宣布受该公约规范。1991 年 11 月 20 日，作为前南斯拉夫联邦人民共和国加盟国之一的马其顿正式宣布独立，国名为"马其顿共和国"，并于 1994 年 1 月 18 日继任为该公约的签署国。

作为拥有约 220 万人口（1994 年的人口统计数据）的马其顿，国土面积 25713 平方千米，国内最大的族群是斯拉夫人，阿族大约占 22%—25%。[①] 大量涌入阿族难民很可能会打破马其顿境内脆弱的族群关系。在这种担忧下，马其顿政府将阿族难民视为影响国内族群稳定的因素。同时，在北约轰炸科索沃前的几个月，新成立的马其顿联合政府中，包含了更多斯拉夫人和阿族的民族主义代表，导致大量涌入的难民成为一个关乎新政府凝聚力的问题，因此马其顿政府在接收难民问题上就显得更加小心谨慎，甚至两次关闭边境阻止科索沃难民进入，也以此获得了让国际社会增加援助力度的筹码。相比阿尔巴尼亚政府迎接难民的积极态度，马其顿政府在准备阶段就对难民署的工作表现出了抗拒和犹豫。因此，难民署在马其顿的准备措施采取了低调和非正式的方式。由于马其顿政府给予难民署有限的支持，难民署仅按接收 2 万难民的预期准备物资，但实际涌入人数在 33 万左右，其中 10 万人在一周之内通过汽车和火车到达。[②] 显然，涌入前的准备无法妥善应对大规模难民涌入后的状况。

（二）马其顿限制难民入境与难民署的角色边缘化

与阿尔巴尼亚始终保持边境开放、迎接所有涌入难民的态度不同，马其顿两次限制难民入境，使得大量难民滞留在边境地区，基本人权无法得

[①] John P. Williams and Lester A. Zeager, "Macedonian Border Closings in the Kosovo Refugee Crisis: A Game-Theoretic Perspective", *Conflict Management and Peace Science*, Vol. 21, No. 4, 2004.

[②] Astri Suhrke, Michael Barutciski, Peta Sandison and Rick Garlock, "The Kosovo Refugee Crisis, An Independent Evaluation of UNHCR's Preparedness and Response", 2000, p. 25, https://www.unhcr.org/media/kosovo-refugee-crisis-independent-evaluation-unhcrs-emergency-preparedness-and-response.

到保障。马其顿在 1999 年 3 月 24—30 日，基本接收了涌入的难民。但随着涌入人数的急剧上升，在 1999 年 4 月 1 日到达马其顿边境的 2.5 万名难民中，只有 3000 人被允许入境，其余全部滞留在泥泞的边境布雷斯（Blace）区域，且每天还有大量新到达的难民。马其顿继续减缓难民通过边境的速度，坚持只给难民提供临时中转性的援助，并且要求在难民进入其国境前，必须声明他们最终的目的地。

由于西方媒体高度曝光滞留马其顿边境科索沃难民恶劣的生存状态，美国驻马其顿大使主持工作晚宴，与马其顿内阁成员、欧安会以及难民署代表磋商解决边境滞留问题。在这次谈判中，难民署由于没有为马其顿解除燃眉之急的能力，谈判内容由以美国为首的北约主导。最终，马其顿政府与北约达成协议，于 1999 年 4 月 3 日同意开放边境。协议承诺的义务很大程度上由北约和欧盟组织执行，其主要内容包括：（1）北约迅速搭建难民营；（2）将一部分难民疏散到西欧国家、美国及其盟友；（3）经济援助。

协议达成之后，鉴于北约的执行力和资金，北约部队在 1999 年 4 月 2 日一夜之内快速建立了 3 个难民营，最大接收额总计 4.2 万人。实际上，在北约宣布对科索沃进行空袭的 1999 年 3 月 23 日，马其顿外交部长曾向难民署在马其顿首都的办公室提交了 4 个供参考的难民营营地位置。但出于种种原因，该项协议没有引起难民署的任何行动。面对短期大量涌入的难民时，难民署不得不默认这项任务只能由具有执行力的北约军队迅速完成。[①]

在最初建立的 3 个难民营中，北约军队完全独立承建并且承担日常管理和营内物资分配，难民署几乎没有话语权。造成这种现象的一部分原因是，进入难民营参加援助工作的非政府组织没有足够参与难民署协调的动机。因为难民营的位置选择和建立都由北约军队迅速完成，欧洲的非政府组织大多倾向于进入由本国军队建立的难民营中展开工作，造成本应强调普世性的援助工作显现出国别化的特性，导致难民署没有办法展开统一的协调和分配非政府组织进入难民营的计划。这也导致了成员国倾向于直接

[①] Astri Suhrke, Michael Barutciski, Peta Sandison and Rick Garlock, "The Kosovo Refugee Crisis, An Independent Evaluation of UNHCR's Preparedness and Response", 2000, pp. 22 - 26, https://www.unhcr.org/media/kosovo-refugee-crisis-independent-evaluation-unhcrs-emergency-preparedness-and-response.

将资金配置给本国的非政府组织，而不是难民署。直到1999年4月中旬，北约才将共计6个难民营的管理权交给难民署，使其行使专业化和一般性的管理职责。①

在经济援助方面，1999年4月3日协议达成后，世界银行立刻宣布给予马其顿政府4千万美元的应急信贷，并在一天之后的4月4日迅速投入使用。同时，在难民疏散问题上，区域性的人道主义转移项目（Humanitarian Transfer Programme，HTP，将难民转移到阿尔巴尼亚）和跨区域的人道主义疏散项目（Humanitarian Evacuation Programme，HEP，将难民转移至西欧国家、美国和土耳其）也快速展开，难民开始被疏散到挪威（6000人）、美国（20000人）及土耳其（20000人）境内。到1999年4月6日，滞留在布雷斯的所有难民已经得到安置。

（三）难民署被边缘化的原因

在谈判和执行期间，美国起到了主导作用，而难民署的角色被边缘化，主要表现为北约建立难民营以及启动国家间协作的区域性转移以保障人权。从难民署的角度看，被边缘化最直接的原因是难民署的人员配备与财政状况恶化。由于同时要处理阿尔巴尼亚的难民涌入问题，短期分配给马其顿的资源和人员更加有限，显然无法满足马其顿政府提出的针对资金和行动的诉求。同时，马其顿国内立法中关于临时保护制度方面的空白，以及难民署的前期准备采取低调的方式，造成在难民大量涌入时，没有前期建立的应对机制可以发挥作用，由于与马其顿政府合作基础薄弱，导致大量难民两度被困于边境地区，基本人权无法得到保障。马其顿只能通过关闭边境的方式，促使有资金和行动力的北约与欧盟介入，以达到快速解决问题的目的。在这个过程中，难民署没有解决大量囤积在马其顿边境的难民的能力，在危机爆发时，它的作用已经被完全边缘化。直到1999年4月中旬，难民署才开始接手难民营的常规化管理。

深层原因是，难民署面临坚持保护原则还是解决难民基本生存问题的抉择。在大量难民涌入马其顿的初期，难民署坚持无条件第一接收国

---

① Amnesty International, Former Yugoslav Republic of Macedonia: The protection of Kosovo Albanian Refugees, 1999, https://www.amnesty.org/download/Documents/148000/eur650031999en.pdf.

(unconditional first asylum) 和不推回的原则，认为马其顿政府应该首先接收所有难民，然后再讨论是否将难民疏散到其他国家。因为一旦同意区域性疏散计划，可能会为之后其他国家拒绝接收难民创造先例。而现实是，马其顿资源有限，拒绝接收超过其接收额度的难民，且难民的人权很难在生存条件恶劣的马其顿边境得到保护，但西欧国家和美国因为其政治利益，愿意接收一部分难民的转移。这一系列的原因，使得难民署不得不放弃无条件第一接收国的原则。尽管持保留态度，难民署还是参与协调区域与跨区域人道主义疏散项目，并在最大限度上保证难民转移的自愿性或者最低限度的"非强制性"。由于难民源源不断涌入，马其顿于 1999 年 5 月再次宣布关闭边境，加快获得资金援助和难民疏散。据统计，到 1999 年 6 月底，共计有 9.2 万难民被疏散到 29 个国家。[①] 大量和快速的疏散，虽然解决了滞留在马其顿边境的难民生存问题，但在执行过程中存在很多问题。比如难民署在协助进行人道主义疏散的过程中，没有要求接收难民的国家给予其难民地位，而是要求保护被疏散人员"临时的安全"。然而，当时还没有针对临时保护的国际性标准。

马其顿作为一个资源有限的国家，减缓难民入境速度是出于理性自利的考量。使大量难民滞留在生存条件恶劣的边境区域，是其获得国际援助的最有效方式。由于难民署在资金和疏散上都无法为马其顿提供所需，且即使关闭边境的行为违反 1951 年《关于难民地位的公约》，该公约也对主权国家没有强制性的约束力。在这样的情境下，马其顿对本国利益考虑的优先级高于对国际原则的遵守，因此倾向于同以美国为主导的北约这样有迅速执行任务和调动资金能力的组织合作。

主导北约积极参与难民行动的美国，也有自己的考量。布雷斯边境滞留难民引起国际媒体的大篇幅报道，此时显现出积极的态度，可以缓解国际社会对北约轰炸造成人道主义危机的指责，帮助美国营造人道主义援助者的形象。同时，美国作为科索沃冲突的直接参与者，需要确保在北约针对南联盟的军事行动中，马其顿政府可允许北约军队驻扎在其领土。这样直接的地缘政治利益，使得美国在资金调配和行动上都倾向于与马其顿政府密切合作，满足其援助诉求。这些原因共同导致了难民署在科索沃难民

[①] John P. Williams and Lester A. Zeager, "Macedonian Border Closings in the Kosovo Refugee Crisis: A Game-Theoretic Perspective", *Conflict Management and Peace Science*, Vol. 21, No. 4, 2004.

问题上被边缘化。

三 危机化解：难民署主导遣返行动与合法性的国内化

（一）危机解除后难民署主导的遣返

1999年6月10日，联合国安理会以14票赞成、1票弃权（中国）的表决结果通过了由西方7国和俄罗斯提交的科索沃问题决议。表决之前，南联盟开始从科索沃撤军，北约宣布暂停对南联盟的空袭。1999年6月20日，北约正式宣布结束对南联盟轰炸。大部分难民没有选择继续停留在周边国家，而是在几周之内返回科索沃，因此，如何从临时保护转向申请获得正式难民身份的问题在后科索沃危机时期不是很明显。大多数难民采取了就近避难的模式，且愿意尽早回归家乡，遣返工作比起涌入初期的安置，更具流程性和常规性，而非应急性。难民署与两国政府、当地交通公司、非政府组织合作，成为遣返工作的主导机构，协助需要帮助的难民重返家园。

相比其他地区冲突，科索沃战争的持续时间不长，大部分难民在停战协议达成的几周内返回了科索沃。到1999年年底，仅有500人还停留在阿尔巴尼亚境内。[①] 遣返主要分为自发返回以及自愿的、有组织的遣返。其中，大多数难民通过独立自主的方式，自发搭乘交通工具返回家乡，这一类别的数据很难被精确统计到。自愿的、有组织的遣返则在国际移民组织和难民署的主导下进行。从1999年7月到2000年12月，估计有90万流落他乡的难民陆续返回科索沃，其中19.6万人通过难民署和国际移民组织合作的项目有组织地返回。[②]

在有组织的遣返（自愿遣返）过程中，难民署发挥总体计划、安排和指挥的作用，相关国家政府、欧盟、非政府组织则在各自的专长领域提供服务，北约则不再参与任何事务。在难民署1999年5月发布的协助难民遣返的框架文件中可以清晰地看到，难民署将自身定义为主导机构，在联合国人道主义事务协调厅的协调下，组织其他联合国机构（UNICEF、FAO、WFP）、ICRC、IOM、欧盟机构（ECHO）及非政府组织各司其职，

---

① UNHCR, Integration in Albania: No Longer a Pipe Dream, 2003, https://www.unhcr.org/news/latest/2003/4/3e9ab9a84/integration-albania-longer-pipe-dream.html.

② Council of Europe, Humanitarian Situation of Returnees to Kosovo, 2001, https://reliefweb.int/report/albania/coe-parliamentary-assembly-humanitarian-situation-returnees-kosovo.

保证遣返人员的安全、住宿、教育、物资得到保障。① 难民署与包括民警、海关和边境官员在内的有关政府机构合作，以及在适当情况下与军事当局合作，以确保难民和境内流离失所者在穿越国家领土和跨越边境时不会受到骚扰。

难民署通过当地的交通公司，或借助其他国际机构，建立免费来往周边接收国和科索沃的巴士线路。同时，难民署还有专员负责监测遣返行动和边境口岸，在难民需要时提供护送服务，并在物资出现问题时提供支持。② 对于通过区域和跨区域人道主义疏散项目转移到第三国的难民，则由国际移民组织和难民署共同负责，包括为难民提供旅行文件、订购机票以及协调机场的中转和到科索沃之后的接待。③ 另外，难民署主持的遣返工作不仅限于遣返途中的安全、物资等问题，还关注遣返之前对遣返条件的评估（尤其是对非阿族人群）以及难民返回之后的族群融入问题。

除了占大多数的涌入到邻国的阿族，难民署对另外两个群体提出特殊的考量：（1）通过区域和跨区域人道主义疏散项目疏散到非邻国的难民；（2）占少数的非阿族难民。对于这两个群体的遣返，难民署分别与对远距离遣返更专业的国际移民组织以及对人权保障和区域稳定有经验的欧安会合作。

相比疏散在邻国的难民，从马其顿疏散到其他29国的难民遣返更需要专门的机构协助。有关自愿遣返的计划于1999年7月12日在日内瓦举行会议讨论，国际移民组织、难民署、马其顿和其他29国代表参加。会议决定的遣返流程为：接收国向难民署和国际移民组织发出准备组织返回的请求，随后由这两个组织将确保难民的交通乘坐、入境顺利，以及保证

---

① UNHCR, Concept Paper on a Proposed Framework for Return of Refugees and Internally Displaced Persons to Kosovo, 1999, https：//reliefweb.int/report/albania/concept-paper-proposed-framework-return-refugees-and-internally-displaced-persons.

② UNHCR, Concept Paper on a Proposed Framework for Return of Refugees and Internally Displaced Persons to Kosovo, 1999, https：//reliefweb.int/report/albania/concept-paper-proposed-framework-return-refugees-and-internally-displaced-persons.

③ European Red Cross Return Initiative, *A Study on How to Support Sustainable Return in Safety and Dignity*, 2008, p.48, https：//www.ifrc.org/Global/Publications/migration/perco/perco-ercri-en.pdf.

返乡难民了解科索沃的情况。① 遣返后的少数族裔在科索沃的人权保护问题令人担忧，于是难民署与欧安会一起对科索沃的少数族裔情况作出评估，强调对非阿族难民遣返的"自愿、不强求"原则，保证针对他们的遣返要经过单独的评估。②

难民署的遣返工作不止于协助难民顺利返回家园，更包括遣返难民返回后的重新融入、有保障地生活。科索沃地区停战后，联合国成立了科索沃临时行政部门（United Nations Interim Administration in Kosovo，UNMIK），负责科索沃地区的战后稳定、发展工作。难民署与该部门合作，确保科索沃有条件满足遣返难民有尊严生活的需求。

大量难民的迅速遣返对正在战后恢复中的科索沃来说是一个不小的挑战。除接收能力的限制外，难民署还要考虑到经过战争创伤后，科索沃内部脆弱的族群关系。这一时期，难民署的工作重点，开始从国际保护原则逐步向地区发展项目转变。在遣返过程中，可以看到欧盟的积极介入，因为科索沃的难民遣返工作涉及区域稳定，且欧盟的主要国家都参与了区域性的难民疏散项目，有大量的科索沃难民是从这些国家撤离的。总体来说，由于建有合作机制，大量涌入阿尔巴尼亚和马其顿的难民基本在避难期间都得到了合理的安置，没有发生大规模、长时间人权受到侵害的情况，也没有发生疫情和传染病。即使涌入的难民远远超过预期、难民署没有足够的能力再处于主导地位，但其专业性和机制基础保证了它能够在自己的能力范围内，最大限度地在科索沃难民问题上发挥作用，转变为协助者和具体物资输送细节、人员安排的专业机构。因此，在较短时间内，难民得到能够满足基本生活条件的安置，基本人权得到保障。

（二）遣返结束后：两国国内庇护、临时保护制度的建立

大量涌入的科索沃难民不仅是阿尔巴尼亚和马其顿面临的一次保护制度和实践挑战，也是两者与欧盟国家密切接触和合作的契机，体现了它们解决区域性难民问题的能力，以及作为欧盟和巴尔干地区冲突缓冲地带的战略意义。在科索沃难民陆续返回家园后，两国继续同难民署合作，不断通过立法

---

① UNHCR, Repatriation to Kosovo From Abroad, 1999, https://www.unhcr.org/news/briefing/1999/7/3ae6b81d9b/repatriation-kosovo-abroad.html.

② UNHCR, OSCE: Assessment of the Situation of Ethnic Minorities in Kosovo (Jun-Sep 2000), 2000, https://reliefweb.int/report/serbia/assessment-situation-ethnic-minorities-kosovo-jun-sep-2000.

和行政改革、基础设施建设,令自身庇护体系接近欧盟标准。科索沃难民危机让阿尔巴尼亚和马其顿切实感受到国内关于庇护法尤其是临时庇护制度的不足。同时,难民问题是欧盟特别关切的问题,而两国都将加入欧盟作为自身政策发展的主要目标之一,因此尽快完善国内的庇护体系将对加快进入欧盟的程序具有积极作用。于是,两国在科索沃难民危机后,都与难民署延续了合作关系,一同完善庇护法体系以及执行机构,并且都于2003年这个节点通过相关的庇护法,根据欧盟指令,不断提升庇护法的完善程度。

对于阿尔巴尼亚和马其顿来说,完善庇护政策不仅可以增强国家应对难民问题的能力,更是加快进入欧盟的一个必须完成的任务。[①] 为了获得签订2003年欧盟的《稳定与联合约定》(Stabilization and Association Agreement)的资格,阿尔巴尼亚和马其顿都在国内庇护法制度方面做出努力,根据欧盟的标准,在2003年推出更为完善的庇护制度的国内立法。

1. 阿尔巴尼亚:庇护制度的完善

在立法方面,阿尔巴尼亚在难民署的支持下于2001年10月成立了"难民庇护问题特别工作组",作为一个专门机构,开始制定次一级、更为细化的庇护法律,弥补1998年《庇护法》中的空缺。通过和难民署的共同努力,以及来自加入欧盟的压力,阿尔巴尼亚国会于2003年通过了《关于获得庇护资格的外国公民融入的法律》(Law on the Integration of Foreigners Granted Asylum),对如何获得庇护资格以及促进族群融入提供了法律的基础。该法和1998年出台的《庇护法》于2014年共同被新的、更全面的《阿尔巴尼亚庇护法》取代。新的庇护法进一步细化获得庇护资格者的权利和义务,并将第八章整个章节用来规范临时保护。新法律将临时保护与大规模涌入的情况捆绑在一起,提出临时保护适用于因原籍国存在战争、普遍的暴力局势以及侵犯人权的情况,无法获得适合的保护而大量涌入阿尔巴尼亚的外国人。获得临时保护者可以在受保护的任何时期提交庇护申请,临时保护的期限为一年,到期后可以自动延长6个月,但最长不能超过三年。获得临时保护资格者有权享有居留权、基本生活保障、医疗权、基础和中等教育权、法律咨询权、宗教自由权、被雇佣权,但对于这些权利具体的细则,新的庇护法中仍没有

[①] Ridvan Peshkopia, "Albania – Europe's reluctant gatekeeper", *Forced Migration*, Vol. 23, 2005, https://www.fmreview.org/europe/peshkopia.

做出具体规定。① 新法律的第 13 条还特别规定，阿尔巴尼亚将与难民署密切合作，保证信息共享。

在执行方面，难民署、阿尔巴尼亚难民办公室和当地的非政府组织一起，为难民和寻求庇护者提供法律咨询支持。同时，难民署和阿尔巴尼亚政府合作在 2001 年建立了第一个接待中心，为寻求庇护者解决基本的食宿问题。在制度方面，阿尔巴尼亚难民事务办公室于 2003 年被划入公共秩序部（Ministry of Public Order），② 这意味着难民的甄别将交给（边境）警察，成为一般性事务的一部分，而不再作为当地政府的特殊事务。

2. 马其顿：建立庇护与临时保护法律体系

马其顿将加入欧盟作为其主要的政策发展目标，于是在科索沃难民基本回到家乡后，根据欧盟指令，在难民署的专业指导意见下，开始逐步建立具体的庇护和临时保护法律体系。在科索沃难民危机之前，马其顿国内法律制度在庇护方面只有框架性的条款，但没有提供可以具体实施的准则。1992 年的《外国人迁移和居留法》（Law on Movement and Residence of Aliens）第四章和第五章提到庇护和难民，但是对享有庇护资格人员的权利没有给出任何定义。③ 在科索沃难民遣返工作完成后，马其顿于 2003 年出台了第一部《庇护和临时保护法》（Law on Asylum and Temporary Protection）。该法第四章为临时保护相关条款，规定为大规模涌入的外国人提供临时保护。获得临时保护资格者有权在临时保护期间提交庇护申请，享有居留权，并且享受与获得临时居住证的外国人同等待遇的工作权、医疗保险、受教育权（包括高等教育）。④ 根据欧盟指令（Council Directive），该条约前后经过 6 次修订，于 2018 年更新为《国际临时保护

---

① Albania, Law on Asylum in the Republic of Albania, No. 121/2014 [Albania], September 18, 2014, https://www.refworld.org/docid/3ae6b5c07.html.

② Ridvan Peshkopia, "Albania – Europe's reluctant gatekeeper", *Forced Migration*, Vol. 23, 2005, https://www.fmreview.org/europe/peshkopia.

③ The Former Yugoslav Republic of Macedonia: Act of 1992 on Movement and Residence of Aliens (not in force) [North Macedonia], 16 June 1992, https://www.refworld.org/topic, 50ffbce5124, 50ffbce5127, 3ae6b4f50, 0, MKD.html.

④ The Former Yugoslav Republic of Macedonia, No. 49/ 25 July 2003, The Law on Asylum and Temporary Protection, https://www.legislationline.org/download/id/1113/file/1ab4691acbfce80ea19-403be2eefb588.pdf.

法》(Law on International and Temporary Protection)①。最终，从前南斯拉夫开始，马其顿历时 67 年，其间同难民署在长达半个多世纪的互动中，实现了国际制度在马其顿的本土化。

四　结论

许多基于民族主义观念来分析判断国家难民收容与保护动因的观点，或许并不会轻易赞同国际难民制度对于主权国家行为的规范性，而往往将难民接收视为同一民族间的认同与凝聚力。在本案例中，阿尔巴尼亚和马其顿的确在民族构成、宗教信仰上存在较大差异。两国在民族构成上的不同以及与科索沃难民在文化认同上的差异，能够解释两国在对难民涌入国境时为何态度大相径庭。通过该逻辑，不难理解当科索沃难民大量涌入时，主体民族为信奉伊斯兰教的阿尔巴尼亚族的阿尔巴尼亚，为何对科索沃阿族难民其保持友好宽容的态度。也能解释为何以信奉东正教的马其顿人为主体的马其顿，会出于对国内族群关系、阿族分离主义和极端主义倾向的担忧，而对以阿族为主的科索沃难民以及同难民署的合作顾虑重重。这对危机爆发后，马其顿同样接收数十万阿族难民的行为，并不具有解释力。作为国际难民制度的协调与规范对象，阿尔巴尼亚和马其顿两国对制度的工具性考量，是二者接受该制度规范与协调的最关键原因，相比关注民族主义的分析视角，更具说服力。

科索沃战争爆发时，阿尔巴尼亚和马其顿两国，都处于南联斯拉夫解体、冷战结束后的恢复与发展期，国内政治结构与社会都处于急速向资本主义国家转型的剧变期。两国政府都对稳定国内政治经济环境、获得外部世界认可有着迫切需求。在面临难民大规模涌入的危机时，对于两国政府而言，寻求全球、区域的多边国际组织帮助来应对新的不确定环境，成为理性选择的优选项。这既能获得实际的经济物资援助，又能迅速得到国际社会的充分认可。这些都成为国际—国内制度融合的静态（危机、不确定环境）与动态（想让外部承认的内部规范要素）条件。因此，两个国家都在难民涌入之前，同难民署进行了不同程度与方式的合作，在难民署

---

① Mirjana Ristovska, and Natasa Pelivanova, "The Legal Framework of The Right to Asylum in the European Union and The Republic of Macedonia", *Researching Searching Security: Approaches, Concepts and Politics*, 2015.

对难民形势的评估下,建立了对难民保护的应急机制。基于国家理性选择,来解释两国的遵约行为,更具有说服力。

此外,还需要看到,两国从签署、加入公约,到国际难民制度扎根于国内制度,经历了较长过程,是国际—国内长效互动的结果,并非国家一朝选择,一蹴而就。两国对 1951 年《关于难民地位的公约》的承认实现于危机爆发前,而非危机进行中。阿尔巴尼亚在变更国名后一年(1992 年)已经加入该公约,而马其顿也在加入联合国的后一年继承了南斯拉夫对公约签署与批准的法律效力。从法律上承认公约对本国的规范性意义,为国际难民制度的合法性与有效性提供了两个关键条件:国际制度与国内话语、法律体系的一致性(静态),以及内外规范可嫁接的空间(动态)。在 1998 年出台《庇护法》并在难民大规模涌入前的准备工作阶段就已经制订应急计划的阿尔巴尼亚身上,这两项条件体现得淋漓尽致。虽然马其顿在承续 1951 年《关于难民地位的公约》后国内法依旧空白,但静态一致性的存在,仍为其收容难民、维系同难民署的合作奠定了基础,并在同难民署以及其他国际组织互动中,逐步发展出内外规范可嫁接的空间。

(一)国际难民制度合法性在阿尔巴尼亚、马其顿国内实现效果

观察科索沃难民危机爆发前、进行中与结束后的整个过程能够清楚发现,作为国际难民制度的组织化形式,制度合法性与有效性的维护者,尽管暴露了这样或那样的问题,但难民署在同阿尔巴尼亚和马其顿两个国家合作应对与解决危机的过程中,引导与协助两国建立与完善国内庇护制度,最终实现国际难民制度的本土化。

在国际难民制度向国内扩散与融合的过程中,难民署的形势评估能力、倡导难民保护的原则遭遇滑铁卢,危机应对的主导地位一度让位于北约与欧安会,伤及国际社会对难民署的认可度。但正是如此,科索沃难民危机后,难民署作为一个非政治、非军事的组织,逐渐从国际社会对"武力干涉""预防性保护"争议的风口浪尖中全身而退,进入 21 世纪的组织定位。同时,在难民保护实践中,尽管难民署始终在理想化的规则和实用主义之间摇摆,但在同主权国家、其他各难民治理行为体的协商与妥协中,仍尽可能将临时保护规则、群体甄别、遣返规则与程序标准化,提高治理的有效性。从一味追求高成本、易遭国家抵触的难民国际保护目标

逐渐转向有针对性和时限的专项问题行动方案和对难民来源地的发展援助方案。难民署对自身的职责范围进行了反思，将工作重心定位于难民保护，而非国际人道主义援助制度的领导者，这对未来工作的有效性可能大有裨益。①

随后，国际难民制度有了新的发展：一是新的难民问题协调机制建立。难民署在2000年启动国际保护的"全球磋商"（Global Consultations）进程，主要是针对现实问题，对《关于难民地位的公约》做进一步的解读。科索沃事件成为难民署提出要在国际法层面完善大规模涌入难民保护机制的契机。危机结束之后，临时保护制度第一次被单独放在国际制度的层面进行讨论。在磋商进程中，难民署提出，基于《关于难民地位的公约》中的标准，须进一步定义触发临时保护的条件、保护的标准以及保护的时长。二是新规则的确立。大量涌入时的"集体甄别"制度化需求被提出，而《关于难民地位的公约》强调的是对难民单个的识别。② 三是难民保护新理念的提出。难民署同国际社会根据马其顿区域性疏散的案例，对"共同分担"（burden-sharing）与"第一庇护国"这两个原则之间的权衡和机制进行了讨论。③ "责任共担"随后成为全球难民治理中的规范性理念，并为该理念于18年后正式写入《难民问题的全球契约》奠定基础。就此，一度遭遇挑战的制度合法性，得以艰难再立，其有效性在国家的国内制度中再度得到彰显。

（二）难民署在危机中暴露的局限

危机发生后，难民署自身的局限性在阿尔巴尼亚和马其顿的工作中逐渐暴露出来。一是难民署应急机制存在缺陷。难民署中层和实地执行人员配置不足，而且由于机构的庞大，应急机制（包括应急人员需从日内瓦总部派遣、应急筹款缓慢）启动不够迅速，导致难民署在两国大规模难民涌入初期几乎无法发挥作用。二是难民署高层参与危机外交谈判的能力

---

① Astri Suhrke, Kathleen Newland, "UNHCR, Uphill into the Future", *International Migration Review*, Vol. 35, No. 1, 2001.

② UNHCR, Global Consultations on International Protection: Protection of Refugees in Mass Influx Situations: Overall Protection Framework, 2001, https://www.refworld.org/docid/3bfa83504.html.

③ Astri Suhrke, Kathleen Newland, "UNHCR, Uphill into the Future", *International Migration Review*, Vol. 35, No. 1, 2001.

有限。这主要体现在两个主要的时刻：大量难民涌入阿尔巴尼亚初期，以及大量难民因马其顿关闭边境大量滞留在布雷斯区域。当涌入阿尔巴尼亚的难民人数远超预期时，难民署没有抓住时机与阿尔巴尼亚政府、北约、欧盟积极商讨决策，导致阿尔巴尼亚政府对难民署的能力产生了怀疑，而愿意同北约、欧盟及其成员国直接合作，有效解决问题。同样的问题也出现在与马其顿关于布雷斯边境问题疏散的谈判中，主要由北约和欧盟与马其顿政府谈判，最终满足其诉求，难民署在谈判中几乎是象征性出席。三是难民署对于难民规模的预估能力不足，在实际危机发生时，无法胜任前期承诺接收国的工作。它的协调者角色之所以能被认可，很大程度上来自国际制度的赋权、开展援助任务的专业性，以及调动资金、实现援助资源合理配置的能力。当难民危机爆发，难民署受制于主要捐助国，临时筹款和调动资金的能力不足。同时，难民署没有一支庞大的、直接可供差遣的快速援助队伍，其工作的开展需要依靠调动非政府组织，以及与接收国的合作。当难民署资金出现问题，无法发挥前期承诺的作用，且接收国对解决问题的需求超过对国际制度原则的完全遵守时，难民署在解决大规模涌入的难民问题上就被边缘化。接收国和参与援助的非政府组织更倾向于与北约和欧盟（国家）合作，导致追求效率而非完全程序正义的双边主义凸显。

难民署最终陷入坚守原则还是有效解决现实问题的矛盾中。这直接带来难民署21世纪的工作原则的转变。20世纪90年代以来，国际社会对武力干涉冲突、阻止难民问题存在很大争议。一方面，作为国际制度规范制定者的谨慎，难民署是一个非政治性组织，需要考虑到要避免树立破坏"人道主义援助非军事性""第一庇护国""无条件庇护""自愿疏散"等原则的先例。这决定了难民署不可能成为一个对难民危机有"预防性干涉"能力的组织。另一方面，科索沃危机有其特殊性，尤其高度政治性。短时间内寻求庇护者大量涌入，阿尔巴尼亚和马其顿的承载力有限，难民署如果完全坚持人道主义援助的原则，可能无法确保难民的人权得到应有的保护，这将与难民署的初衷背道而驰。而当它主动或被动地妥协一部分原则之后，却已经错过了主动引导和北约积极合作的契机，难民署最终被动地加入到以北约和欧盟为主导的人道主义援助中。

第四节 合法性再造：哥伦比亚—委内瑞拉难民危机

从20世纪50年代开始，许多拉丁美洲国家人民由于国内武装冲突、普遍的暴力、经济衰退、物资短缺等问题，成为境内流离失所者，还有一部分人不得不背井离乡，进入周边国家寻求庇护。哥伦比亚与委内瑞拉拥有超过2200千米的陆上边境线，国境线两边的边境区域不仅有着繁忙的贸易（包括非法贸易与跨境犯罪，如石油、毒品走私），而且边境两边的人民联系密切，往来频繁。有很多人在两边都有亲属，或者在一国学习而在另一国工作，还有在边境的原住民（ethnic indigenous people）享有双重国籍。① 甚至有很多人白天在哥伦比亚工作，晚上进入委内瑞拉境内度过相对安全的夜晚。

哥伦比亚在1951年就成为《关于难民地位的公约》的签署国，1980年加入1967年《关于难民地位的议定书》。委内瑞拉虽然不是该公约的缔约国，但也于1986年加入了1967年《关于难民地位的议定书》。进入21世纪的二十几年里，在拉丁美洲此起彼伏的难民潮中，哥伦比亚和委内瑞拉先后成为拉丁美洲最大的被迫流离失所者来源国，也先后成为彼此最大的难民接收国，两波危机在时间线上具有很强的延续性。

由于产生难民的原因持续存在（哥伦比亚从20世纪90年代后期到2016年，委内瑞拉从2013年开始持续至今），两国都在较长的时段内接收涌入的难民。这两轮被迫迁徙实质上是混合的、反复的，其中既有跨国的难民、寻求庇护者、非正规移民，又有境内流离失所者（IDPs）、返乡复流者等。由于两国人员往来频繁，使得因战乱而起的大规模流离失所者涌入时，群体甄别临时保护者身份的工作变得复杂。由于大量的跨国流离失所者无法获得庇护身份，传统的国际难民制度失灵，难民署的身份与角色再次受到挑战，亟待难民保护的又一轮制度创新。因此，将两国被迫流离失所问题置于同一组案例，可以更清楚地观察到难民署与国家的最新互动模式以及当前成效。同时，观察国家行为

---

① Ángela María Carreño Malaver, "Refugiados Colombianos en Venezuela, Quince Años en Búsqueda de Protección", *Memorias*: *Revista Digital de Historia y Arqueología desde el Caribe*, No. 24, 2014.

体如何根据自身特殊的条件和环境对国际与区域性临时保护制度进行有选择的吸收和内化,又如何为国际制度提供创新性的思路,可为国际难民制度的完善提供经验。

一 委内瑞拉与难民署应对哥伦比亚难民

从20世纪50年代开始,许多哥伦比亚人因为委内瑞拉丰富的自然资源和就业机会而进入该国寻求更好的经济收入。到1971年,住在委内瑞拉的哥伦比亚人从20年前的4.5万上升到约10.2万。[①] 这一时期,哥伦比亚人总体上属于委内瑞拉的经济移民。这些早期的移民以及他们的后代成为两国之间紧密的纽带。

进入60年代,哥伦比亚国内的冲突凸显。冲突各方包括左翼游击团体,主要是哥伦比亚最大的非政府武装组织——哥伦比亚革命武装(Fuerzas Armadas Revolucionarias de Colombia,FARC);民族解放军(Ejército de Liberación Nacional,ELN);右翼准军事组织,这些组织在1997年共同成立了哥伦比亚联合自卫军(Autodefensas Unidas de Colombia,AUC)、贩毒集团,以及哥伦比亚政府军。许多组织通过毒品贸易、走私、绑架勒索、非法金矿经营获得经济来源,发展成员和武装力量,并通过暴力袭击清除障碍。到2000年年底,哥伦比亚境内约有210万境内流离失所者,其中仅2000年当年就产生了约31.5万。[②] 同时,成千上万的哥伦比亚人逃离家乡,从东北部边境地区进入委内瑞拉避难。

2003—2006年,哥伦比亚政府与哥伦比亚联合自卫军(AUC)达成了一项协议,通过减刑和宽大处理的方式,使约3万准军事组织成员全部解除武装。[③] 由于国内最大的左翼武装组织哥伦比亚革命武装(FARC)仍然活跃,依旧有大量哥伦比亚人选择进入邻国寻求避难。到

[①] Ángela María Carreño Malaver, "Refugiados Colombianos en Venezuela, Quince Años en Búsqueda de Protección", *Memorias: Revista Digital de Historia y Arqueología desde el Caribe*, No. 24, 2014.

[②] US Committee for Refugees, USCR Country Report Colombia: Statistics on Refugees and Other Uprooted People, 2001, https://reliefweb.int/report/colombia/uscr-country-report-colombia-statistics-refugees-and-other-uprooted-people-jun-2001.

[③] The Center for Justice & Accountability, "Colombia", 2021, https://cja.org/where-we-work/colombia/.

2011年年底，哥伦比亚人是生活在委内瑞拉的最大的外国人群体，约有70万。① 在古巴和挪威作为担保国、委内瑞拉和智利作为观察国的斡旋框架下，从2012年开始，哥政府同哥伦比亚革命武装的和平进程在古巴首都哈瓦那展开。2016年8月24日哥伦比亚总统乌里韦与哥伦比亚革命武装在古巴首都哈瓦那达成最终全面和平协议，但该协议在公投时遭哥否决。到2016年年底，据难民署统计，共有超过720万哥伦比亚人成为境内流离失所者。另有约34万哥伦比亚难民生活在周边国家（主要集中在厄瓜多尔、委内瑞拉、巴拿马和哥斯达黎加）。其中约有16.7万生活在委内瑞拉，只有约7500人获得难民身份。② 同年11月，新任总统桑托斯与哥伦比亚革命武装在波哥大签署了一份经修改的新和平协议，该协议通过国会核准，无须再进行全民表决。2017年6月27日，哥伦比亚革命武装力量停止作为武装团体而存在。在和平协议签署之后，哥伦比亚难民大量涌出的情况才有所缓解。尽管与哥伦比亚革命武装的和平进程进展顺利，但民族解放军（ELN）的扩张加上境内有组织犯罪团体、境内流离失所问题依旧继续存在，2020年新增境内流离失所者约10.6万。③

（一）委内瑞拉应对哥伦比亚难民的各阶段

1. 低调处理：21世纪前

委内瑞拉不是关于1951年《关于难民地位的公约》签署国但在1986年加入1967年《关于难民地位的议定书》，虽然也是《卡塔赫纳难民宣言》的签署国，但其国内庇护法在21世纪之前都处于空白状态。面对境内不断上升的哥伦比亚难民人数和尚不明了的未来发展状况，委内瑞拉政府一方面保证边境持续开放，不拒绝进入的哥伦比亚难民；另一方面，因为同哥政府非政府武装组织的关系，委政府不希望引起国际社会的关注，希望按照过去几十年一贯的做法，通过国内行政的方式，给予最基本的人道主义援助，解决哥伦比亚籍跨国流离失所者的燃眉之急，但又不涉及对其身份的法律认可和国内制度变更。

---

① UNHCR, Eligibility Guidelines for Assessing the International Protection Needs of Asylum-Seekers from Colombia, 2015, p. 21, https://www.ecoi.net/en/document/1244469.html.

② UNHCR, Columbia Situation, 2016, p. 1, https://www.refworld.org/pdfid/58627cd24.pdf.

③ Internally Displacement Monitoring Center, Colombia Overview, 2021, https://www.internal-displacement.org/countries/colombia.

2. 大量涌入与国内庇护制度的建立：1999—2013 年

1999 年开始，涌入委内瑞拉的哥伦比亚难民人数大幅度上升，委内瑞拉不得不寻求国际社会的援助，以求在制度和实践层面获得更好的方式处理难民问题。1999 年 8 月，委内瑞拉政府成立了关于流离失所者问题的专家小组（Comisión Técnica para el Asunto de los Desplazados，CTAD），研究和制定针对哥伦比亚避战难民的相关政策。委内瑞拉政府似乎特意将难民署的人员排除在这个专家小组之外，并将哥伦比亚难民认定为"中转的流离失所"（the displaced in transit）而非难民，回避在拉丁美洲区域难民制度下作为接收国的责任、保障难民本该拥有的权利。

由于两国密切的外交联系，在寻求国际社会支持的同时，哥伦比亚和委内瑞拉政府在 2003 年签订了针对大量哥伦比亚人涌入委内瑞拉情况合作的谅解备忘录，[①] 保证为寻求庇护者提供最基础的人道主义援助，打破了对于难民的不欢迎和抵制态度。尽管委内瑞拉为哥伦比亚人提供了几十年的庇护，但大多数人仍处于未登记/非正规的状态。到 2012 年为止，只有 5%的难民申请获得通过。[②]

3. 委内瑞拉政府态度的逆转：2013 年后

2013 年查韦斯辞世，委内瑞拉国内对哥伦比亚难民问题的态度开始逆转。到 2015 年中，新任总统马杜罗展开"人民解放行动"，旨在解决犯罪团体以及准军事集团（paramilitary）的暴力问题，维护国内安全稳定，但最终演变成为驱逐境内非正规哥伦比亚移民的行为。[③] 委内瑞拉是《关于难民地位的议定书》的加入国（1986 年），也是美洲地区的多边机制的成员国。然而，国际制度对委内瑞拉政府的规范作用逐渐失效。2001 年美洲国家组织（Organization of American States，OAS）通过《美洲民主宪章》（Inter-American Democratic Charter），作为区域性的非强制约束性法

---

① Ángela María Carreño Malaver, "Refugiados Colombianos en Venezuela, Quince Años en Búsqueda de Protección", *Memorias：Revista Digital de Historia y Arqueología desde el Caribe*, No. 24, 2014.

② Ángela María Carreño Malaver, "Refugiados Colombianos en Venezuela, Quince Años en Búsqueda de Protección", *Memorias：Revista Digital de Historia y Arqueología desde el Caribe*, No. 24, 2014.

③ Mauricio Gutiérrez-Palma, "The Politics of Generosity. Colombian Official Discourse towards Migration from Venezuela, 2015-2018", *Colombia Internacional*, Vol. 106, 2021.

律,该宪章旨在捍卫美洲国家民主的政治原则的同时规定了本地区成员国的难民事务共担机制。哥伦比亚与委内瑞拉都曾是该组织的成员国。由于委内瑞拉的国内问题,美洲国家组织常务委员会于2016年开始考虑取消委内瑞拉的成员国资格。同时,委内瑞拉从2015年8月到2016年7月关闭了同哥伦比亚的边境。其间,委内瑞拉经济情况迅速恶化,国内物资短缺,大量委内瑞拉人进入哥伦比亚境内寻求物资,难民的流动方向发生了逆转。委内瑞拉政府也最终在2019年4月正式完成退出该组织的程序。本区域的被迫流离失所问题也正式走向了另一个阶段——大规模委内瑞拉人逃离本国的危机。

(二) 难民署的努力与妥协

虽然委内瑞拉政府没有将难民署纳入关于流离失所问题的专家小组(CTAD)中,但基于委内瑞拉宪法的第67条"委内瑞拉玻利瓦尔共和国承认并保证获得庇护和避难的权利",委内瑞拉政府还是在难民署的支持下,于2001年出台《难民与寻求庇护者法》(*Refugiados o Refugiadas y Asilados o Asiladas*),规范难民申请的流程,并在2003年出台该法律之下的《执行规定》。同时,委内瑞拉还在国家层面成立了专门处理难民事务的部门——国家难民委员会,负责审核难民申请以及发放难民身份证明文件。[①] 即使这部法律在大体上符合国际难民法的标准,但在实施过程中,难民身份的获取过程漫长,而且有很多难民申请积压。与此同时,该法律没有规定正在等待难民身份审核的寻求庇护者的权利,导致很多哥伦比亚人生活在庇护法的灰色区域。

考虑到委内瑞拉政府对于给予难民身份迟疑的态度,难民署在不放弃呼吁在法律层面给予难民地位的同时,专注于更加实际的、切实保障哥伦比亚难民最基本需求的工作。比如在靠近哥伦比亚边境的多个城市设立办事处,为刚刚入境的难民提供人道主义紧急援助,并且协助寻求庇护者获得最基础的服务,以及指导他们开始难民申请流程。[②]

[①] Ángela María Carreño Malaver, "Refugiados Colombianos en Venezuela, Quince Años en Búsqueda de Protección", *Memorias*: *Revista Digital de Historia y Arqueología desde el Caribe*, No. 24, 2014.

[②] Ángela María Carreño Malaver, "Refugiados Colombianos en Venezuela, Quince Años en Búsqueda de Protección", *Memorias*: *Revista Digital de Historia y Arqueología desde el Caribe*, No. 24, 2014.

另外，鉴于大部分难民仍处于没有登记的状态，这种非正规状态使难民的权利难以得到保障，难民署在2011年协助委内瑞拉国家难民委员会设立了一个新的难民登记系统，并在专业性方面培训边境的官员，保证更多寻求庇护者登记信息。[1]

二 哥伦比亚与难民署应对委内瑞拉难民危机

自2013年始，委内瑞拉国内的经济、政治和社会状况急剧恶化。作为世界上原油储量最大的国家和拉丁美洲曾经最富裕的国家，委内瑞拉因为美国的制裁、长期不当的国内政策、高层腐败，陷入持续性的经济衰退。委内瑞拉的经济危机就已经导致恶性通货膨胀和食品、医疗用品的短缺，人民的实际财富骤降，基本生活物资无法得到保障。即使没有爆发大规模的战乱冲突，国内社会公共安全秩序持续恶化，凶杀率极高，生存与生命遭到严重威胁，最终导致大量委内瑞拉人不得不背井离乡，在周边国家寻求生计。

经济方面，从1999年到2013年，委内瑞拉总统查韦斯实行高福利的社会主义政策，为减少不平等，使得贫困人群能够负担得起最基本的生活开销，开始对物价实行严格的控制，但由于没有合适的补贴措施，导致商业发展因利润空间过小而萎缩。同时，从2014年开始的国际石油价格暴跌导致委内瑞拉经济收入减少而无法进口商品，造成国内物资短缺。委内瑞拉对石油工业高度依赖，到2014年，原油销售额占委内瑞拉出口收入的99%，近国内生产总值的1/4。由于国际原油价格从2014年的每桶超过100美元暴跌至2016年年初的每桶低于30美元，委内瑞拉的收入骤减。加之，依靠石油出口的经济导致国内制造业发展缓慢，很多商品依赖进口。经济危机以及不当的应对政策导致委内瑞拉的年通货膨胀率从2013年的56.2%持续上升至2018年的130000%，[2] 恶性的通货膨胀使人民无法积累财富负担生活必需品，制造业则因飙升的原材料价格无法维系

---

[1] Ángela María Carreño Malaver, "Refugiados Colombianos en Venezuela, Quince Años en Búsqueda de Protección", *Memorias: Revista Digital de Historia y Arqueología desde el Caribe*, No. 24, 2014.

[2] International Monetary Fund, Inflation Rate, End of Period Consumer Prices, Venezuela 2021, https：//www.imf.org/external/datamapper/PCPIEPCH@WEO/VEN? zoom = VEN&highlight = VEN.

运营，进一步导致物资短缺。

政治方面，自2013年查韦斯去世后，委内瑞拉国内政治局势不稳。马杜罗以微弱优势在大选中胜出，担任委内瑞拉总统。为了进一步控制反对党在国家立法机构的权力，马杜罗在2017年通过由他的支持者构成的最高法院剥夺了国民议会的权力，成立制宪议会。随后，美国便以维护民主的名义在委内瑞拉境内外制裁与马杜罗政权有关的人员、银行和石油相关经济体，委内瑞拉的局势雪上加霜。2019年1月11日，马杜罗以具有争议性的方式在选举中获得第二任期后，大大小小的反对游行持续了将近一年，直到新冠疫情暴发才不得不停止。① 这凸显出委内瑞拉社会矛盾以及人民对政府极大的不满情绪，国内形势不断恶化。

从2015年开始，进入周边国家的委内瑞拉人开始迅速增长。到2018年，已经从2015年的70万左右上升至300万，到2019年年底，这一数据上升到450万。由于很多移民以非常规的方式或状态停留在其他国家，数量无法被有效统计，真实的数据应该会更高。截至2021年4月，估计有超过560万的委内瑞拉人离境，其中只有约260万移民获得其他国家的合法居留权。②

截至2021年1月，哥伦比亚接收了超过174万委内瑞拉跨国流离失所者。③ 除哥伦比亚之外，委内瑞拉难民的主要接收国还有秘鲁（104万）、智利（45万）、厄瓜多尔（43万）和巴西（26万）。④

（一）难民署支持区域多元多层复合应对机制的参与途径

遭遇合法性危机的难民署之所以能有效参与应对委内瑞拉难民危机，得益于国际难民制度在拉丁美洲的本土化与发展。难民署所执行的难民保护原则与庇护制度在拉丁美洲区域与国家两个层面中，都有制度

---

① "Venezuela Protests: Thousands March as Military Faces Call to Abandon Maduro", *The Guardian*, January 23, 2019, https://www.theguardian.com/world/2019/jan/23/venezuela-protests-thousands-march-against-maduro-as-opposition-sees-chance-for-change.

② Coordination Platform for Refugees and Migrants from Venezuela, 2021, RMRP Dashboard, https://data2.unhcr.org/en/situations/platform.

③ Coordination Platform for Refugees and Migrants from Venezuela, 2021, https://r4v.info/en/situations/platform/location/10044.

④ Coordination Platform for Refugees and Migrants from Venezuela, 2021, Mapbox, https://data2.unhcr.org/en/situations/platform.

基础。

1. 难民署参与的区域—国家基础

区域层面，区域制度安排继承与发展了国际难民制度。1969年的《美洲人权公约》以区域法的形式重申了1951年《关于难民地位的公约》中有关寻求庇护者的两项最基本的原则，即寻求庇护权（第22条第7项"所有人都有根据国际公约在外国领土寻求庇护的权利"），以及不推回（第22条第8项"不可将任何外国公民推回原籍，如果其生命权或人身自由因其种族、国籍、宗教、社会地位或政治见解在该国受到威胁"）。① 1984年《卡塔赫纳难民宣言》的出台体现了南美洲国家根据区域内难民事务的特性，及其对国际难民制度进一步拓展的努力。其中最具突破性的是将《关于难民地位的公约》中的难民定义从"担心由于种族、宗教、国籍、特定社会团体的成员或政治见解而受到迫害的人而无法或不愿返回原籍国的人"，② 拓展到"由于普遍暴力、外国侵略、内部冲突、大规模侵犯人权或其他严重扰乱公共秩序的情况而逃离本国的人"。③ 这一补充将产生难民的原因进一步拓展，为之后基于国籍对难民进行统一识别提供了法律基础。同时，该宣言将与难民署的合作机制写入文本，这不仅体现了对国际难民制度的尊重，也是对难民署作为处理难民事务领导型角色的认可。随后，1994出台的《圣何塞宣言》作为区域内难民公约的补充，主要关注境内流离失所者问题。④

进入21世纪后，随着美洲区域性合作的进一步发展，美洲国家组织于2001年通过了《美洲民主宪章》（Inter-America Democratic Charter），规定当某一国家的民主和人权发生大规模侵害情况时，任何成员国或秘书长

---

① American Commission on Human Rights, Inter-American Commission on Human Rights, 1969, https://www.cidh.oas.org/basicos/english/basic3.american%20convention.htm.

② 《关于难民地位的公约》，http://www.npc.gov.cn/wxzl/wxzl/2000-12/26/content_1325.htm。

③ Cartagena Declaration on Refugees, Colloquium on the International Protection of Refugees in Central America, Mexico and Panama, November 22, 1984, https://www.refworld.org/docid/3ae6b36ec.html.

④ San José Declaration on Refugees and Displaced Persons, December 7, 1994, https://www.refworld.org/docid/4a54bc3fd.html.

可要求召开理事会对局势进行集体评估，并作出其认为适当的决定。① 这项规定对为之后大量难民在各成员国因战乱或经济危机受到人权侵害，涌入邻国的援助责任由成员国共同承担奠定了基础。拉丁美洲国家在 2004 年通过的《墨西哥宣言与加强在拉丁美洲地区国际保护难民行动计划》(*2004 Mexico Declaration and Plan of Action to Strengthen International Protection of Refugees in Latin America*，MPA)，引导区域内国家开始真正根据区域难民制度提升国内立法，将对国家本身没有强制约束力的国际制度转变为有约束力的国内立法，确保对区域内难民责任的共同承担。② 在此基础上，拉丁美洲和加勒比海国家于 2014 年 12 月通过《巴西宣言与行动计划》(*Brazil Declaration and Plan of Action*)，提出坚持以国际法和地区最高保护标准，为难民和其他流离失所者提供创新的解决方案，并计划在十年之内结束整个地区无国籍人的困境。③ 随着委内瑞拉大量难民源源不断地涌入周边国家，拉丁美洲国家形成了关于难民问题的外交谈判机制，于 2018 年 9 月建立包括《基多宣言》《基多行动计划》以及基多会议在内的"基多进程"三部曲。④

国家层面，难民署同委内瑞拉难民最主要收容国——哥伦比亚有着坚实的合作基础。这不仅来自哥伦比亚作为 1951 年《关于难民地位的公约》的缔约国对于曾经国际难民制度的认同与承诺，还来自难民署倡导的对其他非难民人群保护的新探索。哥伦比亚境内流离失所者问题突出，难民署从 1997 年就开始同哥伦比亚政府进行实质性的合作，主要通过更新哥伦比亚国内法律框架，提高哥伦比亚对于境内流离失所问题的监测与应对能力，并加强公民对于境内流离失所者公共政策制定的参与度。在难民署的顾问下，哥伦比亚政府于 1997 年通过了《境内流离失所者权利保

---

① Inter-America Democratic Charter, AG/RES.1 (XXVIII-E/01), September 11, 2001, Art. 20, https://www.oas.org/sap/peacefund/VirtualLibrary/InterAmericanDemocraticCharter/InterAmericanDemocraticCharter.pdf.

② Mexico Declaration and Plan of Action to Strengthen International Protection of Refugees in Latin America, November 16, 2004, https://www.oas.org/dil/mexico_declaration_pln_of_action_16nov2004.pdf.

③ Brazil Declaration and Plan of Action, December 3, 2014, https://www.refworld.org/docid/5487065b4.html.

④ The Quito Declaration on Human Mobility of Venezuelan Citizens in the Region, September 4, 2018, https://www.cancilleria.gob.ec/wp-content/uploads/2018/09/declaracion_de_quito_en.pdf.

护法》(Law of IDP Rights),实质性地采用了国际难民法、国际人权法和国际人道主义法的规定,因而该法被认为是领先于其他国家的同类型法律。[1]

哥伦比亚的国内状况也使得哥政府需要国际社会的支持,因此,哥伦比亚政府对难民事务基本保持积极的态度,同难民署的合作相对融洽。关于境内流离失所者保护制度的探索,既是难民署自身功能与任务的延伸和扩展,也是同国际移民组织、人权相关组织机构功能重叠的部分。其为难民署推动同哥伦比亚、各相关组织一起应对委内瑞拉流离失所问题发展多元复合机制奠定了制度与实践经验基础。

2. 难民署的参与途径:复合治理网络协调

基于区域—国家制度基础,在全球难民复合治理网络的现实下,难民署以双专业组织联合推进,参与区域协调进程,建立多元多功能的跨机构协调平台,将参与途径贯穿于"全球—区域—国家—地方"四级机制中。

途径1:难民署—国际移民组织,联合特别代表与区域协调"基多进程"

2018年9月,为了促进拉丁美洲和加勒比地区委内瑞拉难民和移民接收国之间的沟通和协调,几个拉美国家共同发起了多边协商倡议,哥伦比亚、阿根廷、智利、哥斯达黎加、厄瓜多尔、巴拉圭、秘鲁和乌拉圭作为成员国、难民署和国际移民组织作为成员组织,共同签署了《关于该地区委内瑞拉公民人口流动的基多宣言》(Declaration of Quito on Human Mobility of Venezuelan Citizens in the Region)(以下简称《基多宣言》),针对委内瑞拉难民危机的区域协调机制——"基多进程Ⅰ"正式开启。[2] 同年11月,联合特别代表为《区域难民与移民响应行动计划》(Regional Refugee and Migrant Response Plan, RMRP)("基多进程Ⅱ")提供了技术支持,并在2019年4月"基多会议"上("基多进程Ⅲ")提交了各国关于《行动计划》的执行情况报告。[3] 包括哥伦比亚

---

[1] UNHCR, UNHCR Colombia: Best Practices in a Global Context, 2008, pp. 1-2, https://www.refworld.org/docid/4d7a21dc2.html.

[2] "Declaration of Quito on Human Mobility of Venezuelan Citizens in the Region", September 4, 2018, https://www.cancilleria.gob.ec/wp-content/uploads/2018/09/declaracion_de_quito_en.pdf.

[3] IOM, "International Technical Meeting on Human Mobility of Venezuelan Citizens in the Region (Quito Process)", 2018, https://www.iom.int/quito-process.

在内，该计划的签署国承诺促进委内瑞拉人融入东道国的社会经济，更重要的是，这对各国赋予委内瑞拉人在本国获得合法身份有着重要意义。

《基多宣言》签署同月，为了支持宣言的落实，难民署同国际移民组织设立了"难民署—国际移民组织，联合特别代表"（The UNHCR-IOM Joint Special Representative for Venezuelan Refugees and Migrants in the Region，JSR）制度，爱德华多·斯坦因（Eduardo Stein）被任命为第一任联合特别代表来促进国家政府、国际组织和其他利益攸关方的协作。联合特别代表制度的建立是为了支持难民署和国际移民组织本着人道和区域团结的精神，努力促进本区域委内瑞拉难民与移民的保护机制和解决方案的执行。

为了跟进《行动计划》的优先事项和危机对接收国的影响，联合特别代表首先就应对措施访问了包括哥伦比亚在内的主要接收国，同政府直接接触。还开展宣传活动，支持协助巴西、墨西哥和巴拿马签署《基多宣言》。随即，特别代表同来自难民署和国际移民组织的团队为接收国政府提供实施《行动计划》的技术支持。同接收国当局举行技术研讨会研讨难民的登记与证件问题，以及同南方共同市场和联合国儿童基金会协调开展儿童保护。[①]

途径2：难民署—国际移民组织复合叠加的"跨机构"平台

考虑到持续上升的委内瑞拉难民数量，难民署和国际移民组织在2016年成立了"跨机构边境小组"（Interagency Border Group，西班牙语缩写GIF），目的主要是在边境地区协调和组织针对进入哥伦比亚难民的人道主义援助。2018年9月，跨机构边境小组继而由难民署和国际移民组织领导，扩展成为有75个国际组织参与的"针对委内瑞拉难民的跨机构合作小组"（Inter-Agency Platform for Refugees and Migrations from Venezuela，西班牙语缩写GIFMM），加强与哥伦比亚政府中央和地方层面

---

① UNHCR, "Update on Activities of the UNHCR-IOM Joint Special Representative for Venezuelan Refugees and Migrants in the Region", May 2019, https://data2.unhcr.org/en/documents/download/69999.

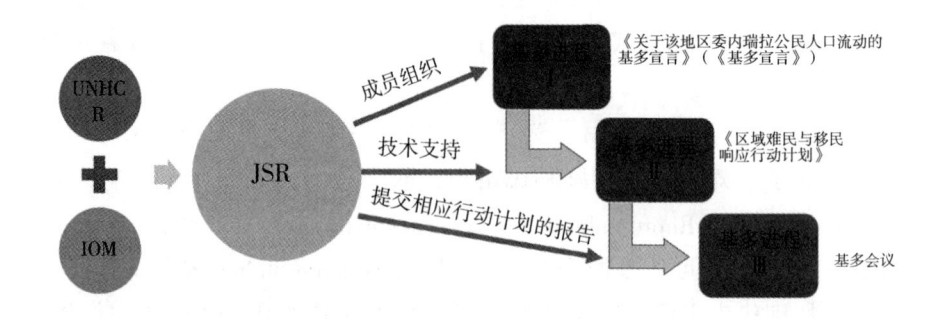

针对委内瑞拉难民危机的新区域协调机制

图 8-2　难民署-国际移民组织，联合特别代表与区域协调"基多进程"合作。①

借助小组平台，难民署进而同国际移民组织全力合作，由两个组织各出一名负责人，共同完成小组的总体协调、信息管理、报告撰写以及媒体事务。这个小组主要协调区域性的难民接收工作，并设有巴西、智利、秘鲁、厄瓜多尔、哥伦比亚、加勒比海国家、南锥体国家、中美洲和墨西哥的分平台，在区域性整体协调的同时，注重国家性的特别考虑。为了全方位地保证委内瑞拉难民有尊严地生活，小组将工作分为9大支柱，分别为水、环境卫生和个人卫生（由联合国儿童基金会负责），难民安置（由难民署、国际移民组织、挪威难民理事会负责），难民保护（多个机构负责），营养（由联合国儿童基金会负责），难民融入（国际移民组织和国际劳工组织负责），人道主义转移（由难民署、国际移民组织、挪威难民理事会负责），难民健康（世界卫生组织、泛美卫生局和联合国艾滋病规划署负责），粮食安全（国际粮农组织负责），教育（由联合国儿童基金会和救助儿童会负责）。②

该小组每年会发布《关于难民和移民应对的计划》（*Refugee and Migrant Response Plan*），对小组下一年的整体工作做细致的规划。先从区域的层面对难民流出现状、接收情况作出评价，然后根据前面提到的9

---

① UNHCR, Regional Refugee and Migrant Response Plan for Refugees and Migrants from Venezuela, January–December 2019, December 2018, pp. 49–50, https：//www.unhcr.org/partners/donors/5c330bc74/2019-regional-refugee-migrant-response-plan-refugees-migrants-venezuela.html.

② R4V, https：//www.r4v.info/en.

大支柱提出区域性的优先需求（priority needs）以及应对策略；之后再按照区域性的平台，识别整合不同国家和国家群体面临的特殊需求和具体的应对方式。① 根据这些识别出来的需求，该小组中负责各问题的主要组织以及各组织领导连同其他非政府组织利用他们的专业性，与当地政府合作，为难民提供相关资金和项目实施的支持。小组不但从资金、专业性和实施层面给予哥伦比亚政府指导和支持，每年还对哥伦比亚现有的难民应对机制以及境内委内瑞拉难民的需求进行评估，分领域提出援助重点和计划。

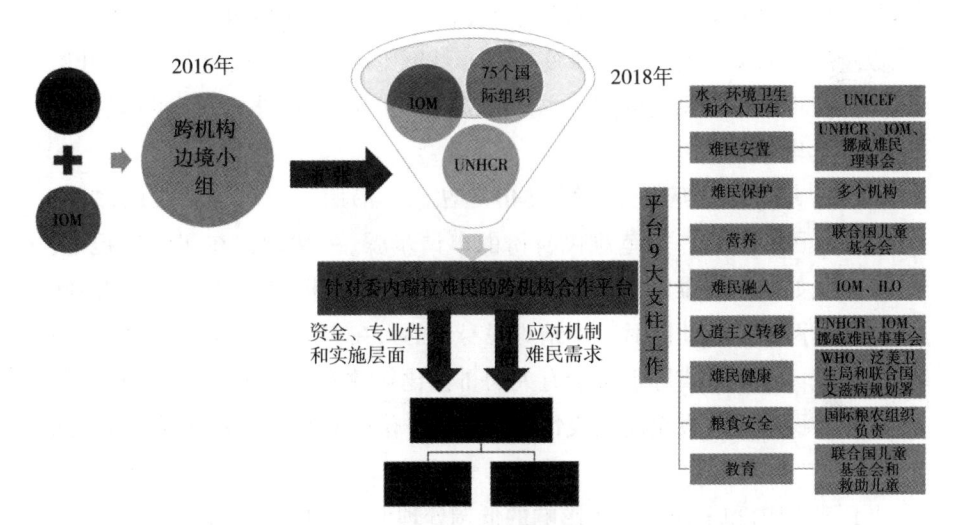

图 8-3 难民署—国际移民组织复合叠加"跨机构"平台

（二）哥伦比亚的应对

哥伦比亚对委内瑞拉难民展现的欢迎和慷慨态度，使其成为委内瑞拉难民的最大收容国。截至 2021 年 1 月，哥伦比亚接收了超过 174 万委内瑞拉跨国流离失所者，② 占拉丁美洲区域内接纳的 37% 以上，③ 约占本国人口的 3.4%。涌入哥伦比亚的委内瑞拉人群构成比较复杂，除了委内瑞拉

---

① RMRP, "Refugee and Migrant Response Plan 2021", December 10, 2020, https://rmrp.r4v.info/.

② Coordination Platform for Refugees and Migrants from Venezuela, 2021, https://r4v.info/en/situations/platform/location/10044.

③ UNHCR, "UNHCR and IOM Welcome Colombia's Decision to Regularize Venezuelan Refugees and Migrants", data.unhcr.org/en/documents/download/84998.

籍人（将哥伦比亚作为最终目的地或中转国），还有从委内瑞拉返乡的哥伦比亚人，以及拥有委、哥双重国籍的边境原住民（ethnic indigenous people）。①

哥伦比亚的收容行为，既来自其同委内瑞拉不可割裂的人员往来，更是难民署所执行的国际难民制度对哥伦比亚的规范进程——从承诺（公约签署）到遵约（难民制度的本土化）的结果。长久以来，身为难民来源国的哥伦比亚，持续有难民流出，并没有太多难民进入哥伦比亚避难，即使作为1951年难民公约以及多项区域难民制度的签署国，其国内的保护与庇护法律制度规范也一直处于空白状态。直到2013年，当陆续有相当数量的委内瑞拉人入境寻求庇护时，哥伦比亚同难民署密切合作，开始逐步加速将国际难民制度融入本国的法律、建立专门机构，即国际难民制度的本土化。

2013年哥伦比亚出台了第2840号法条，沿用《卡塔赫纳难民宣言》中有关难民的定义，规范难民身份的申请步骤。② 然而，在实施过程中，国外公民如想申请难民身份，须向哥伦比亚外交部提出，且申请处理时间可能长达两年；与此同时，申请难民身份的人在申请期间不允许工作或搬离申请地区，所以实际上很少有人向哥伦比亚政府申请难民身份。③ 从委内瑞拉难民危机爆发至新冠疫情结束前，哥伦比亚的应对大致可以分为两个阶段。

1. 受国内和平谈判进程影响的低调处理期：2013—2016年

在委内瑞拉流离失所者开始大规模涌入初期，哥伦比亚国内正值中央政府同国内最大的非政府武装哥伦比亚革命武装的和平谈判。由于委内瑞

---

① Ángela María Carreño Malaver, "Refugiados Colombianos en Venezuela, Quince Años en Búsqueda de Protección", *Memorias*: *Revista Digital de Historia y Arqueología desde el Caribe*, No. 24, 2014.

② National Authorities Colombia, Decreto No. 2840 de 2013, Por el cual se Establece el Procedimiento para el Reconocimiento de la Condición de Refugiado, se Dictan Normas sobre la Comisión Asesora para la Determinación de la Condición de Refugiado y otras Disposiciones, 6 December 2013, https://www.refworld.org/docid/52df875d4.html.

③ Melanie Teff and Daphne Panayotatos, "Crisis Colliding, The Mass Influx of Venezuelans into the Dangerous Fragility of the Post-Peace Agreement Colombia", January 13, 2019, p. 15, https://www.refugeesinternational.org/reports-briefs/crises-colliding-the-mass-influx-of-venezuelans-into-the-dangerous-fragility-of-post-peace-agreement-colombia/.

拉政府始终和哥伦比亚革命武装保持微妙的关系，在2012年谈判进程开始时，哥伦比亚中央政府认为委内瑞拉总统查维斯可以对哥伦比亚革命武装谈判代表产生较大的影响。① 哥中央政府需要委内瑞拉支持谈判，因此，对难民采取低调化处理的态度，通过国内政策调整的方式，尽量规范委内瑞拉难民的入境。

尽管从2013年起，就有相当数量的委内瑞拉难民进入哥伦比亚，但在2016年年底之前，哥伦比亚政府没有公开表示对委内瑞拉难民潮的担忧。因为扩大委内瑞拉难民在国际上的关注度实际上等于在指责委内瑞拉现任政府执政不力，这显然与哥伦比亚寻求委内瑞拉对哥伦比亚政府同哥伦比亚革命武装的和谈的外交支持初衷相违背。同时，根据《美洲民主宪章》，区域内国家共同承担难民事务的前提是某一国家发生了"人道主义危机"，导致大量人民在其他国家寻求庇护。所以，想启用难民责任的共同承担就必须指出委内瑞拉国内发生了"人道主义危机"，这对当时需要委内瑞拉支持的哥伦比亚来说，显然无法做到。因此，哥伦比亚政府不能向美洲国家组织提出正在面临的难民危机，区域内的共同承担系统就不会被启动，所有的难民压力只能由哥伦比亚承担。在难民涌入的初期，哥伦比亚政府由于选择采用低调的方式，获得的区域内支持比较少，也相应仅为难民提供基础的人道主义的援助。

委内瑞拉国内危机很难在短时间得到逆转，这意味着仍会有源源不断的被迫流离失所者涌入哥伦比亚和其他周边国家。所有政府都倾向于给予难民临时保护作为对策，没有国家愿意快速启用庇护申请处理程序，主动给予大规模混合流离失所的群体长期合法居留身份。而处于非正规状态的委内瑞拉难民也给哥伦比亚带来了诸多不稳定因素，如为毒品贸易提供劳动力等，这势必对哥伦比亚国内稳定、国家财政造成负面影响。哥伦比亚国内制度空白亟待填充。

2. 国内专门机构建立与国际制度本土化阶段：2017年至今

直到2017年8月前后，拉丁美洲的其他美洲国家组织成员国家，如秘鲁、智利、阿根廷，将大量涌出的委内瑞拉难民认为是委内瑞拉"人

---

① Norwegian Peacebuilding Resource Center, "The Venezuelan Crisis, Regional Dynamics and the Colombian Peace Process", 2016, p. 4, https：//www.alnap.org/system/files/content/resource/files/main/noref-venezuela-and-colombian-peace-process.pdf.

道主义危机""民主秩序崩溃"的结果,这构成诸国履行《美洲民主宪章》责任共同承担难民事务的前提,哥伦比亚政府对待难民的态度开始更加积极。面对涌入数量持续上升的难民,哥伦比亚开始针对难民问题进行国内制度建设。

一是建立管理难民的专门机构、规范边境地区出入境。在国内组织机构设置方面,哥伦比亚依托外交部在 2016 年 3 月成立了管理难民的专门机构"哥伦比亚迁徙"(MIGCOL),但该机构仅作为一个执行边境难民管理的类警察机构,没有提供立法建议的能力。在管理规范方面,哥伦比亚开始要求入境的委内瑞拉人持有效护照,而这在之前是不被要求的。① 考虑到边境两边频繁的流动,在委内瑞拉边境开放的前一天(2016 年 7 月 31 日),哥伦比亚政府出台新的政策,宣布那些希望进入哥伦比亚境内的委内瑞拉边境城市居民,可以通过在网上申请移民边境卡(Migratory Border Transit Card,TMTF)免护照在哥伦比亚的边境城市停留最多 30 天。② 2017 年 4 月底,作为该卡的延伸,哥伦比亚同时开展两轮边境流动卡(Border Mobility Cards)的发放,希望进入哥伦比亚的委内瑞拉人可以凭借该卡在哥伦比亚境内停留最多 7 天,到 2020 年 4 月,共有约 494 万委内瑞拉人获得该卡。③

二是合并移民与难民,实施临时庇护的居留许可政策。委内瑞拉国内秩序的崩溃逐渐成为国际社会的共识,由于从委内瑞拉涌入哥伦比亚的人数过多,且哥伦比亚没有完善的庇护系统可以处理单独的庇护申请,哥伦比亚政府不再区分来自委内瑞拉的移民或者是难民,而是统一给予符合条件的委内瑞拉人临时保护的地位。统一给予临时庇护可以快速处理涌入难民的合法性问题。哥伦比亚一开始将应对重点放在边境接纳上,随着难民人数的上升以及难民在不同城市的居留,进而为分散在各个城市的委内瑞拉移民提供援助。哥伦比亚从 2017 年 7 月开始,哥伦比亚移民局正式为委内瑞拉难民提供类似临时庇护的居留许可——特

---

① Mauricio Gutiérrez-Palma, "The Politics of Generosity. Colombian Official Discourse towards Migration from Venezuela, 2015-2018", *Colombia Internacional*, Vol. 106, 2021.

② Mauricio Gutiérrez-Palma, "The Politics of Generosity. Colombian Official Discourse towards Migration from Venezuela, 2015-2018", *Colombia Internacional*, Vol. 106, 2021.

③ GIFMM, "Situational Report", February 2020, https://r4v.info/es/documents/details/75385.

殊居留许可（Permiso Especial de Permanencia，PEP）。这种居留证，最多可以允许难民停留两年（可以申请更新），并且享有基本的就业、医疗和受教育权。① 同时，哥伦比亚不限制委内瑞拉难民的行动自由，他们可以自由选择居留的地点。

三是展开大规模委内瑞拉人身份登记。哥伦比亚政府于2018年的4—7月开展了大规模对委内瑞拉人的登记（Registro Administrativo de Migrantes Venezolanos，RAMV），主要是针对没有证明文件处于非正规状态的委内瑞拉移民。通过登记，他们可以拥有获得合法身份的机会。在7月的统计文件中，共约44.2万的委内瑞拉人通过登记，得以申请特殊居留许可。② 到2020年11月，即使哥伦比亚政府积极开展难民登记工作，短时间内大规模地涌入仍使得大量难民处于非正规状态。在9轮特殊居留许可授予之后，共有超过70万的委内瑞拉人获得合法地位（其他国家授予特殊居留许可的比例比哥伦比亚低很多），这意味着剩余约100万的跨国被迫流离失所者仍没有合法身份。

3. 哥伦比亚的应对挑战与治理创新局限

获得特殊居留许可的委内瑞拉难民尽管拥有医疗、就业和受教育权，但由于法律规定得不细致，他们的这些权利在实施过程中无法得到有效保障。比如，特殊居留许可规定所有委内瑞拉的难民都享受紧急医疗权，然而哪些医疗项目属于"紧急"的范畴却并不清晰；在教育方面，即使初等教育应该提供给所有移民，但实际上没有身份证件的难民子女很难获得应有的教育资源；在就业方面，虽然特殊居留许可的持有者可以合法地在哥伦比亚工作，但是雇主仍对雇佣移民持怀疑态度，据统计，约93%找

---

① Juan Thomas Ordóñez, AU-Arcos and Hugo Eduardo Ramírez, "At the Crossroads of Uncertainty: Venezuelan Migration to Colombia", *Journal of Latin American Geography*, Vol. 18, No. 2, 2019, https://muse.jhu.edu/article/729121/pdf? casa_token=fm0tn56etvsAAAAA: eawDCEWza0-sJCyTAPdafalUizO2UfQVn6DbEZ5V-fgeGdsZNJvwcdfwihyxcPBInM6xrUagm89L-.

② Melanie Teff and Daphne Panayotatos, "Crisis Colliding, The Mass Influx of Venezuelans into the Dangerous Fragility of the Post-Peace Agreement Colombia", January 13, 2019, p. 11, https://www.refugeesinternational.org/reports-briefs/crises-colliding-the-mass-influx-of-venezuelans-into-the-dangerous-fragility-of-post-peace-agreement-colombia/.

到工作的委内瑞拉人从事非正规的行业。①

就特殊居留许可这种临时保护制度本身来说，一方面，它给予了委内瑞拉难民合法地位，也在一定程度上保障了对难民基本服务的提供，有助于哥伦比亚政府更好地管理涌入的难民。另一方面，它是哥伦比亚政府在没有完整的庇护法律体系的前提下的应急对策，在获得特殊居留许可之后，没有制度规定寻求庇护者可以申请难民身份，或过渡到获得永久居留及公民身份，这限制了难民进一步融入和长期权利的保障。②另外，虽然特殊居留许可在实际操作中可以更新，但无法在制度上保证彻底落实"不推回"原则。更重要的是，当特殊居留许可的两年有效期到期后，一旦委内瑞拉难民因为种种原因没有及时申请更新的话，他们就丧失了在哥伦比亚的合法居留的地位。

特殊居留许可的实施是有条件的，它的发放虽然是基于国籍，但仅限通过正规边检进入哥伦比亚且拥有委内瑞拉护照的人。仍有超过一半的委内瑞拉以非正规的方式居留在哥伦比亚。由于护照和其他身份文件在委内瑞拉政府崩溃的情况下很难获得，导致大量委内瑞拉难民在哥伦比亚仍然无法获得合法居留的身份。③

4. 哥伦比亚的遵约效果与规范动因

（1）哥伦比亚应对委内瑞拉难民危机的成效

委内瑞拉难民问题距最终解决还有很长的路，但就哥伦比亚本身而言，它在其能力范围对被迫流离失所者的慷慨收容与救助，同难民署与国际社会的积极合作，已显示了化解危机的进展。最重要的是，哥伦比亚的国际难民制度的本土化突破，是哥伦比亚同难民署长期合作的显著成果。

哥伦比亚对临时保护制度的探索不仅体现在慷慨地授予，更体现在对获得保护地位者权利保障的推进。在2020年提出了一套包容性的针对委

---

① Melanie Teff and Daphne Panayotatos, "Crisis Colliding, The Mass Influx of Venezuelans into the Dangerous Fragility of the Post - Peace Agreement Colombia", January 13, 2019, p. 12, https：//www.refugeesinternational.org/reports - briefs/crises - colliding - the - mass - influx - of - venezuelans-into-the-dangerous-fragility-of-post-peace-agreement-colombia/.

② Andrew Selee and Jessica Bolter, "Colombia's Open-door Policy: An Innovative Approach to Displacement?", *International Migration*, Vol. 60, 2022.

③ Andrew Selee and Jessica Bolter, "Colombia's Open-door Policy: An Innovative Approach to Displacement?", *International Migration*, Vol. 60, 2022.

内瑞拉移民的措施。一是将非正规移民正规化，包括对难民登记工作范围的扩大和居留证的发放；二是为难民不仅提供应急的人道主义援助，还包括关注移民的心理健康，为脆弱群体提供特殊化的服务；三是促进移民融入就业市场，使其充分创造经济发展动力；四是确保这些措施落实到地区层面。①

哥伦比亚没有一套成体系的庇护法，针对委内瑞拉难民的管理通常通过一系列的总统政令来实现，导致针对难民的政策充满许多不确定性。即使新的政策最大限度地为难民提供合法居留，保障其权利，但哥伦比亚还没有建立包容性的移民系统。如果将难民问题的最终解决视为难民在所在国家的归化入籍，那么或许这些凸显临时保护、没有实现难民身份确认通畅渠道的最新政策与制度安排，并不使人满意，似乎国际难民制度的规范未达最优效果。但从难民署在世界历次难民危机同各难民接收国家的合作实践来看，它在行动与话语上，已经对难民问题的"永久性解决方案"进行了充分诠释，即尽管临时保护是对难民保护的一种妥协选择，但能够成为一条通往永久性解决之路，也就是成功融入所在地社会（包括但不限于归化入籍）、第三方安置，或是自愿返乡。

一方面，哥伦比亚总统和难民署高级专员在 2021 年 2 月 8 日共同宣布新政策，将给予自 2016 年以来涌入的所有委内瑞拉移民合法居留地位，特别是针对居留在哥伦比亚境内将近 100 万非正规移民，哥伦比亚政府将为其提供为期 10 年的临时保护地位。这意味着，非正规委内瑞拉移民可以通过登记，获得教育、医疗、工作权。② 难民署和国际移民组织将协助哥伦比亚政府在资金、专业和人员上提供支持。另一方面，合法的居住权尽管有固定期限，但已经出现向各国居留制度中"中长期"时限发展，这在法律与权利上，很大程度化解了被迫流离失所者在哥伦比亚从非正规身份到合法临时身份过渡时的潜在风险，为他们未来获得在哥伦比亚长期

---

① Felipe Muñoz Gómez, "Colombia and the Second Generation of Challenges for Migrants From Venezuela", February 2020, https://www.migrationportal.org/insight/colombia-second-generation-challenges-migrants-venezuela/.

② Colombia Government, "Presidente Duque anuncia decisión histórica de crear Estatuto de Protección Temporal para Migrantes Venezolanos en Colombia", 2021, https://idm.presidencia.gov.co/prensa/presidente-duque-anuncia-decision-historica-de-crear-estatuto-de-proteccion-210208.

正规身份或是安全自愿返乡提供了可能。

总体来说，哥伦比亚对委内瑞拉难民保持了积极的态度，并且从一开始的有所保留，到逐步探索成立难民管理机构，合法身份的授予也从一开始的边境居民，延伸到所有委内瑞拉难民，合法居留的时间也从一开始临时性的 7 天、30 天到 2017 年特殊居留许可的两年，临时保护的制度随着难民事务的实践不断完善。

（2）国际难民制度在哥伦比亚实现本土化的动因

从哥伦比亚应对委内瑞拉难民危机可以看到，国际难民制度在该国的本土化有多重原因。一是难民署同哥伦比亚的长期合作，使哥伦比亚已经接受国际难民制度的规范，接受了难民署的专业知识传播。作为 1951 年《关于难民地位的公约》及其 1967 年《关于难民地位的议定书》签署国，哥伦比亚在委内瑞拉难民危机爆发前，尽管还未建立同国际难民制度相对接的国内制度，但已经在专业知识储备、人道主义价值与保护实践方面有了较充分的准备。

二是虽然哥伦比亚对难民地位的认定持保留态度，但出于功利性考量，哥伦比亚政府寄望于难民署和其他国际机构援助将大量的非正规委内瑞拉难民合法化。哥伦比亚自身也面临严重的国内问题，哥伦比亚中央政府虽然与最大的反政府武装签订了和平协议，但仍面临各种社会问题，包括族群矛盾、社会不公、贫富差距大等。从 2019 年 11 月起，哥伦比亚境内开始了两轮大规模的游行，2021 年 4 月针对税收改革的和平游行在多个城市演变为暴力冲突。根据相关的民调数据，只有 43% 的人认为促进委内瑞拉人的融合会给哥伦比亚带来更多的好处。① 哥伦比亚政府管理非正规移民花费的成本高，大量没有合法身份的委内瑞拉人对哥伦比亚国内的稳定也会造成威胁。将被迫流离失所的委内瑞拉人合规化、正常化，短期内可以减轻威胁，也对哥伦比亚的中长期发展有利。由于委内瑞拉国内的经济体系重建是长期工程，这意味着大量被迫流离失所者涌出将是一个长期的现象。如果不将他们合法化，这些长期流离失所者将成为哥伦比亚境内灰色产业的劳动力，形成恶性循环。在这样的逻辑下，哥伦比亚政府想办法将非法难民正规化，而非限制其入境。同时，哥伦比亚的社会经

---

① Natalia Banulescu-Bogdan and Diego Chaves-González, "What Comes Next Now that Colombia Has Taken a Historic Step on Migration?", February 2021, https://www.migrationportal.org/insight/what-comes-next-now-colombia-has-taken-historic-step-migration/.

济发展可以受益于委内瑞拉流入的各类人才,例如获得教师、医生和工程师等专业技术人才。①

三是因为两国在流离失所问题上的历史牵绊,使本区域已经形成一种庇护被迫跨国流离失所者的传统与共同认知。出于委内瑞拉对哥伦比亚流离失所者的庇护经历,容易唤起哥伦比亚政府与其国内民众的共情与理解。哥伦比亚政府针对委内瑞拉难民的措辞很多时候都被塑造成"回报曾经为大量哥伦比亚难民提供庇护的邻居",从而形成易于国内接受的话语。

四是哥伦比亚此前因境内流离失所问题建立的人道主义援助机构框架可以再被用于本次难民危机,形成内外规范的嫁接空间。由于国内制度基础与国际合作机制的延续性,哥伦比亚应对境内流离失所问题而形成的国际人道主义援助的工作架构,曾经为保障境内流离失所者权利的国际组织、非政府组织可以直接转化为向委内瑞拉难民提供服务的机制,这加快了委内瑞拉难民接收、登记与救济的效率,以及通过原有网络渠道获得更多国际援助资金与关注度。由于长期需要国际社会的援助来保护国内战争导致的境内流离失所者,哥伦比亚与国际组织合作密切,且国内存在人道主义援助的结构。以难民署和国际移民组织为代表创立的针对委内瑞拉难民的跨机构合作平台"针对委内瑞拉难民的跨机构合作小组",为委内瑞拉难民的权利保障发挥了资金援助、项目实施和指导性的作用,但该小组的募资存在理想与现实间的差距。在新政策的实行下,哥伦比亚需要更多来自国际社会的援助。同时,由于临时庇护法始终不成体系,哥伦比亚的难民政策可能会由于领导人或执政党的变化、民意的变化产生很多不确定性。

三 结论

(一) 国际难民制度的合法性在本区域国内化

1. 委内瑞拉应对哥伦比亚难民危机的成效

委内瑞拉接收哥伦比亚难民的时间比较早,有着较长的庇护传统与经

---

① "A Huge Opportunity: Venezuelan Migrants Welcome Colombia's New-Open-Door Policy", National Public Radio, February 26, 2021, https://www.npr.org/2021/02/26/971776007/a-huge-opportunity-venezuelan-migrants-welcome-colombias-new-open-door-policy?t=1623390457631.

验。尽管它一开始并不是1951年《关于难民地位的公约》的缔约国，但源于区域一体化的程度与进展，拉丁美洲的庇护制度在国际范围内领先，委内瑞拉政府的庇护行为也深受区域难民保护制度的约束，只是这种规范影响效果，受委内瑞拉对区域制度成员身份的认同变化和转化为有约束性的国内法律制度的影响。因此，在21世纪之前，委内瑞拉为哥伦比亚难民提供最基本的人道主义援助，但他们的身份处于法律上的灰色地带。通过在法律和执行方面的努力，委内瑞拉制定2001年《难民与寻求庇护者法》以及2003年《执行规定》，并在国家的层面成立专门处理难民事务的部门——国家难民委员会。同时，委内瑞拉政府通过双边（与哥伦比亚政府签订合作谅解备忘录）和多边（与难民署合作提升应对能力）的合作，确保难民的基本权利得到保障。但是，截至2012年，大多数难民仍然处于未登记/非正规的状态，只有5%的难民申请获得通过。①

2. 哥伦比亚应对委内瑞拉难民危机的成效

到目前为止，哥伦比亚没有一套成体系的庇护法，难民政策充满许多不确定性。委内瑞拉难民问题距最终解决还有很长的路，但就哥伦比亚本身而言，它在其能力范围对被迫流离失所者的收容与救助，已显示了化解危机的进展。最重要的是，哥伦比亚的国际难民制度的本土化突破，是哥伦比亚同联合国难民署长期合作的显著成果。哥伦比亚对临时保护制度的探索不仅体现在慷慨的授予，更体现在针对委内瑞拉移民，扩大登记难民登记范围，发放居留证将非正规移民合规化等包容性措施的落地，特别是2021年哥伦比亚总统和难民署共同宣布的新政策——将给予自2016年以来涌入的所有委内瑞拉移民合法居留地位，并针对居留在哥伦比亚境内将近100万非正规移民提供为期10年的临时保护地位。如果将难民问题的最终解决视为难民在所在国家的归化入籍，或许临时性、短暂性的政策与制度安排，未达国际难民制度规范的最优效果。合法的居住权尽管有固定期限，但已经向"中长期"发展，这在法律与权利上，很大程度化解了被迫流离失所者在哥伦比亚从非正规身份到合法临时身份过渡时的潜在风险，为他们未来获得在哥伦比亚长期正规身份或是安全自愿返乡提供了可能。较之世界历次难民危机中难民署同各难民接收国家的合作实践，哥

---

① Felipe Muñoz Gómez, "Colombia and the Second Generation of Challenges for Migrants From Venezuela", February 2020, https://www.migrationportal.org/insight/colombia-second-generation-challenges-migrants-venezuela/.

伦比亚在行动与话语上，已经对难民问题的"永久性解决方案"进行了充分诠释。

3. 委内瑞拉与哥伦比亚的应对差异

一是哥伦比亚在为委内瑞拉难民提供临时保护时，不断进行制度探索和创新，而委内瑞拉对临时保护制度的推进有限。哥伦比亚从一开始针对边民的边境卡，到针对所有委内瑞拉难民的边境流动卡，再到后来两年有效期的特殊居留许可，以及对该许可发放条件的不断更新，都体现了哥伦比亚政府对委内瑞拉难民问题积极寻找更好解决方式的态度，寻求临时保护的难民的权利也可以在制度层面得到保障。相对来说，委内瑞拉在制度方面的创新比较保守，主要还是在维护国内稳定的前提下，为哥伦比亚难民提供基本的人道主义援助，对寻求临时庇护者制度性保障的探索比较有限，避战的哥伦比亚难民的权利是否能得到保障，取决于委内瑞拉政府的人道主义的援助。

二是由于长期内战、境内流离失所和欠发达的问题，哥伦比亚与国际组织的合作密切且长久，国内存在人道主义援助结构，并且国际组织习惯于在哥伦比亚境内通过合作保障受冲突影响人群的基本权利，所以在委内瑞拉难民大量涌入时，哥伦比亚政府与以难民署和国际移民组织为代表的国际组织积极合作，国际组织之间也迅速建立协作平台，从多个专业领域为委内瑞拉难民提供支持。而当哥伦比亚难民涌入委内瑞拉时，难民署在委内瑞拉的工作经验有限，且委内瑞拉政府对于难民问题低调处理的态度，让难民署开展工作的空间没有在哥伦比亚那么大。

三是委内瑞拉难民涌入哥伦比亚时，哥伦比亚刚刚完成与哥伦比亚革命武装的和解，需要外国援助和国际社会对国内秩序重建的支持，所以对合作就比较积极，而哥伦比亚难民涌入委内瑞拉时，委内瑞拉仍然是拉丁美洲经济发展比较好的国家，对国际社会援助的需求不大，主要目的是保持国内秩序稳定，将难民问题淡出公众的视野，所以面对大量涌入的哥伦比亚难民，委内瑞拉对制度创新的兴趣不高。

（二）难民署：权威的削弱与合法性再造

在应对委内瑞拉难民危机的过程中，同过往的难民危机相比，难民署始终没有以独立的组织身份主导关于委内瑞拉的流离失所问题，而是同国际移民组织，通过并行联合的方式，参与到区域应对协调机制、行动与哥伦比亚的国内保护机制中。从应对危机的方式、对难民署宗旨的执行结果两方面来看，难民署的权威受到深度削弱，相比此前的案例，此时已经彻底丧失了独立主导治理的地位。

1. 主导能力的丧失与组织竞争

在复合治理网络参与过程中，难民署的合法性仍然面临不可回避的挑战。一是"针对委内瑞拉难民的跨机构合作小组"的资金不足。由于委内瑞拉形势持续恶化，对于难民保护与救济资源而言，是一场可预见的长期消耗战。难民署用在哥伦比亚处理委内瑞拉难民的预算从2017年开始逐年剧增（见表8-1），然而，该合作小组面临的最大挑战还是筹资的不足。以2021年为例，到2021年6月4日为止，该小组只募集到了原筹款计划的5.4%，这将极大地影响小组展开区域性的难民协调和援助工作。

表8-1　难民署在哥伦比亚处理难民事务的预算（2014—2020年）（单位：美元）

时间	2014年	2015年	2016年	2017年	2018年	2019年	2020年
UNHCR	1362555	1289231	974747	2234602	12571882	32767555	85541869

资料来源：难民署，不包括境内流离失所者。

二是难民署始终无法实现本区域内的委内瑞拉被迫流离失所者告别临时保护、获得正式"难民"身份。虽然难民署获得区域内国家、区域国际组织和其他各专业组织机构的支持，但同其宗旨相对应的最终目的——使委内瑞拉难民问题得到永久性解决相比，仍面临多重困境。2019年5月，委内瑞拉国内局势进一步恶化，与此同时，联合国和其他组织明确关切并谴责委内瑞拉公共秩序受到威胁、普遍暴力和侵犯人权的情况。难民署在2018年《关于委内瑞拉人外流的指导说明》（Guidance Note on the Outflow of Venezuelans）的基础上，发布新的指导说明，强调大部分涌出的委内瑞拉人符合《卡塔赫纳难民宣言》中对难民的定义，因为造成他们涌入其他国家的原因符合"普遍的暴力""大规模人权的侵犯"以及"公共秩序紊乱"的特征。① 尽管区域内的国家多次表示对委内瑞拉国内人权大规模受到侵害的现象表示谴责，但除了巴西和墨西哥，其他区域内国家都没有将难民的定义使用在背井离乡的委内瑞拉人身上。哥伦比亚在

---

① UNHCR, Guidance Note on International Protection Considerations for Venezuelans, Update I, 2019, https://www.refworld.org/docid/5cd1950f4.html.

2019年11月宣布会考虑这一提议，但最终在2020年1月还是实施了新的移民管理办法。① 鉴于哥伦比亚政府对给予难民身份的迟疑，难民署继续在特殊居留许可的制度基础上，为保障难民的权利做进一步努力。

因此，作为无法将大规模被迫流离失所的委内瑞拉人确认为正式"难民"的妥协，跨机构合作小组在2020年的计划中提出短期保证健康、食品、饮用水、卫生、庇护所、教育等服务的提供；中期将减少移民进入劳动市场的阻碍，促进移民融入国家医疗和教育系统，从公共政策层面增强委内瑞拉移民的融入。②

三是在危机应对中，难民署和国际组织形成"双头多元多层次"的应对机制，削弱了难民署在委内瑞拉难民问题上的主导地位，并为工作协调带来更多复杂性。一方面，跨机构合作小组是由难民署和国际移民组织各出一名负责人，共同完成小组的总体协调工作，事实呈现的是小组的"双头"管理模式。虽然难民署与国际移民组织（移民署），自2018年后共同属于联合国体系，共享联合国发展理念，但对于迁徙的宗旨与目的，有着明显差异。难民署的宗旨是保护难民，最终实现难民问题的永久性解决。国际移民组织针对的普遍意义上的人口迁徙，旨在促进"安全、有序、规范的迁徙"。各自主管的对象分别是"难民"与"移民"，看似有着显著区别，但随着"难民"定义与难民署受关注人群的扩展，在被迫流离失所（尤其是境内流离失所者）问题上，两个组织出现功能重叠。功能与管辖范围上的重叠，而目标与宗旨上的差异，势必影响到小组决策与执行的效率。

另一方面，人道主义协调机制同难民移民保护协调机制共存，形成的"双网交错"，加大了参与执行组织机构的工作难度。就接收国际社会援助的特性来说，哥伦比亚是拉丁美洲国家中唯一一个拥有人道主义援助结构（humanitarian architecture）的国家。由于长期的国内战争，联合国人道事务协调厅领导联合国其他机构建立了人道主义援助系统（UN Humanitarian

---

① Cécile Blouin, Isabel Berganza and Luisa Feline Freier, "The Spirit of Cartagena? Applying the Extended Refugee Definition to Venezuelans in Latin America, *Forced Migration*, Cities and Towns", FMR63, 2020, p. 66, https://www.fmreview.org/cities/blouin-berganza-freier.

② Cécile Blouin, Isabel Berganza and Luisa Feline Freier, "The Spirit of Cartagena? Applying the Extended Refugee Definition to Venezuelans in Latin America, *Forced Migration*, Cities and Towns", FMR63, 2020, p. 101, https://www.fmreview.org/cities/blouin-berganza-freier.

Country Team，HCT)，包括5个在国家层面行动的部门以及1个地区层面的协调网络，① 确保受冲突影响的哥伦比亚人获得基础的人道主义援助。这个网络机构为难民署领导的跨机构合作小组提供了经验支持，以及为境内流离失所者和难民涌入重合区域的工作提供方便，但是这两个系统有重合的部分，可能导致参与网络的非政府组织的工作变得更加复杂。

2. 创新机制与合法性再造

当前，国际多边机制普遍遭到质疑，全球治理回归国家中心主义的趋势日益明显。经费问题、国家的不合作，已经成为联合国系统机构的常态性问题。在此背景下，全球难民治理中难民署实施难民保护、直接影响与规范国家保护行为的能力不足，来自联合国授权的传统合法性基础随联合国本身权威虚化而遭到质疑。难民署连同其应要执行的1951年《关于难民地位的公约》与1967年《关于难民地位的议定书》的难民保护原则也早已不能完美实现。国际难民制度的规制性合法性基础——惩罚措施实则从未存在。难民署代表的国际难民制度，合法性缺失、权威不再。然而，两个案例恰恰显示了国际难民制度在当下历史阶段的合法性再造。

回顾拉美地区难民保护机制的发展历程，比对最初《关于难民地位的公约》在本区域的扩散与变迁，能够清晰看到合法性的再造过程。

1969年的《美洲人权公约》以区域法的形式重申了国际制度中有关寻求庇护者的两项最基本的原则，即寻求庇护权（第22条第7项："所有人都有根据国际公约在外国领土寻求庇护的权利"），以及不推回（第22条第8项"不可将任何外国公民推回原籍，如果他的生命权或人身自由因其种族、国籍、宗教、社会地位或政治见解在该国受到威胁"）。②

1984年《卡塔赫纳难民宣言》的出台体现了南美洲国家基于本区域实际需求进一步拓展了国际难民制度。一方面，宣言将1951年《关于难民地位的公约》的难民定义拓展到"由于普遍暴力，外国侵略，内部冲

---

① Melanie Teff and Daphne Panayotatos, "Crisis Colliding, The Mass Influx of Venezuelans into the Dangerous Fragility of the Post - Peace Agreement Colombia", January 13, 2019, p. 20, https：//www.refugeesinternational.org/reports-briefs/crises-colliding-the-mass-influx-of-venezuelans-into-the-dangerous-fragility-of-post-peace-agreement-colombia/.

② Inter - American Commission on Human Rights, 1969, American Convention on Human Rights, https：//www.cidh.oas.org/basicos/english/basic3.american%20convention.htm.

突，大规模侵犯人权或其他严重扰乱公共秩序的情况而逃离本国的人"①。另一方面，宣言还将与难民署的合作机制写入文本，认可了难民署作为处理难民事务的主导性角色。

2001年美洲国家组织通过的《美洲民主宪章》为美洲国家组织成员将责任共担作为制度基础。该宪章规定，当某一国的民主和人权发生大规模侵害时，任何成员国或秘书长可要求召开理事会对局势进行集体评估，并作出其认为适当的决定。② 这项进展得益于美洲区域性合作进展。

2004年拉丁美洲国家的《墨西哥宣言与加强在拉丁美洲地区国际保护难民行动计划》还引导区域内国家切实根据区域难民制度提升国内立法，实现国际制度转变为有约束力的国内立法，确保对区域内难民责任共担。有了这些基础，拉丁美洲和加勒比海国家的2014年《巴西宣言与行动计划》，又提出坚持以最高的国际法和地区保护标准，为难民和其他流离失所者提供创新的解决方案，并结束本区域无国籍人的困境。随着委内瑞拉难民危机的持续，以"基多进程"三部曲为代表的拉丁美洲国家难民问题外交谈判机制也就此形成。

在本区域"公约—难民署"合法性再造的过程中，仍然能够看到难民署的主观能动作用。

一是难民署所执行的国际难民制度在哥伦比亚实现了"本土化"，强化了哥伦比亚的履约效果。尽管难民署的主导身份权威在本区域，甚至世界绝大部分区域都遭到削弱，但从委内瑞拉和哥伦比亚的双向跨国难民危机应对来看，委内瑞拉与哥伦比亚对于难民保护确实受到"公约—难民署"规范性道德支配，形成了难民保护的文化认知，共同的信念、共同行动逻辑。一方面，收容大规模涌入他国被迫流离失所的公民，从政府到民众都是理解、认可的。另一方面，国际难民制度不断在委内瑞拉与哥伦比亚通过一系列庇护法律、身份登记规则、居留政策以及保护措施得到了本土化。

二是难民署借力区域协调机制，积极加大国际难民制度的区域国家覆

---

① 1984 Cartagena Declaration, https://www.oas.org/dil/1984_cartagena_declaration_on_refugees.pdf.

② Inter-America Democratic Charter, AG/RES.1（XXⅧ-E/01），September 11, 2001, Art. 20, https://www.oas.org/sap/peacefund/VirtualLibrary/InterAmericanDemocraticCharter/InterAmericanDemocraticCharter.pdf.

盖性。拉丁美洲之所以是难民制度执行、庇护责任共同承担与制度创新的先行者，正是因为区域制度对国际难民制度的吸收、内化，以及根据区域特性进行的扩充。难民署长久以来执行的1951年《关于难民地位的公约》、1967年《关于难民地位的议定书》在本区域扎根与生长，除了古巴和圭亚那，区域内所有国家都是缔约国。在当前历史阶段，于难民署而言，它不是新进程的主导者，但仍然是积极参与协调、协助区域国际难民制度实现的关键环节，这在"基多进程"中体现得淋漓尽致。它不但参与推动该进程的建立、行动计划的设计、技术支持与执行效果评估，还直接同相关国家政府接触，劝服未加入"基多进程"的国家签署《基多宣言》承诺义务。虽然是以联合特别代表的形式进行，但仍然体现的是难民署"善意斡旋"的行为传统。可以发现难民署代表的国际难民制度，从规则、原则到规范已经扎根于区域制度中，充分协调着区域内国家的难民保护行为，使得拉丁美洲国家相较其他区域国家，显得更为慷慨和积极，为国际难民治理提供了丰富的经验和模本，难民署的合法性再造得以彰显。

最后，复合网络治理协调中的难民署—国际移民组织形成的双头制度对于治理全球迁徙问题的有效性，重塑了难民署的专业权威，弥合了价值与政策分歧，缓解了认同危机。虽然应对机制对彼此而言形成竞争，为执行带来了困难，但总体而言，难民与移民事务的高度相关性使二者强强联合，成为治理人的被迫迁移问题不可逆转的趋势。二者共同组建的区域响应机制，更贴近于全球人口跨国混合流动的真实情况，这种新的制度萌芽，必将向全球扩散，成为未来全球迁徙（难民与移民）治理的主导方式。同时，难民署同包括国际移民组织在内的各国际组织机构在难民治理上的价值观念、政策倾向上的分歧，在这类新型制度模式、协调机制中不断磨合与靠近，这将会成为难民署在复合治理网络中合法性再造的又一种可能。

第九章　国际难民制度的合法性出路与对中国的启示

基于前章对国际难民制度不同发展阶段的三次难民危机中三组国家同难民署的危机应对与互动，本章任务有三：一是总结与评述难民署与国家的互动效果——"公约—难民署"合法性在各国国内的实现情况及制约因素，以及各国危机应对经验的国际化情况；二是总结"公约—难民署"存在的合法性悖论，并尝试探讨其合法性出路与未来选择；三是介绍新时代以来中国所接受的考验与积累的经验，并探讨性地提出相关建议。

第一节　案例总结

一　"公约—难民署"合法性在国内实现的情况

（一）国内实现的情况

在印支难民案例中，可以看到，在覆盖性不足的情况下，中国与泰国两国证明，通过联合国难民署的"说服""传授"与国家本土化"学习"的互动过程，国际难民制度的合法性在两个国家国内不同程度地得以实现。尽管中国尚未最终公开出台难民法以及相关庇护实施细则，但从印支难民实际在中国 40 多年的社会融入可以看到：第一，中国 1978 年开始同难民署合作并在 1982 年加入 1951 年《关于难民地位的公约》及 1967 年《关于难民地位的议定书》，随后的宪法中都反映了关于庇护的内容，这是公约精神在国家法律制度中的体现；第二，中国从 2004 年后开始逐步解决实现华侨农（工）场难民的户籍问题，是某中国公民身份的具体实现；第三，进入新千年，中国在有关地区应对缅甸大规模临时人员涌入时，所采用的临时安置措施，除了本土经验积累与探索，还很大程度上反映了难民署对中国政府相关人员进行的宣传与培训产生了显著效果。这些都体现了国际难民制度的合法性通过公约规范在中国的本土化以及中国同难民署的长效合作而获得实现。泰国虽然没有正式加入公约，公约的覆盖性没能彰显，但这并没有阻碍难民署同泰国在消除无国籍问题以及建立有区别的身份证制度上开展的长效合作，这也很大程度反映了"公约—难民署"的影响力以及在泰国国内实现部分国际难民制度的本土化。

从科索沃难民案例可以看到，已经对 1951 年《关于难民地位的公约》做出承诺的阿尔巴尼亚和马其顿两国，更有意义的部分体现在二者的遵约过程同难民署的互动，以及"公约—难民署"的合法性在两国国内制度中的具体实现——国内专业机构与法律法规的确立。科索沃难民危机让阿尔巴尼亚和马其顿切实感受到国内庇护法尤其是临时庇护制度的不足。当逃离海外的科索沃难民陆续返回家园后，两国仍然继续和难民署合作，不断通过立法和行政改革、基础设施建设，令自身庇护体系持续接近欧盟标准。两国都于 2003 年这个欧盟东扩历史节点出台了相关的庇护法，并根据欧盟指令，不断提升庇护法的完善程度。

在制度建设与立法方面，阿尔巴尼亚在难民署的支持下，于 2001 年成立了"难民庇护问题特别工作组"，该工作组作为一个专门机构弥补了 1998 年《庇护法》中的空缺。该国国会还于 2003 年通过了《关于获得庇护资格的外国公民融入的法律》，为获得庇护资格以及族群融入提供了正式的法律依据。该法后来同 1998 年出台的《庇护法》于 2014 年共同被新的、更全面的《庇护法》取代。在多行为体协作方面，难民署、阿尔巴尼亚难民办公室和当地的非政府组织一起，为难民和寻求庇护者提供法律咨询支持。同时，难民署和阿尔巴尼亚政府合作在 2001 年建立了第一个接待中心，为寻求庇护者解决基本的食宿问题。在制度方面，阿尔巴尼亚难民事务办公室于 2003 年被划入公共秩序部，[①] 由（边境）警察进行难民的甄别，成为当地政府一般性事务的一部分，不再作为特殊事务。

马其顿尽管因为族群问题相较阿尔巴尼亚的难民保护显得更为被动，但该国在科索沃难民遣返工作完成后，于 2003 年出台了第一部《庇护和临时保护法》。该法第四章的临时保护条款规定该国可为大规模涌入的外

---

① Ridvan Peshkopia, "Albania‐Europe's Reluctant Gatekeeper", *Forced Migration*, Vol. 23, 2005, https://www.fmreview.org/europe/peshkopia.

国人提供临时保护。获得临时保护资格者有权在临时保护期间提交庇护申请，享有居留权，并且享受与获得临时居住证的外国人同等待遇的工作权、医疗保险、受教育权（包括高等教育）。① 根据欧盟指令（Council Directive）内容，该条约前后经过 6 次修订，并于 2018 年更新为《国际临时保护法》（Law on International and Temporary Protection）。② 从前南斯拉夫开始，马其顿同难民署在长达半个多世纪的互动，最终，历时 67 年实现了国际难民制度在马其顿的本土化。

拉丁美洲的迁徙与庇护问题，历史背景与现状相较其他地区显得更为复杂，哥伦比亚—委内瑞拉难民危机的案例，也同前两组案例有所不同。在难民署与两个国家的互动中，虽然类似区域制度规范与进程、区域国家间双边关系这些中间环节很多，流离失所问题的根源也很难彻底消除，已经在该地区难民事务中丧失主导权的难民署执行《关于难民地位的公约》任务道路长且阻，但仍然能够看到难民署经过同两个国家长达数十年的合作互动，"公约—难民署"的合法性在两个国家的国内制度中都有不同程度的实现。

委内瑞拉是 1967 年《关于难民地位的议定书》的加入国。基于委内瑞拉宪法第 67 条"委内瑞拉玻利瓦尔共和国承认并保证获得庇护和避难的权利"，委内瑞拉政府还在难民署的支持下，于 2001 年出台《难民与寻求庇护者法》规范难民申请的流程，并在 2003 年出台在该法律之下的《执行规定》。同时，委内瑞拉还在国家层面成立专门处理难民事务的部门——国家难民委员会，负责审核难民申请以及发放难民身份证明文件。③ 难民署在 2011 年协助委内瑞拉国家难民委员会设立了一个新的难

---

① The former Yugoslav Republic of Macedonia, No. 49/25 The Law on Asylum and Temporary Protection, July 2003, https://www.legislationline.org/download/id/1113/file/1ab4691acbfce80ea19-403be2eefb588.pdf.

② Mirjana Ristovska, and Natasa Pelivanova, The Legal Framework of The Right to Asylum in the European Union and The Republic of Macedonia, Researching Searching Security: Approaches, Concepts and Politics, 2015, pp. 163 – 178, https://portal.research.lu.se/ws/files/7710752/Volume_1.pdf#page=185.

③ Ángela María Carreño Malaver, "Refugiados Colombianos en Venezuela, Quince Años en Búsqueda de Protección", *Memorias: Revista Digital de Historia y Arqueología desde el Caribe*, No. 24, 2014.

民登记系统，并培训边境的官员，保证更多寻求庇护者登记信息。① 即使在实际实施过程中，难民身份的获取过程漫长，有很多难民申请积压，这也大体上符合国际难民制度的目标。同时，该法没有规定等待难民身份审核期间寻求庇护者的权利，导致很多哥伦比亚人生活在庇护法的灰色地带。

哥伦比亚是《关于难民地位的公约》及《关于难民地位的议定书》签署国。在委内瑞拉难民危机开始后，该国建立了管理难民的专门机构、规范边境地区出入境事务。2016 年该国成立了管理难民的专门机构"哥伦比亚迁徙"（MIGCOL）执行边境难民管理，并设置移民边境卡（TMTF），凭此卡可免护照在哥伦比亚的边境城市停留最多 30 天。② 哥伦比亚 2017 年还合并移民与难民，开始实施临时庇护的特殊居留许可政策（PEP），在一定时限内允许难民享有基本的就业、医疗和教育权。③ 哥伦比亚不限制委内瑞拉难民的行动自由，他们可以自由选择居留的地点，因此，有 20% 的委内瑞拉移民选择居住在哥伦比亚的首都波哥大。④

（二）国内经验的国际化

"公约—难民署"的合法性在各国国内得到实现，还不能算是关于难民治理的国际制度与国内制度互动的全景。国际—国内的二元互动，还体现为各国治理经验的国际化。在印支难民治理中，中国以华侨农（工）场的农作物与经济作物的种植、加工为依托，让难民通过自身的劳动最终实现自给自足，这是属于难民治理国家特有的措施与经验。通过集

---

① Ángela María Carreño Malaver, "Refugiados Colombianos en Venezuela, Quince Años en Búsqueda de Protección", *Memorias*: *Revista Digital de Historia y Arqueología desde el Caribe*, No. 24, 2014.

② Ángela María Carreño Malaver, "Refugiados Colombianos en Venezuela, Quince años en Búsqueda de Protección", *Memorias*: *Revista Digital de Historia y Arqueología desde el Caribe*, No. 24, 2014.

③ Juan Thomas Ordóñez, AU-Arcos and Hugo Eduardo Ramírez, "At the Crossroads of Uncertainty: Venezuelan Migration to Colombia", *Journal of Latin American Geography*, Vol. 18, No. 2, 2019, https://muse.jhu.edu/article/729121/pdf? casa_token=fm0tn56etvsAAAAA: eawDCEWza0-sJCyTAPdafalUizO2UfQVn6DbEZ5V-fgeGdsZNJvwcdfwihyxcPBInM6xrUagm89L-.

④ Migración Ministerio de Relaciones Exteriores, 2019, Total de Venezolanos en Colombia corte a 31 de octubre de 2019, https://www.migracioncolombia.gov.co/infografias/231-infografias-2019/total-de-venezolanos-en-colombia-corte-a-31-de-octubre-de-2019.

中救助与保护,从客观上弱化了难民和收容当地可能因为语言、生活习惯不同而面临的社会融入挑战。统一、有序的管理更有利于中央与地方政府有针对性地培养难民自给自足的能力,同时为难民提供医疗、教育等基本权益。中国印支难民在自给自足与社会融入方面的成功,为难民署在后来应对发展中国家地区难民与流离失所问题时,树立了一个典型范例。后来难民署在很多区域援助保护资金与资源严重匮乏的情况下,不断探索难民的生计问题。在难民保护行动中传授自给自足的国际经验成为难民署又一工作重点。中国国内经验的国际化也是中国对世界的难民治理与国际难民制度做出的又一贡献。

在科索沃危机后,国际难民制度亦有了来自阿尔巴尼亚与马其顿经验的新的发展:一方面,是新的难民问题协调机制的建立。难民署在2000年启动国际保护的"全球磋商"(Global Consultations)进程,主要是针对现实问题对1951年的《关于难民地位的公约》做出进一步解读。科索沃事件成为难民署提出要在国际法层面完善大规模涌入难民保护机制的契机。危机结束之后,临时保护制度第一次单独在国际制度层面进行讨论。在磋商进程中,难民署提出两项任务:第一,基于1951年《关于难民地位的公约》中的标准,须进一步定义触发临时保护的条件、保护的标准以及保护的时长。第二,新规则的确立。它所提出是对大量涌入时"集体甄别"的制度化需求,而1951年《关于难民地位的公约》强调的是对单个难民的识别。①

另一方面,是难民保护新理念的提出。难民署同国际社会根据马其顿区域性疏散的案例,对"共同分担"(burden-sharing)与"第一庇护国"这两个原则之间的权衡和运行机制进行了讨论。②"共同分担"成为随后全球难民治理中应对外溢范围广、牵涉国家地区多的难民危机的规范性理念,并为该理念正式写入2018年《难民问题的全球契约》奠定基础。就此,一度遭遇挑战的制度合法性得以艰难再立,其有效性在国家的国内制度中再度得到彰显。

---

① UNHCR, Global Consultations on International Protection: Protection of Refugees in Mass Influx Situations: Overall Protection Framework, 2001, https://www.refworld.org/docid/3bfa83504.html.

② Astri Suhrke, Kathleen Newland, "UNHCR, Uphill into the Future", *International Migration Review*, Vol. 35, No. 1, 2001.

二 次国家行为体在互动中的角色

诚然,难民危机触发了可能促使公约在所有案例组国家实现本土化以及促进国家遵约行为发生的契机式情境——危机及其带来的不确定性环境。国际难民制度除却覆盖性的扩展,还需要更多地考量国家行为体的"学习"(本土化)效果。第八章着重观测了公约原则在国内法律制度中的本土化以及难民署同国家的长久合作,也就是"公约—难民署"合法性在国内实现的过程。由此发现,国内的社会法治条件,即公约原则、难民署话语同国内话语尤其是法律体系的一致性,是衡量国际难民制度合法性能否实现的重要因素。合法性在国内的实现过程显然不是一种简单的静态遵约的文化匹配,而是一幅国家"黑箱"打开后的景象,是反映在国家层面、次国家层面的多元行为体互动过程中国家同难民署的长效合作。这些行为体主要包括但不限于国家的中央政府及其各职能部门、地方政府、精英与社会民众,他们在互动中所扮演的角色应该拾遗补阙,而非完全替代。

国内政治现状、社会结构不同,也会使许多有利因素或是助力条件发挥不同效果。多数情形下,本土化的"学习"条件,需要国家中央政府与地方在难民保护承诺与遵约问题上,行为一致;需要相关国家绝大多数国内社会民众没有同国际难民制度倡导价值相反的先验信念,比如不会反对人的基本权利与对生命的尊重,或是否定反对一切形式的歧视等;还需要在国际规范内向扩展时,有可信的、有社会动员潜力的本土行为体自愿认可并倡导规范,尤其是精英倡议者。

(一) 精英的倡议

国内的精英决策者负责制定政策且对政治结果最有影响力,可能会主导关于国内对国际规范的认知与学习,最有可能推动国际规范自上而下地转化为国内政策,也最有可能采纳与国际规范相符的对策。在印支难民危机中,泰国与难民署的多层次协作长达 30 年之后,泰国政府终于充分意识到解决边境地区难民营遗留问题与其他流离失所者问题的必要性,这同泰国精英阶层推动密不分。2005 年 1 月 18 日泰国内阁通过《关于人的法律地位与权利的国家战略》并且于 2008 年进行立法改革,促进一些长期居住于泰国的群体获得泰国国籍。这些举措,是在诗琳通公主的倡议下得以实施的。同样,中国的国内制度与国际难民制度之间的衔接与内化得以开启，同中国国内关键领导人的倡导也有较大关联。1978年李先念在听取接待安置印支难民的工作会议汇报时，发表了看法，认为无论是华侨还是原籍为越南的人，对来华的难民应该一视同仁，不应受政治或是经济上的歧视。① 这一看法对中国对印支难民的保护实践开始认同《关于难民地位的公约》及《关于难民地位的议定书》界定的难民定义，同意难民署主张并逐渐接受其倡议的价值有积极作用。

（二）地方性的收容载体

在危机应对中，对于国家而言，难民的收容与融入最后是由地方落实的。对于大规模难民涌入的应对，地方政府的配合程度，地方是否有收容机制或载体，这些都是国家承诺与遵约至关重要的部分，是央地关系与地方治理能力在危机应对中的体现。收容与融入顺畅，则"公约—难民署"与国家能够在互动中实现双向合法性。一旦不顺畅，则国际—国内的二元互动都将失去合法性。

在中南半岛印支难民的危机应对中，中国与泰国相比，最根本的区别是有自身原有的华侨、归难侨的保护法律制度，以及援助与保护机制——华侨农（工）场。华侨农（工）场在中国的计划经济年代，不但是社会生产的组织形式，更是一种中国政府的基层派出机构，是一种强制度形式的国内难民治理行为体，这种情况一直维持到中国的经济体制改革。因此，在与难民署的互动过程中，中国可以迅速有序地适度调节救济方式与程序，实现部分国际难民保护规范与国内保护方式对接，完成保护规则本土化的第一步。也因为国内保护机制与国际规则能够顺利对接，才可为本土化的第二步骤——最终实现例如难民登记、临时保护措施、分阶段取得公民待遇等国际规范打下基础。而泰国国内没有一套如中国一般自成体系的机制化保护模式，大量的难民只能通过难民署安置于边境地区法律关系不甚明晰的难民营。囿于国家治理能力问题，尤其是中央政府对边境地区控制能力的局限，对流离失所者问题的治理，很大程度上依赖难民署的介入性治理，泰国政府虽然配合，但国内立法与行政管辖缺位，难民营中难民身份与权利一直无法确认，直接导致代际型的无国籍问题与其他恶劣人权境遇问题叠加产生，加重了治理的复杂性。

---

① 郑建成：《从难侨到难民：中国印支难民政策的形成（1978—1979）》，博士学位论文，暨南大学，2015年。

在科索沃难民危机中，阿尔巴尼亚与难民署的合作一度出现裂痕，很重要一个原因就是阿尔巴尼亚国内地方土地产权问题不清以及边境地方政府由在野党控制。难民署无法按照同阿尔巴尼亚中央政府约定的正常程序提前建立难民营。按照《应急计划》，难民署在准备阶段已经开始着手评估和选择建立难民营的地点，然而，由于阿尔巴尼亚不清晰的土地所有权制度，经常有数个土地"拥有者"同时索要租金，使得难民署无法展开与难民营建设有关的工作。[①] 同时，由于阿尔巴尼亚北方与科索沃接壤的地方政府由在野党控制，所以中央政府的指令在边境城市无法有效地被落实，这在一定程度上导致了边境城市物资准备不充分的问题。[②]

(三) 国内民众

"公约—难民署"合法性在国内的实现，同难民署互动的国家国内民众态度也有很大关联。这是国家本土化"学习"静态条件中的"国内社会民众无相反的先验信念"。在现实世界，除了在一些极端地区中的极端事件中，国内民众极少会抱有反联合国价值与倡议的先验信念。影响国内民众态度的因素很多，最常见的国际人道主义精神、民族凝聚力挑战、种族排外主义等都会有所影响。这些国内民众的信念影响，也在案例中得到部分呈现。同时，案例也显示，如外部危机应对压力、政府的遵约承诺影响下，民族与种族因素对国际难民制度合法性的国内实现的影响并没有起决定作用。

在委内瑞拉难民危机中，哥伦比亚国内制度得以突破，同哥伦比亚与委内瑞拉两国民众在流离失所问题中的历史牵绊有关，这使哥伦比亚国内民众形成了一种庇护被迫跨国流离失所者的传统与共同认知。委内瑞拉对哥伦比亚流离失所者的庇护经历，容易唤起哥伦比亚政府与其国内民众的共情与理解。哥伦比亚政府针对委内瑞拉难民的措辞很多时候都被塑造成"回报曾经为大量哥伦比亚难民提供庇护的邻居"，从而形成了易于为国内民众接受的话语。收容大规模涌入他国被迫流离失所的公民，从政府到民众都是理解的、认可的。

在科索沃难民危机中，大量涌入的科索沃难民与阿尔巴尼亚主体民族

[①] UNHCR, The Kosovo Refugee Crisis, An independent evaluation of UNHCR's preparedness and response, 2000, p. 24.

[②] UNHCR, The Kosovo Refugee Crisis, An independent evaluation of UNHCR's preparedness and response, 2000, p. 26.

相同，阿尔巴尼亚政府曾在宣言中提到要推动"所有在巴尔干半岛上的阿尔巴尼亚人的团结"，在是否接收阿族难民问题上，阿尔巴尼亚国内民众并没有表示异议。这就不难理解当科索沃难民大量涌入时，主体民族为信奉伊斯兰教的阿族的阿尔巴尼亚，为何对科索沃阿族难民保持友好宽容的态度。然而，民族主义观念能够影响的是国内民众对于难民保护的先验信念，却不能作为否定国际难民制度对于主权国家行为的规范性。民族与种族问题，理解为影响国内民众先验信念的因素更为恰当。主要信奉东正教的马其顿民众，虽然会对以阿族为主的科索沃难民以及同难民署的合作顾虑重重，然而马其顿同样接收了数十万的阿族难民。在印支难民危机的中国应对中，学界与社会舆论也有关于民族问题（收容主体为汉族）"决定论"，这种论调显然忽略了印支难民群体中不同国籍的跨境民族，同时弱化了中国身体力行，反对一切形式的歧视，以及坚持国际人道主义精神的实践。

三　超国家行为体的角色

（一）区域政府间组织

本书虽然主要观察的是难民署同国家的互动，但在这个多元、多层级复合难民治理网络中，难民署与国家的二元互动，不可避免地有其他非联合国体系的国际组织参与其中。尤其是区域国家间组织同样对二者的互动产生了极为重要的影响。它既可以成为"公约—难民署"合法性在国内实现的稳定器，也会因为其功能上的重合与竞争，形成一种关系尚不明晰（到底是互补性竞争，还是替代性竞争？）的合法性削弱。

科索沃难民危机中，欧盟的激励、北约与欧安会的快速反应力与执行力，都对"公约—难民署"的合法性产生了正面与负面的双向影响。一方面，阿尔巴尼亚与马其顿都有意向加入欧盟，欧盟的准入门槛，成为"公约—难民署"在两国合法性实现效果良好的原因之一。大量涌入的科索沃难民不仅是阿尔巴尼亚和马其顿面临的挑战，也是两者与欧盟国家密切接触和合作的契机。为了获得签订2003年欧盟《稳定与联合约定》的资格，阿尔巴尼亚和马其顿都在国内庇护法制度方面做出努力，根据欧盟的标准，在2003年推出更为完善的庇护制度国内立法。于是，两国在科索沃难民危机后，都与难民署延续了合作关系，并一同完善庇护法体系以及执行机构。对于阿尔巴尼亚和马其顿来说，完善庇护政策不仅可以增强国家应对难民问题的能力，更是加快进入欧盟的一个必须完成的任务。①

另一方面，危机发生后，相比北约与欧安会的执行力，难民署自身的局限性在同阿尔巴尼亚和马其顿的协作中逐渐暴露出来，并直接导致了难民署的角色边缘化与权威弱化。不仅难民署中层和实地执行人员配置不足，而且由于它机构庞大，应急机制启动不够迅速，导致难民署在两国大规模难民涌入初期几乎无法迅速发挥作用。同时，难民署高层参与危机外交谈判的能力有限。当涌入阿尔巴尼亚的难民人数远超预期时，难民署没有抓住时机，与阿尔巴尼亚政府及北约、欧盟积极商讨决策，导致阿尔巴尼亚政府对难民署的能力产生了怀疑。在由北约和欧盟主导的、与马其顿政府关于布雷斯边境问题的疏散谈判中，难民署在谈判中几乎是象征性出席。在同北约这种军事化组织的比较中，难民署面临坚守原则还是有效解决现实问题的选择矛盾，这直接带来了难民署工作原则的转变。难民署作为一个非政治性组织，要考虑避免成为破坏"人道主义援助非军事性""第一庇护国""无条件庇护""自愿疏散"这些原则的先例。这就决定了难民署不可能成为一个对难民危机有"预防性干涉"能力的组织。然而，另外一个矛盾也随之产生，难民署如果完全坚持人道主义援助的原则，也就可能无法确保难民的人权得到应有的保护，这将与难民署的初衷背道而驰。

（二）非政府组织

非政府组织的身影越来越多地出现在关于难民危机的救援中。难民署没有一支庞大的、可供直接差遣的快速援助队伍，许多田野工作的开展需要调动非政府组织的力量。针对印支难民危机，多元化国际组织尤其是非政府组织同难民署与泰国的合作，在难民署发起的多次国家行动、"加强保护能力"行动、泰缅边境综合行动、非拘留行动以及消除无国籍行动中作用尤为明显。尤其在应对大规模危机涌入问题时，当难民署资金供应出现问题，无法充分兑现前期承诺，且接收国解决危机的需求与紧迫性超出严格遵约要求时，难民署就会在国家与非政府组织的合作对象选择中被边缘化。

---

① Ridvan Peshkopia, "Albania–Europe's Reluctant Gatekeeper", *Forced Migration*, Vol. 23, 2005, https://www.fmreview.org/europe/peshkopia.

第二节 "公约—难民署"合法性的悖论与出路

作为全球治理议题中的一个经典全球性问题,治理难民行为体的复合结构,几乎与生俱来,存在多元行为体的交叉治理行为,容易产生行为体间的治理功能性竞争与合作、规范与协调问题。制度化的国际组织,在获得自主性之后,也不再是简单的大国代理,而是有能力构建全球性问题,并且运用社会话语,使它们参与国内、国家间和跨国的活动具有合法性。① 国际组织本身的组织形态、理念目标、治理手段以及统筹协调其他非国家治理行为的能力,都是其获得合法性的途径。前文提到,虽然难民署是联合国大会与经社理事会授权成立并对其负责,但在执行难民公约与议定书的历史发展过程中,已经获得了自主性,在处理难民问题时,其权责也在不同发展阶段张弛有别。不同时代,危机来由、难民境遇不尽相同,难民署的各阶段工作重点与挑战也有差异,它所代表的"公约—难民署"国际难民制度的合法性实现也始终有难以化解的矛盾。考虑"公约—难民署"国际难民制度的合法性出路,需要首先对制度的合法性危机有理性的认识与客观反思。

一 与生俱来的合法性悖论

(一) 授权代表性与组织自主性之间的悖论

"公约—难民署"的基础合法性需要国家给定组织任务并为其授权,使其具备授权代表性。危机对于不同地区国家、收容或来源国家而言,轻重缓急各有不同,关于难民问题,国家之间的利益诉求各异。一方面,在难民问题未伤及世界主要大国的利益时,大国即使出于国际道义以及人道主义精神授权联合国机构应对危机开展行动,它们能提供的支持(尤其是财政)也是有限的。当危机伤及主要大国的利益时,占优大国会试图操控联合国各机构,使原本应投身国际公义(国际制度的合法性特征)的行动,转为服务大国利益,使国际难民制度丧失对更广泛国家和利益群体的授权代表性,从根源上伤及合法性基础。另一方面,财政与资

---

① [美]迈克尔·巴特尼、[美]玛莎·芬尼莫尔:《为世界定规则——全球政治中的国际组织》,薄燕译,上海人民出版社2009年版,第239页。

源动员问题使难民署的行动大大受限。难民署用以应对全球各处难民危机的预算逐年剧增，但面临的最大挑战仍是筹资不足。同难民署应对1956年的匈牙利难民危机、20世纪90年代的"自愿遣返时代"这两个黄金发展时期相比，联合国系统本身的财政问题与改革，已经使该机构丧失了主导复合治理网络共同发力的能力。

（二）扩展覆盖性的妥协与完成给定任务（宗旨）间的悖论

在扩展覆盖性、同国家国内制度融合的过程中，难民署为了弥合同成员国/非成员国之间、与其他国际组织机构之间在价值观念和政策上的分歧，只能在"遣返条件""永久解决"等关键概念的解释上不断妥协，降低难民署的宗旨任务（实现难民问题的永久性解决）完成度。大量的跨国流离失所者无法按公约要求获得正式难民身份、得到永久性安置。这种为了扩展覆盖性而争取认同的方式，会造成其初始的"给定任务"（合法性基础来源之一）完成情况不受认同，导致为实现合法性反而产生合法性危机（对本身存在价值的质疑）的悖论。

（三）难民署对单个国家的弥补与非政治性的悖论

科索沃难民危机后，难民署作为一个非政治、非军事的组织，逐渐从国际社会对"武力干涉""预防性保护"争议的风口浪尖中全身而退，进入其21世纪定位。它从一味追求、易遭国家强抵触的高成本难民国际保护目标，开始逐渐转向有针对性和时限的专项问题行动方案以及对难民来源地的发展援助方案。难民署对自身的职责范围进行了反思，将工作重心与角色定位放于难民保护而不是国际人道主义援助制度的领导者，当时看来，这似乎对难民署工作的有效性大有裨益。然而，难民署的这一工作转向，20年后并没有为难民问题的解决起到实质作用。难民问题形成的根源依然回到当初对难民来源地"预防性"保护的初衷，但此时的难民署乃至联合国都已经没有了20世纪90年代的干涉冲突哪怕是斡旋的能力。事实再一次证明，非政治、非强制、非军事的手段，无法解决政治与军事问题带来的病灶。

二 进退维谷 or 逼仄出路

当前世界，联合国尚未成为真正意义上的"世界政府"彻底改变国际社会的无政府状态，主权国家依旧是治理全球性问题各行为体中最根本的构成部分，这一基本条件不变，不论难民署的能动性如何发挥、"公约—难民署"合法性范围如何调整扩展,都不可能彻底越过主权、替代国家来处理内外杂糅的流离失所问题。在始终由主权国家为最主要组成的现代全球社会,无论难民是就地安置、第三国安置与融入当地社会,还是返回故土、重建家园,其充要条件都在于国家——收容国家的接受以及来源国家的安定。难民署为难民保护同国家妥协而来的类"境外之地"——边境地区难民营地都只是暂时举措。当"暂时"举措被迫走向"永久"难题时,必将同国家的主权、由国家保障的人的普遍权利与价值发生剧烈冲突。"公约—难民署"始终无法回避其合法性的来源基础——国家的授权。这是当前由主权国家构成世界的基本特征,也是包括难民署在内的、联合国系统之下各国际组织的共性,这种状态在可预见的未来都无法改变。

需要清醒认识到,消除难民现象是一个关于缔造和平、促进发展的系统性努力。国际社会没能在 1994 年阻止卢旺达的种族灭绝,没能在 1994—1996 年阻止扎伊尔将难民营地军事化,没能阻止 1998 年印度尼西亚排华事件,没能在 2015 年阻止叙利亚危机以及阻止之后缅甸再次爆发的罗兴亚人问题、拉美诸地被迫迁徙问题等。国际社会常常乐于鼓励难民署和人道主义组织去处理冲突导致的后果,却不是鼓励它去积极努力寻求解决国内冲突的政治和安全方案。难民署经常被迫去处理完全不可控的情况,难民署已经认识到,靠自身之力无法解决难民问题。人类社会不可能彻底消除阻碍世界持久和平的不稳定因素上。对国际和平的缔造是国际联盟的失败、是联合国的遗憾、是国家的无奈,但维护世界的和平与发展,却是联合国诸机构、诸成员国的责无旁贷的终极任务。想要解决难民问题的根源,只可能依赖于国际社会积极且持续地参与。

难民署本身并不具备干涉的合法性,但依然可以依照"本心",在逼仄的空间中找到治理难民问题的有限出路。

一是在原有授权基础上持续发挥既有的专业权威,以弥补单个或有限多个国家在难民治理上的能力不足,有的放矢、不遗余力、反复"说服"与"动员"国家授权,这是保障"公约—难民署"基础合法性之根本。难民危机的最终化解,是一项必须最终由主权国家国内社会与制度去实现的当代全球性治理问题。

二是创新处理"公约—难民署"同区域制度安排的关系。除了同国家的互动,"公约—难民署"如何处理同区域制度安排之间的关系也成为其合法性再造的关键。难民署借力区域协调机制，在积极加大国际难民制度区域国家覆盖性的同时，减轻既有区域制度发展成熟地区的任务压力，将主要精力放置于发展中地区和极端欠发展地区。当前历史阶段，于难民署而言，它不是欧盟与拉丁美洲地区关于迁徙问题新进程的主导者，但仍然在积极参与协调、协助区域国际难民制度实现，这在"基多进程"中体现得淋漓尽致。难民署不但参与推动该进程的建立、行动计划的设计、技术支持与执行效果评估，还直接同相关国家政府接触，劝服未加入进程的国家签署承诺。

三是充分创新复合网络治理中的难民署—国际移民组织形成的双头制度，从治理全球迁徙问题的有效性中重塑难民署的专业权威，弥合同其他国际组织与国家的价值与政策分歧，缓解认同危机。虽然应对机制对彼此而言形成竞争，为执行带来困境，但总体而言，难民与移民事务的高度相关性使得二者强强联合，成为治理人的被迫迁徙问题不可逆转的趋势。二者共同组建的区域响应机制，更贴近于全球人口跨国混合流动的真实情况，这种新的制度萌芽，必将向全球扩散，成为未来全球迁徙（难民与移民）治理的主导方式。同时，难民署同包括国际移民组织在内的各国际组织机构在难民治理上的价值观念、政策倾向上的分歧，在这类新型制度模式、协调机制中的不断磨合与靠近，将会成为难民署在复合治理网络中合法性再造的又一可能。

最后，且最重要的是，"公约—难民署"必须在全球转型中对制度功能重新定位。一方面，难民署仍需总结绪方贞子等人在担任高级专员期间的做法，重新思考如何就转型中的全球政治，寻求难民保护的原则与国家合法性关切之间的平衡。国际法和国际关系的重点仍然是维护国家主权和促进国家利益，尽管国际规则与国内制度设置都涵盖了人权要点，但国家对个人的安全保障责任更集中于本国公民，而不是非本国公民的难民。这是治理全球难民问题中最令人无奈却必须面对的严苛事实。人的安全，强调人权、个人的人身安全同国家安全之间的联系，这种包罗万象的概念没有给难民署提供非常有用的工具来理解和解释难民问题的本质。对于"非政治""非军事"性质的"公约—难民署"而言，一味强调人的安全这一概念还有很多局限性。特别是人的安全低估或忽略了国家的安全关切，尤其是长期收容大规模难民带来的后果。虽然这一概念关注到被迫迁徙是冲突的后果，却忽略了难民议题也经常导致国际社会与国内社会的冲突。消除难民的根源唯有持久的和平、稳定与发展，这三个条件前后顺序不能被打乱。

另一方面，发挥"斡旋"（good office）优势，恢复难民署传统外交能力，以联合国系统与国家为后盾，构建以解决难民问题为导向的维和制度有机结合体。斡旋仍然可以以特别代表的形式进行，这是难民署不可抹杀的行为传统。不能抛开和平的创造条件而空谈难民问题的解决。在发展中国家，对于干涉、使用武力干涉以解决安全威胁以及应对难民危机，都极为反对。但必须向世界反复揭示国际社会容易忘却的事实——难民收容只是权宜之计，消除国际、国内冲突才是难民问题的终点。必须反复加强国际民众对难民问题产生根源的系统认知，承认彻底终结难民问题的根源之路且长且阻，分担难民收容与保护的责任是每个国家的应尽义务。

第三节 中国的经验与启示

一 中国的新时代经验

自1971年恢复在联合国的合法地位后，中国一贯同联合国及各国合作，坚持保护和援助难民的立场。1979年我国恢复在难民署执委会中的活动并多次出席有关难民问题的国际会议，积极参加国际社会保护和援助难民的活动。1982年，中国正式签署1951年《关于难民地位的公约》以及1967年《关于难民地位的议定书》。难民署1979年在我国设立了任务代表处，1995年任务代表处升格为代表处，1997年代表处又升格为地区代表处（负责处理中国和蒙古国的有关难民事务）。作为难民署执行委员会的成员国，中国一直与难民署密切合作，积极向世界各国难民提供援助。

中国2018年成立的国家移民管理局，主要由原公安部出入境管理局和边防管理局组建而成，在机构职责设定中，外国人管理司承担难民身份甄别及临时安置、遣返工作，关于难民管理的行政事务开始走向权责清晰。2012年《中华人民共和国出境入境管理法》第46条规定："申请难民地位的外国人，在难民地位甄别期间，可以凭公安机关签发的临时身份证明在中国境内停留；被认定为难民的外国人，可以凭公安机关签发的难民身份证件在中国境内停留居留。"① 只是到目前为止，中国尚未公开出台难民法或专门的难民甄别程序实施细则。

实践中，自20世纪70年代末大规模接收印支难民后，中国对那些无法回避的来华申请难民者，更多的是提供临时保护，最终让他们重返家园或将其安置到第三国。可以认为，目前中国对外国难民采取严格控制的态度，原则上是不越过难民署而独立接受的。在中国境内的外国人主要是向难民署驻华代表处申请难民地位。据代表处反映，他们甄别的难民很有限，根据代表处2018年年末的数据，在中国的难民数量有800余人，难民身份的申请者主要来自亚洲和非洲。因为数量极其有限，并没有给中国带来收容与就业相关的社会压力。然而，中国邻国众多，毗邻国家多为欠发达地区，存在许多国内问题与国际冲突交会形成的不稳定因素。这些不稳定风险，很可能通过中国与之绵长的边界线外溢入中国境内，成为中国时刻面临的潜在风险。这些情况，以缅北问题最为显著，国际国内关切也甚多。

中国与缅甸的边境线长达2185千米，自古边境区域经济往来密切、社会文化交融、人员流动频繁。在进入21世纪后的20多年里，缅甸北部的动荡局势一直对中缅边境地区产生巨大负面影响：2009年缅甸果敢地区爆发武装冲突，导致缅甸"8·08"事件，大规模人员避入中国②；2011年克钦独立军与缅甸中央政府维持17年的停火协议宣告破裂、战火重燃，大量缅甸一侧边境人员进入云南德宏地区；2015年2月果敢地区果敢同盟军与缅甸中央政府军又发生武装冲突（缅甸"2·09"事件），流弹一度落入中国境内，对中缅边境临沧段安全造成严重威胁③；2016年11月20日，4支缅甸民族地方武装势力：果敢同盟军（MNDAA）、克钦独立军（KIA）、德昂民族解放军（TNLA）和若开军（AA）对木姐辖区、贵慨辖区、105码边贸区的缅甸政府军发起进攻（缅甸"11·20"事

---

① 国家移民管理局：《中华人民共和国出境入境管理法》，2019年6月21日，https://www.nia.gov.cn/n741440/n741547/c1013311/content.html。

② 新华社：《缅甸果敢地区趋于平稳 我妥善处置涌入境内边民》，2009年8月30日，https://www.gov.cn/jizg/2009-08/30/coutent_1404947.html。

③ 邱永峥：《走访果敢战火阴影下的南伞：视解放军为定心丸》，《环球时报》2015年3月20日，https://world.huauqiu.com/article/qCakrnJJOPc。

件），对中缅边境德宏段再次造成威胁。① 除了武装冲突造成的流弹再一次落入中国境内造成平民人员伤亡外，仅 2015 年以来的三次大规模边境武装冲突事件，就导致 19.3 万缅籍边民多次涌入中国境内避战。

虽然缅甸北部局势持续受到关注，但与缅甸难民相比，中国学界对因危机而被迫迁徙的研究还略显生疏。根据中缅边境危机迁徙具有的跨境触发性的特点和国家间边界的制度属性，我们还需要对这一类危机的概念有更深探讨。通过衡量中国的出入境制度同云南边境地方性法规、国内立法与国际规则之间的差异，来解释源于缅甸内部的危机如何通过跨境迁徙传导到中国，对中缅关系、中国周边外交的实施，尤其是边境地区的治理带来困难。

（一）缅甸危机迁徙触发的国内舆论困境

从 2011 年克钦地区的冲突开始，国内外开始持续报道缅甸北部的"难民潮"。中缅边境因为武装冲突而迁入中国边境的大规模人口，总被媒体称为"难民"。因危机而被迫大规模迁徙的人口难免被媒体甚至部分人口迁徙学者同经济移民，第二、三代移民等迁徙群体相互混用。大多数包括中国媒体在内的传播群体，对中缅边境人口迁徙的关注也出现了对迁徙类型的乱用情况。难民作为蕴含社会福利权利的身份，有其确切的国际法和国内法内涵与甄别程序，缅北的因危机短暂被迫跨境迁徙的情况也属于扩展任务后的难民署关注范围。

叙利亚冲突后，欧洲地区叙利亚难民问题凸显，同时西方发达国家，极右势力和民粹主义抬头，媒体中充斥了反移民、难民的言论。难民问题与恐怖袭击总被媒体交织提及，这更加深了民众对难民潮的恐惧。西方媒体在国际话语权中的绝对优势，使中国受众也受西方媒体中移民与难民负面形象塑造的影响。在中国宣布正式加入国际移民组织时，网络中也曾有接收难民的顾虑。在姚晨担任难民署中国形象大使、倡导中国民众关注难民苦况时，中国国内舆论对难民议题的反弹在网络世界集中爆发。网络也有大量关于缅甸难民涌入云南的消息，网络各大论坛一直有中国是否该接收缅甸克钦、果敢难民的讨论。国内也有部分关于缅北问题的学术研究，主要就边民对缅甸危机迁徙者的态度进行问卷调查。调查的结果也是边民受到难民威胁论影响的佐证，即难民会改变边境地区的人口结构，加大生

---

① 新华社：《新闻分析：缅甸北部缘何战事又起》，www.xinhuanet.com/world/2016-11/21/c_1119954659.html。

存压力，加剧当地社会矛盾，甚至还危及"经济安全、金融安全、生态环境安全、信息安全、资源安全、恐怖主义等非传统安全"。虽然也有研究强调对难民的保护，但相比威胁，不能夺人眼球。这类问卷调查研究虽然深入边地区社会，但很大程度上混淆了跨境犯罪行为、非法移民与危机迁徙，也没有翔实有力的官方出入境数据，问卷本身的提问方式也暗含了设计者的认知与主观感受，实则较难反映缅甸危机迁徙在云南的全貌。整个关于缅甸危机迁徙者的舆论很容易营造出危机四伏的氛围。

（二）危机迁徙触发的中国国际形象、对外关系与治理难题

缅甸内部斗争形势复杂，中国在缅还有许多投资援助项目地处民地武争端区域。随着"一带一路"倡议的推进，我国已援助支持缅甸建设一批公路、铁路、港口项目；中缅油气管道建成通气；云南连接缅甸光缆传输系统已建成，缅甸电力联网、电力贸易和电源建设也渐有成效。然而，若中方应对克钦与果敢地区危机迁徙者的态度消极、边境人道主义政策不明时，易引起缅甸民众对中国政府与中国在缅企业的猜疑。

中国一向奉行不干涉他国内政原则，克钦与果敢地区的冲突涉及缅甸内政。在跨境危机迁徙发生时，尽量确保将缅甸内部冲突隔绝在国界线以外，防止武装冲突双方越过国界线。

事实上，中方对危机入境中国的缅甸籍边民做出了巨大援助努力。例如镇康县、德宏自治州多地将大量符合人道主义收容要求的场馆设施、应急帐篷等运用到对境外边民的临时安置中，并为其提供干净的饮用水与食物以及治安巡逻保护。仅 2009 年 8 月就安置 3.7 万边民。① 曾在云南统计年鉴中划归为应急救援，虽然完全符合国际社会对于大规模涌入临时庇护的常规工作，也因国内外的信息不对称，难以获得国际社会的充分认可，丧失了国际舆论有利地位。相反韩国在 2015 年安置第一批仅 22 名缅甸难民，却获得了联合国难民署的大篇幅报道和赞许。

通过寻求庇护者所处国家或难民署的身份确认程序后，合格的寻求庇护者，才具有难民身份。所谓缅甸克钦"难民"、果敢"难民"是否成立呢？从严格的法律意义上说，中缅边境地区为逃离缅甸内部武装冲突而迁徙的人，是因危机而产生的被迫流离失所者，而并不是严格法律意义上的难民。

---

① 新华社：《缅甸果敢地区趋于平稳　我妥善处置涌入境内边民》，2009 年 8 月 30 日，https：//www.gov.cn/jizg/2009-08/30/coutent_1404947.html。

一方面，中国内化的（包括宪法、国籍法、出境入境管理法及其实施细则等）难民定义，未随国际惯例在公约及其议定书的定义基础上进行扩展，并不包括战争、国内冲突等其他原因迁徙的人，只承认因政治原因要求避难的外国人，可以给予难民身份。目前难民署和世界绝大部分国家地区已经沿用了1969年《非洲统一组织关于非洲难民问题某些特定方面的公约》和1984年《关于中美洲国家难民问题的卡特赫纳宣言》的难民定义，难民身份已经适用于因为政治迫害、外来侵略、国内冲突或严重扰乱公共秩序而被迫离开其原住地或原籍国而去往另一地避难的人。因此，国际社会认为中国作为公约缔约国有义务对进入中国境内的缅甸避难者履行保护义务，不能将其强制推回。

另一方面，1951年《关于难民地位的公约》也没有关于大规模涌入人员方面的规定，中国的国内立法与政策也没有相关的规定。临时庇护原则是指对大规模涌入人员就地临时保护和安置的原则，基础是大规模人员涌入问题的人道性。临时庇护首先出现在1979年难民署执行委员会第15号《难民国际保护决议》中，即在大规模涌入中，寻求庇护者应该至少得到临时庇护。1980年，难民署执行委员会在第19号决议中，阐述了例如"不推回绝境""国家公平分摊"等原则。

尽管中国则依公约界定不能承认其难民地位，却也努力遵循了"不推回"原则。2009年"8·08"事件爆发，当大规模危机迁徙来临时，虽缺乏经验与有效应急规定，无法及时预知涌入数量、甄别跨境迁入者的类型，云南省临沧市也设立多个安置点，但口岸关闭时，进入中国的危机迁徙者，中方很难及时提供人道主义援助，获知并甄别迁入者的身份信息并不容易。有了2009年的应对经验后，当2015年"2·09"事件再次面临大量涌入时，镇康县立即开启应急预案，做到了应对时"不忙、不慌、不乱"。在果敢地区武装冲突持续的一个月里，仅临沧市就有6万多人次涌入。出于对迁入人员人道主义危机状态的担忧与同情，南伞设置了5个安置点，沿边村寨都设置了临时避险点，临时安置缅籍边民1.4万人次。在安置点，中方的边防、公安部门、消防、检验检疫、民政部和外事部门公共协作，努力保证安置点中受援人员的基本生活与健康安全。①

---

① 新华网：《云南省委书记：进入中国境内缅籍边民得到妥善安置》，2015年3月7日，www.xiuhuanet.com/politics/2015-03/07/c_1114556829.htm。

然而，实践中，对于"不推回"原则的执行难度与复杂程度，远远超出了公约及其议定书乃至难民署经验与倡议所能提供参考与指引的范围。

舆论事宜牵涉广、背景复杂，外事部门抵触谈及。中国虽有内部应对方式与努力，却国际认可程度低，没有公开的、可获得的、可操作的正式难民甄别程序、庇护细则的法律制度。加入公约后，中国为30多万印支难民提供庇护，但难民保护行为依靠具体临时性行政举措，规范保护行为相关的国内法长期缺失。直到2004年，一直推进的相关工作进展仍然有限。2008年外交部、公安部和民政部联合向国务院提交了《难民甄别和管理办法（送审稿）》。2013年《中华人民共和国外国人入境出境管理条例》正式生效，也无相关条款。难民安置问题的进展也始终停留在当年印支难民这一个群体，而该群体的身份问题已经通过2010年以来的户口登记最终解决。上述的努力与成果虽然在官方的正式宣传中并没有得以体现，但云南边境地区地方政府在实践中，恰恰符合了基于人道主义精神对大规模危机迁入者提供"临时庇护"。

危机迁徙的境外边民非法入境必然要对云南省口岸（通道）出入境秩序产生极大影响，也对口岸以及边境地区沿线安全管控的工作形成挑战。为进一步加强口岸（通道）限定区域及其两翼的巡逻管理，原云南省边防总队（现云南省出入境边防管理总站）结合实际，制定出台并严格遵照执行了《云南省公安边防总队缅甸籍避战边民管理办法（试行）》。其中包括成体系、符合国际规则与国内法规的针对缅籍大规模涌入寻求临时保护者的安置方式、安置流程、登记管理、边境管控、遣返工作。安置方式是多元互补的，包括政府安置、投亲靠友、租房住店、自发聚集四类。政府集中安置的，是由地方党委政府提供适合的场地，搭建帐篷、提供食品与饮用水并提供医疗救助。投亲靠友的，需要缅籍避战人员的中方亲友提供担保，并填写联系卡。避战人员也可选择租房住店寻求更舒适的环境。同时，不愿进入政府安置点的缅籍边民，也可以家族、村寨小组等在中缅边境线小规模自发安置停留。

可以说，该试行办法是云南省长期以来努力应对复杂缅北局势与危机迁徙的智慧结晶。它是中央指导下，地方性、部门性的，且对适用人群与迁徙缘由有严格限制。它仅是云南省原边防管理部门的实行办法，仅针对缅甸籍为避战而危机入境的人员。然而，因为其可实施性（对人群分类的细致，对所遇情况总结的完整）与跨部门协调权责清晰，能够扩展到中国其他边境地区如遭遇相同或相似大规模危机入境人员的管理中，可以成为未来中国出台相关正式全国性法令的基础蓝本。

二 建议与启示

当下中国对难民管理已经有了长足的进步，中国已经成立了国家移民管理局，关于难民身份甄别、临时安置、遣返工作的行政权责开始清晰化。一方面，国家移民管理局同系统内的地方出入境边防管理部门、地方公安出入境管理部门，开始各有其明确的职责所在；另一方面，国家移民管理局同地方党政机关、外交外事、民政、卫生健康、统战、人社等部门，都有了相关跨部门协同协作机制。与此同时，以科技助力管理也得到长足进步。从2018年开始，中国全面升级出入境查验设备并记录外国人的生物信息样本。中国还在逐步建立有效的遣返机制，例如符合国际管理标准的遣返中心正在着力建设之中。这些关于移民管理工作的实质性进展，将会进一步对中国难民管理工作产生积极影响。然而，相对行政机构改革的成绩，相关立法却且行且阻。由民政部牵头预备推出的2017年《难民安置暂行条例》没能如期交审，由国家移民管理局推动的2020年《外国人永久居留办法（征询意见稿）》也在面向社会公开征询意见时，遭遇社会各界的口诛笔伐而暂停推进。目前公开出台的相关法律只有2012年《中华人民共和国出境入境管理法》、2013年《中华人民共和国外国人入境出境管理条例》，但没有对应详细的操作办法，如要求避难外国人应符合的条件、审批机关、签证种类、居留期限和享受待遇等，规定不清，给行政执法带来困难。

云南的实践与做法也并未成为国家正式出台的法律。《云南省公安边防总队缅甸籍避战边民管理办法（试行）》集中体现了云南出入境边防总队（原公安边防总队）、云南各级地方政府在为危机迁徙者提供临时保护的实践中汲取的经验精华。由于中国的地理位置特殊，邻国众多，潜在的产生危机迁徙的区域并非只限于中缅边境地区。东北部、西北部边境地区，亦有因危机而被迫迁徙风险。《云南省公安边防总队缅甸籍避战边民管理办法（试行）》始终只是区域性的规定与做法，对中国其他区域的潜在危机入境威胁的借鉴作用还很有限。该办法限定了具体群体，即因为逃避战争而进入中国境内的缅甸籍边民。但实际情况是避战人员不可能仅限于持边民证件的边民。非中缅边境地区双边协议规定区域的缅甸人也会因为危机冲突避入中国境内。中缅边境地区因为缅甸不健全的公民身份制度与国内冲突问题，还存在处于无国籍状态或有无国籍风险的群体。这些都会对后续危机入境身份登记、按规定提供临时保护时的相关职能部门产生困扰。

刘国福教授曾在其2015年《中国移民法》中指出，因难民法的缺位，在难民的甄别实践中，"本应该由中国政府同难民署驻华代表处共同完成的甄别，实际是难民发挥着主导作用。实际合作过程中，难民署与我国在甄别程序上协调不够。难民署也认为我国对来华难民不愿接受，因此直接自行决定难民的甄别、确认、安置等关键问题，使我国政府的事后审查形同虚设"①。

面对世界局势的不确定性，周边危机迁徙风险的确定性，中国始终不能放弃治理能力的提升与法治建设，提升移民管理服务水平，并秉持人类命运共同体理念，深化拓展国际合作，积极参与全球和地区移民治理，构建移民管理制度开放新格局。

一是加强系统治理与依法治理，巩固人口跨边界流动性带来的社会经济发展契机并抵御其带来的风险。作为不断推进国家治理体系和治理能力现代化的国家，包含难民与庇护内容的中国移民体系建设应以中国移民法为基础势在必行。因此，中国需要加快难民立法的进度，实现中国国内法律法规与国际法、国际制度接轨。才能做到在危机来临时，有法可依，有据可循，有序疏导迁入者，鼓励合规迁徙与入境的方式，才能加强关于大规模被迫迁徙人员入境的应急能力、国家治理能力。

二是在提高政府各部门专业化水平基础上加强部门间协调。一方面深度参与管理的各部门需清晰功能定位，建立专业机构间的协调机制。细化包括国家移民管理局、民政部、外交部、人社部、教育部、科技部、交通运输部、卫生健康委、统战部等在跨边界人口流动治理中的权责，减少业务重叠、突出专业分工。建立多部门稳定长效的信息共享与专业协同、协调的工作机制。另一方面，科技赋能，优化专业部门间的协作模式。借助生物识别技术，依托网络信息化发展，联通出入境与通信、金融等服务网

---

① 刘国福：《中国难民法》，世界知识出版社2015年版。

络，学习推广深圳、广州等一线城市已经开发的外国人临住办理 App、网上政务等管理经验，使难民管理体系更精细、精准有效。

三是不遗余力维护周边地区的和平与稳定，以发展促进"一带一路"沿线及相关国家的和平事业。中国邻国众多，周边地区现存的各类危机已经形成难民进入我国境内的事实与潜在可能。对于未形之患，需要更深地了解周边形成或可能形成的难民源，完善风险预判机制，创造性介入周边冲突隐患，提出并执行能服务于中国国家利益、难民来源地利益、协调其他利益攸关方的中国方案，防范风险于未时。对于既然之祸，积极作为，上下一心，协调动员一切可动员之力，为大规模危机入境人员提供于人于国，安全、有序、可靠、恰当的临时庇护，给予符合中国相关法律政策的寻求庇护者以符合法理情的身份。积极同联合国系统机构、区域组织、各国有效合作，积极促进地区恢复稳定，从根源上阻止或减少难民形成，同时为后续的自愿遣返做好法律程序、后勤、国际关系与舆论宣传的准备工作。

四是将国际责任的价值认知融入构建人类命运共同体的血液。进入新时代，随着国际地位的变化，中国承担了越来越多的国际责任。当今世界，各国相互依存、休戚与共。中国要继承和弘扬联合国宪章宗旨和原则，构建以合作共赢为核心的新型国际关系，打造人类命运共同体。中国需以参与全球难民、移民治理所要履行国际义务为契机，借鉴国际经验与教训，提升中国跨边界人口流动的治理水平。在东南亚地区、中亚和南亚地区积极与缅甸、越南、老挝以及其他相关国家合作，扩大中国国际难民治理的辐射圈，参与并提高中国在东南亚、南亚以及中亚地区国际移民事务的影响力与决策力，助力"一带一路"倡议的持续推进。这有利于维护我国国内社会安定、促进经济发展，有利于维护我国国家利益、树立负责任大国形象，提高中国国际地位。对于新近签署的《促进安全、有序和正常移民全球契约》《2030 年可持续发展议程》等国际规范性文件，高质量履约。对于早前签署的《世界人权宣言》《关于难民地位的公约》及《关于难民地位的议定书》，优化与提升履约实践，贯彻其原则理念在中国法律规范中的体现，坚持同难民署深度合作，积极授权难民署行动，提供力所能及的财政支持。同时，鼓励国内治理的主管部门、科研机构加大同难民署、国际移民组织、国际劳工组织、OECD 等多边专业国际组织合作，在该专业领域增强中国影响力的同时，努力获得国际经验与数据，为国内实践与研究提供支持，为决策与政策制定提供参考。在有关难民保护的人道主义事宜问题上，正确引导国内舆论。培养与增强新一代中国公民的人类命运共同体意识、国际责任感与大国担当的自觉，将联合国与中国倡导之世界共享价值融入中华民族伟大复兴之血液中。

参考文献

中文文献

中文著作/译著

［英］戴尔·赫尔德等：《全球大变革——全球化时代的政治、经济与文化》，杨雪冬等译，社会科学文献出版社2001年版。

［美］汉娜·阿伦特：《极权主义的起源》（第二版），林骧华译，生活·读书·新知三联书店2014年版。

［英］赫德利·布尔：《无政府社会——世界政治秩序研究》（第二版），张小明译，世界知识出版社2003年版。

［美］肯尼思·华尔兹：《人、国家与战争——一种理论分析》，信强译，上海人民出版社2012年版。

李明欢：《国际移民政策研究》，厦门大学出版社2011年版。

刘国福：《国际难民法》，世界知识出版社2014年版。

［美］罗伯特·基欧汉：《霸权之后——世界政治与经济中的合作与纷争》，苏长和、信强、何曜译，上海人民出版社2006年版。

［德］马克斯·韦伯：《经济与社会》（第一卷），阎克文译，上海人民出版社2019年版。

［美］迈克尔·巴尼特、[美］玛莎·芬尼莫尔：《为世界定规则——全球政治中的国际组织》，薄燕译，上海人民出版社2009年版。

［美］塞缪尔·亨廷顿：《我们是谁——美国国家特性面临的挑战》，程克雄译，新华出版社2005年版。

［美］斯科特·巴雷特：《合作的动力——为何提供全球公共产品》，黄智虎译，上海人出版社2012年版。

田野:《国家的选择——国际制度、国内政治与国家自主性》,上海人民出版社 2014 年版。

[德]尤尔根·哈贝马斯:《合法化危机》,刘北成、曹卫东译,上海人民出版社 2009 年版。

[联邦德国]哈贝马斯:《交往与社会进化》,张博树译,重庆出版社 1989 年版。

[美] W. 理查德·斯科特:《制度与组织——思想观念与物质利益》(第三版),姚伟、王黎芳译,中国人民大学出版社 2010 年版。

[美] W. 理查德·斯科特、[美]杰拉尔德·F. 戴维斯:《组织理论——理性、自然与开放系统的视角》,高俊山译,中国人民大学出版社 2011 年版。

[美]约翰·鲁杰主编:《多边主义》,苏长和等译,浙江人民出版社 2003 年版。

[美]詹姆斯·N. 罗西瑙主编:《没有政府的治理》,张胜军、刘小林等译,江西人民出版社 2001 年版。

中文期刊与学位论文

陈觉:《国际难民保护规制的失效研究——基于新自由制度主义的视角》,硕士学位论文,上海交通大学,2014 年。

方卫军:《略论中国境内印支难民的法律地位》,《国际论坛》2015 年第 5 期。

郭秋梅:《国际移民组织与联合国难民署之比较:关系、议程和影响力》,《国际论坛》2012 年第 4 期。

黄惠莲:《越南输出难民问题概述》,《东南亚研究资料》1979 年第 2 期。

金旭东:《试论印支难民问题的特征》,《华侨华人历史研究》1988 年第 1 期。

孔田平:《巴尔干国际治理:科索沃案例》,《俄罗斯中亚东欧研究》2009 年第 2 期。

李明欢:《欧盟国家移民政策与中国新移民》,《厦门大学学报》(哲学社会科学版) 2001 年第 4 期。

李明欢:《战前中国人移民西欧历史考察》,《华侨华人历史研究》

1999 年第 3 期。

李荣:《巴勒斯坦难民问题》,《国际资料信息》1994 年第 7 期。

李少军:《联合国与难民问题》,《百科知识》1995 年第 12 期。

李晓岗:《难民问题的人道性与政治性》,《世界经济与政治》1999 年第 7 期。

莫桑:《世界难民问题和联合国难民署》,《世界知识》1980 年第 23 期。

[法] 尼古拉斯·塔普:《泰国难民营中的苗人复兴运动》,姜永兴译,《民族译丛》1989 年第 4 期。

潘伯英:《南亚地区的难民问题》,《南亚研究季刊》1994 年第 2 期。

[法] 让-马克·柯伊考:《国际组织与国际合法性:制约、问题与可能性》,刘北成译,《国际社会科学杂志》(中文版) 2002 年第 4 期。

邵秦、刘显广:《关于印度支那难民迁移问题》,《亚太经济》1986 年第 3 期。

宋琬贞:《国际移民组织与联合国难民署在东南亚难民救助中的合作》,《国际政治研究》2019 年第 2 期。

宋琬贞:《全球迁徙治理中的国际移民组织与联合国难民署:互动实践与合作特征》,《太平洋学报》2021 年第 7 期。

谭合:《浅析尼泊尔和不丹的难民之争》,《南亚研究季刊》1994 年第 2 期。

唐艋:《德国难民政策的历史与现状》,《德国研究》2015 年第 2 期。

王德春:《联合国善后救济总署的诞生及其使命》,《世界历史》2004 年第 5 期。

王海滨、戴长征:《国际难民现状与难民机制建设》,《教学与研究》2011 年第 6 期。

王克勤:《怵目惊心的越南制造的大浩劫!——印支难民问题剖析》,《世界知识》1979 年第 15 期。

吴迪:《庇护国际法律制度研究》,博士学位论文,华东政法大学,2013 年。

吴慧:《国际法中的难民问题》,《国际关系学院学报》1998 年第 4 期。

武文扬:《国际法与国际政治视角下的难民保护困境》,《现代国际关系》2016年第5期。

武文扬：《应对难民和移民的大规模流动——〈关于难民和移民的纽约宣言〉及其执行困境》，《国外理论动态》2018年第7期。

肖震宇：《云南印支难民问题的审视及思考》，《云南大学学报》（法学版）2011年第4期。

谢垚琪：《联合国难民署应对难民大规模流动的困境与出路》，《武大国际法评论》2019年第2期。

刑新宇：《全球治理中的中东难民问题》，《阿拉伯世界》2011年第6期。

许洁明、甘开鹏：《欧盟共同难民政策的发展轨迹》，《学海》2010年第4期。

杨超：《难民问题治理上的各相关行为体分析——对缅甸罗兴伽难民的个案研究》，《东南亚纵横》2012年第12期。

杨靖旼：《中缅边境危机迁徙触发的难题与其制度性由来》，《经济社会体制比较》2017年第4期。

杨靖旼：《主权国家与联合国难民署视角下全球难民治理的困境分析》，《国际关系研究》2017年第5期。

杨靖旼、杨雪冬：《中国跨边界人口流动治理研究》，《中国社会科学内部文稿》2021年第1期。

杨雪冬：《论国际因素的合法化机制——以地方治理创新为例》，《世界经济与政治》2014年第9期。

张爱宁：《难民保护面临的国际法问题及对策》，《政法论坛》2007年第6期。

张文奎：《战后国际人口移动的特点》，《人口学刊》1981年第3期。

赵和曼：《印支难民研讨中的几个问题》，《八桂侨史》1987年第2期。

赵和曼、张宁：《印支难民问题概论》，《印度支那》1987年第3期。

赵蜀蓉：《中东地区与中国对难民问题治理的比较研究》，《西南民族大学学报》（人文社会科学版）2015年第10期。

郑建成：《从难侨到难民：中国印支难民政策的形成（1978—1979）》，博士学位论文，暨南大学，2015年。

中华人民共和国国务院侨务办公室：《华侨农场改革之进展、问题及意见》,《侨务工作研究》2004 年第 2 期。

周聿峨、郭秋梅:《20 世纪上半叶国际性难民组织与难民保护考察》,《南洋问题研究》2011 年第 2 期。

周聿峨、郑建成:《在华印支难民与国际合作:一种历史的分析与思考》,《南洋问题研究》2014 年第 3 期。

中文编著

蔡拓、杨雪冬、吴志成主编:《全球治理概论》,北京大学出版社 2016 年版。

[美] 莉萨·马丁、[美] 贝思·西蒙斯编:《国际制度》,黄仁伟、蔡鹏鸿等译,上海人民出版社 2006 年版。

李慎明、王逸舟主编,李正乐、沈骥如、李少军副主编:《2002 年:全球政治与安全报告》,社会科学文献出版社 2002 年版。

李慎明、王逸舟主编,李正乐、李少军副主编:《2003 年:全球政治与安全报告》,社会科学文献出版社 2003 年版。

李慎明、王逸舟主编,李少军副主编:《2004 年:全球政治与安全报告》,社会科学文献出版社 2004 年版。

李慎明、王逸舟主编,李少军副主编:《2005 年:全球政治与安全报告》,社会科学文献出版社 2004 年版。

李慎明、王逸舟主编,李少军副主编:《全球政治与安全报告(2008)》,社会科学文献出版社 2007 年版。

李慎明、王逸舟主编,李少军副主编:《全球政治与安全报告(2009)》,社会科学文献出版社 2008 年版。

李慎明、王逸舟主编,李少军副主编:《全球政治与安全报告(2010)》,社会科学文献出版社 2009 年版。

李慎明、张宇燕主编,李东燕副主编:《全球政治与安全报告(2015)》,社会科学文献出版社 2015 年版。

李慎明、张宇燕主编,李东燕副主编:《全球政治与安全报告(2016)》,社会科学文献出版社 2015 年版。

李行健主编:《现代汉语规范词典》,外语教学与研究出版社 2004 年版。

[加] 斯蒂文·伯恩斯坦、[加] 威廉·科尔曼主编:《不确定的合法

性——全球化时代的政治共同体、权力和权威》,丁开杰等译,社会科学文献出版社 2011 年版。

谢益显主编:《中国外交史:中华人民共和国时期 1949—1979》,河南人民出版社 1988 年版。

[瑞典]英瓦尔·卡尔松、[圭]什里达特·兰法尔主编:《天涯成比邻——全球治理委员会的报告》,中国对外翻译出版社公司组织翻译,中国对外翻译出版公司 1995 年版。

张宇燕主编,李东燕副主编《全球政治与安全报告(2017)》,社会科学文献出版社 2017 年版。

张宇燕主编,李东燕、邹治波副主编:《全球政治与安全报告(2018)》,社会科学文献出版社 2018 年版。

张宇燕主编,李东燕、邹治波副主编:《全球政治与安全报告(2019)》,社会科学文献出版社 2019 年版。

张宇燕主编,李东燕、邹治波副主编:《全球政治与安全报告(2020)》,社会科学文献出版社 2020 年版。

中文国际组织材料

联合国:《难民署欢迎非洲国家签署保护和救助非洲流离失所者公约》,2009 年 10 月 23 日,https://news.un.org/zh/story/2009/10/120972。

联合国:《难民署纪念成功处理匈牙利危机 50 周年》,2006 年 10 月 23 日,http://www.un.org/chinese/News/story.asp?newsID=6669。

联合国:《难民问题全球契约》,联合国大会 2018 年 12 月 17 日第 73/151 号决议,https://www.un.org/zh/documents/treaty/A-73-12。

联合国公约与宣言检索系统:《儿童权利公约》,https://www.un.org/zh/documents/treaty/files/A-RES-44-25.shtml。

联合国公约与宣言检索系统:《关于难民地位的公约》,https://www.un.org/zh/documents/treaty/files/OHCHR-1951.shtml。

联合国公约与宣言检索系统:《难民问题全球契约》,https://www.un.org/zh/documents/treaty/files/A-73-12.shtml。

联合国公约与宣言检索系统:《经济、社会和文化权利国际公约》,https://www.un.org/zh/documents/treaty/files/A-RES-2200-XXI-2.shtml。

联合国难民署:《联合国难民署图尔克阐释〈难民问题全球契约〉》, https://www.unhcr.org/cn/11937。

网络文献

国家移民管理局:《中华人民共和国出境入境管理法》, 2019年6月21日, https://www.nia.gov.cn/n741440/n741547/c1013311/content.html。

李海峰:《中国重视华侨农场改革发展》, 2004年7月9日, http://www.china.com.cn/overseas/txt/2004-07/09/content_5606291.htm。

刘淄川:《科隆事件与欧洲移民政策走向》,《经济观察报》2016年1月19日, http://www.eeo.com.cn/2016/0119/282578.shtml。

《难民和移民问题峰会通过政治宣言,国际移民组织加入联合国系统》, 2016年9月19日, http://www.yicai.com/news/5108206.html。

全国人民代表大会:《关于难民地位的议定书(1966年12月16日)》, http://www.npc.gov.cn/wxzl/wxzl/2000-12/16/content_1326.htm。

王曦晨:《被指代价高默克尔民意续跌》,《香港商报》2016年3月22日, http://stock.hexun.com/2016-03-22/182886672.html。

《应对难民危机法国在行动、德国在坚持匈牙利只会喋喋不休?》, 欧洲时报网, 2016年3月1日, http://www.oushinet.com/news/europe/other/20160301/222981.html。

中国侨网:《李海峰在全国华侨农场改革与发展经验交流会上的讲话》, 2004年7月8日, http//www.chinaqw.com/news/2005/0920/68/285.shtml。

中国人大网:《中华人民共和国宪法(1975年)》, 2000年12月6日, http://www.npc.gov.cn/wxzl/wxzl/2000-12/06/content_4362.htm#fillback=0100307b617b7b7b32353237626635626 5347b637b7b240000&anchor=testanchor。

中国人大网:《中华人民共和国宪法(1982年12月4日)》, 2014年12月3日, http://www.npc.gov.cn/zgrdw/npc/zt/qt/gjxfz/2014-12/03/content_1888093.htm。

外文文献

外文著作与文集

Adam Roberts, "Humanitarian Action in War: Aid, Protection and Impartiality in a Vacuum," Adelphi Paper No. 305 of International Institute of Strategic Studies, London: Oxford University, 1996.

Alexander Betts, *Protection by Persuasion: International Cooperation in the Refugee Regime*, Ithaca and London: Cornell University Press, 2009.

Andreas Hasenclever, Peter Mayer and Volker Rittberger, *Theories of International Regimes*, Cambridge: Cambridge University Press, 1997.

Aristide R. Zolberg, Astri Suhrke, and Sergio Aguayo, *Escape from violence: Conflict and refugee crisis in the developing world*, New York: Oxford University Press, 1989.

Arthur L. Stinchcombe, *Constructing Social Theories*, Chicago: University of Chicago Press, 1968.

Barry N. Stein, "ICARA Ⅱ: Burden Sharing and Durable Solutions," in *Refugees: A Third World Dilemma*, John R. Rogge ed., Totowa, NJ: Rowman and Littlefield, 1987.

Bruce Nichols, and Gil Loescher eds., *The Moral Nation: Humanitarianism and U. S. Foreign Policy Today*, South Bend, Ind.: University of Notre Dame Press, 1989.

Cecilia Ruthstrom-Ruin, *Beyond Europe*, Lund: Lund University Press, 1993.

Christina J. Smith, *The Hmong: An Annotated Bibliography, 1983–1987*, Minneapolis: Southeast Asian Refugee Studies Project, 1988.

Courtland Robinson, *Terms of Refuge: The Indochinese Exodus and the International Response*, London: Zed Books, 1989.

Danie'le Joly, *Refugees in Britain: an annotated bibliography*, Centre for Research in Ethnic Relations, University of Warwick, 1988.

Dean Acheson, *Present at the Creation*, New York: Norton, 1966.

Edgar H. S. Chandler, *The High Tower of Refuge: The Inspiring Story of Refugee Relief throughout the World*, New York: Praeger, 1959.

Erika Feller, VolkerTürk, and Frances Nicholson eds., *Refugee Protection in International Law: UNHCR's Global Consultations on International Protection*, Cambridge: Cambridge University Press, 2003.

Eugene Kulischer, *Europe on the Move: War and Population Changes 1917-1947*, New York: Columbia University Press, 1948.

Eytan Gilboa, *American Public Opinion Toward Israel and the Arab-Israeli Conflict*, Lexinton: Lexinton Books, 1987.

Gil Loescher, Alexander Betts, and James Milner, *The United Nations High Commissioner for Refugees (UNHCR): The Politics and Practice of Refugee Protection into the Twenty-first Century*, Oxford: Routledge, 2008.

Gil Loescher and John Scanlan, *Calculated Kindness: Refugees and America's Half-Open Door, 1945 to Present*, New York, NY, and London: The Free Press and Macmillan, 1986.

Gil Loescher and Laila Monahan eds., *Refugees and International Relations*, Oxford: Clarendon Press, 1988.

Gil Loescher, *Beyond Charity: International Cooperation and the Global Refugee Crisis*, New York: Oxford University Press, 1993.

Gil Loescher, *The UNHCR and World Politics: a Perilous Path*, Oxford: Oxford University Press, 2001.

Guy Goodwin-Gill, "Different Types of Forced Migration Movements as an International and National Problem", in Goran Rystad ed., *The Uprooted: Forced Migration as an International Problem in the Post-War Era*, Lund, Sweden: Lund University Press, 1990.

Hannah Arendt, *The Origins of Totalitarianism*, New York: Harcourt Brace and Company, 1986.

Jacques Vernant, *The Refugee in the Post-War World*, New Haven, CT: Yale University Press, 1953.

James Scott, *Organizations: Rational, Natural and Open Systems*, 5th ed. Upper Saddle River, NJ: Prentice Hall, 2003.

Jason Clay, "Ethiopian Famine and the Relief Agencies", in Bruce

Nichols and Gil Loescher eds., *The Moral Nation: Humanitarianism and U. S. Foreign Policy Today*, South Bend, Ind.: University of Notre Dame Press, 1989.

Jean-Pierre Hocke, "Beyond Humanitarianism: The Need for Political Will to Resolve Today's Refugee Problem", in Gil Loescher and Laila Monahan eds., *Refugees and International Relations*, Oxford: Oxford University Press, 1989.

John Marston, "An Annotated Bibliography of Cambodia and Cambodian Refugees", *Southeast Asian Refugee Studies*, MN: South Asian Refugee Studies Project, 1987.

John W. Meyer and Richard Scott, with the assistance of Brian Rowan and Terrence E. Deal, *Organizational Environments: Ritual and Rationality*, Beverly Hills, CA: Sage, 1983.

Kofi Annan, *Preventing War and Disaster: A Growing Global Challenge*, New York: UN, 1999.

Leonard Dinnerstein, *America and the Survivors of the Holocaust*, New York: Columbia University Press, 1982.

Louis Holborn, *Refugees: A Problem of Our Time. The Work of the United Nations High Commissioner for Refugees, 1951—1972*, Vol. 1, Metuchen, N. J.: Scarecrow Press, 1975.

Louise W. Holborn, *The International Refugee Organization: A Specialized Agency of the United Nations. Its History and Work*, London: Oxford University Press, 1956.

Malcolm Jarvis Proudfoot, *European Refugees: 1939-1952: A Study in Forced Population Movement*, London: Faber and Faber, 1957.

Martin O. Heisler and Zig Layton-Henry, "Migration and the links between social and societal security", in OleWaever, Barry Buzan, Morten Kelstrup, and Pierre Lemaitre eds., *Identity, Migration and the New Security Agenda in Europe*, New York: ST. Martin's Press, 1993.

Matthew J. Gibney, *The Ethics and Politics of Asylum: Liberal Democracy and the Response to Refugees*, Cambridge: Cambridge University Press, 2004.

Michel Mignot, *Kampuchean, Laotian and Vietnamese Refugees in*

Australia/New Zealand, *Canada*, *the United States*, *France*, *and the United Kingdom*: *A Bibliography*, Paris: Centre National de la Recherche Scientifique, 1988.

Mirjana Ristovska, and Natasa Pelivanova, *The Legal Framework of The Right to Asylum in the European Union and The Republic of Macedonia*, International Scientific Conference, Researching Searching Security: Approaches, Concepts and Politics, 2015.

Nicholas Wheeler, *Saving Strangers*: *Humanitarian Intervention in International Society*, Oxford: Oxford University Press, 2000.

Peter L. Berger and Thomas Luckman, *The Social Construction of Reality*, New York: Doubleday Anchor, 1967.

Peter L. Berger, Brigitte Berger and Hansfried Kellner, *The Homeless Mind*: *Modernization and Consciousness*, New York: Random House, 1973.

Robert Divine, *American Immigration Policy*, *1924-1952*, New Haven, Connell: Yale University Press, 1957.

Robert F. Gorman, *Coping with Africa's Refugee Burden*: *A Time for Solutions*, The Hague: Martinus Nijhoff, 1989.

Robert Kee, *Refugee World*, London: Oxford University Press, 1961.

Robert O. Keohane ed., *International Institutions and State Power*: *Essays in International Relations Theory*, Boulder, CO: Westview Press, 1989.

Roberta Cohen and Francis Deng, *Masses in Flight*: *The Global Crisis of Internal Displacement*, Washington, D. C.: The Brookings Institution, 1998.

Sadruddin Aga Khan, *Legal Problems Related to Refugees and Displaced Persons*, The Hague: Academy of International Law, 1976.

Stephen D. Krasner, *International Regimes*, Ithaca, New York: Cornell University Press, 1983.

Thomas G. Weiss and LeonGordenker ed., *NGOs*, *the UN*, *and Global Governance*, Boulder, Lynne Rienner, 1996.

Thomas Weiss, and David Korn, *Internal Displacement*: *Conceptualization and its Consequences*, London: Routledge, 2006.

Thomas Weiss, *Humanitarian Intervention*, Cambridge: Polity Press, 2007.

外文期刊与学位论文

Alan Dowty and Gil Loescher, "Refugee Flows as Grounds for International Action", *International Security*, Vol. 21, No. 1, 1996.

Alexander Betts, "Comprehensive Plans of Action: Insights from CIREFCA and the Indo‐Chinese CPA", *New Issues in Refugee Research*, Working Paper No. 120, Geneva: UNHCR, 2006.

Alexander Betts, "Institutional Proliferation and the Global Refugee Regime", *Perspectives on Politics*, Vol. 7, No. 1, 2009.

Amitav Acharya, "How Ideas Spread: Whose Norms Matter? Norm Localization and Institutional Change in Asian Regionalism", *International Organization*, Vol. 58, Spring 2004.

Andrew Selee and Jessica Bolter, "Colombia's open-door policy: An innovative approach to displacement?", *International Migration*, Vol. 60, 2022.

Anne Hammerstad, "Refugee Protection and the Evolution of a Security Discourse: The UNHCR in the 1990s", DPhil dissertation, University of Oxford, 2003.

Astri Suhrke, Kathleen Newland, "UNHCR, Uphill into the Future", *International Migration Review*, Vol. 35, No. 1, 2001.

Barbara Koremenos, Charles Lipson and Ducan Snidal, "The Rational Design of International Institutions", *International Organization*, Vol. 55, No. 4, 2001.

Courtland Robinson, "The Comprehensive Plan of Action for Indochinese Refugees, 1989–1997: Sharing the Burden and Passing the Buck," *Journal of Refugee Studies*, Vol. 17, No. 3, 2004.

David Forsythe, "UNRWA, the Palestinian Refugees, and World Politics", *International Organization*, Vol. 25, Issue 1, 1971.

Erika Feller, "Introduction: Protection Policy in the Making: Third Track of the Global Consultations", *Refugee Survey Quarterly*, Vol. 22, No. 2/3, 2003.

Filippo Grandi, "The Global Compact on Refugees: A Historic Achievement", *International Migration*, Editorial, Vol. 57, No. 6, 2019.

Gil Loescher, "Refugee Movements and International Security", Adelphi Paper, London: International Institute for Strategic Studies, 1992.

Gil Loescher and James Milner, "The Long Road Home: Protracted Refugee Situations in Africa", *Survival*, Vol. 47, No. 2, 2005.

Gil Loescher, "The UNHCR and World Politics: State Interests vs. Institutional Autonomy", *The International Migration Review*, Vol. 35, No. 1, 2001.

Jef Huysmans, "Shape-Shifting NATO: Humanitarian Action and the Kosovo Refugee Crisis", *Review of International Studies*, Vol. 28, No. 3, 2002.

Jeffery T. Checkel, "Norms, Institutions, and National Identity in Contemporary Europe", *International Studies Quarterly*, No. 43, 1999.

Jeffery T. Checkel, "Why Comply? Social Learning and European Identity Change", *International Organization*, Vol. 55, No. 3, 2001.

John Dowling and Jeffrey Pfeffer, "Organizational Legitimacy: Social Values and Organizational Behavior", *Pacific Sociological Review*, No. 18, 1975.

John P. Williams and Lester A. Zeager, "Macedonian Border Closings in the Kosovo Refugee Crisis: A Game-Theoretic Perspective", *Conflict Management and Peace Science*, Vol. 21, No. 4, 2004.

John W. Meyer and Brian Rowan, "Institutionalized Organizations: Formal Structure as Myth and Ceremony", *American Journal of Sociology*, No. 83, 1977.

Juan Thomas Ordóñez, AU-Arcos and Hugo Eduardo Ramírez, "At the Crossroads of Uncertainty: Venezuelan Migration to Colombia", *Journal of Latin American Geography*, Vol. 18, No. 2, 2019.

Karen Jacobsen and Jeff Crisp, "Introduction: Security in Refugee Populated Areas", *Refugee Survey Quarterly*, Vol. 19, No. 1, 2000.

Karen Jacobsen, "Factors Influencing the Policy Responses of Host Governments to Mass Refugee Influxes", *The International Migration Review*, Vol. 30, No. 3, 1996.

Kenneth W. Abbott and Duncan Snidal, "Hard and Soft Law in International Governance", *International Organization*, Vol. 54, No. 3, 2000.

Kosta Barjaba, "Recent Implications of Inter-Ethnic Relations in Albania", *Anthropological Journal on European Cultures*, Vol. 4, No. 1, 1995.

Louise W. Holborn, "The League of Nations and the Refugee Problem", *Annals of the American Academy of Political and Social Science*, Vol. 203, 1939.

Madeleine Garlick, "The EU discussions on extraterritorial processing: Solutions or Conundrum?", *International Journal of Refugee Law*, Vol. 18, No. 3, 2006.

Mark C. Suchman, "Managing Legitimacy: Strategic and Institutional Approaches", *Academy of Management Review*, No. 20, 1995.

Martha Finnemore, "International organization as teachers of norms: the United Nations Educational, Scientific, and Cultural Organization and science policy", *International Organization*, No. 47, 1993.

Mauricio Gutiérrez-Palma, "The Politics of Generosity. Colombian Official Discourse towards Migration from Venezuela, 2015-2018", *Colombia Internacional*, Vol. 106, 2021.

Michael Barnett, "Humanitarianism with a Sovereign Face: UNHCR in the Global Undertow", *The International Migration Review*, Vol. 35, No. 1, 2001.

Michael Pugh, "Civil-Military Relations in the Kosovo Crisis: An Emerging Hegemony?", *Security Dialogue*, Vol. 31, No. 2, 2000.

Pamela S. Tolbert and Lynne G. Zucker, "International Source of Change in the Formal Structure of Organizations: The Diffusion of Civil Service Reform, 1880-1935", *Administrative Science Quarterly*, No. 30, 1983.

Patricia Weiss Fagen, "Flight to The Cities", *Forced Migration Review*, Issue 45, February 2014.

Peter Morris, "Humanitarian Interventions in Macedonia: An NGO Perspectiv'", *Forced Migration Review*, Vol. 5, 1999.

Petrice R. Flowers, "Failure to Protect Refugees? Domestic Institutions, International Organizations, and Civil Society in Japan", *The Journal of Japanese Studies*, Vol. 34, No. 2, 2008.

Randy Lippert, "Governing Refugees: The Relevance of Governmentality to Understanding the International Refugee Regime", *Alternatives: Global, Local,*

Political, Vol. 24, No. 3, 1999.

Ridvan Peshkopia, "Albania-Europe's reluctant gatekeeper", *Forced Migration*, Vol. 23, 2005.

Robert O. Keohane, "International Institutions: Two Approaches", *International Studies Quarterly*, Vol. 32, No. 4, 1988.

Ruth E. Hammond and Glenn Hendricks, "Southeast Asian Refugee Youth: An Annotated Bibliography", Southeast Asian Refugee Studies Occasional Papers, Number 6, 1988, https://files.eric.ed.gov/fulltext/ED293937.pdf.

Shamsul Bronee, "The History of the Comprehensive Plan of Action," *International Journal of Refugee Law*, Vol. 4, No. 4, 1992.

Toby Porter, Coordination in the midst of chaos: the refugee crisis in Albania, *Forced Migration Review*, Vol. 5, 1999, https://www.fmreview.org/kosovo/porter.

Ángela María Carreño Malaver, "Refugiados colombianos en Venezuela, Quince años en búsqueda de protección", *Memorias: Revista Digital de Historia y Arqueología desde el Caribe*, Vol. 24, 2014.

外文国际组织材料

African Union, African Union Convention for the Protection and Assistance of Internally Displaced Persons in Africa ("Kampala Convention"), October 23, 2009, https://www.refworld.org/docid/4ae572d82.html.

American Commission on Human Rights, Inter-American Commission on Human Rights, 1969, https://www.cidh.oas.org/basicos/english/basic3.american%20convention.htm.

Amnesty International, Former Yugoslav Republic of Macedonia: The protection of Kosovo Albanian Refugees, 1999, https://www.amnesty.org/download/Documents/148000/eur650031999en.pdf.

Asian-African Legal Consultative Organization (AALCO), Bangkok Principles on the Status and Treatment of Refugees ("Bangkok Principles"), https://www.refworld.org/docid/3de5f2d52.html.

Brazil Declaration and Plan of Action, December 3, 2014, https://

www. refworld. org/docid/5487065b4. html.

Cartagena Declaration on Refugees, Colloquium on the International Protection of Refugees in Central America, Mexico and Panama, November 22, 1984, https://www. refworld. org/docid/3ae6b36ec. html.

Coordination Platform for Refugees and Migrants from Venezuela, 2021, RMRP Dashboard, https://data2. unhcr. org/en/situations/platform.

Council of Europe: Humanitarian situation of returnees to Kosovo, 2001, https://reliefweb. int/report/albania/coe-parliamentary-assembly-humanitarian-situation-returnees-kosovo.

Cécile Blouin, Isabel Berganza and Luisa Feline Freier, "The spirit of Cartagena? Applying the extended refugee definition to Venezuelans in Latin America, Forced Migration, Cities and Towns", FMR63, 2020, https://www. fmreview. org/cities/blouin-berganza-freier.

Declaration of Commitments in Favour of the Populations Affected Both by Uprootedness and by Conflicts and Extreme Poverty, within the Framework of Consolidating Peace in Central America, https://www. refworld. org/docid/3f43394e4, html.

Declaration of Quito on Human Mobility of Venezuelan Citizens in the Region, September 4, 2018, https://www. cancilleria. gob. ec/wp-content/uploads/2018/09/declaracion_de_quito_en. pdf.

Declaration of States Parties to the 1951 Convention and or its 1967 Protocol relating to the Status of Refugees, Geneva, 13 December 2001, HCR/MMSP/2001/09.

European Red Cross Return Initiative, A study on how to support sustainable return in safety and dignity, 2008, https://www. ifrc. org/Global/Publications/migration/perco/perco-ercri-en. pdf.

Felipe Muñoz Gómez, "Colombia and the Second Generation of Challenges for Migrants From Venezuela", February 2020, https://www. migrationportal. org/insight/colombia-second-generation-challenges-migrants-venezuela/.

GIFMM, "Situational Report", February 2020, https://r4v. info/es/documents/details/75385.

Inter-America Democratic Charter, AG/RES. 1 (XXVIII-E/01), September 11, 2001, https://www.oas.org/sap/peacefund/VirtualLibrary/InterAmericanDemocraticCharter/InterAmericanDemocraticCharter.pdf.

Inter-American Commission on Human Rights, AmericanConvention on Human Rights, November 22, 1969, https://www.cidh.oas.org/basicos/english/basic3.american%20convention.htm.

Internally Displacement Monitoring Center, Colombia Overview, 2021, https://www.internal-displacement.org/countries/colombia.

International Crisis Group, "What's Driving the Global Refugee Crisis?", September 15, 2016, http://www.crisisgroup.org/global/what-s-driving-global-refugee-crisis.

International Monetary Fund, Inflation rate, end of period consumer prices, Venezuela 2021, https://www.imf.org/external/datamapper/PCPIEPCH@WEO/VEN?zoom=VEN&highlight=VEN.

IOM, Europe/Mediterranean-Migration Crisis Response Situation Report, August 25, 2016, http://www.iom.int/sitreps/europemediterranean-migration-crisis-response-situation-report-25-aug ust-2016.

IOM, IGC Contribution to the 1st Global RCP Meeting organized by IOM-GCIM (2005), https://www.iom.int/igc-contribution-1st-global-rcp-meeting-organized-iom-gcim-2005.

IOM, South Sudan Humanitarian Update, August 22, 2016, http://www.iom.int/sitreps/south-sudan-humanitarian-update-68-22-august-2016.

IOM, the Intergovernmental Consultations on Migration, Asylum and Refugees (IGC), https://www.iom.int/sites/g/files/tmzbdl486/files/our _ work/ICP/IGC_1-Page-Overview.pdf.

IOM, "International Technical Meeting on Human Mobility of Venezuelan Citizens in the Region (Quito Process) ", 2018, https://www.iom.int/quito-process.

IOM's Global Migration Data Analysis Centre, "Dangerous journeys-International migration increasingly unsafe in 2016", Issue 4, August 2016, http://publications.iom.int/system/files/gmdac _ data _ briefing _ series _ issue4. pdf.

Lawyers' Committee for Human Rights, *UNHCR at 40: Refugee Protection at the Crossroads*, New York: Lawyers' Committee for Human Rights, 1990.

League of Nations, *Additional Protocol to the Provisional Arrangement and to the Convention concerning the Status of Refugees Coming from Germany*, September 14, 1939, League of Nations Treaty Series Vol. CXCVIII No. 4634, http://www.refworld.org/docid/3dd8d1fb4.html.

League of Nations, *Arrangement Concerning the Extension to Other Categories of Certain Measures Taken in Favour of Russian and Armenian Refugees*, 30 June 1928, League of Nations, Treaty Series, 1929, 89 LoNTS 63.

League of Nations, *Arrangement Relating to the Issue of Identify Certificates to Russian and Armenian Refugees*, May 12, 1926, League of Nations, Treaty Series Vol. LXXXIX, No. 2004, http://www.refworld.org/docid/3dd8b5802.html.

League of Nations, *Convention concerning the Status of Refugees Coming From Germany*, February 10, 1938, in League of Nations Treaty Series, Vol. CXCII, No. 4461, http://www.refworld.org/docid/3dd8d12a4.html.

League of Nations, *Convention Relating to the International Status of Refugees* (October 28, 1933), in League of Nations, Treaty Series, Vol. CLIX, No. 3363, http://www.refworld.org/docid/3dd8cf374.html.

League of Nations, *Provisional Arrangement concerning the Status of Refugees Coming from Germany*, 4 July 1936, League of Nations Treaty Series, Vol. CLXXI, No. 3952, http://www.refworld.org/docid/3dd8d0ae4.html.

Melanie Teff and Daphne Panayotatos, "Crisis Colliding, The Mass Influx of Venezuelans into the Dangerous Fragility of the Post – Peace Agreement Colombia", January 13, 2019, https://www.refugeesinternational.org/reports-briefs/crises-colliding-the-mass-influx-of-venezuelans-into-the-dangerous-fragility-of-post-peace-agreement-colombia/.

Mexico Declaration and Plan of Action to Strengthen International Protection of Refugees in Latin America, November 16, 2004, https://www.oas.org/dil/mexico_declaration_pln_of_action_16nov2004.pdf.

Natalia Banulescu–Bogdan and Diego Chaves–González, "What Comes

Next Now that Colombia Has Taken a Historic Step on Migration?" February 2021, https://www.migrationportal.org/insight/what-comes-next-now-colombia-has-taken-historic-step-migration/.

National Authorities, Colombia: Decreto No. 2840 de 2013, Por el cual se establece el Procedimiento para el Reconocimiento de la Condición de Refugiado, se dictan normas sobre la Comisión Asesora para la Determinación de la Condición de Refugiado y otras disposiciones, 6 December 2013, https://www.refworld.org/docid/52df875d4.html.

Norwegian Peacebuilding Resource Center, The Venezuelan Crisis, regional dynamics and the Colombian peace process, 2016, https://www.alnap.org/system/files/content/resource/files/main/noref-venezuela-and-colombian-peace-process.pdf.

Organization of African Unity, Convention Governing the Specific Aspects of Refugee Problems in Africa ("OAU Convention"), September 10, 1969, https://www.refworld.org/docid/3ae6b36018.html.

Organization of African Unity, "The Organization of African Unity Convention Governing Specific Aspects of Refugee Problems in Africa", OAU Document CM/267/Rev.1, September 10, 1969.

Organization of African Union, African Union Convention for the Protection and Assistance of Internally Displaced Persons in Africa ("Kampala Convention"), October 23, 2009, https://www.refworld.org/docid/4ae572d82.html.

R4V, https://www.r4v.info/en.

RMRP, "Refugee and Migrant Response Plan 2021", December 10, 2020, https://rmrp.r4v.info/.

Sadako Ogata, "Humanitarian Action: Charity or Realpolitik?", speech, Oslo, 21 October 1997.

San José Declaration on Refugees and Displaced Persons, December 7, 1994, https://www.refworld.org/docid/4a54bc3fd.html.

The Center for Justice & Accountability, "Colombia", 2021, https://cja.org/where-we-work/colombia/.

The Quito Declaration on Human Mobility of Venezuelan Citizens in the

Region, September 4, 2018, https://www.cancilleria.gob.ec/wpcontent/uploads/2018/09/declaracion_de_quito_en.pdf.

UHNCR, *The State of the World's Refugees: A Humanitarian Agenda*, Oxford: Oxford University Press, 1997.

UN General Assembly, Statute of the Office of the United Nations High Commissioner for Refugees, December 14, 1950, A/RES/428 (V). http://www.refworld.org/docid/3ae6b3628.html.

UN Security Council Resolution 1208, 1998, http://unscr.com/en/resolutions/1208.

UN Security Council, Report of the Secretary-General on the Protection of Civilians in Armed Conflict, UN Doc S2001/331, 2001.

UN Security Council, "Statement by the President of the Security Council", S/PRST/1992/5, 31 January 1992.

UN, UN Security Council Resolution 1296, Statement of the President of the Security Council, UN Doc. S/PRST/1992/5, January 21, 1992, http://unscr.com/en/resolutions/1296.

UNDP, Human Development Report 1994, New York: Oxford University Press, 1994, https://hdr.undp.org/system/files*docoments/hdr 1994 encompteteno-statspdf.pdf.

UNHCR Archives, memo, Sergio Vieira de Mello to Refeeudin Ahmed, Secretary-General's Office, "Recommended Opening Speech for Kuala Lumpur Meeting, 7-9 March", 22/2/89 (UNHCR Fonds 11, Series 3, 391.89 HCR/NYC/0248).

UNHCR Archives, "International Conference on Central American Refugees, Guatemala City, May 1989: Preliminary Information", memo, Mr Deljoo to Mr Asomani, 5/12/88 (UNHCR Fonds 11, Series 3, 391.86, HCR/NYC/1466).

UNHCR Archives, "Lesotho Government Assistance Proposals for Submission to the Conference," 19/12/80 (Fonds UNHCR 11, 391.62/113).

UNHCR, 1975 Agreement between the United Nations High Commissioner for Refugees and the Government of the Kingdom of Thailand.

UNHCR, 1977 Agreement between the United Nations High Commissioner for Refugees and the Government of the Kingdom of Thailand.

UNHCR, A Comprehensive Plan Addressing the Needs of Displaced Persons on the Thailand/Myanmar (Burma) Border in 2007/8, May 2007, http://www.refworld.org/docid/4728970a0.html.

UNHCR, Advisory Group on Gender, Forced Displacement and Protection, February 12, 2016, http://www.unhcr.org/advisory-group-on-gender-forced-displacement-and-protection.html.

UNHCR, Analysis of Gaps in Refugee Protection Capacity-Thailand, November 2006, https://www.refworld.org/docid/472897020.html.

UNHCR, Concept Paper on a Proposed Framework for Return of Refugees and Internally Displaced Persons to Kosovo, 1999, https://reliefweb.int/report/albania/concept-paper-proposed-framework-return-refugees-and-internally-displaced-persons.

UNHCR, Conclusion of the Executive Committee on International Cooperation from a Protection and Solutions Perspective No. 112 (LXVII) 2016, 6 October 2016, No. 112 (LXVII) 2016. http://www.refworld.org/docid/57f7b5f74.html.

UNHCR, Convention Against Torture and Other Cruel, Inhuman or Degrading Treatment or Punishment (1984), December 10, 1984, http://www.unhcr.org/49e479d10.html.

UNHCR, Country Operations Plan 2002-2007 (Thailand), https://www.refworld.org/cgibin/texis/vtx/rwmain?page=search&skip=0&query=country+operation&coi=THA.

UNHCR, Eligibility Guidelines for Assessing the International Protection Needs of Asylum-Seekers from Colombia, 2015, https://www.ecoi.net/en/document/1244469.html.

UNHCR, Evaluation of UNHCR's Engagement with the Private Sector, Dec. 18, 2019, https://data.unhcr.org/en/documents/download/49723.

UNHCR, Global Consultations on International Protection: Protection of Refugees in Mass Influx Situations: Overall Protection Framework, 2001, https://www.refworld.org/docid/3bfa83504.html.

UNHCR, Global Trends: Forced Displacement in 2015, http://

www. unhcr. org/statistics/unhcrstats/576408cd7/unhcr‑global‑trends‑2015. html.

UNHCR, Global Trends: Forced Displacement in 2019, https://www. unhcr. org/flagshipreports/globaltrends/https://www. unhcr. org/global-trends2019/.

UNHCR, Global Trends: Forced Displacement in 2020, https://www. unhcr. org/flagship-reports/globaltrends/.

UNHCR, Guidance Note on International Protection Considerations for Venezuelans, Update I, 2019, https://www. refworld. org/docid/5cd1950-f4. html.

UNHCR, Handbook on Procedures and Criteria for Determining Refugee Status under the 1951 Convention and the 1967 Protocol relating to the Status of Refugees, HCR/1P/4/ENG/REV. 4, February, 2019. https://www. unhcr. org/media/handbook‑procedures‑and‑criteria‑determining‑refugee-status-under-1951-convention-and-1967.

UNHCR, Multilateral Framework of Understandings on Resettlement, FORUM/2004/6, 16/9/04, www. unhcr. ch.

UNHCR, Note on International Protection, UN doc. A/AC. 96/799 (1992), paras 38 and 39.

UNHCR, OSCE: Assessment of the Situation of Ethnic Minorities in Kosovo (Jun-Sep 2000), 2000, https://reliefweb. int/report/serbia/assessment-situation-ethnic-minorities-kosovo-jun-sep-2000.

UNHCR, Our Children, Our Future: Belonging and Legal Identity, http://www. unhcr. org/regional-expert-meeting-on-belonging-and-legal-identity-in-the-arab-region. html.

UNHCR, Prolongation of the Office of the United Nations High Commissioner for Refugees Prolongation of the Office of the United Nations High Commissioner for Refugees 727 (Ⅷ), General Assembly, October 23, 1953, http://www. unhcr. org/excom/bgares/3ae69ef010/prolongation-office-united-nations-high-commissioner-refugees. html.

UNHCR, Refugee Protection and Mixed Migration: A 10‑Point Plan of Action, revision 1, January 2007, https://www. unhcr. org/media/refugee-protection-and-mixed-migration-10-point-plan-action.

UNHCR, Regional Refugee and Migrant Response Plan for Refugees and Migrants from Venezuela, January – December 2019, December 2018, https: //www. unhcr. org/partners/donors/5c330bc74/2019 – regional – refugee-migrant-response-plan-refugees-migrants-venezuela. html.

UNHCR, Repatriation to Kosovo from abroad, 1999, https: //www. unhcr. org/news/briefing/1999/7/3ae6b81d9b/repatriation-kosovo-abroad. html.

UNHCR, Returnee Aid and Development EVAL/RAD/15, May 1, 1994, https: //www. unhcr. org/research/evalreports/3bd40fb24/returnee – aid-and-development. html.

UNHCR, Solutions Strategy for Afghan Refugees, 2012, https: //www. unhcr. org/asia/solutions-strategy-afghan-refugees.

UNHCR, State of the World's Refugees: Fifty Years of Humanitarian Action, Oxford: Oxford University Press, 2000, https: //www. unhcr. org/publi-cations/state-worlds-refagecs-2000-ftcy-lyears-humani-tarian-aution.

UNHCR, Thailand-Progress Report: Global Strategy Beyond Detention, 2014 – 2019, MID – 2016, http: //www. unhcr. org/protection/detention/57b583e57/thailand-progress-report. html? query = thailand.

UNHCR, The State of the World's Refugees: A Humanitarian Agenda; Sadako Ogata, Peace, Security and Humanitarian Action, London: IISS, April 3, 1997, https: //www. unhcr. org/publications/state – worlds – refugecs – 1997-humanitariau-ageuda.

UNHCR, The State of the World's Refugees: Human Displacement in the New Millennium, Oxford: Oxford University Press, 2006, https: //www. unhcr. org/publications/state – worlds – refugecs – 2006 – human – displace – meut – new-milleunium.

UNHCR, UN and International Institutions, http: //www. unhcr. org/un-sister-organizations. html.

UNHCR, UNHCR and IOM Welcome Colombia's Decision to Regularize Venezuelan Refugees and Migrants, 2021, https: //www. unhcr. org/en-us/news/press/2021/2/60214cf74/unhcr-iom-welcome-colombias-decision-regularize-venezuelan-refugees-migrants. html.

UNHCR, UNHCR Colombia: Best Practices in a Global Context, 2008, https://www.refworld.org/docid/4d7a21dc2.html.

UNHCR, UNHCR Country Operations Plan 2003/2005 China, September 1, 2002/2006, https://www.refworld.org/cgibin/texis/vtx/rwmain?page=search&docid=3d941f510&skip=0&query=contry%20operations%20plan&coi=CHN.

UNHCR, United Nations General Assembly, http://www.unhcr.org/united-nations-general-assembly.html.

UNHCR, Value Chain Development for Decent Work: A systems approach to creating more and better jobs, January 2021, https://data.unhcr.org/en/documents/download/88499.

UNHCR, "Convention Plus: At a Glance", 2005, https://www.unhcr.org/403b30684.pdf.

UNHCR, "Framework For Durable Solutions for Refugees and Persons of Concern", 2003. www.unhcr.org/en-lk/3f1408764.pdf.

UNHCR, "New York Declaration for Refugees and Migrants", September 19, 2016, http://www.unhcr.org/new-york-declaration-for-refugees-and-migrants.html.

UNHCR, "Note on International Protection", Geneva: UNHCR, July 15, 1986, https://www.unhcr.org/publications/note-interuational-protection.

UNHCR, "Pathways for Admission of Syrian Refugees", March 30, 2016, http://www.unhcr.org/pathways-for-admission-of-syrian-refugees.html.

UNHCR, "Protracted Refugee Situations", Standing Committee, UN Doc. EC/54/SC/CRP.14, June 10, 2004.

UNHCR, "Review of the CIREFCA Process," 1994, http://www.unhcr.ch.

UNHCR, "South Sudan Fighting Forces Thousands to Flee", March 11, 2016. http://www.unhcr.org/56e2c75e6.html.

UNHCR, "Thousands of Stateless People Given Nationality in Thailand", December 1, 2016, http://www.unhcr.org/ibelong/thousands-of-stateless-people-given-nationality-in-thailand.

UNHCR, "UNHCR and IOM Welcome Colombia's Decision to Regularize Venezuelan Refugees and Migrants", https://data.unhcr.org/en/documents/download/84998.

UNHCR, "UNHCR's Role in Support of an Enhanced Humanitarian Response to Situations of Internal Displacement: Update on UNHCR's Leadership Role within the Cluster Approach and IDP Operational Work Plans", informal consultative meeting, May 25, 2007, https://neliefweb.iut/nepout/world/unhcrs-role-support-euhanced-humauitarian-respouse-situations-interual-displacement.

UNHCR, "Update on Activities of the UNHCR-IOM Joint Special Representative for Venezuelan Refugees and Migrants in the Region", May 2019, https://data2.unhcr.org/en/documents/download/69999.

UNHCR, "Vietnamese Refugees Well Settled in China, Await Citizenship",http://www.unhcr.org/news/latest/2007/5/464302994/vietnamese-refugees-well-settled-china-await-citizenship.html? query=China.

United Nations Development Account project (6th Tranche), *International Migration from a Regional and Interregional Perspective*, April 2012, Santiago: Chile-United Nations.

US Committee for Refugees, USCR Country Report Colombia: Statistics on Refugees and Other Uprooted People, 2001, https://reliefweb.int/report/colombia/uscr-country-report-colombia-statistics-refugees-and-other-uprooted-people-jun-2001.

US Committee for Refugees, "Sea Change: Australia's New Approach to Asylum Seekers", February 2002, www.refugees.org.

外文网络文献

Albania, Law on Asylum in the Republic of Albania, No. 121/2014 [Albania], September 18, 2014, https://www.refworld.org/docid/3ae6b5c-07.html.

Astri Suhrke, Michael Barutciski, Peta Sandison and Rick Garlock, The

Kosovo Refugee Crisis, An Independent Evaluation of UNHCR's Preparedness and Response, 2000, https：//www. unhcr. org/media/kosovo – refugee – crisis – independent – evaluation – unhcrs – emergency – preparedness – and – response.

"A Huge Opportunity: Venezuelan Migrants Welcome Colombia's New Open-Door Policy", National Public Radio, February 26, 2021, https：//www. npr. org/2021/02/26/971776007/a – huge – opportunity – venezuelan – migrants–welcome–colombias–new–open–door–policy？t = 1623390457631.

British Public Records Office, Foreign Office Files, FO 371/87443, 23 September 1950, https：//discovercy. nationalarchives. ov. uk/details/r/c7685.

CIA, Approved Release 2006/01/12: CIA-RDP80R01731R003000170-004-1, https：//www. cia. gov/library/readingroom/docs/CIA-RDP80R01731-R003000170004-1 pdf.

Colombia Government, "Presidente Duque anuncia decisión histórica de crear Estatuto de Protección Temporal para migrantes venezolanos en Colombia", 2021, https：//idm. presidencia. gov. co/prensa/presidente – duque – anuncia–decision–historica–de–crear–estatuto–de–proteccion–210208.

House, Central Intelligence Agency Act of 1949, Chapter 227; 63 Stat. 208; approved June 20, 1949, http：//legcounsel. house. gov/Comps/CIA49. pdf.

Law on Asylum in the Republic of Albania, 1998, https：//www. legislationline. org/documents/id/6669.

"Lubbers Quits over UN Sex Claims", BBC News on-line, February 20, 2005, news. bbc. co. uk/2/hi/europe/4282333. stm.

Marco Procaccini, "Two Children Drown Every Day on Average Trying to Reach Safety in Europe", February 19, 2016, http：//www. unhcr. org/56c707d66. html.

Migración Ministerio de Relaciones Exteriores, 2019, Total de Venezolanos en Colombia corte a 31 de octubre de 2019, https：//www. migracioncolombia. gov. co/infografias/231 – infografias – 2019/total – de – venezolanos – en – colombia–corte–a–31–de–octubre–de–2019.

National Authorities Colombia, Decreto No. 2840 de 2013, Por el cual se establece el Procedimiento para el Reconocimiento de la Condición de Refugiado, se dictan normas sobre la Comisión Asesora para la Determinación de la Condición de Refugiado y otras disposiciones, 6 December 2013, https://www.refworld.org/docid/52df875d4.html.

Sara Miller Llana, "The Risk of European Jihadis Coming home: How Do You Calculate it?", *Csmonitor*, September 2, 2014, http://www.csmonitor.com/World/Europe/2014/0902/The-risk-of-European-jihadis-coming-home-How-do-you-calculate-it-video.

Sara Miller Llana, "Why Young Europeans Are Becoming Jihadis", July 28, 2014, http://www.csmonitor.com/World/2014/0728/Why-young-Europeans-are-becoming-jihadis.

Statistical Office of Kosovo, Demographic Changes of Kosovo Population 1948-2006, 2008, https://ask.rks-gov.net/media/1835/demographic-changes-of-the-kosovo-population-1948-2006.pdf.

The former Yugoslav Republic of Macedonia, No. 49/25 The Law on Asylum and Temporary Protection, July 2003, https://www.legislationline.org/download/id/1113/file/1ab4691acbfce80ea19403be2eefb588.pdf.

The former Yugoslav Republic of Macedonia, Act of 1992 on Movement and Residence of Aliens (not in force) [North Macedonia], 16 June 1992, https://www.refworld.org/topic, 50ffbce5124, 50ffbce5127, 3ae6b4f50, 0, MKD.html.

"The Bystander: France Embodies Europe's Dilemmas over Migration", *The Economist*, March 19, 2016.

The Data Team, "The British are growing increasingly anxious about Europe", *The Economist*, April 5, 2016, http://www.economist.com/blogs/graphicdetail/2016/04/chief-concerns.

"Venezuela protests: Thousands March as Military Faces Call to Abandon Maduro", The Guardian, January 23, 2019, https://www.theguardian.com/world/2019/jan/23/venezuela-protests-thousands-march-against-maduro-as-opposition-sees-chance-for-change.

"Vietnam and Laos Finally Join Talks on Refugees", New York Times, October 30, 1988.

Zach Dyer, "Gang Threat Drives Growing Displacement inside Honduras", UNHCR, September 5, 2016, http://www.unhcr.org/news/stories/2016/9/57c8392e4/gang-threat-drives-growing-displacement-in side-honduras.html#.

后　　记

冲突与战争导致无数生命消逝、城市消亡乃至文明覆灭，如何遏制战争、回应后果与重塑战后秩序，是国际关系作为政治学分支学科探讨的终极问题。难民是战争的直接后果，国际难民制度是国际社会对难民问题的制度性回应，其中饱含了国际体系中的政治斗争与人道主义规范的演进。在国内，社会公众舆论关注较多，学理性研究在国际关系学界还处于较边缘的位置。我一直希望尝试在这个看似容易使民族国家陷入认同危机的"雷区"议题中，观察国家如何选择、如何回应。国家是遵守承诺沿用既有国际制度规范行为，还是规避规则，或是彰显自主、挑战规范、重构制度？选择的外部动因与内在逻辑为何？

2012—2016 年，在李东燕教授的邀请与指导下，我有幸参与了中国社会科学院世界经济与政治研究所《全球政治与安全报告》的难移民报告写作，为本书研究积累了数据与文件材料。彼时，我的研究重点还是领土争端的和解。2015 年博士毕业后，我旋即进入中央编译局从事博士后研究工作，是俞可平、杨雪冬教授负责的"全球治理与全球发展"研究方向成员。叙利亚内战爆发，欧洲难民危机进入全球视野，我越来越强烈地认识到，相比"多孔"又"固定"的边界本身，国家在人的跨边界迁徙与流动中的治理选择，才真正赋予"国界"的意义，更能体现民族国家意识、族群与公民身份认同。尽管国内外对全球难民移民治理的国家集体行动普遍存在悲观情绪，2016 年，在杨雪冬教授和中央编译局世界发展战略研究部的支持与鼓励下，我仍开始系统研究国际难民制度，正式开启了全球治理研究中对于人的持久关切。

人的跨境流动生动地将国际制度同国内治理相联结，这不断驱使我打开国家"黑箱"，本书就是以此为视角考察国际难民制度"如何正当"。这是一次国际关系同比较政治学的跨学科研究尝试，对我挑战极大。在中央编译局深邃的全球化理论基础与政治学的田野调查传统熏陶下，我开始设计国际难民制度的研究计划。从使用编译局办公室电话打通联合国难民署的第一通电话开始，我开始接触相关国际组织，观察其在国家层面的运行，尽可能赴难民收容区域、毗邻国家边境地区调研，积极参与国家相关部委政策咨询。当我置身于中缅边境线上田间地头的避战人员安置点，马菲边境线上的无国籍者海上村落，欧盟理事会各国党派代表驻点，我更直观地感到难民治理的困境、国际制度与国内制度互动的复杂性。这些经验材料虽然未直接使用于本书中，但一直用于修正本书的案例选择与分析思路。

自2016年获得国家社会科学基金立项以来，本书的案例选择与分析结构经历了数次调整，历时5载有余得以成稿结项，再2载有余得以出版，相比我定量分析的博士论文，我耗费了更多的时间与精力，本书贯穿了我3城14国的职业生涯变动期。博士后出站，我进入全球化智库（CCG）进行了为期两年的工作，获得更多国际调研机会，并借国家移民管理局成立的契机，进一步参与式观察了国家层面移民政策的制定过程，2019年我赴南方高校工作。几段截然不同的工作经历，对我的研究生涯产生了看似矛盾却相互补益的微妙响应。工作环境与生活环境的不断变动，并不利于著作的完成，书中留有诸多研究与写作遗憾，留下初心不灭。

除了杨雪冬教授和李东燕教授两位恩师持久的支持与鼓励，本书的写作还获得了闫健教授、刘贞烨教授、戴长征教授、陈家刚教授、赖海荣教授、谢来辉教授的批评性建议，以及国家社科基金5位匿名评审专家详尽的修改建议。丁开杰老师与陈雪莲老师也在田野调查技能上给予我弥足珍贵的指导。王辉耀教授与苗绿博士也在工作实际中对我的研究给予了充分信任与国际资源支持。本书的部分内容曾发表在《经济社会体制比较》《中国社会科学内部文稿》《拉丁美洲研究》《国际关系研究》等学术期刊上。编辑部和匿名审稿人提出的审稿意见大都切中肯綮，有助于修改和完善相关内容。此外，本书的部分内容曾在各研讨会上分享，感谢刘国福教授、毛国民教授、程亚文教授、周桂银教授等与会专家的评论与建议。在项目完成过程中，于游博士，图宾根大学的博士候选人郭青叶，联合国毒品与犯罪办公室的陈旻昊、吴菲怡、杨薇等参与了田野调查。感谢她们提供的帮助。

本书获得了2016年国家社科基金项目"国际难民制度研究"、2016

年中国博士后科学基金一等资助与中央编译局 2016 年度国家高端智库建设项目资助，深圳大学政府管理学院为本书支付了一半的出版用费。

  从纳入出版社的选题计划到编辑出版，梁剑琴老师为本书倾注了大量心血。在此对她表示衷心感谢！

  最后要感谢我的母亲，在我写作周期的多次工作与生活环境变动中给予我最深刻的爱与支持。

杨靖旼

2025 年 1 月 11 日

于广东外语外贸大学区域国别学院